Democracia
O Deus que Falhou

A economia e a política da monarquia,
da democracia e da ordem natural

Hans-Hermann Hoppe

Democracia
O Deus que Falhou

A economia e a política da monarquia,
da democracia e da ordem natural

1ª Edição

Mises Brasil
2014

MISES BRASIL

Copyright © 2001 by Transaction Publishers, New Brunswick, New Jersey.

Esta edição é uma tradução autorizada da edição em idioma inglês publicada pela Transaction Publishers, 10 corporate place Soutf, pfscataway, New Jersey 08854. Todos os direitos reservados.

Título
DEMOCRACIA – O DEUS QUE FALHOU: A ECONOMIA E A POLÍTICA DA MONARQUIA, DA DEMOCRACIA E DA ORDEM NATURAL

Título original em inglês:
DEMOCRACY – THE GOD THAT FAILED: THE ECONOMICS & POLITICS OF MONARCHY, DEMOCRACY & NATURAL ORDER

Autor
Hans-Hermann Hoppe

Esta obra foi editada por:
Instituto Ludwig Von Mises Brasil
Rua Iguatemi, 448, conj. 405 – Itaim Bibi
São Paulo – SP
Tel: (11) 3704-3782

Impresso no Brasil / *Printed in Brazil*

ISBN: 978-85-8119-079-2

1ª Edição

Tradução
Marcelo Werlang de Assis

Revisão
Fernando Fiori Chiocca
Tatiana Villas Boas Gabbi

Capa
Gustavo Guatelli / Neuen Design

Imagem de capa
Lambros Kazan/Shutterstock

Projeto gráfico
Estúdio Zebra

Ficha Catalográfica elaborada pelo bibliotecário
Pedro Anizio Gomes – CRB/8 – 8846

H798d HOPPE, Hans-Hermann
Democracia: o Deus que falhou / Hans-Hermann Hoppe.
Tradução de Marcelo Werlang de Assis. -- São Paulo :
Instituto Ludwig von Mises Brasil, 2014.
372p.

ISBN: 978-85-8119-079-2

1. Filosofia Política 2. Praxeologia 3. Propriedade Privada
4. Preferência Temporal 5. Monarquia I. Título.

CDD – 321.8

Índice para catálogo sistemático:

1. Estado (Filosofia e teoria) – 320.1
2. Democracia – 321.8

Sumário

Nota à Edição Brasileira 9

Agradecimentos 11

Prefácio à Edição Brasileira 13

Introdução 15

Capítulo I
Sobre a Preferência Temporal, o Governo e o
Processo de Descivilização 31

Capítulo II
Sobre a Monarquia, a Democracia
e a Ideia de Ordem Natural 75

Capítulo III
Sobre a Monarquia, a Democracia, a
Opinião Pública e a Deslegitimação 109

Capítulo IV
Sobre a Democracia, a Redistribuição
e a Destruição de Propriedade 129

Capítulo V
Sobre a Centralização e a Secessão 141

Capítulo VI
Sobre o Socialismo e a Desestatização 155

Capítulo VII
Sobre a Imigração Livre e a Integração Forçada 173

Capítulo VIII
Sobre o Livre Comércio
e a Imigração Restrita 187

Capítulo IX
Sobre a Cooperação, a Tribo,
a Cidade e o Estado 207

Capítulo X
Sobre o Conservadorismo
e o Libertarianismo 223

Capítulo XI
Sobre os Erros do Liberalismo Clássico
e o Futuro da Liberdade 257

Capítulo XII
Sobre o Governo e a Produção
Privada de Segurança 275

Capítulo XIII
Sobre a Impossibilidade do Governo Limitado e as Perspectivas
para a Revolução 305

Referências Bibliográficas 331

Índice Remissivo 355

O Instituto Ludwig von Mises Brasil dedica este volume a Roberto Fiori Chiocca, fundador e diretor deste instituto, sem cuja participação este livro jamais teria se concretizado.

Nota à Edição Brasileira

O editor, Instituto Ludwig von Mises Brasil (IMB), em todas as suas obras, opta pela grafia "estado" com letra "e" minúscula, embora a norma culta sugira a grafia "Estado". Assim como o IMB, a revista *Veja* adota a grafia "estado" desde o ano de 2007. À época, *Veja* argumentou que, *"se povo, sociedade, indivíduo, pessoa, liberdade, instituições, democracia, justiça são escritas com minúscula, não há razão para escrever estado com maiúscula"*.

Este editor concorda. A justificativa de que a maiúscula tem o objetivo de diferenciar a acepção em questão da acepção de "condição" ou "situação" não convence. São raros os vocábulos que possuem somente um único significado, e ainda assim o contexto permite a compreensão e a diferenciação dos significados. Assim como *Veja*, o editor considera que grafar *estado* é uma pequena contribuição para a demolição da noção disfuncional de que o estado é uma entidade que está acima dos indivíduos.

Agradecimentos

A maior parte destes subsequentes estudos proveio de palestras proferidas em várias conferências patrocinadas pelo *Ludwig von Mises Institute* e pelo *Center for Libertarian Studies*. Muitos deles foram anteriormente publicados em diversos lugares e em variadas traduções. No entanto, para a atual ocasião, todos esses estudos foram sistematicamente revisados e substancialmente ampliados. Eu agradeço a Llewellyn H. Rockwell Jr., presidente do *Ludwig von Mises Institute*, e a Burton S. Blumert, presidente do *Center for Libertarian Studies*, pelo seu contínuo apoio – financeiro e pessoal – ao desenvolvimento e à elaboração das ideias aqui apresentadas.

Entre aqueles que me disponibilizaram um fórum para expressar e testar as minhas ideias – e que, por isso, contribuíram para este presente trabalho –, estão incluídos Cristian Comanescu, Robert Nef, Gerard Radnitzky, Jiri Schwarz, Jesús Huerta de Soto e Josef Sima. Agradecimentos lhes são deferidos, assim como agradeço a um benfeitor anônimo pelo seu constante apoio.

Por muitos anos, eu tenho sido abençoado com a amizade de Walter Block, David Gordon, Jeffrey Herbener, Guido Hülsmann, Stephan Kinsella, Ralph Raico e Joseph Salerno. Enquanto nenhum destes possa ser considerado responsável por quaisquer das minhas ideias, todos eles, através de sugestões e críticas em incontáveis conversas, bem como através dos seus próprios escritos acadêmicos, têm exercido um efeito indelével no meu pensamento.

Ainda mais importante tem sido a influência de Ludwig von Mises e Murray N. Rothbard. A minha dívida intelectual para com o trabalho deles é notável, e eu apenas posso esperar que ela tenha sido devida e adequadamente reconhecida nestes seguintes estudos. A Murray N. Rothbard, a quem tive o privilégio de estar associado de forma muito próxima durante a sua última década de vida, eu defiro um profundo agradecimento pessoal. A sua amizade, o seu exemplo de coragem moral e a sua capacidade de estar tranquilo e até mesmo alegremente otimista em face de adversidades aparentemente intransponíveis afetaram de modo intenso e duradouro a minha própria conduta e a minha própria perspectiva sobre a vida.

Por último – mas não por isso menos importante –, eu agradeço à minha esposa, Margaret Rudelich Hoppe, não apenas por encarregar-se, há mais de vinte anos, da ingrata tarefa de editar os meus escritos em inglês, mas também por sempre encontrar tempo e energia – entre o trabalho profissional, os negócios do lar e os cuidados com as nossas duas crianças adolescentes – para me abastecer de encorajamento, conforto e felicidade.

Prefácio à Edição Brasileira

Entusiasmado fico ao ver impressa uma tradução em português do meu *Democracy: The God That Failed*.

De todos os meus livros, *Democracy* é, de longe, o mais bem-sucedido. Desde a sua publicação original em 2001 até hoje, este livro tem sido, com grande alarde, tanto condenado como aclamado. Em alguns círculos intelectuais, ele tem feito de mim uma *persona non grata*, uma pessoa "indesejada" – não apenas pela esquerda dominante e pela *intelligentsia* relativista do *mainstream*, mas também por muitos autoproclamados liberais clássicos e libertários. No entanto, ao mesmo tempo, este livro tornou-se também uma fonte de inspiração para muitas pessoas dotadas de opinião própria e de independência intelectual, ajudando na formação de uma firme e crescente rede internacional de amigos, aliados, estudantes e afiliados.

Este livro é um golpe intelectual na democracia. Ele explica que ela é uma máquina de destruição de riqueza, de desperdício econômico e de empobrecimento; e ele a identifica como uma causa sistemática de corrupção moral e degeneração. Em suma: a democracia é mostrada como uma forma "branda" – e especialmente insidiosa – de comunismo. Ao mesmo tempo, este livro apresenta uma rigorosa defesa da instituição da propriedade privada, demonstrando que ela é uma condição necessária para a paz e a prosperidade duradouras.

Esta obra favoravelmente contrasta as monarquias tradicionais e pré-constitucionais e os reis com as modernas democracias e os primeiros-ministros e presidentes – trata-se de uma tese que aparenta ser menos estranha aos ouvidos dos brasileiros e portugueses contemporâneos do que aos ouvidos dos americanos dos Estados Unidos. Mas este livro não é uma defesa da monarquia. Na verdade, ele defende o completo esvaecimento dos estados – tanto os monárquicos quanto os democráticos – e a sua sucessiva substituição por uma sociedade de leis privadas, por uma "ordem natural". E ele advoga a *descentralização* e a *secessão* como meios adequados para esse fim – assuntos altamente polêmicos e controversos ao longo da história, especialmente na do Brasil. Este livro defende a progressiva transformação do mundo contemporâneo – de grandes estados submetidos ao comando centralizado de três superpotências (em particular ao dos EUA, o dominante centro militar e financeiro do mundo), o qual é exercido através de organizações internacionais concebidas para esse propósito (Nações Unidas – ONU; Fundo Monetário Internacional – FMI; Banco Mundial; entre outras) – em um mundo com um crescente número de regiões independentes – cantões, cidades, comunidades e, em última instância, lares individuais e suas associações voluntárias –, com todas elas conectando-se por meio de uma rede interlocal de livre comércio e estando separadas e sendo diversas e distintas entre si em função da cultura, das normas, dos padrões e das tradições locais.

Ao invés de promover a integração forçada e a uniformização e a homogeneização culturais – eufemisticamente denominadas de "multiculturalismo" e "não discriminação" –, como todos os centralizadores políticos fazem, este livro argumenta o contrário, (1) favorecendo uma maior e crescente variedade de diferentes culturas e normas e de diferentes padrões e critérios de discriminação, inclusão ou exclusão *em diferentes lugares* e, ao mesmo tempo, (2) opondo-se a todas as tentativas de criar, *em todos os lugares*, através da legislação dos estados centrais, "igualdade" "não discriminadora", bem como uniformidade cultural e homogeneidade ludibriantes.

É muito importante o relato "revisionista" – e bastante politicamente "incorreto" – da história moderna que este livro apresenta, em radical oposição à visão "ortodoxa" da história propagandeada no mundo inteiro pela suprema potência imperial do mundo, os Estados Unidos, e pelas suas elites governantes e pelos seus exércitos de guarda-costas intelectuais: a visão de que os EUA são uma "nação excepcional", um farol da liberdade e da civilização, um país destinado a cumprir a missão de criar uma Nova Ordem Democrática Mundial (sob a sua direção e orientação), sendo este o destino final da humanidade, o "Fim da História".

Este livro também deixa claro que tal visão da história é apenas tolice intelectual – uma tolice perigosa, destrutiva e até mesmo mortal.

Hans-Hermann Hoppe

Istambul, janeiro de 2014

Introdução

A Primeira Guerra Mundial delimita um dos grandes divisores de água da história moderna. Com o seu término, completou-se a transformação do mundo ocidental inteiro – de governos monárquicos e reis soberanos para governos republicano-democráticos e povos soberanos – que foi iniciada com a Revolução Francesa. Até 1914, existiam apenas três repúblicas na Europa: França, Suíça e, após 1911, Portugal; e, de todas as principais monarquias europeias, apenas a do Reino Unido podia ser classificada como um sistema parlamentar, i.e., um sistema em que o poder supremo estava investido em um parlamento eleito. Apenas quatro anos depois, após os Estados Unidos terem entrado na guerra europeia e decisivamente determinado o seu resultado, as monarquias praticamente desapareceram, e a Europa, junto com o resto do mundo, adentrou a era do republicanismo democrático.

Na Europa, os militarmente derrotados Romanovs, Hohenzollerns e Habsburgos tiveram de abdicar ou renunciar, e a Rússia, a Alemanha e a Áustria tornaram-se repúblicas democráticas com sufrágio universal (masculino e feminino) e com governos parlamentares. Todos os recém--criados estados – sendo a Iugoslávia a única exceção – adotaram constituições republicano-democráticas. Na Turquia e na Grécia, as monarquias foram destituídas. E até mesmo onde as monarquias permaneceram nominalmente, como na Grã-Bretanha, na Itália, na Espanha, na Bélgica, na Holanda e nos países escandinavos, os monarcas não mais exercem qualquer poder governamental. Introduziu-se o sufrágio adulto universal, e todo o poder estatal foi investido em parlamentos e funcionários "públicos".

Essa mudança histórica mundial – do *ancien régime* de reis e príncipes à nova era republicano-democrática de governantes popularmente eleitos ou escolhidos – pode também ser compreendida como a mudança de "a Áustria e o jeito austríaco" para "os Estados Unidos e o jeito americano". Isso é verdade por várias razões. A Áustria iniciou a guerra, e os EUA trouxeram-lhe o fim. A Áustria perdeu, e os EUA venceram. A Áustria era governada por um monarca – o imperador Francisco José –, e os EUA, por um presidente democraticamente eleito – o professor Woodrow Wilson. No entanto, mais importante ainda é a constatação de que a Primeira Guerra Mundial não foi uma guerra tradicional, em que se combatia por objetivos territorialmente limitados, mas sim uma guerra ideológica; e a Áustria e os EUA, respectivamente, eram os dois países que mais claramente personificavam as ideias em conflito – e era assim que as demais partes beligerantes os viam. ¹

A Primeira Guerra Mundial começou como uma tradicional disputa territorial. Contudo, com o prematuro envolvimento e a derradeira entrada oficial dos Estados Unidos em abril de 1917, a guerra tomou uma nova dimensão ideológica. Os EUA foram fundados como uma república, e o princípio democrático, inerente à ideia de uma república, apenas recentemente tornara-se vitorioso – tal vitória decorreu da violenta derrota e da violenta devastação da Confederação secessionista pelo governo da União centralista. Nos tempos da Primeira Guerra Mundial, essa triunfante ideologia de um republicanismo democrático expansionista encontrou a sua perfeita personificação no então presidente dos EUA, Woodrow Wilson. Sob a administração deste, a guerra europeia tornou-se uma missão ideológica – fazer com que o mundo se transformasse num lugar seguro para a democracia, livre de governantes dinásticos. Quando, em março de 1917, o aliado americano *czar* Nicolau II foi forçado a abdicar, sendo estabelecido um novo governo republicano-democrático na Rússia sob Kerensky, Wilson encheu-se de felicidade. Com o *czar* abatido, a guerra finamente se transformou num conflito puramente ideológico: o bem contra o mal. Wilson e os seus mais próximos conselheiros de política externa, o coronel House e George D. Herron, não simpatizavam com a Alemanha do *kaiser*, da aristocracia e da elite militar. Mas eles odiavam a Áustria. Erik von Kuehnelt-Leddihn assim caracterizou as visões de Wilson e da esquerda americana: "A Áustria era mais demonizada do que a Alemanha. Ela se encontrava em contradição com o princípio mazziniano do estado nacional, tendo herdado muitas tradições e muitos símbolos do Sacro Império Romano (a águia de duas cabeças, as cores preta e dourada, entre outros); a sua dinastia uma vez governara a Espanha (outra *bête noire* ²); ela liderou a Contrarreforma, encabeçou a Aliança Sagrada, combateu o *Risorgimento*, suprimiu a rebelião húngara de Kossuth (em cuja homenagem havia um monumento na cidade de Nova York) e apoiou filosoficamente o experimento monarquista no México. Habsburgo – este era o nome que evocava memórias como o Catolicismo Romano, a Armada, a Inquisição; que evocava Metternich, Lafayette preso em Olmütz e Silvio Pellico confinado na fortaleza de Spielberg, em Brno. Tal estado tinha de ser destruído; tal dinastia tinha de desaparecer." ³

---

¹ Para conhecer um brilhante resumo das causas e das consequências da Primeira Guerra Mundial, ver Ralph Raico, "World War I: The Turning Point", em *The Costs of War: America's Pyrrhic Victories*, editado por John V. Denson (New Brunswick, N. J.: Transaction Publishers, 1999).
² Expressão utilizada em língua inglesa, emprestada do francês, cuja tradução literal seria "besta negra". Significa um anátema; algo que é particularmente detestado ou evitado; objeto de aversão, fonte de aborrecimento persistente ou irritação. (Nota do Tradutor – N. do T.)
³ Erik von Kuehnelt-Leddihn, *Leftism Revisited: From de Sade to Pol Pot* (Washington, D. C.: Regnery, 1990), p. 210; sobre Wilson e o wilsonianismo, ver os seguintes escritos: Murray N. Rothbard, "World

Sendo um conflito cada vez mais ideologicamente motivado, a guerra rapidamente degenerou-se numa guerra total. Em todo lugar, a economia nacional inteira foi militarizada (socialismo de guerra) [4], e a duradoura distinção entre combatentes e não combatentes e entre vida civil e vida militar caiu por terra. Por essa razão, a Primeira Guerra Mundial resultou em muito mais baixas de civis – vítimas de inanição e de doença – do que de soldados mortos em campos de batalha. Ademais, devido ao caráter ideológico da guerra, em seu término somente eram possíveis a rendição, a humilhação e a punição totais em vez dos acordos de paz. A Alemanha teve de desistir da sua monarquia, e a Alsácia-Lorena foi devolvida à França tal como antes da Guerra Franco-Prussiana de 1870–1871. A nova república alemã foi sobrecarregada de pesadas reparações de longo prazo. A Alemanha foi desmilitarizada, o Sarre alemão foi ocupado pelos franceses, e no leste grandes territórios tiveram de ser cedidos à Polônia (Prússia Ocidental e Silésia). A Alemanha, entretanto, não foi desmembrada e destruída. Wilson reservara esse destino para a Áustria. Com a deposição dos Habsburgos, todo o Império Austro-Húngaro foi despedaçado. Coroando a política externa de Wilson, dois novos e artificiais estados, Tchecoslováquia e Iugoslávia, foram extraídos do antigo Império. A Áustria, por séculos uma das grandes potências europeias, foi reduzida em tamanho ao seu território central de língua alemã; e, como outro dos legados de Wilson, a pequena Áustria foi obrigada a entregar a sua província inteiramente alemã do Tirol do Sul (Alto Ádige ou Bolzano) – estendendo-se até o Passo do Brennero – à Itália.

A partir de 1918, a Áustria desapareceu do mapa da política das potências internacionais. Os Estados Unidos emergiram como a potência líder do mundo. A era americana – a *pax Americana* – começara. O princípio do republicanismo democrático triunfara. E ele triunfaria de novo com o fim da Segunda Guerra Mundial e – como assim pareceu – com o colapso do Império Soviético nos últimos anos da década de 1980 e no início da década de 1990. Para alguns observadores contemporâneos, o "Fim da História" chegou. A ideia americana de democracia universal e global finalmente tomou forma própria. [5]

War I as Fulfillment: Power and the Intellectuals", em *Journal of Libertarian Studies*, 9, n. 1 (1989); Paul Gottfried, "Wilsonianism: The Legacy that Won't Die", em *Journal of Libertarian Studies*, 9, n. 2 (1990); idem, "On Liberal and Democratic Nationhood", em *Journal of Libertarian Studies*, 10, n. 1 (1991); e Robert A. Nisbet, *The Present Age* (New York: Harper and Row, 1988).

[4] Ver Murray N. Rothbard, "War Collectivism in World War I", em *A New History of Leviathan*, editado por Ronald Radosh e Murray N. Rothbard (New York: E. P. Dutton, 1972); e Robert Higgs, *Crisis and Leviathan: Critical Episodes in the Growth of American Government* (New York: Oxford University Press, 1987).

[5] Ver Francis Fukuyama, *The End of History and the Last Man* (New York: Avon Books, 1992).

Assim, a Áustria dos Habsburgos e a prototípica experiência pré-democrática austríaca não receberam mais do que interesse histórico. Para ser exato, não é que a Áustria não tenha mais alcançado qualquer reconhecimento. Até mesmo os intelectuais e artistas pró-democracia de qualquer campo das atividades intelectuais e artísticas não podiam ignorar o enorme nível de produtividade da cultura austro-húngara e, em particular, da cultura vienense. De fato, a lista de grandes nomes associados com a Viena do fim do século XIX e do início do século XX parece infinita. [6] Contudo, essa elevada produtividade intelectual e cultural raramente foi estudada em uma conexão sistemática com a tradição pré-democrática da monarquia dos Habsburgos. Ao invés disso, nos casos em que não fora considerada uma mera coincidência, a produtividade da cultura austro-vienense foi apresentada, de forma "politicamente correta", como sendo prova dos positivos efeitos sinergéticos de uma sociedade multiétnica e do multiculturalismo. [7]

Entretanto, a partir do fim do século XX, estão se acumulando crescentes evidências de que, em vez de assinalar o fim da história, o sistema americano está mergulhado numa crise profunda. Desde o fim da década de 1960 ou o começo da década de 1970, a renda salarial real nos Estados Unidos e na Europa Ocidental estagnou-se ou até mesmo caiu. No Oeste Europeu em particular, as taxas de desemprego têm constantemente aumentado, atualmente excedendo os 10%. A dívida pública tem crescido em todo lugar a patamares astronômicos, em muitos casos excedendo o Produto Interno Bruto (PIB) anual de um país.

Similarmente, os sistemas de previdência social (ou seguridade social) em todos os lugares estão à beira da bancarrota – ou próximos disso. O colapso do Império Soviético não representou exatamente um triunfo da

---

[6] A lista inclui Ludwig Boltzmann, Franz Brentano, Rudolph Camap, Edmund Husserl, Ernst Mach, Alexius Meinong, Karl Popper, Moritz Schlick e Ludwig Wittgenstein entre os filósofos; Kurt Godel, Hans Hahn, Karl Menger e Richard von Mises entre os matemáticos; Eugen von Böhm-Bawerk, Gottfried von Haberler, Friedrich A. von Hayek, Carl Menger, Fritz Machlup, Ludwig von Mises, Oskar Morgenstern, Joseph Schumpeter e Friedrich von Wieser entre os economistas; Rudolph von Jhering, Hans Kelsen, Anton Menger e Lorenz von Stein entre os advogados e os juristas; Alfred Adler, Joseph Breuer, Karl Bühler e Sigmund Freud entre os psicologistas; Max Adler, Otto Bauer, Egon Friedell, Heinrich Friedjung, Paul Lazarsfeld, Gustav Ratzenhofer e Alfred Schutz entre os historiadores e os sociólogos; Hermann Broch, Franz Grillparzer, Hugo von Hofmannsthal, Karl Kraus, Fritz Mauthner, Robert Musil, Arthur Schnitzler, Georg Trakl, Otto Weininger e Stefan Zweig entre os escritores e os críticos literários; Gustav Klimt, Oskar Kokoschka, Adolf Loos e Egon Schiele entre os artistas e os arquitetos; e Alban Berg, Johannes Brahms, Anton Bruckner, Franz Lehar, Gustav Mahler, Arnold Schonberg, Johann Strauss, Anton von Webern e Hugo Wolf entre os compositores.
[7] Ver Allan Janik e Stephen Toulmin, *Wittgenstein's Vienna* (New York: Simon and Schuster, 1973); William M. Johnston, *The Austrian Mind: An Intellectual and Social History, 1848–1938* (Berkeley: University of California Press, 1972); e Carl E. Schorske, *Fin-de-Siècle Vienna: Politics and Culture* (New York: Random House, 1981).

democracia diante da ruína da ideia de socialismo; e isso, portanto, revelou uma acusação contra o sistema americano (ocidental) de socialismo democrático em vez de contra o socialismo ditatorial. Ademais, em todo o hemisfério ocidental, divisões, separatismos e secessões nacionais, étnicas e culturais estão crescendo. As criações democráticas multiculturais de Wilson – a Iugoslávia e a Tchecoslováquia – fragmentaram-se. Nos Estados Unidos, em menos de um século de democracia perfeitamente completa, os resultados são estes: degeneração moral, desintegração social e familiar e decadência cultural constantemente crescentes na forma de taxas continuamente progressivas de divórcio, ilegitimidade, aborto e crime. Em consequência de uma quantidade – ainda em expansão – de leis e políticas de imigração antidiscriminatórias, multiculturais e igualitaristas, todos os cantos da sociedade americana são afetados pela administração governamental e pela integração forçada; assim, as tensões e hostilidades raciais, étnicas e culturais – bem como a discórdia social – têm crescido dramaticamente.

À luz dessas decepcionantes experiências, ressurgiram dúvidas fundamentais sobre as virtudes do sistema americano. O que teria acontecido, pergunta-se de novo, se, de acordo com as suas promessas na reeleição, Woodrow Wilson tivesse mantido os Estados Unidos fora da Primeira Guerra Mundial? Em virtude da sua natureza contrafatual, a resposta a uma questão como esta jamais pode ser empiricamente confirmada ou rejeitada. Todavia, isso não torna a questão sem sentido ou a resposta arbitrária. Pelo contrário: baseando-se na compreensão dos verdadeiros eventos e personagens históricos envolvidos, a questão acerca do mais provável curso alternativo da história pode ser respondida em detalhes e com considerável segurança. [8]

Se os Estados Unidos tivessem seguido uma estrita política externa não intervencionista, o conflito dentro da Europa provavelmente teria acabado no fim de 1916 ou no início de 1917, como resultado de várias iniciativas de paz, mais notadamente pelo imperador austríaco Carlos I. Ademais, a guerra teria sido concluída por meio de acordos de paz mutuamente aceitáveis, que mantivessem a dignidade das partes. A Áustria-Hungria, a Alemanha e a Rússia, portanto, teriam permanecido com as tradicionais monarquias ao invés de serem transformadas em repúblicas democráticas de curta duração. Com um *czar* russo, um *kaiser* alemão e um *kaiser* austríaco no lugar, teria sido quase impossível para os bolcheviques conquistar o poder na Rússia, bem como, em reação à crescente ameaça comunista na Europa Ocidental, para os fascistas e os nacional-socialistas (nazistas)

---

[8] Para conhecer uma coleção contemporânea de exemplos de "história contrafatual", consultar *Virtual History: Alternatives and Counterfactuals*, editado por Niall Ferguson (New York: Basic Books, 1999).

fazer a mesma coisa na Itália e na Alemanha. ⁹ Os milhões de vítimas do comunismo, do nacional-socialismo (nazismo) e da Segunda Guerra Mundial teriam sido salvos. A extensão da interferência e do controle governamentais na economia privada dos EUA e do Oeste Europeu jamais teria alcançado o tamanho que hoje se vê. E, em vez de a região que abrange a Europa Central e a Europa Oriental (e, em consequência, metade do globo) cair em mãos comunistas e por mais de quarenta anos ser saqueada, devastada e coercitivamente excluída dos mercados ocidentais, a Europa inteira (e todo o globo) teria permanecido economicamente integrada (tal como ocorrera no século XIX) a um sistema de divisão do trabalho e de cooperação social de âmbito global. O padrão de vida no mundo como um todo teria sido imensamente mais elevado do que já foi até agora.

Diante do pano de fundo desse exercício imaginativo e do verdadeiro curso dos eventos, o sistema americano e a *pax Americana* demonstram ser – ao contrário da história "oficial", a qual é sempre escrita pelos vencedores, i.e., a partir da perspectiva dos proponentes da democracia – nada mais do que um desastre colossal; e a Áustria dos Habsburgos e a era pré-democrática demonstram ser mais atraentes. ¹⁰ Certamente, então, seria de grande valia realizar uma pesquisa sistemática sobre a transformação histórica da monarquia para a democracia.

Embora a história desempenhe um importante papel, o que se segue não é o trabalho de um historiador, mas sim o de um economista político e filósofo. Não são apresentadas informações novas ou desconhecidas. Na verdade, na medida em que se reivindica originalidade, os seguintes estudos contêm novas e desconhecidas *interpretações* de fatos geralmente aceitos e conhecidos; ademais, é a *interpretação dos fatos*, ao invés dos próprios fatos, a principal preocupação do cientista e o assunto da maioria das

---

⁹ Sobre a relação entre o comunismo e a ascensão do fascismo e do nacional-socialismo (nazismo), ver Ralph Raico, "Mises on Fascism, Democracy and Other Questions", em *Journal of Libertarian Studies*, 12, n. 1 (1996); e Ernst Nolte, *Der europäische Bürgerkrieg, 1917–1945. Nationalsozialismus und Bolschewismus* (Berlim: Propyläen, 1987).

¹⁰ Ninguém menos do que George F. Kennan, um integrante do *establishment*, escrevendo em 1951, chegou tão perto de admitir isso:

> Contudo, hoje, se fosse oferecida a oportunidade de ter de volta a Alemanha de 1913 – uma Alemanha governada por pessoas conservadoras, mas relativamente moderadas, sem nazistas e sem comunistas, uma Alemanha vigorosa, unida e não ocupada, cheia de energia e confiança, capaz de fazer parte da frente e contrabalançar o poder russo na Europa... Bem, haveria objeções a isso de muitos lugares, e isso não faria todo mundo feliz; porém, de várias maneiras, em comparação com os nossos problemas de hoje, isso não seria tão ruim. Agora, pensemos no que isso significa. Quando verificamos o escore total das duas guerras, nos termos dos seus objetivos declarados, compreendemos a dificuldade de perceber e discernir, afinal, algum ganho. (George F. Kennan, *American Diplomacy, 1900–1950* [Chicago: University of Chicago Press, 1951], pp. 55–56)

controvérsias e dos debates. Pode-se prontamente concordar com o fato de que, nos Estados Unidos do século XIX, o padrão médio de vida, os impostos e as regulações estatais na economia eram relativamente menores, enquanto nos EUA do século XX o padrão médio de vida, os impostos e as regulações estatais na economia eram maiores. Mas o padrão de vida no século XX era maior *por causa* dos impostos e das regulações maiores ou *apesar* dos impostos e das regulações maiores? Isto é, o padrão de vida seria ainda maior se os impostos e as regulações tivessem se mantido no nível em que estavam durante o século XIX? Do mesmo modo, pode-se facilmente concordar com o fato de que os pagamentos à previdência social e as taxas de criminalidade eram baixos durante a década de 1950 e com o fato de que ambos encontram-se hoje relativamente altos. O crime aumentou *por causa* do estado de bem-estar social, com os seus crescentes pagamentos à previdência social, ou *apesar* dele? Ou o crime e o estado de bem-estar social nada têm a ver um com o outro, sendo a relação entre os dois fenômenos uma mera coincidência? Os fatos não fornecem uma resposta a essas perguntas, e nenhuma manipulação estatística dos dados pode alterar essa realidade. Os dados históricos são logicamente compatíveis com várias interpretações rivais, e os historiadores, na medida em que eles são apenas historiadores, não têm como decidir em favor de uma ou de outra.

Se é para fazer uma escolha racional entre interpretações rivais e incompatíveis, então isso somente é possível se houver à disposição uma teoria – ou, pelo menos, uma *proposição teórica* – cuja validade não dependa da experiência histórica, mas possa ser estabelecida *a priori*, i.e., de uma vez por todas, através de uma *apreensão* ou *compreensão* intelectual *sobre a natureza das coisas*. Em alguns círculos, esse tipo de teoria é vista com maus olhos; e alguns filósofos, principalmente os da variedade empirista/positivista, têm reputado tal tipo de teoria como algo fora dos limites racionais ou até mesmo impossível. Este não é um tratado filosófico dedicado à discussão de questões sobre epistemologia e ontologia. Aqui e nas páginas seguintes, eu não desejo refutar diretamente a tese empirista e positivista de que não existe algo como uma teoria *a priori* – i.e., proposições que afirmem alguma coisa acerca da realidade *e* possam ser validadas independentemente do resultado de qualquer experiência futura. [11] Aqui, só é apropriado, entretanto, reconhecer desde o início que considero essa tese – e, na verdade, todo o programa de pesquisa empirista/positivista, o

---

[11] Sobre esse assunto, ver Ludwig von Mises, *Theory and History: An Interpretation of Social and Economic Evolution* (Auburn, Alabama: Ludwig von Mises Institute, 1985); idem, *The Ultimate Foundation of Economic Science: An Essay on Method* (Kansas City: Sheed Andrews and McMeel, 1978); Hans-Hermann Hoppe, *Kritik der kausalwissenschaftlichen Sozialforschung. Untersuchungen zur Grundlegung von Soziologie und Ökonomie* (Opladen: Westdeutscher Verlag, 1983); e idem, *A Ciência Econômica e o Método Austríaco* (São Paulo: Instituto Ludwig von Mises Brasil, 2010).

qual pode ser interpretado como o resultado da aplicação dos princípios (igualitaristas) da democracia ao domínio do conhecimento e da investigação; em razão disso, tal programa imperou ideologicamente durante a maior parte do século XX – fundamentalmente equivocada e completamente refutada. [12] Basta apenas apresentar alguns exemplos do que se entende por teoria *a priori* – e, em particular, citar alguns exemplos da área das ciências sociais – para colocar qualquer possível suspeita de lado e recomendar a minha *abordagem teórica* como intuitivamente plausível e de acordo com o bom senso. [13]

Exemplos do que eu quero dizer por uma teoria *a priori* são: É impossível uma matéria estar em dois lugares ao mesmo tempo. Não há dois objetos que possam ocupar o mesmo lugar. Uma linha reta é a linha mais curta entre dois pontos. Com duas linhas retas não se pode cercar um espaço. Um objeto que é completamente vermelho não pode ser completamente verde (azul, amarelo ou de outra cor). Qualquer objeto que pode ser colorido também pode ser ampliado. Qualquer objeto que tem forma também tem tamanho. Se A é uma parte de B e se B é uma parte de C, então A é uma parte de C. "$4 = 3 + 1$". "$6 = 2 \times (33-30)$". Implausivelmente, os empiristas devem denegrir tais proposições considerando-as simples convenções linguísticas e sintáticas sem qualquer conteúdo empírico – i.e., meras tautologias "vazias". Em contraste com esse ponto de vista – e de acordo com o bom senso –, eu considero tais proposições como afirmações de algumas verdades simples – mas fundamentais – sobre a estrutura da realidade. E, conforme o bom senso, eu considero confusa uma pessoa que queira "*testar*" essas proposições ou relate "fatos" que as contrariem ou que delas se desviem. A teoria *a priori* sobrepuja e corrige a experiência (e a lógica se sobrepõe à observação) – e não vice-versa.

Mais importante ainda: exemplos de teoria *a priori* também são abundantes nas áreas das ciências sociais (especialmente nas áreas da economia política e da filosofia): A ação humana é o propositado esforço de um agente com a finalidade de concretizar, com o uso de meios escassos, objetivos escolhidos. Ninguém pode propositalmente *não* agir. Toda ação tem como propósito melhorar o bem-estar subjetivo do agente acima do

---

[12] Ver Brand Blanshard, *Reason and Analysis* (La Salle, Indiana: Open Court, 1964); ver também: Arthur Pap, *Semantics and Necessary Truth* (New Haven, Connecticut: Yale University Press, 1958); Saul Kripke, "Naming and Necessity", em *Semantics of Natural Language*, editado por Donald Davidson e Gilbert Harman (New York: Reidel, 1972); e Paul Lorenzen, *Methodisches Denken* (Frankfurt am Main: Suhrkamp, 1968).

[13] Até mesmo um "bom empirista" teria de admitir que, de acordo com a sua própria doutrina, ele não pode saber *a priori* (1) se os teoremas *a priori* existem ou não e (2) se estes podem ser usados para efetuar a escolha entre incompatíveis explicações acerca do mesmo conjunto de dados históricos; ele, portanto, também teria de tomar uma atitude de "esperar para ver".

estado em que, caso contrário, ele estaria. Uma quantidade maior de um bem é mais valorizada do que uma quantidade menor desse mesmo bem. A satisfação mais cedo é preferida à satisfação mais tarde. A produção deve preceder o consumo. O que é consumido agora não pode ser consumido novamente no futuro. Se o preço de um bem é diminuído, a mesma quantidade ou uma quantidade maior será comprada do que no caso contrário. Se os preços são fixados abaixo do nível de mercado (preços máximos), a escassez duradoura será a consequência. Sem a propriedade privada dos meios de produção, não é possível haver preços para esses fatores; e, sem preços, a sua contabilidade de custos é impossível. Os tributos são uma imposição sobre os produtores e/ou sobre os proprietários de riqueza, reduzindo a produção e/ou a riqueza abaixo do nível em que, no caso contrário, elas poderiam estar. O conflito interpessoal é possível apenas se – e na medida em que – as coisas são escassas. Nenhuma coisa ou parte de uma coisa pode ser detida exclusivamente por mais de uma pessoa ao mesmo tempo. A democracia (governo da maioria) é incompatível com a propriedade privada (propriedade particular e autonomia individual). Não há forma de tributação que possa ser uniforme (igual), mas toda tributação envolve a criação de duas classes distintas e desiguais: pagadores de *impostos versus* consumidores e recebedores de impostos. Bens (propriedades) e títulos de propriedade são entidades distintas, e um aumento dos últimos sem um correspondente aumento dos primeiros não eleva a riqueza social, mas conduz a uma redistribuição da riqueza existente.

Para um empirista, proposições como estas devem ser interpretadas ou como algo nada empírico – como meras convenções linguísticas – ou como hipóteses eternamente testáveis e sujeitas a tentativas. Para nós, assim como para o bom senso, elas não são nada disso. De fato, parece-nos absolutamente tendencioso retratar tais proposições como algo que não possui conteúdo empírico. Elas claramente afirmam algo sobre coisas e eventos "reais"! E, da mesma forma, parece-nos hipócrita levar em conta essas proposições como simples hipóteses. Proposições hipotéticas, como comumente entendidas, são declarações como estas: As crianças preferem o McDonald's ao Burger King. A proporção entre os gastos com carne de gado e os gastos com carne de porco é de 2:1. Os alemães, quando escolhem um destino de férias, preferem a Espanha à Grécia. Um maior tempo de educação nas escolas públicas conduzirá a um aumento dos salários das pessoas. O volume de compras logo antes do Natal ultrapassa o volume de compras pouco depois do Natal. Os católicos votam predominantemente em partidos "democráticos". Os japoneses poupam um quarto do seu rendimento disponível. Os alemães bebem mais cerveja do que os franceses. Os Estados Unidos produzem mais computadores do que qualquer outro país. A maior parte dos habitantes dos EUA é composta de brancos e de descendentes de europeus. Proposições como estas exigem a coleta de dados históricos para serem validadas. E devem ser constantemente reavaliadas, pois tais alegadas relações não são necessárias, mas sim "contingentes"; i.e., não há nada de *intrinsecamente* impossível e inconcebível – ou simplesmente errado – em aceitar o oposto do acima: p. ex., as crianças preferem o Burger King ao McDonald's; os alemães preferem a Grécia à Espanha; e assim por diante. No entanto, isso não é o que acontece com as proposições teóricas. Negar essas proposições – e aceitar, por exemplo, que uma menor quantidade de um bem pode ser preferível a uma quantidade maior desse mesmo bem; que aquilo que está sendo consumido agora pode, eventualmente, ser novamente consumido no futuro; ou que a contabilidade analítica dos custos pode ser feita também sem os preços dos fatores – é uma atitude absurda; e quem trabalha na "investigação empírica" e em "testes" para determinar qual das duas proposições contraditórias (tais como estas) é a correta demonstra ser um louco ou uma fraude.

Segundo a abordagem aqui adotada, proposições teóricas como as que acabaram de ser citadas são aceitas por aquilo que aparentemente são: como afirmações sobre *fatos necessários e relações necessárias*. Assim, elas podem ser *ilustradas* por dados históricos, mas os dados históricos não podem *criá-las* nem *desmenti-las*. [14] Muito pelo contrário. Mesmo se a experiência histórica for necessária para a compreensão inicial de visão teórica, tal visão diz respeito a fatos e relações que logicamente se estendem e transcendem para além de qualquer experiência histórica particular. Assim, uma vez que um *insight* teórico tenha sido entendido, ele pode ser utilizado como um padrão constante e permanente de "crítica"; i.e., ele pode ser utilizado com a finalidade de corrigir, rever e rejeitar – bem como aceitar – relatos e interpretações históricos. Por exemplo, com base nos conhecimentos teóricos, deve ser considerada impossível a ideia de que impostos e regulações maiores possam ser a causa de um padrão de vida mais elevado. O padrão de vida somente poderá ser maior *apesar* do aumento dos impostos e das regulações. Da mesma forma, as ideias teóricas podem descartar, como absurdas, assertivas tais como: o aumento do consumo tem conduzido a um aumento da produção (crescimento econômico); os preços abaixo do nível de mercado (preços máximos) resultaram na estocagem (i.e., não comercialização) dos excedentes; ou a ausência da democracia tem sido um dos responsáveis pelo péssi-

---

[14] Para evitar qualquer mal-entendido: Dizer que algo é "necessário" (e que pode ser reconhecido como tal *"a priori"*) não significa alegar que sejamos infalíveis. Matemáticos e lógicos também alegam estarem preocupados com relações necessárias, mas eles não demonstram a pretensão de serem infalíveis. Em vez disso, o que se afirma a esse respeito é apenas que, a fim de que se refute uma proposição *teórica* (em contraste com uma proposição hipotética), é necessário um *outro* argumento ainda mais teórico e fundamental, assim como um outro argumento (prova) matemático ou lógico é necessário (e *não* "provas empíricas") para que se refute um teorema matemático ou lógico.

mo funcionamento econômico do socialismo. Como uma questão de teoria, somente mais poupança e mais formação de capital e/ou avanços na produtividade podem conduzir a um aumento da produção; somente os preços acima do nível de mercado (preços mínimos) podem resultar na estocagem dos excedentes; e somente a ausência da propriedade privada é a responsável pela difícil situação econômica sob o socialismo. E, para reiterar, nenhuma dessas ideias requer mais estudos empíricos ou testes. Estudar ou fazer testes em relação a tais ideias é sinal de confusão.

Quando mencionei anteriormente que este não é o trabalho de um historiador, mas sim o de um economista e filósofo político, eu, obviamente, não considerava que isso pudesse ser uma desvantagem. Muito pelo contrário. Como já foi indicado, os historiadores *qua* historiadores não podem racionalmente escolher entre interpretações incompatíveis do mesmo conjunto de dados históricos ou de sequências de eventos; eles, portanto, são incapazes de oferecer respostas às mais importantes questões sociais. A principal vantagem que o economista e o filósofo político têm sobre o mero historiador (bem como o benefício a ser obtido do estudo da economia política e da filosofia pelo historiador) é o seu conhecimento da teoria social pura – *a priori* –, a qual lhe permite (1) evitar erros que, no caso contrário, seriam inevitáveis na interpretação de sequências de dados históricos complexos e (2) apresentar um relato teoricamente corrigido ou "reconstruído" – e, decididamente, de caráter crítico ou "revisionista" – da história.

Baseado nos – e motivados pelos – conhecimentos teóricos fundamentais de ambos, da economia política e da filosofia política (ética), eu proponho nos seguintes estudos a revisão de três crenças e interpretações poderosas – na verdade, quase míticas – sobre a história moderna.

De acordo com percepções teóricas elementares sobre a natureza da propriedade privada *versus* a natureza da propriedade e da administração "públicas", bem como sobre a natureza das empresas privadas *versus* a natureza dos governos (ou estados), proponho em primeiro lugar repensar a visão dominante acerca das monarquias hereditárias tradicionais, fornecendo, ao invés, uma atípica interpretação favorável à monarquia e à experiência monárquica. Em síntese: o governo monárquico é reconstruído teoricamente como um governo de propriedade privada (particular), o qual, por sua vez, é explicado como a promoção, por parte do governante, de uma visão de longo prazo (orientada para o futuro) e de uma preocupação para com o valor do capital e o cálculo econômico. Em segundo lugar, igualmente de forma não ortodoxa – mas pelos mesmos referenciais teóricos –, a democracia e a experiência democrática são dissecadas sob uma atípica luz desfavorável. O governo democrático é reconstruído como um governo de propriedade pública, o qual é explicado como a adoção de uma visão de curto prazo (orientada para o presente), ocorrendo, assim, o desprezo ou a negligência do valor do capital por parte dos governantes; e a transição da monarquia para a democracia é interpretada de acordo com o declínio civilizatório.

Ainda mais fundamental e não ortodoxa é a terceira revisão proposta.

Apesar do retrato relativamente favorável à monarquia aqui apresentado, eu não sou um monarquista, e o que se segue não é uma defesa da monarquia. Ao invés disso, o fundamento para a tomada de uma posição em favor da monarquia é o seguinte: *se* é preciso haver um estado – definido como uma organização que exerce um monopólio territorial da decisão final obrigatória (jurisdição) [15] e da tributação –, então é ética e economicamente vantajoso escolher a monarquia em vez da democracia. Mas isso deixa uma questão em aberto: a de que o estado é ou não necessário – i.e., se existe uma alternativa a ambos, a monarquia *e* a democracia. A história, novamente, não pode nos dar uma resposta a essa pergunta. Por definição, não pode haver algo como uma "experiência" de contrafatos e alternativas; e tudo aquilo que se encontra na história moderna, pelo menos na medida em que se analisa o desenvolvido mundo ocidental, é a história dos estados e do estatismo. Novamente, apenas a teoria pode nos dar uma resposta, pois as proposições teóricas, como anteriormente mostrado, dizem respeito a fatos necessários e relações necessárias; e, em decorrência disso, da mesma forma como elas podem ser utilizadas para excluir certos relatos e interpretações históricos, corroborando-os falsos ou impossíveis, elas podem ser utilizadas para conceber algumas outras coisas como concretamente possíveis, ainda que tais coisas nunca tenham sido vistas ou experimentadas.

Então, em total contraste com a opinião ortodoxa sobre o assunto, a elementar teoria social mostra – e será explicado como – que a existência de estado algum (de acordo com a definição anteriormente realizada) pode ser econômica ou eticamente justificada. Ao invés disso, cada estado, não importando a sua constituição, é ética e economicamente deficiente. Todo monopólio, incluindo um da decisão final, é "mau" do ponto de vista dos consumidores. O monopólio, aqui, é entendido em seu sentido clássico, como a ausência de liberdade de entrada em uma determinada linha de produção: apenas uma agência, A, pode produzir x. Qualquer monopolista é "mau" para os consumidores, visto que, protegido de novos operadores potenciais em sua linha de produção, o preço do seu produto será maior (e a sua qualidade será inferior) do que no caso contrário. Além disso, ninguém concordaria com uma regra

---

[15] Em latim, *jurisdictio* significa literalmente "dizer o direito (a lei), prolatar a decisão". (N. do T.)

ou disposição que permitisse a uma empresa monopolista da decisão final – i.e., o árbitro final (juiz) em cada caso de conflito interpessoal – determinar unilateralmente (sem o consentimento de todos os interessados) o preço que deve ser pago pelo seu serviço; i.e., o poder de tributar é eticamente inaceitável. Na verdade, uma empresa monopolista da decisão final equipada com o poder de tributar não só produzirá menos justiça (e em menor qualidade), como também produzirá mais e mais "males" – i.e., injustiça e agressão. Portanto, a escolha entre a monarquia e a democracia diz respeito a uma opção entre duas ordens sociais defeituosas. De fato, a história moderna fornece ampla ilustração das deficiências econômicas e éticas de *todos os estados*, tanto os monárquicos quanto os democráticos.

Adicionalmente, a mesma teoria social demonstra positivamente a possibilidade de uma ordem social alternativa, livre dos problemas econômicos e éticos da monarquia e da democracia (assim como de qualquer outra forma de estado). O termo aqui adotado para referir-se a um sistema social livre do monopólio e da tributação é "ordem natural". Outros nomes utilizados em outros locais ou por outros indivíduos para fazer referência à mesma coisa incluem "anarquia ordenada", "anarquismo de propriedade privada", "anarcocapitalismo", "autogoverno", "sociedade de leis privadas" e "capitalismo puro".

Acima e além da monarquia e da democracia, os seguintes trabalhos fazem referência à "lógica" de uma ordem natural: onde cada recurso escasso é propriedade privada; onde cada empresa é financiada voluntariamente por clientes pagantes ou doadores privados; e onde a entrada em cada linha de produção – incluindo a da justiça, da polícia e dos serviços de defesa (segurança) – é livre. É em contraste com uma ordem natural que os erros econômicos e éticos da monarquia se esclarecem. É em contraste com uma ordem natural que os erros ainda maiores da democracia são esclarecidos; e é diante de tal contraste que a transformação histórica da monarquia para a democracia revela-se como um declínio civilizatório. E é por causa do *status* lógico da ordem natural como a resposta teórica para o problema fundamental da ordem social – de que forma proteger a liberdade, a propriedade e a busca da felicidade – que o que se segue também inclui amplas discussões sobre assuntos e dúvidas estratégicos – i.e., sobre os requisitos para a mudança social e, em especial, para esta transformação radical: da democracia para a ordem natural.

Independentemente das interpretações e conclusões não ortodoxas a que se chegou nos seguintes estudos, as teorias e os teoremas usados para tanto, definitivamente, não são nada novos ou pouco ortodoxos. Com efeito, caso se admita – como eu fiz – que existem uma teoria social e teoremas *a priori*, então também deve-se esperar que a maioria de tais conhecimentos é antiga e que o avanço teórico é meticulosamente lento. De fato, este parece ser o caso. Assim, mesmo que as minhas conclusões possam parecer radicais ou extremas, eu, como um teórico, sou decididamente um conservador. Eu me coloco em uma tradição intelectual que remonta pelo menos aos escolásticos espanhóis do século XVI e que encontra a sua expressão moderna mais nítida na chamada Escola Austríaca de Economia: a tradição da teoria social pura representada sobretudo por Carl Menger, Eugen von Böhm-Bawerk, Ludwig von Mises e Murray N. Rothbard. [16]

No início, eu observava a Áustria dos Habsburgos e os Estados Unidos da América como os países mais de perto associados, respectivamente, com o antigo regime monárquico e a nova era democrático-republicana. Aqui, nós nos deparamos com a Áustria dos Habsburgos novamente, descobrindo uma outra razão por que os seguintes estudos também podem ser chamados de *Uma Visão Austríaca da Era Americana*. A Escola Austríaca de Economia classifica-se entre as mais importantes e célebres tradições intelectuais e artísticas originárias da Áustria do período anterior à Primeira Guerra Mundial. Porém, como um dos muitos resultados da destruição do Império dos Habsburgos, a escola da terceira geração, liderada por Ludwig von Mises, foi arrancada da Áustria e do continente europeu, emigrando com Mises para a cidade de Nova York em 1940 e sendo, assim, exportada para os EUA. E foi nos EUA que a teoria social austríaca adquiriu raízes mais firmes e fortes, graças, acima de tudo, aos trabalhos de um brilhante estudante americano de Mises, Murray N. Rothbard.

Estes estudos foram escritos a partir do ponto de vista da moderna teoria social austríaca. Por todo este trabalho, em toda a sua extensão, é perceptível a influência de Ludwig von Mises – e a de Murray N. Rothbard é ainda mais. Os teoremas elementares da economia política e da filosofia, que são aqui utilizados com a finalidade de reconstruir a história e de propor alternativas construtivas para a democracia, recebem um tratamento mais detalhado nos principais trabalhos teóricos de Mises e de Rothbard. [17] Muitos dos temas abordados nas seguintes páginas também foram analisados e aplicados em suas diversas obras. Além disso, os seguintes estudos compartilham com Mises e especialmente com Rothbard uma robusta e fundamental postura antiestatista e uma posição

---

[16] Ver Murray N. Rothbard, *Economic Thought Before Adam Smith: An Austrian Perspective on the History of Economic Thought* (Cheltenham, U. K.: Edward Elgar, 1995), vol. 1; e idem, *Classical Economics: An Austrian Perspective on the History of Economic Thought* (Cheltenham, U. K.: Edward Elgar, 1995), vol. 2. Ver também: *Fifteen Great Austrian Economists*, editado por Randall Holcombe (Auburn, Alabama: Ludwig von Mises Institute, 1999).

[17] Ludwig von Mises, *Ação Humana – Um Tratado de Economia* (São Paulo: Instituto Ludwig von Mises Brasil, 2010); e Murray N. Rothbard, *Man, Economy and State: A Treatise on Economic Principles* (Auburn, Alabama: Ludwig von Mises Institute, [1962] 1993).

igualmente vigorosa e essencial em prol da propriedade privada e da livre iniciativa empresarial.

Estes estudos, entretanto, podem reivindicar originalidade em dois aspectos. Por um lado, eles fornecem uma compreensão mais profunda de história política moderna. Em suas obras, Mises e Rothbard discorreram sobre a maioria dos principais assuntos e eventos econômicos e políticos debatidos no século XX: socialismo *versus* capitalismo; monopólio *versus* concorrência; propriedade privada *versus* propriedade pública; produção e comércio em relação à tributação, à regulação e à redistribuição; entre tantos outros. E ambos analisaram detalhadamente o rápido crescimento do poder estatal durante o século XX, explicando as suas deletérias consequências econômicas e morais. Todavia, conquanto eles tenham se revelado extremamente lúcidos e perspicazes nesses esforços (especialmente em comparação com os seus homólogos do empirismo/positivismo), nem Mises nem Rothbard fizeram uma tentativa sistemática de pesquisar a causa do declínio do pensamento liberal clássico e do *laissez-faire* capitalista, bem como a causa do concomitante surgimento das ideologias políticas anticapitalistas e do estatismo durante o século XX. Eles, certamente, não pensaram na democracia como sendo uma causa disso. De fato, embora conscientes das deficiências éticas e econômicas da democracia, tanto Mises quanto Rothbard tinham uma leve queda por ela e tendiam a ver de forma positiva a transição da monarquia para a democracia, considerando-a um progresso. Em contrapartida, explicarei o rápido crescimento do poder estatal no decorrer do século XX lamentado e pranteado por Mises e Rothbard como sendo o resultado sistemático da democracia e da mentalidade democrática, i.e., da (errônea e falsa) crença na eficiência e/ou na justiça da propriedade pública e do governo popular (da maioria).

Por outro lado, baseados nessa profunda e "revisionista" compreensão da história moderna, os seguintes estudos chegam também a um "melhor" – mais claro e aguçado – entendimento da alternativa construtiva para o *status quo* democrático, i.e., a ordem natural. Há explicações detalhadas sobre o funcionamento da ordem natural como um sistema social sem estado com agências de segurança livremente financiadas servindo como prestadoras concorrentes da lei e da ordem. E há também discussões sobre assuntos estratégicos. Em particular, há discussões especificamente detalhadas sobre a secessão e a privatização, as quais seriam os principais veículos e meios através dos quais a democracia seria superada, estabelecendo-se, assim, a ordem natural.

Cada um dos capítulos seguintes é independente, podendo, então, ser lido separadamente. Embora essa temática implique alguma sobreposição entre os capítulos, eles se combinam em um todo teórico amplo e progressivo. Com tais estudos, eu gostaria de promover, em especial, a tradição austríaca da teoria social e contribuir para a sua reputação não só como um bastião da verdade, mas também como um arcabouço intelectual inspirador, estimulante e refrescante. E, da mesma forma – mas de um modo mais geral –, eu gostaria de promover – e contribuir para – a tradição da grande teoria social, abrangendo economia política, filosofia política e história e incluindo tanto questões normativas como questões positivas. Um termo adequado para esse tipo de esforço intelectual parece ser *sociologia*. Contudo, embora o termo 'sociologia' tenha sido por vezes utilizado nesse sentido, sob a influência dominante da filosofia empirista/positivista o termo adquiriu um significado e uma reputação completamente diferentes. Segundo a doutrina empirista, questões normativas não são nada "científicas", e não existe algo como uma teoria *a priori*, o que praticamente exclui grandes teorias sociais desde o seu início, pois elas são "não científicas". Portanto, a maior parte do que se chama hoje em dia de 'sociologia' não é apenas falsa, como também irrelevante, tola e tediosa. Em distinto contraste, estes estudos são tudo o que um positivista alega que não se pode e não se deve ser: interdisciplinares e teoricamente orientados, lidando *tanto* com questões positivistas/empíricas *quanto* com questões normativas. Espero demonstrar pelo exemplo que esta é a abordagem correta, bem como a mais interessante.

Hans-Hermann Hoppe

Las Vegas, Nevada

Setembro de 2000

Capítulo I
Sobre a Preferência Temporal, o Governo e o Processo de Descivilização

Preferência Temporal

Ao agir, o agente humano (o homem) sempre visa a substituir um estado de coisas menos satisfatório por um estado de coisas mais satisfatório; ele, portanto, demonstra uma preferência por mais bens – e não por menos bens. Além disso, ele sempre considera o momento futuro em que os seus objetivos serão alcançados (i.e., o tempo necessário para realizá-los), bem como a capacidade de duração de um bem. Ele, assim, também demonstra uma preferência universal por bens presentes em vez de por bens futuros e por bens mais duráveis em vez de por bens menos duráveis. Este é o fenômeno da preferência temporal. [1]

Todo agente requer uma certa quantidade de tempo para alcançar o seu objetivo; e, visto que o homem deve sempre consumir algo e não pode interromper totalmente o seu consumo enquanto estiver vivo, o tempo é sempre escasso. Então, *ceteris paribus* [2], os bens presentes – ou disponíveis mais cedo – são e devem ser invariavelmente mais valorizados do que os bens futuros – ou disponíveis mais tarde. Com efeito, se o homem não fosse limitado pela preferência temporal – se a única restrição operando sobre ele fosse a preferência por mais em vez de por menos –, ele invariavelmente escolheria os processos de produção que proporcionariam a maior "saída" por "entrada" (mais *outputs* – produção – por *inputs* – insumos), independentemente do período de tempo necessário para que esses métodos dessem frutos. Ele sempre pouparia e nunca consumiria. Por exemplo, em vez de fazer primeiro uma rede de pesca, Crusoé começaria a construir um barco de pesca – pois este é o método economicamente

---

[1] Sobre esse tópico, ver Ludwig von Mises, *Ação Humana – Um Tratado de Economia* (São Paulo: Instituto Ludwig von Mises Brasil, 2010), capítulos 18 e 19; ver também: William Stanley Jevons, *Theory of Political Economy* (New York: Augustus M. Kelley, 1965); Eugen von Böhm-Bawerk, *Capital and Interest*, 3 vols. (South Holland, Illinois: Libertarian Press, 1959); Richard von Strigl, *Capital and Production* (Auburn, Alabama: Ludwig von Mises Institute, 2001); Frank Fetter, *Capital, Interest and Rent* (Kansas City: Sheed Andrews and McMeel, 1977); e Murray Newton Rothbard, *Man, Economy and State*, 2 vols. (Los Angeles: Nash, 1970).
[2] *Ceteris paribus* é uma expressão latina que significa "tudo o mais constante" ou "mantidas inalteradas todas as outras coisas". (N. do T.)

mais eficiente de captura de peixes. Que ninguém, incluindo Crusoé, possa agir dessa maneira torna evidente que o homem somente pode "valorar frações de tempo iguais de uma forma diferente de acordo com o fato de elas estarem mais próximas ou mais afastadas do momento da decisão do agente". "O que restringe a quantidade de poupança e de investimento é a preferência temporal." [3]

Impelido pela preferência temporal, o homem só trocará um bem presente por um bem futuro se esperar um aumento da sua quantidade de bens futuros. A taxa de preferência temporal, a qual é (e pode ser) diferente de uma pessoa para outra e de um momento para o outro – mas que, para todos, somente pode ser positiva –, determina ao mesmo tempo o tamanho do prêmio que apresentam os bens presentes em relação aos bens futuros e o montante de poupança e de investimento. A taxa de juros de mercado é a soma acumulada de todas as taxas de preferência temporal individuais, refletindo a taxa de preferência temporal da sociedade e equilibrando a poupança social (i.e., a oferta de bens presentes em troca de bens futuros) e o investimento social (i.e., a demanda por bens presentes que, pensa-se, são capazes de produzir retornos futuros).

Nenhuma oferta de empréstimos pode existir sem uma poupança anterior – i.e., sem a abstenção de um possível consumo de bens presentes (um excesso de produção atual em relação ao consumo atual). E nenhuma demanda por empréstimos existiria se ninguém vislumbrasse uma oportunidade de empregar produtivamente bens presentes – i.e., de investi-los com a finalidade de efetuar uma produção (*output*) futura que fosse superior aos atuais bens presentes (*input*). De fato, se todos os bens presentes fossem consumidos e se nenhum desses bens presentes fosse investido em métodos de produção que consomem tempo, a taxa de juros seria infinitamente alta, o que, em qualquer lugar fora do Jardim do Éden, equivaleria a uma simples existência animal, i.e., a uma degradante vida primitiva de subsistência, com as pessoas encarando a realidade com apenas as suas mãos nuas e o seu desejo de gratificação instantânea.

A oferta – bem como a demanda – de empréstimos só surge – e esta é a condição humana – se, em primeiro lugar, for reconhecido que os processos indiretos de produção (mais detalhados, mais longos) geram uma maior ou melhor produção (*output*) por insumo (*input*) do que os processos diretos (menos detalhados, mais curtos). [4] Em segundo lugar, deve ser

---

[3] Ludwig von Mises, *Human Action: A Treatise on Economics*, Scholar's Edition (Auburn, Alabama: Ludwig von Mises Institute, 1998), pp. 483 e 491.
[4] É verdade que nem todos os processos de produção mais longos são mais produtivos do que os mais curtos; entretanto, a partir do pressuposto de que o homem, limitado pela preferência temporal, selecionará invariavelmente (e em todos os tempos) o método mais rápido imaginável e concebível

possível, por meio da poupança, acumular o montante de bens presentes (de consumo) necessário para prover todas as necessidades e todos os desejos cuja satisfação durante o prolongado tempo de espera for considerada mais urgente do que o incremento no bem-estar futuro esperado pela adoção de um processo de produção mais demorado.

Sendo satisfeitas essas condições, a formação e a acumulação de capital são estabelecidas e continuam a ser praticadas. A terra e a mão-de-obra (os fatores de produção originários), em vez de se basearem e se empenharem em processos de produção de gratificação instantânea, são sustentadas por um excesso de produção em relação ao consumo e empregadas na produção de bens de capital. Os bens de capital somente têm valor na condição de produtos intermediários no processo de produção de bens finais (de consumo) e na medida em que a produção de bens finais com eles é mais eficiente do que a produção de bens finais sem eles – ou, o que é a mesma coisa, na medida em que aquele que possui bens de capital e pode produzir com o auxílio deles está mais próximo (em termos de tempo) da realização do seu objetivo final do que aquele que tem de fazê-lo sem eles. O valor (preço) mais elevado de um bem de capital em relação ao montante despendido nos fatores originários complementares necessários para a sua produção deve-se a essa diferença de tempo e à realidade universal da preferência temporal. Trata-se do preço a pagar para ganhar tempo, para aproximar-se da conclusão da meta final, para evitar ter de começar tudo desde o início. Pela mesma razão, o valor da produção final (*output*) deve exceder o montante gasto com os seus fatores de produção (o preço pago pelo bem de capital e por todos os serviços de mão-de-obra complementares).

Quanto menor for a preferência temporal, mais cedo será o início do processo de formação de capital, e mais rápido será o alongamento da estrutura de produção indireta. Qualquer aumento na acumulação de bens de capital e no detalhamento da estrutura de produção aumenta a produtividade marginal da mão-de-obra, o que conduz a um aumento do nível de emprego ou de salário ou – mesmo que a curva da oferta de trabalho deva inclinar-se para trás em função do maior nível salarial – a uma maior massa salarial total. Suprida por uma maior quantidade de bens de capital, uma população de assalariados mais bem pagos produzirá um aumento geral – futuro – da riqueza social, elevando, portanto, os rendimentos reais dos proprietários de capital e de terra.

---

de produzir um dado bem, então somente será possível – praxeologicamente – aumentar a produção (pressupondo-se tecnologia constante) se o processo produtivo for alongado.

Fatores Que Influenciam a Preferência Temporal e o Processo de Civilização

Entre os fatores que influenciam a preferência temporal, podemos classificá-los em externos, biológicos, pessoais e sociais/institucionais.

Os fatores externos são aqueles eventos que ocorrem no ambiente físico do agente cujo resultado ele não pode direta ou indiretamente controlar. Tais eventos afetam a preferência temporal somente se – e na medida em que – são esperados. Eles podem ser de dois tipos. Se um evento positivo tal como o cair do maná do céu estiver previsto para ocorrer em uma data futura, a utilidade marginal dos bens futuros diminuirá em relação à dos bens presentes. A taxa de preferência temporal aumentará, e o consumo será estimulado. Uma vez que o esperado evento tenha ocorrido e a maior oferta de bens futuros tenha se tornado uma maior oferta de bens presentes, acontecerá o inverso: a taxa de preferência temporal diminuirá, e a poupança aumentará.

Por outro lado, se um evento negativo tal como uma inundação for esperado, a utilidade marginal de bens futuros aumentará. A taxa de preferência temporal cairá, sendo aumentada a poupança. Após o término do evento, com uma reduzida oferta de bens presentes, a taxa de preferência temporal subirá. [5]

Os processos biológicos, tecnicamente, estão dentro do alcance do agente; porém, para todos os efeitos práticos e no futuro previsível, eles também devem ser considerados como um dado pelo agente, semelhante aos eventos externos.

Trata-se de um dado que o homem nasce como uma criança, cresce até tornar-se um adulto, é capaz de procriar durante uma parte da sua vida e, por fim, envelhece e morre. Esses fatos biológicos têm uma influência direta na preferência temporal. Por causa das restrições biológicas ao seu desenvolvimento cognitivo, as crianças apresentam uma taxa de preferência temporal extremamente elevada. Elas não possuem uma noção clara de uma expectativa de vida pessoal que considere um período de tempo prolongado; falta-lhes uma compreensão plena da produção como um modo de consumo indireto. Nesse sentido, elas preferem muito mais os bens presentes e a gratificação imediata aos bens futuros e à gratificação posterior. As atividades de poupança e de investimento por parte delas são

---

[5] Se houver a expectativa de que nada pode ser feito a respeito da iminente perda de bens futuros – ao ponto em que nenhuma tentativa atual de atenuar essas perdas através da poupança (ou do seguro) aparente ser possível porque tal poupança também seria destruída –, a taxa de preferência temporal imediatamente aumentará, permanecendo alta após o evento.

raras, e os períodos de produção e de formação de provisões (estocagem; poupança) dificilmente ultrapassam o futuro imediato. As crianças vivem um dia após o outro e de uma satisfação imediata para a próxima. [6]

No processo de tornar-se um adulto, a altíssima taxa inicial de preferência temporal do agente tende a cair. Com o reconhecimento da expectativa de vida e das potencialidades da produção como um meio de consumo indireto, a utilidade marginal dos bens futuros aumenta. A poupança e o investimento são estimulados, e os períodos de produção e de estocagem são prolongados.

Finalmente, ao envelhecer e aproximar-se do fim da sua vida, o agente apresenta uma taxa de preferência temporal que tende a aumentar. A utilidade marginal dos bens futuros cai porque há menos tempo de vida disponível. A poupança e o investimento diminuirão, e o consumo – incluindo a não substituição de capital e de bens de consumo duráveis – aumentará. Esse efeito da velhice, entretanto, pode ser evitado e suspenso. Devido ao fato biológico da procriação, o agente pode prorrogar o seu período de formação de provisões para além da duração da sua própria vida. Se – e na medida em que – este for o caso, a sua taxa de preferência temporal pode permanecer no nível adulto até a sua morte.

Dentro dos limites impostos pelos fatores externos e biológicos, o agente define a sua preferência temporal de acordo com as suas avaliações subjetivas. Quão alta ou quão baixa essa taxa será e quais serão as mudanças que ela sofrerá no decorrer da sua vida pessoal dependem de fatores psicológicos pessoais. Um homem pode somente se preocupar com o presente e com o futuro mais imediato. Como uma criança, ele pode só estar interessado em uma gratificação instantânea (ou, pelo menos, retardada o mínimo possível). Em conformidade com a sua alta preferência temporal, ele pode querer ser um vagabundo, um errante, um bêbado, um drogado, um alucinado ou, simplesmente, um tranquilo e despreocupado tipo de rapaz que gosta de trabalhar tão pouco quanto possível a fim de aproveitar cada dia ao máximo. Outro homem pode se preocupar constantemente com o seu futuro e com o da sua prole; ele, por meio da poupança, pode querer construir um estoque constante e crescente de capital e de bens de consumo duráveis a fim de obter uma oferta cada vez maior de bens futuros e uma estocagem de bens por um período cada vez mais longo. Uma

---

[6] Sobre a alta preferência temporal das crianças, bem como sobre os fatores biológicos (raciais) e culturais que a modificam, ver Walter Mischel, "Preference for Delayed Reinforcement: An Experimental Study of a Cultural Observation", em *Journal of Abnormal and Social Psychology*, 56 (1958); idem, "Preference for Delayed Reinforcement and Social Responsibility", em *Journal of Abnormal and Social Psychology*, 62 (1961); e idem, "Father Absence and Delay of Gratification: Cross-Cultural Comparisons", em *Journal of Abnormal and Social Psychology*, 63 (1961).

terceira pessoa pode possuir um grau de preferência temporal entre esses dois extremos; ou pode possuir diferentes graus em diferentes momentos e, em decorrência disso, escolher ainda outro estilo de vida. [7]

No entanto, não importando qual seja o grau original de preferência temporal de uma pessoa ou qual seja a distribuição original de tais taxas dentro em uma determinada população, uma vez que isso for baixo o suficiente para que se permita a formação de qualquer nível de poupança, de capital e de bens de consumo duráveis, põe-se em movimento uma tendência à queda da taxa de preferência temporal, a qual é acompanhada por um "*processo* de civilização". [8]

O poupador troca bens presentes (de consumo) por bens futuros (de capital) com a expectativa de que estes ajudarão a produzir uma oferta maior de bens presentes no futuro. Se ele tivesse uma expectativa contrária, ele não teria poupado. Se essa expectativa se revelar correta e *se todo o resto continuar a ser o mesmo*, cairá a utilidade marginal dos bens presentes em

---

[7] Em contraste com o amplo reconhecimento do fenômeno da preferência temporal por economistas, em especial pelos da "Escola Austríaca", surpreendentemente pouca atenção tem sido dada a ele por sociólogos e cientistas políticos. Para saber de uma exceção notável, ver Edward C. Banfield, *The Unheavenly City Revisited* (Boston: Little Brown, 1974), especialmente o capítulo 3. Banfield identifica a preferência temporal como a causa subjacente para a persistente diferença entre as classes sociais e culturais, em especial entre a "classe alta" e a "classe baixa". Considerando que os membros da primeira são caracterizados pela sua visão de longo prazo (orientada para o futuro), pela sua autodisciplina e pela sua vontade de renunciar à imediata gratificação com a finalidade de, em troca, obter um futuro melhor, os membros da "classe baixa" se caracterizam pela sua visão de curto prazo (orientada para o presente) e pelo seu hedonismo.

> Se [a "classe baixa" de indivíduos] tem alguma consciência do futuro, ela se traduz na ideia de que ele é algo fixo, fadado, além do seu controle: as coisas acontecem *com o indivíduo*; ele não as *torna realidade*. O impulso regula o seu comportamento – ou porque ele próprio não é disciplinado o suficiente para sacrificar uma satisfação presente por uma satisfação futura; ou porque ele não possui o senso de futuro. Ele é, portanto, radicalmente imprevidente. (...) Ele trabalha apenas para manter-se vivo, movimentando-se de um emprego não qualificado para outro, não nutrindo interesse pelo seu trabalho. (...) Ele é descuidado com as suas coisas (...); e, mesmo quando são quase novas, elas são suscetíveis de estarem permanentemente defeituosas ("fora de ordem") em virtude da falta de pequenos reparos ou consertos. O seu corpo é, também, uma coisa "para ser trabalhada, mas não reparada". (Edward C. Banfield, *The Unheavenly City Revisited* [Boston: Little Brown, 1974], pp. 61–62)

Fenômenos tipicamente associados com a "classe baixa" – como, por exemplo, desagregação familiar, promiscuidade, doenças venéreas, alcoolismo, dependência de tóxicos, violência, criminalidade, alta mortalidade infantil e baixa expectativa de vida – têm uma causa comum: a alta preferência temporal. A sua causa não é o desemprego ou a baixa renda. Pelo contrário, conforme observa Banfield, o nexo causal é completamente o oposto: o desemprego duradouro e a persistente baixa renda são os efeitos de uma alta preferência temporal. Outra importante exceção à negligência geral do fenômeno da preferência temporal pelos não economistas está em T. Alexander Smith, *Time and Public Policy* (Knoxville: University of Tennessee Press, 1988).

[8] Para conhecer uma detalhada descrição empírica e sociopsicológica do fenômeno do "processo de civilização", ver também Norbert Elias, *Über den Prozess der Zivilisation* (Frankfurt am Main, 1968); a sua edição em inglês é: *The Civilizing Process: A History of Manners* (New York: Urizen Books, 1978).

relação à utilidade marginal dos bens futuros. A sua taxa de preferência temporal será menor. Ele poupará e investirá mais do que no passado, e a sua renda futura será ainda maior, levando a mais uma redução em sua taxa de preferência temporal. Passo a passo, a taxa de preferência temporal aproxima-se do zero, sem, contudo, jamais alcançá-lo. Em uma economia monetária, como resultado da sua entrega de dinheiro presente, o poupador espera receber mais tarde um rendimento maior em termos reais. Com uma renda mais elevada, a utilidade marginal do dinheiro presente cai em relação à do dinheiro futuro; a proporção de poupança sobe; e o futuro rendimento monetário será ainda maior.

Além disso, em uma economia de trocas, o poupador/investidor contribui também para a redução da taxa de preferência temporal dos não poupadores. Com a acumulação de bens de capital, a relativa escassez de mão-de-obra aumenta, e os salários, *ceteris paribus*, aumentarão. Maiores taxas de salários implicam uma oferta crescente de bens presentes para os antigos não poupadores. Portanto, até mesmo os indivíduos que eram anteriormente não poupadores verão as suas taxas pessoais de preferência temporal caírem.

Ademais, como resultado indireto do aumento dos rendimentos reais provocado pela poupança, a nutrição e a saúde melhoram, e a expectativa de vida tende a aumentar. Em um desenvolvimento semelhante à transformação da infância para a idade adulta, com uma maior expectativa de vida objetivos mais distantes são adicionados à escala de valores presentes do indivíduo. A utilidade marginal dos bens futuros em relação à dos bens presentes aumenta, declinando também a taxa de preferência temporal. [9]

Simultaneamente, o poupador/investidor dá início a um "processo de civilização". Ao gerar uma tendência à queda da taxa de preferência temporal, ele – bem como todos aqueles que, direta ou indiretamente, estão conectados a esse indivíduo através de uma rede de trocas – desenvolve-se e amadurece: ocorre a transição da infância à fase adulta e da barbárie à civilização.

Ao construir uma estrutura de capital e de bens de consumo duráveis em expansão, o poupador/investidor também expande constantemente o alcance e o horizonte dos seus planos. Cresce o número de variáveis

---

[9] Para evitar qualquer tipo de mal-entendido, é preciso que fique claro que o simples fato de ter uma vida mais longa não possui impacto na preferência temporal. Em vez disso, é apenas o conhecimento pessoal do indivíduo – a expectativa subjetiva – que, de fato, conduz a uma queda do seu grau de preferência temporal.

que estão sob o seu controle e que são tomadas em consideração em suas ações do presente. Portanto, isso aumenta o número e o horizonte de tempo das suas predições sobre eventos futuros. A partir disso, o poupador/investidor fica interessado em adquirir e melhorar constantemente o seu conhecimento relativo a um número cada vez maior de variáveis e de inter-relações entre essas variáveis. Contudo, uma vez que tenha adquirido ou melhorado o seu próprio conhecimento e o verbalizado ou demonstrado em suas ações, esse tipo de conhecimento se torna um "bem livre" (abundante; não escasso), disponível à imitação e à utilização por outros para os seus próprios fins. Então, em virtude das ações do poupador, até mesmo as pessoas de visão de curto prazo, orientadas para o presente, serão gradualmente transformadas, passando da condição de bárbaras para a condição de civilizadas. A vida deixa de ser curta, bruta e desagradável, tornando-se mais longa e cada vez mais refinada e confortável.

A Figura 1 fornece uma ilustração gráfica dos fenômenos da preferência temporal e do processo de civilização. Ela relaciona as taxas individuais de preferência temporal (o tamanho do prêmio de um determinado bem presente em relação ao mesmo bem em uma determinada data posterior que induz um dado indivíduo a se empenhar em uma troca intertemporal), no eixo vertical, com o rendimento monetário individual *real* (a sua oferta de dinheiro presente), no eixo horizontal. De acordo com a lei da utilidade marginal, cada curva de preferência temporal individual – como T1 ou T2 – inclina-se para baixo enquanto a oferta de dinheiro presente aumenta. O processo de civilização é simbolizado por um movimento do ponto 11 – com uma taxa de preferência temporal de t11 – para o ponto 22 – com uma taxa de preferência temporal de t22. Esse movimento é o resultado combinado de duas mudanças inter-relacionadas. Por um lado, há um movimento junto com T1 do ponto 11 ao ponto 12, representando a queda na taxa de preferência temporal que mostra se um indivíduo com uma *determinada* personalidade possui uma oferta maior de bens presentes. Por outro lado, há um movimento do ponto 12 ao ponto 22. Essa mudança de uma curva maior de preferência temporal para uma curva menor de preferência temporal – supondo-se dado o rendimento real – representa as *mudanças* de personalidade à medida que elas ocorrem durante a transição da infância para a vida adulta (no decurso da elevação da expectativa de vida) ou em decorrência de um avanço do conhecimento.

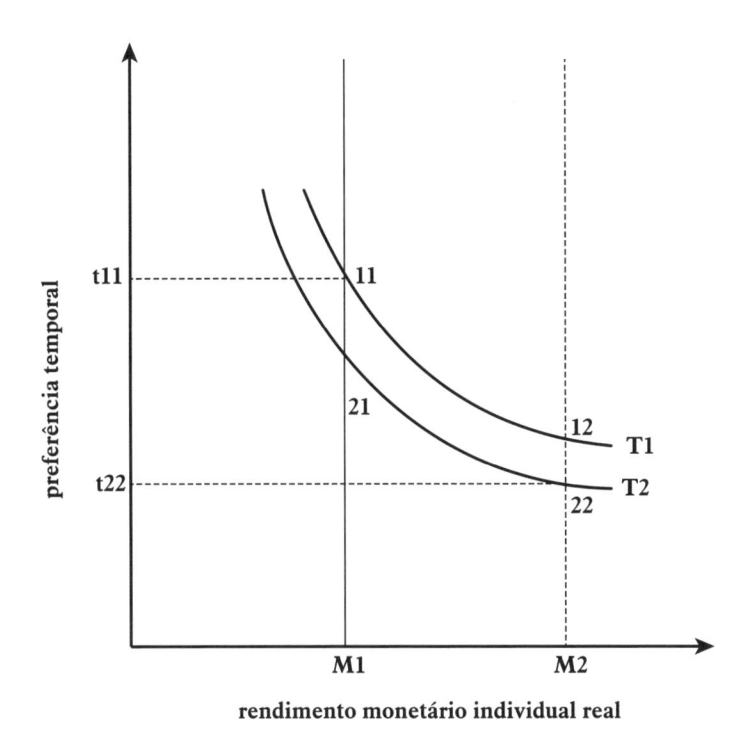

Figura 1

Preferências Temporais e o Processo de Civilização

PREFERÊNCIA TEMPORAL, PROPRIEDADE, CRIME E GOVERNO

A quantidade real de bens presentes alocados para a produção de bens futuros depende, por um lado, do conhecimento técnico de uma pessoa. Por exemplo, sem o conhecimento de como construir uma rede de pesca, Crusoé, obviamente, não poderia começar a trocar bens presentes por bens futuros – i.e., a poupar e investir. Por outro lado, dado o conhecimento técnico de uma pessoa, a quantidade de poupança depende única e exclusivamente do seu suprimento de bens presentes e do seu padrão de preferência temporal. Quanto menor for o seu suprimento de bens presentes e quanto maior for a sua preferência temporal, maior será a sua taxa efetiva de preferência temporal, e menor será a sua poupança real.

No início da humanidade, havia apenas a *"terra"* (recursos naturais e obstáculos) e o *"trabalho"* (corpo humano). Estritamente falando, a única oferta *dada* (disponibilizada pela natureza) de qualquer bem é a de corpo e de tempo. A oferta de todos os outros bens – sejam eles bens de consumo perecíveis ou duráveis, tais como frutas ou cavernas; sejam eles bens indiretamente úteis (fatores de produção), tais como arbustos frutíferos e as terras em redor desses vegetais – não é "dada". Ela é o resultado da ação anterior de alguém; da apropriação (*homesteading*) da natureza por um indivíduo específico. Os fatos e as leis da natureza e da biologia humana são "dados", é claro; e a natureza, como tal, pode ser generosa ou insuficiente. Mas é somente por meio de um ato individual de apropriação que a natureza se transforma em uma fonte de bens. E é ainda mais evidente que a oferta de todos os bens *produzidos* não é "dada". Sejam eles bens de consumo que foram armazenados, conservados ou tornados mais duráveis, sejam eles fatores de produção criados (bens de capital), todos são o resultado das atividades de indivíduos específicos. Por fim, o conhecimento técnico também não é "dado". Que uma batata poupada hoje possa produzir dez batatas daqui a um ano, isso pode ser um fato da natureza, mas é preciso primeiro ter em mãos uma batata. Todavia, ainda que se possua uma batata e se esteja perfeitamente disposto a investi-la para que se obtenha esse retorno de dez batatas (ou até mesmo um retorno menor), esse fato seria irrelevante a menos que a pessoa em questão conhecesse as leis do cultivo da batata.

Portanto, nem a oferta de bens presentes nem a tecnologia são dadas ou fixas. Pelo contrário: elas são artefatos concebidos com a intenção de melhorar o bem-estar do seu apropriador/produtor. As expectativas em relação a elas podem revelar-se corretas ou equivocadas; e, ao invés de assegurarem um lucro para o agente, as suas ações podem resultar em uma perda. Mas ninguém gastaria tempo colhendo frutos silvestres a menos que esperasse que estes fossem comestíveis. Ninguém se apropriaria de um arbusto frutífero a menos que pensasse que isso aumentaria a sua colheita de frutas. Ninguém se interessaria em aprender sobre qualquer fato ou lei da natureza a menos que achasse que tal conhecimento poderia ajudá-lo a melhorar a sua situação.

Em um contexto social, o suprimento de um indivíduo de bens apropriados e produzidos, o seu padrão de preferência temporal e a sua consequente taxa efetiva de preferência temporal também podem ser afetados pelas ações dos outros, bem como pelas expectativas em relação a essas ações. [10]

---

[10] Sobre esse assunto, ver Murray N. Rothbard, *Man, Economy and State*, pp. 147–159; ver também: idem, *Governo e Mercado* (São Paulo: Instituto Ludwig von Mises Brasil, 2012); Hans-Hermann Hoppe, *Uma Teoria do Socialismo e do Capitalismo* (São Paulo: Instituto Ludwig von Mises Brasil, 2010); e idem, *The Economics and Ethics of Private Property* (Boston: Kluwer, 1993).

A tendência à queda da taxa de preferencia temporal e o processo de civilização que a acompanha continuarão assim – como tem sido até agora, tacitamente, admitido ser o caso – enquanto ninguém interferir nos atos de apropriação da natureza e de produção dos outros. Enquanto este for o caso – enquanto cada indivíduo for respeitado por todos os outros como o proprietário da sua oferta de corpo e de tempo e de quaisquer bens que ele apropriou e produziu, de forma que todo mundo possa desfrutar, sem ser molestado pelos demais, todos os benefícios presentes e futuros a serem obtidos a partir desses bens –, a existência de mais de uma pessoa deixa inalterada a tendência à queda da preferência temporal ou ainda acelera e reforça o próprio processo. O primeiro caso acontece se – e na medida em que – A se apropriar de um determinado bem previamente sem dono dado pela natureza ou transformar esse bem em um bem diferente sem causar qualquer dano físico para os bens pertencentes a uma outra pessoa, B. A oferta de bens presentes de A – i.e., o valor de tais bens para A – é aumentada; em virtude disso, *ceteris paribus*, a sua taxa de preferência temporal cairá. Devido ao fato de as ações não terem impacto sobre a oferta de bens possuída por B, a taxa de preferência temporal de B mantém-se inalterada. Além disso, a tendência será acelerada na medida em que A e B, baseados no reconhecimento mútuo da propriedade de cada um, empenharem-se voluntariamente no comércio ou na cooperação e na medida em que, mesmo sem qualquer troca entre si, tão-somente observarem as atividades um do outro e reproduzirem o conhecimento um do outro. Pois qualquer comércio voluntário ou cooperação entre A e B aumenta – *ex ante* – a oferta e/ou o valor atribuído à oferta de bens de *ambas* as partes (caso contrário, esse comércio ou essa cooperação não ocorreriam); portanto, a taxa de preferência temporal de ambos, A e B, cairá. Ademais, por meio da aprendizagem um do outro de fatos e leis – tais como: "existem batatas"; "as batatas podem ser comidas"; "uma batata presente pode produzir dez batatas futuras" –, a tendência à queda da taxa de preferência temporal se espalha de uma pessoa para outra.

Entretanto, caso ocorram violações dos direitos de propriedade e os bens apropriados ou produzidos por A sejam roubados, danificados ou expropriados por B; ou caso B restrinja, de alguma forma, os usos que A está autorizado a fazer dos seus bens (além de não ser permitido a A causar qualquer dano físico à propriedade de B), então a tendência à queda da taxa de preferência temporal será perturbada, interrompida ou até mesmo invertida.

As violações dos direitos de propriedade – e o efeito que elas engendram sobre o processo de civilização – podem ser de dois tipos. Elas podem assumir a forma de atividades criminosas (incluindo negligência); ou podem assumir a forma de interferência governamental ou institucional.

A característica marcante das invasões criminosas dos direitos de propriedade é que tais atividades são consideradas ilegítimas ou injustas não só pela vítima, mas também pelos proprietários em geral (e, possivelmente, até mesmo pelos próprios criminosos). Portanto, considera-se que a vítima tem o direito de defender-se caso seja necessário (através da retaliação) e de punir e/ou exigir uma compensação do agressor.

O impacto do crime é duplo. Por um lado, a criminalidade diminui a oferta de bens da vítima (o apropriador/produtor/comerciante), sendo elevada, assim, a sua taxa efetiva de preferência temporal (supondo-se dado o seu padrão de preferência temporal). Por outro lado, à medida que as pessoas percebem o risco de danos futuros, elas realocarão os seus recursos. Elas construirão muros e cercas; instalarão fechaduras e sistemas de alarme; construirão ou comprarão armas; e contratarão serviços de proteção e de seguro. A existência do crime, portanto, implica um retrocesso no processo que conduz à queda da taxa de preferência temporal em relação às vítimas em questão, ocasionando gastos que, na perspectiva das vítimas reais e potenciais, poderiam ser considerados um desperdício caso não houvesse crime. [11]

Dessa maneira, o crime – ou uma mudança em sua taxa – tem o mesmo tipo de efeito na preferência temporal que a ocorrência – ou a frequência – de catástrofes "naturais". As inundações, as tempestades, as ondas de calor e os terremotos também reduzem a oferta de bens presentes das suas vítimas, aumentando, assim, a sua taxa efetiva de preferência temporal. E a percepção da alteração dos riscos de catástrofes naturais também conduz a realocações de recursos e a caros ajustes – como a construção de barragens, de sistemas de irrigação, de diques de contenção, de abrigos; ou como a compra de seguros por danos de um terremoto. Tais ajustes e realocações seriam desnecessários caso não existissem tais riscos naturais.

No entanto, mais importante do que isso, uma vez que as vítimas reais e potenciais estão autorizadas a se defenderem, a se protegerem e a se garantirem contra ambos os desastres sociais – os crimes e as catástrofes naturais –, o efeito destes sobre a preferência temporal são temporários e não sistemáticos. As vítimas reais pouparão ou investirão uma quantidade menor de bens em função do fato de estarem mais pobres. E as diferentes percepções dos riscos entre vítimas reais e potenciais moldam a *direção* (o *sentido*) das suas ações futuras. Porém, enquanto a proteção física e a defesa forem permitidas, a existência de

---

[11] Ver também Gordon Tullock, "The Welfare Costs of Tariffs, Monopolies and Theft", em *Western Economic Journals* (1967).

desastres sociais ou de catástrofes naturais não implica que o *grau* de preferência temporal das vítimas reais ou potenciais – o grau da sua visão de longo prazo, da sua orientação para o futuro – será sistematicamente alterado. [12] Depois de os prejuízos serem verificados e depois de as atividades serem redirecionadas, a tendência à queda da taxa de preferência temporal e o processo civilizatório retomarão o seu percurso anterior. Nesse ínterim, pode-se esperar que a proteção contra o crime e contra os desastres naturais receberá contínuo aperfeiçoamento. [13]

As coisas, entretanto, mudam radicalmente – comprometendo permanentemente o processo de civilização – sempre que as violações dos direitos de propriedade assumem a forma de interferência governamental. A marca distintiva das violações governamentais do direito de propriedade privada é que, ao contrário das atividades criminosas, elas são consideradas legítimas não apenas pelos agentes do governo que se dedicam a elas, mas também pelo público em geral (e, em casos raros, até mesmo pela vítima). Assim, nessa situação, a vítima não pode legitimamente defender-se de tais violações. [14]

A instituição de um imposto governamental sobre os bens ou os rendimentos viola os direitos de propriedade do produtor tanto quanto o roubo. Em ambos os casos, a oferta de bens do apropriador/produtor é diminuída contra a sua vontade e sem o seu consentimento. A moeda go-

---

[12] Nos termos da Figura 1, catástrofes naturais e sociais similares implicam um movimento para cima e para a esquerda em uma dada curva de preferência real à medida que as vítimas são analisadas. Mas elas não implicam uma mudança da estrutura temporal de uma pessoa, i.e., uma mudança de uma curva de menor preferência temporal para uma de maior preferência temporal. Tal mudança, contudo, ocorre na presença de desastres governamentais.

[13] Sobre a evolução e a eficiência dos sistemas de direito concorrencial e de provisão dos serviços de defesa e de aplicação da lei, ver Gustave de Molinari, *Da Produção de Segurança* (São Paulo: Instituto Ludwig von Mises Brasil, 2014); William C. Wooldridge, *Uncle Sam, the Monopoly Man* (New Rochelle, N. Y.: Arlington House, 1970); Murray N. Rothbard, *Por Uma Nova Liberdade – O Manifesto Libertário* (São Paulo: Instituto Ludwig von Mises Brasil, 2013); Hans-Hermann Hoppe, *The Economics and Ethics of Private Property* (Boston: Kluwer, 1993); Morris Tannehill e Linda Tannehill, *The Market for Liberty* (New York: Laissez Faire Books, 1984); Terry Anderson e P. J. Hill, "The American Experiment in Anarcho-Capitalism: The Not So Wild, Wild West", em *Journal of Libertarian Studies* (1980); Bruce L. Benson, "Guns for Protection and other Private Sector Responses to the Government's Failure to Control Crime", em *Journal of Libertarian Studies* (1986); idem, *The Enterprise of Law: Justice Without the State* (San Francisco: Pacific Research Institute, 1990); Roger D. McGrath, *Gunfighters, Highwaymen and Vigilantes: Violence on the Frontier* (Berkeley: University of California Press, 1984); e idem, "Treat Them to a Good Dose of Lead", em *Chronicles* (janeiro de 1994).

[14] Sobre a teoria do estado, além das obras citadas na nota de rodapé n. 10, conferir Franz Oppenheimer, *The State* (New York: Vanguard Press, 1914); idem, *System der Soziologie*, vol. 2, *Der Staat* (Stuttgart: Gustav Fischer, 1964); Alexander Rüstow, *Freedom and Domination* (Princeton, N. J.: Princeton University Press, 1980); Charles Tilly, "War Making and State Making as Organized Crime", em *Bringing the State Back In*, editado por Peter B. Evans, Dietrich Rueschemeyer e Theda Skocpol (Cambridge: Cambridge University Press, 1985); e Richard Epstein, *Takings: Private Property and the Power of Eminent Domain* (Cambridge, Massachussets.: Harvard University Press, 1985).

vernamental – i.e., a criação de "liquidez" – não menos significa uma expropriação fraudulenta dos donos de propriedade do que as operações de uma gangue criminosa de falsificadores. Ademais, as regulações do governo acerca do que um proprietário pode ou não pode fazer com a sua propriedade – para além da regra de que ninguém pode causar danos físicos à propriedade dos outros e de que todas as trocas (comércio) uns com os outros devem ser voluntárias e contratuais – implicam uma "apropriação" da propriedade de alguém da mesma forma como o fazem os atos de extorsão, de roubo ou de destruição. Mas a tributação, a criação de "liquidez" perpetrada pelo governo e as regulações governamentais, ao contrário dos seus homólogos penais, são consideradas legítimas; e a vítima da interferência do governo, ao contrário da vítima de um crime, *não* tem o direito à defesa física e à proteção da sua propriedade.

Graças, então, à sua legitimidade, as violações governamentais dos direitos de propriedade afetam sistematicamente as preferências temporais individuais de forma diferente – e muito mais profunda – do que a criminalidade. Assim como a criminalidade, a interferência governamental nos direitos de propriedade privada reduz a oferta de bens presentes de uma pessoa, aumentando, assim, a sua efetiva taxa de preferência temporal. As agressões governamentais, em contraste com os crimes, ao mesmo tempo aumentam o *grau* de preferência temporal das vítimas reais e potenciais porque elas implicam também uma redução da oferta de bens *futuros* (uma redução da taxa de retorno sobre o investimento). O crime, por ser ilegítimo, ocorre apenas intermitentemente – o assaltante desaparece da cena com o seu saque e deixa a sua vítima sozinha, livre e em paz. Portanto, pode-se lidar com o crime através do aumento da demanda por produtos e serviços de proteção (em relação ao aumento da demanda por produtos e serviços que não sejam de proteção) a fim de restaurar ou até mesmo aumentar a futura taxa de retorno de investimento e fazer com que seja menos provável que o mesmo ou um outro assaltante possam ser bem-sucedidos uma segunda vez com a mesma ou com uma outra vítima. Em contraste, por serem legítimas, as violações governamentais dos direitos de propriedade são contínuas. O agressor não desaparece na clandestinidade, mas permanece ao redor; e a vítima não pode se armar contra ele, mas deve permanecer indefesa (pelo menos é o que, geralmente, dela se espera). [15] Em consequência disso, futuras violações de direitos de proprie-

---

[15] Lysander Spooner, em *No Treason: The Constitution of No Authority* (Larkspur, Colorado: Pine Tree Press, 1966), escreve:
> O governo, de fato, não arma ciladas para um homem em um lugar solitário, surpreende-o na estrada e, apontando uma pistola para a sua cabeça, rouba-lhe o dinheiro dos seus bolsos. Mas o assalto continua sendo um assalto; e ele é muito mais covarde e vergonhoso. Recaem unicamente sobre o ladrão de estradas a responsabilidade, o perigo e o crime dos

dade, ao invés de se tornarem menos frequentes, institucionalizam-se. A taxa, a regularidade e a duração das futuras agressões aumentam. Ao invés de promoverem e melhorarem a sua proteção, as vítimas reais e potenciais das violações governamentais dos direitos de propriedade – como demonstrado pela sua contínua desproteção *vis-à-vis* os seus agressores – reagem a isso associando um risco permanentemente maior à totalidade da sua produção futura e ajustando sistematicamente para baixo as suas expectativas em relação à taxa de retorno de todos os investimentos futuros.

Competindo com a tendência à queda da taxa de preferência temporal, uma tendência oposta passa a surgir com a existência do governo. Ao reduzir simultaneamente a oferta de bens presentes *e* de (esperados) bens futuros, as violações governamentais dos direitos de propriedade não apenas elevam as taxas de preferência temporal (supondo-se dados os padrões), como também aumentam os *padrões* de preferência temporal. Em função de os apropriadores/produtores estarem (e virem a si próprios assim) indefesos contra futuras agressões por parte dos agentes do governo, a sua esperada taxa de retorno de ações produtivas e orientadas para o futuro (visão de longo prazo) é reduzida em todos os aspectos; em decorrência disso, as vítimas reais e potenciais tornam-se mais orientadas para o presente (visão de curto prazo).

Conforme será explicado no decorrer da seção seguinte, se as violações governamentais dos direitos de propriedade seguem o seu rumo, aumentando e tornando-se cada vez maiores, a tendência natural da humanidade a edificar um crescente estoque de capital de bens de consumo duráveis e a trabalhar com uma visão cada vez mais de longo prazo, com objetivos mais distantes no tempo (orientada para o futuro), pode não só ser suspen-

---

seus próprios atos. Ele não finge que possui uma justa reivindicação ao seu dinheiro; ele não diz que pretende usá-lo em benefício de você, a própria vítima. A intenção dele é ser somente um assaltante. Ele não nutre suficiente insolência para professar que é meramente um "protetor" e que toma o dinheiro dos homens contra a vontade deles para "proteger" os encantados viajantes, os quais se sentem perfeitamente capazes de proteger a si próprios ou não aprovam o seu peculiar sistema de proteção. Ele possui muito bom senso para abster-se de dizer coisas como estas. Além disso, após ter tomado o seu dinheiro, ele vai embora, o que é que você deseja que ele faça. Ele não persiste em segui-lo em seu caminho contra a sua vontade, admitindo ser o seu legítimo "soberano" em função da "proteção" que lhe proporciona. Ele não continua "protegendo" você, ordenando-lhe que se curve perante ele e que o sirva; exigindo que faça isso e que não faça aquilo; roubando-lhe a quantidade de dinheiro que o seu interesse ou o seu prazer decidirem; imputando-lhe o estigma de rebelde, traidor e inimigo do país e aniquilando-o sem piedade caso você questione a sua autoridade ou resista às suas exigências. Ele é por demais cavalheiro para ser acusado de tais embustes, insultos e canalhices. Em suma, ele não tenta, em aditamento ao ato de roubar você, torná-lo o seu palhaço ou o seu escravo. (p. 17)

sa, como também ser revertida por uma tendência à descivilização: indivíduos previdentes e responsáveis se tornarão bêbados ou alucinados; os adultos se tornarão crianças; o homem civilizado se tornará um bárbaro; e os produtores se tornarão criminosos.

Governo, Expansão Governamental e o Processo de Descivilização: Da Monarquia à Democracia

Todo governo – e isso significa toda agência que se engaja em violações contínuas e institucionalizadas dos direitos de propriedade (expropriações) – é, por sua própria natureza, um monopolista territorial. Não pode haver "liberdade de entrada" no negócio de expropriações; caso contrário, em breve nada sobraria para ser expropriado, e qualquer forma de expropriação institucionalizada passaria, então, a ser impossível. Sob o pressuposto do autointeresse, todo governo usará esse monopólio da expropriação para o seu próprio benefício, a fim de maximizar a sua riqueza e os seus rendimentos. Por isso, todo governo deve possuir uma tendência inerente à expansão. E, ao maximizar a sua riqueza e os seus rendimentos por meio da expropriação, todo governo representa uma ameaça constante ao processo de civilização – i.e., de preferências temporais em queda e de recursos cada vez mais amplos e disponíveis – e uma fonte crescente de forças descivilizadoras.

Entretanto, nem todo governo prospera de modo igual e produz forças descivilizadoras da mesma força. Diferentes formas de governo conduzem a diferentes graus de descivilização. Nem toda forma de governo – nem toda sequência de formas de governo – é igualmente provável.

Tendo em vista que todas as expropriações criam vítimas e que as vítimas não podem ser invocadas a cooperar enquanto estão sendo agredidas e expropriadas, uma agência que *institucionaliza* a expropriação deve ter legitimidade. A maioria dos governados deve considerar a atuação do governo justa – ou, pelo menos, suficientemente justa – para que esta não seja contrariada e para que as vítimas se mantenham indefesas.[16] No en-

---

[16] Sobre a importância fundamental da opinião pública favorável para o exercício do poder governamental, ver a clássica análise de Étienne de la Boétie, *Discurso sobre a Servidão Voluntária*, com uma introdução escrita por Murray N. Rothbard; ver também: David Hume, "The First Principles of Government", em *Essays: Moral, Political, and Literary* (Oxford: Oxford University Press, 1971). Assim escreve Hume:
> Para aqueles que analisam os assuntos humanos com um olhar filosófico, nada parece ser mais surpreendente do que a facilidade com que os muitos são regidos pelos poucos, bem como a implícita submissão com a qual os homens sacrificam os seus próprios sentimentos

tanto, adquirir legitimidade não é uma tarefa fácil. Por essa razão, não é provável, por exemplo, que um único governo mundial possa surgir do nada. Ao invés disso, todos os governos devem começar territorialmente pequenos. Nem é provável que, mesmo para uma população tão pequena como a de um clã, uma tribo, uma aldeia ou uma cidade, surja um governo que, em uma primeira fase, seja democrático, pois quem depositaria maior confiança em uma pessoa anônima e democraticamente eleita – especialmente estando em jogo uma questão tão delicada como a de que se trata de um monopólio territorial da expropriação – do que em um determinado indivíduo conhecido? Portanto, pelo fato de o governo ter de começar pequeno, a forma original de governo é normalmente aquela do governo *pessoal*: da propriedade privada do aparato governamental de compulsão (a monarquia). [17]

Em todas as sociedades – sejam quais forem os seus graus de complexidade –, indivíduos específicos rapidamente adquirem um *status* de elite em razão dos seus diversos talentos. Devido às suas realizações superiores em termos de riqueza, sabedoria e coragem (havendo, inclusive, uma combinação de ambos), certos indivíduos adquirem o respeito dos demais, e as suas opiniões e os seus julgamentos possuem uma autoridade natural. Em virtude de tal autoridade, os membros da elite são os indivíduos mais suscetíveis de serem bem-sucedidos no estabelecimento de um legítimo monopólio territorial da compulsão, normalmente através da monopolização dos serviços de resolução de conflitos (i.e., dos serviços judiciais – tribunais e legislação) e de aplicação da lei (serviços policiais). [18] E, já que

---

e as suas paixões em prol dos seus governantes. Quando investigamos os meios através dos quais essa façanha é efetuada, nós entendemos que, como a Força está sempre no lado dos governados, os governantes nada têm que os apoie – exceto a opinião. Portanto, encontra-se apenas na opinião a base dos governos, e tal máxima se estende tanto aos governos mais despóticos e militaristas quanto aos mais livres e populares. O sultão do Egito ou o imperador de Roma podem conduzir os seus inofensivos súditos como animais irracionais, contra o sentimento e a inclinação deles; mas eles devem, pelo menos, ter conduzido os seus mamelucos ou a sua guarda pretoriana como homens, através das opiniões destes. (*Essays: Moral, Political, and Literary* [Oxford: Oxford University Press, 1971], p. 19)

Ver também: Ludwig von Mises, *Human Action: A Treatise on Economics*, Scholar's Edition (Auburn, Alabama: Ludwig von Mises Institute, 1998), pp. 863–864.

[17] Sobre o longo processo histórico da aquisição do poder governamental e da primazia do governo monárquico, consultar Bertrand de Jouvenel, *Sovereignty: An Inquiry into the Political Good* (Chicago: University of Chicago Press, 1957), especialmente o capítulo 10; idem, *O Poder – A História Natural do Seu Crescimento* (São Paulo: Peixoto Neto, 2010); idem, "The Principate", em idem, *The Nature of Politics* (New York: Schocken Books, 1987); e Alexander Rüstow, *Freedom and Domination* (Princeton, N. J.: Princeton University Press, 1980), especialmente as páginas 101–102.

[18] Sobre a onipresença da autoridade natural, ver Bertrand de Jouvenel, *Sovereignty: An Inquiry into the Political Good* (Chicago: University of Chicago Press, 1957), capítulo 2.

Tudo de que se necessitou [para a formação de associações] foi que algum homem deve ter percebido dentro de si uma ascendência natural e, então, inspirado os outros a nele confiarem (...); quando nós vemos, todos os dias, associações formando-se em todo

devem a sua posição privilegiada ao seu caráter pessoal elitista e às suas realizações, eles se considerarão – e assim serão considerados pelos seus companheiros – como os *proprietários pessoais* do monopólio. O governo democrático – no qual o aparato governamental é considerado como sendo propriedade "pública", administrada por funcionários regularmente eleitos que não detêm pessoalmente a propriedade do monopólio e não são vistos como proprietários do governo, mas sim como os seus *zeladores* ou depositários (administradores) – normalmente surge depois do governo pessoal e da propriedade privada governamental. Uma vez que as massas ou as maiorias não podem possuir qualquer autoridade natural (trata-se de um atributo pessoal e individual), os governos democráticos podem adquirir legitimidade apenas de uma forma excepcional e não natural – geralmente através da guerra ou da revolução. Somente em atividades como a guerra e a revolução as massas agem em concerto, fazendo a vitória e a derrota dependerem do esforço em massa. E é apenas em circunstâncias excepcionais – tais como as mencionadas – que as massas ou as maiorias podem obter a legitimidade necessária para transformar o governo em propriedade *pública*.

Essas duas formas de governo – a propriedade privada governamental (monarquia) ou a propriedade pública governamental (democracia) – desencadeiam sistematicamente diferentes efeitos na preferência temporal social e no consequente processo de civilização; e, em especial, com a transição do governo monárquico (pessoal) para o governo democrático (público), opondo-se à sabedoria convencional, as forças descivilizadoras inerentes a qualquer forma de governo são sistematicamente reforçadas. [19]

A característica definidora do governo de propriedade privada e a razão para o grau relativamente menor de preferência temporal de um governante pessoal (em comparação com os criminosos e os governos de-

---

lugar, por que razão devemos imaginá-las formando-se no distante passado de uma outra maneira? O que faz os líderes surgirem, tanto hoje como sempre, é a natural ascendência da autoridade como tal. Nós a vemos surgir sob os nossos olhos sempre que há um resgate a ser organizado ou um incêndio a ser apagado. (pp. 31-32)

E, no tocante ao processo de transição da autoridade para o poder, disserta Bertrand de Jouvenel:
 O poder, no entanto, é algo muito diferente da autoridade. A marca distintiva dessa última é que ela é exercida somente sobre aqueles que voluntariamente a aceitam: se os governantes têm autoridade sobre apenas uma parte dos seus súditos, eles podem receber dessa parcela força suficiente para submeter os demais ao seu poder. (...) A autoridade termina onde a sua aceitação voluntária termina. Há em cada estado uma margem de obediência que se ganha apenas através do uso da força ou através da ameaça do uso da força: esta é a margem que viola a liberdade e demonstra a falta da autoridade. Entre os povos livres tal margem é muito pequena, porque entre eles a força da autoridade é suprema. (pp. 32-33)

[19] Sobre esse assunto, ver a literatura acerca da "tragédia dos comuns"; por exemplo, *Managing The Commons*, editado por Garrett Hardin e John Baden (San Francisco: W. H. Freeman, 1977). Ver também: Mancur Olson, "Dictatorship, Democracy and Development", em *American Political Science Review*, 87, n. 3 (1993).

mocráticos) estão no fato de que os recursos expropriados e o privilégio monopolístico da expropriação futura são propriedade *individual*. Os recursos confiscados são adicionados à propriedade privada do governante e são tratados como se fossem uma parte dessa propriedade; e o privilégio monopolístico da expropriação futura é acrescentado a essa propriedade como se fosse um título, conduzindo, assim, a um aumento imediato no seu valor presente ("capitalização" do lucro do monopólio). Mais importante ainda: sendo o proprietário privado da propriedade governamental, o governante tem o direito de passar todos os bens pessoais para o seu herdeiro. Ele pode vender, alugar ou ceder uma parte ou a totalidade da sua propriedade privilegiada e embolsar privadamente as receitas decorrentes da venda ou do aluguel, podendo nomear ou demitir pessoalmente cada administrador e cada funcionário da sua propriedade. [20]

A instituição da propriedade privada governamental molda sistematicamente a estrutura de incentivos, fazendo frente ao governante e influenciando nitidamente a sua condução dos negócios de governo. Partindo do princípio do autointeresse, o governante tenta maximizar a sua riqueza – i.e., o valor presente da sua propriedade e as suas receitas correntes. Ele *não* se interessaria em aumentar as suas receitas correntes à custa de uma redução mais do que proporcional do valor presente dos seus ativos. Além disso, uma vez que os atos de aquisição das receitas correntes invariavel-

---

[20] De acordo com essa caracterização da monarquia, as "monarquias" atuais – Grã-Bretanha, Países Baixos (Holanda), Bélgica, Suécia, Noruega, Dinamarca, Espanha – são, claramente, monarquias apenas no nome. Elas, na verdade, são exemplos do que se considera aqui e nos estudos seguintes como democracias. O termo "monarquia", como aqui definido, aplica-se mais adequadamente à forma de governo que caracterizou a Europa até o final do século XVIII, o *ancien régime*. A partir desse momento, em um processo iniciado pelos americanos e em especial pela Revolução Francesa e concluído após o final da Primeira Guerra Mundial, as monarquias foram gradualmente transformadas em democracias.

A monarquia e a democracia, de fato, podem ser concebidas analiticamente, representando os dois extremos de um *continuum*, com diversas formas possíveis de governo localizadas em distâncias maiores ou menores de um para o outro extremo. As monarquias eletivas – tais como as que existiam em certas épocas na Polônia, na Boêmia e na Hungria, por exemplo – são, obviamente, menos monárquicas do que as monarquias hereditárias. Da mesma forma, as monarquias "constitucionais" são menos monárquicas do que as monarquias pré-constitucionais. E as monarquias "parlamentares" podem muito bem ser classificadas como estando mais perto de uma democracia do que de uma monarquia; e, havendo o sufrágio universal, elas na prática não podem ser consideradas monarquias. Por outro lado, conquanto uma forma republicana de governo implique, por definição, que o aparato de estado não é propriedade particular, mas propriedade pública ("do povo"); conquanto uma república, portanto, possua uma inerente tendência a gravitar em torno da adoção do sufrágio universal (i.e., em torno do republicanismo democrático), nem todas as repúblicas podem ser classificadas como estando próximas da democracia. Por exemplo, uma "república" aristocrática, como a das Províncias Holandesas Unidas antes de 1673 (quando Guilherme de Orange foi eleito *stadtholder* hereditário), pode – e, na verdade, deve – ser classificada como uma quase monarquia, em vez de uma democracia. No tocante à distinção entre monarquia, república e democracia e às suas diversas manifestações históricas, ver Erik von Kuehnelt-Leddihn, *Leftism Revisited: From de Sade and Marx to Hitler and Pol Pot* (Washington, D. C.: Regnery Gateway, 1990).

mente engendram repercussões no valor presente dos seus ativos (o que reflete o valor de todos os esperados rendimentos futuros dos ativos com desconto da taxa de preferência temporal), a propriedade privada, por sua própria natureza, conduz ao cálculo econômico, promovendo, em consequência, uma visão de longo prazo (orientada para o futuro).

Embora isso seja verdadeiro em relação à propriedade privada em geral, no caso especial da propriedade privada governamental isso implica uma perceptível moderação no uso do privilegiado monopólio de expropriação por parte do governante, pois os atos de confisco, em função da sua própria natureza parasitária, ocorrem sobre atos anteriores de produção dos governados. Onde nada foi anteriormente produzido, nada pode ser expropriado; onde tudo foi expropriado, toda a produção futura será bruscamente suspensa. Portanto, um proprietário privado do governo (o rei) evitará tributar os seus súditos muito pesadamente a fim de evitar a redução dos seus potenciais ganhos financeiros futuros na medida em que, por exemplo, o valor presente da sua propriedade (o seu reino) sofra declínios reais. Ao invés disso, para manter ou até mesmo aumentar o valor da sua propriedade pessoal, ele sistematicamente coibirá as suas políticas tributárias, pois, quanto menor for o grau de tributação, mais produtivos serão os súditos; e, quanto mais produtivos forem os governados, maior será o valor do parasitário monopólio da expropriação do governante. Ele, naturalmente, usará o seu privilégio monopolístico. Ele *não* deixará de impor tributos. Porém, na condição de proprietário privado do governo, é do seu interesse parasitar uma economia cada vez mais pujante, produtiva e próspera, porque isso também incrementaria – sempre e sem qualquer esforço da sua parte – as suas próprias riquezas e a sua própria prosperidade. A carga tributária – o tamanho da riqueza expropriada pelos impostos –, portanto, tende a ser baixa. [21]

Ademais, trata-se do próprio interesse pessoal do governante usar o seu monopólio da lei (tribunais) e da ordem (polícia) para aplicar o preestabelecido direito de propriedade privada. Com a única exceção de si mesmo, ele desejará fazer valer, para os súditos e para todas as relações internas entre estes, o princípio de que todos os bens e todos os rendimentos devem ser adquiridos de forma produtiva e/ou contratual; e ele, portanto, desejará considerar todas as transgressões à propriedade privada como

---

[21] Carlo M. Cipolla, *Before the Industrial Revolution: European Society and Economy, 1000–1700* (New York: W. W. Norton, 1980), p. 48, conclui: "Apesar de tudo, deve-se admitir, sem dúvida, que a porção das riquezas nacionais apreendida pelo setor público aumentou a partir do século XI em diante por toda a Europa, mas é difícil imaginar que, excetuando-se momentos e locais específicos, o poder público nunca conseguiu tomar mais do que de 5 a 8% da renda nacional." Ele ainda observa que essa porção não foi sistematicamente ultrapassada até a segunda metade do século XIX. Ver também as duas notas de rodapé seguintes.

crimes e ameaçá-las com uma punição. Quanto menor for a ocorrência de crimes contra a propriedade privada, maiores serão as riquezas privadas, e maior será o valor do monopólio da tributação e da expropriação do governante. Com efeito, um governante privado não desejará se basear exclusivamente em uma receita de *impostos* para financiar os seus próprios gastos. Em vez disso, ele também desejará contar com atividades produtivas e alocar parte da sua propriedade para a produção e o fornecimento de bens e serviços "normais", de modo a concretizar o objetivo de obter uma receita "normal" (i.e., de mercado) de *vendas*. [22]

Por outro lado, a propriedade privada governamental implica a moderação em função de outro motivo sistemático. Toda propriedade privada é, por definição, propriedade exclusiva. Aquele que possui uma propriedade

---

[22] Sobre o reconhecimento, pelos monarcas, do direito de propriedade privada pré-existente, consultar Bertrand de Jouvenel, *Sovereignty: An Inquiry into the Political Good* (Chicago: University of Chicago Press, 1957), especialmente os capítulos 10 e 11.

> A atitude do soberano em relação aos direitos é expressa no juramento dos primeiros reis franceses: "Eu honrarei e preservarei cada um de vós; e eu manterei, para cada um, a lei e a justiça que se lhe aplicam." Quando o rei era chamado de "devedor de justiça", não se tratava de frase vazia. Se o seu dever era *suum cuique tribuere*, o *suum* era um dado fixo. Não era o caso de dar a cada um, na plenitude do seu conhecimento, o que o soberano pensava que poderia ser melhor a esse indivíduo, mas sim o caso de dar a cada um o que lhe pertencia de acordo com os costumes. Os direitos subjetivos não eram usufruídos por meio de uma precária concessão, mas eram em si mesmos propriedade absoluta. Os direitos do soberano também eram em si mesmos propriedade absoluta. Esses direitos também eram direitos subjetivos, tanto quanto os outros direitos; não obstante a sua dignidade mais elevada, eles não podiam fazer com que os outros direitos fossem solapados. (pp. 172–173)

Bertrand de Jouvenel, mais adiante, diz:

> O episódio muito citado de Frederico, o Grande, e o moleiro de Sans-Souci representa fielmente o antigo estado de coisas. Os direitos do rei tinham incomparavelmente maior alcance do que os do moleiro; mas, no tocante ao direito do moleiro, este era tão bom quanto o do rei; em seu próprio terreno, o moleiro tem o direito de reter o rei. É verdade que havia um profundo sentimento de que todos os direitos positivos se entrelaçavam; se o rei ignorasse o título do moleiro à sua terra, o título do rei ao seu trono poderia ser, por esse motivo, também desconsiderado. A profunda – embora obscura – noção de legitimidade estabelecia uma solidariedade entre todos os direitos. (p. 189)

Por fim, sobre o financiamento dos reis, discorre Bertrand de Jouvenel:

> Os gastos estatais – que é como nós os chamamos agora – eram considerados nos tempos feudais como os próprios gastos do rei, nos quais ele incorria em virtude de suas atividades. Quando as praticava, ele ao mesmo tempo encontrava-se em uma "propriedade" (no moderno sentido da palavra); i.e., ele encontrava-se dotado de direitos de propriedade que lhe garantiam um rendimento suficiente para a provisão das suas flexíveis necessidades. É como se fosse esperado de um governo da nossa própria época que cobrisse as suas despesas correntes com as receitas provenientes de empresas públicas. (p. 178)

No entanto, é importante ressaltar, ainda, que qualquer monopólio da lei e da ordem resulta em preços mais elevados e/ou em menor qualidade dos serviços do que, no caso contrário, em condições competitivas, ocorreria; e que até mesmo um rei empregará o seu monopólio da punição para o seu próprio proveito, modificando cada vez mais o princípio de restituir e compensar a vítima de uma violação de direitos a fim de transformá-lo no princípio de restituir e compensar o próprio rei. Ver Bruce L. Benson, "The Development of Criminal Law and Its Enforcement", em *Journal des Économistes et des Études Humaines*, 3 (1992).

tem o direito de excluir todos os outros do seu uso e do seu gozo, tendo a liberdade de escolher com quem – caso realmente o queira – ele está disposto a compartilhar a utilização dela. Normalmente, o proprietário de um estabelecimento privado incluirá a sua família e excluirá todos os outros. A propriedade se torna uma propriedade familiar – a qual o tem como o seu chefe –, e toda pessoa não pertencente à família será excluída do uso da propriedade familiar, exceto quando for um convidado ou um funcionário pago ou contratado. No tocante ao governo, esse caráter exclusivo da propriedade privada adquire um significado especial. Nesse caso, ela significa que todo mundo – exceto o governante e a sua família – é excluído da possibilidade de beneficiar-se de bens e de rendimentos adquiridos de maneira não produtiva (expropriação). Somente a família real (ou reinante) – e, em menor medida, os seus amigos, os seus funcionários e os seus parceiros de negócios – desfruta o uso das receitas fiscais e pode levar uma vida parasitária. A posição de chefe do governo – e da propriedade governamental – é geralmente transmitida no interior da família real, de modo que ninguém fora da família do monarca pode realisticamente nutrir a esperança de tornar-se o próximo rei. Embora a entrada na família real possa não estar completamente vedada, ela é altamente restritiva. É possível tornar-se um membro da família real através do casamento. Porém, quanto maior for a família real, menor será a quota de cada membro do total expropriado pelo governo. Por isso, o casamento geralmente será restrito aos membros da família expandida do governante. Apenas em casos excepcionais um membro da família real se casará com um completo "intruso"; mesmo que isso ocorra, um membro da família pelo casamento normalmente não se tornará o chefe da família real.

Em decorrência dessas restrições à entrada no governo e da condição de exclusividade para o governante e a sua família (como o rei e os nobres), a propriedade privada do governo (monarquismo) estimula o desenvolvimento de uma nítida "consciência de classe" nos governados, promovendo oposição e resistência a qualquer expansão do poder governamental de tributar. Existe uma distinção clara entre os poucos governantes e os muitos governados; e há pouco ou nenhum risco ou possibilidade de uma pessoa movimentar-se de uma classe para a outra. Em função dessa barreira quase intransponível à mobilidade "para cima", é reforçada a solidariedade entre os governados – i.e., a sua mútua identificação como vítimas reais ou potenciais das violações governamentais dos direitos de propriedade –, e o risco de a classe dominante perder a sua legitimidade em consequência de um aumento da tributação é assim reforçado. [23]

---

[23] Escreve Bertrand de Jouvenel: "Um homem do nosso tempo não pode imaginar a falta de poder concreto que caracterizou a monarquia medieval, cuja consequência natural era que, a fim de garantir a execução de uma decisão, o rei precisava envolver outras lideranças para reforçar o seu próprio

Com efeito, a consciência de classe entre os governados exerce um efeito moderador não só sobre as políticas internas do governo, mas também sobre a sua conduta dos assuntos externos. Deve-se esperar que todo governo persiga uma política externa expansionista. Quanto maiores forem o território e a população aos quais o monopólio da expropriação se estende, melhor será a situação dos detentores desse monopólio. Já que é possível existir somente um único monopólio da expropriação em um determinado território, deve-se esperar que tal tendência expansionista ande de mãos dadas com uma tendência à centralização (restando a possibilidade máxima de um único governo mundial). Adicionalmente, uma vez que a centralização implica oportunidades reduzidas de migração interterritorial – de "votar com os pés" contra um governo e em favor de um outro –, deve-se esperar que o processo de competição intergovernamental (de expansiva eliminação) gere simultaneamente tendências a taxas cada vez mais altas de expropriação/tributação governamental. [24]

Entretanto, o governo de propriedade privada afeta de maneira signi-

---

comando." Bertrand de Jouvenel, "On the Evolution of Forms of Government", em idem, *The Nature of Politics* (New York: Schocken Books, 1987), p. 113. Em outra obra, observa Bertrand de Jouvenel:
O rei não podia impor tributos; ele só podia solicitar "subsídios". Foi salientado que os seus leais súditos lhe concediam recursos de livre e espontânea vontade; e estes, muitas vezes, aproveitavam essa ocasião para estipular as condições. Por exemplo, eles concederam subsídios para João, o Bom (da França), sob a condição de que ele deveria passar a abster-se de cunhar moedas, as quais estavam sendo degradadas pela diminuição do seu peso. Para reconstituir o seu Tesouro, o rei podia esmolar de cidade em cidade, expondo as suas necessidades e obtendo doações locais, como foi feito na véspera da Guerra dos Cem Anos; ou ele podia reunir, de todas as partes do país, aqueles cujo apoio financeiro almejava. Trata-se de um grave erro confundir essa reunião (assembleia) com uma moderna sessão do Parlamento, embora esse último fenômeno tenha surgido a partir do primeiro. O parlamento é soberano e pode exigir impostos. Essas antigas reuniões devem, pelo contrário, ser compreendidas como um encontro de dirigentes de empresas modernas concordando em entregar para a Fazenda uma parte dos seus lucros, com alguns dirigentes sindicais presentes concordando em abrir mão de algumas das suas taxas sindicais para o bem comum, para os fins de utilidade pública. Cada grupo era chamado para fazer uma concessão, e cada um deles, portanto, estava em uma boa situação para estipular condições. Um parlamento moderno não pode ser visto dessa maneira, pois impõe a sua vontade através do voto da maioria. (Bertrand de Jouvenel, *Sovereignty: An Inquiry into the Political Good* [Chicago: University of Chicago Press, 1957], pp. 178–179)
Ver também: Douglass C. North e Robert P. Thomas, *The Rise of the Western World: A New Economic History* (Cambridge: Cambridge University Press, 1973), p. 96.

[24] Sobre a descentralização política – a "anarquia política" – como um obstáculo ao poder governamental e como a razão fundamental para a evolução dos mercados e do capitalismo, bem como sobre a tendência à centralização política – i.e., à expansiva eliminação da "anarquia política" – e a tendência ao aumento dos poderes tributários e regulatórios dos governos que acompanha a centralização política, ver Jean Baechler, *The Origins of Capitalism* (New York: St. Martin's Press, 1976), especialmente o capítulo 7; Hans-Hermann Hoppe, *The Economics and Ethics of Private Property* (Boston: Kluwer, 1993), especialmente os capítulos 3 e 4; idem, "Migrazione, centralismo e secessione nell'Europa contemporanea", em *Biblioteca della Libertà*, 118 (1992); idem, "Nationalism and Secession", em *Chronicles* (novembro de 1993); ver também: Nathan Rosenberg e Luther E. Birdzell, *How the West Grew Rich* (New York: Basic Books, 1986).

ficativa a forma e o ritmo desse processo. Devido ao seu caráter exclusivo e à correspondente consciência de classe desenvolvida pelos governados, tentativas governamentais de expansão territorial tendem a ser vistas pelo público como um negócio privado do governante, a ser financiado e realizado com os seus próprios recursos pessoais. O território adicionado é do rei; então, é ele – e não o público – que deve pagar por isso. Em decorrência disso, das duas possíveis formas de ampliar o seu domínio militar – a guerra (a conquista) ou a aquisição contratual privada –, o governante tenderá a preferir a segunda. Não se deve inferir que ele se oponha à guerra, pois ele pode muito bem empregar os meios militares caso uma oportunidade se apresente. Mas a guerra geralmente requer recursos extraordinários; e, uma vez que um aumento dos impostos e/ou um aumento do alistamento militar obrigatório com a finalidade de financiar uma guerra considerada pelo público como a de alguém em específico encontram imediata resistência popular – e, em consequência, constituem uma ameaça para a legitimidade do governo no nível interno –, um governante pessoal terá de suportar todos ou quase todos os custos de um empreendimento militar próprio. Ele, assim, em geral preferirá a segunda opção – a opção pacífica – de expansão territorial, pois esta é menos custosa. Ao invés da conquista, ele desejará concretizar os seus desejos expansionistas através da compra de terras ou através da – até menos onerosa e ainda melhor – política de casamentos entre membros de diferentes famílias reais. Portanto, para um governante monárquico, a política externa é em grande medida uma política familiar e matrimonial, e a expansão territorial normalmente se dá por meio da anexação contratual de reinos originalmente independentes. [25]

Em contraste com a moderação interna e externa da monarquia, um governo democrático (de propriedade pública) implica um aumento superior do que se mencionou, devendo-se esperar que a transição de um

---

[25] Como um proeminente exemplo desse tipo de política externa, pode ser citado o caso dos Habsburgos da Áustria, cuja conduta foi caracterizada pelo lema *"bella gerunt alii; tu, felix Austria, nubes"*. Maximiliano I (1493–1519)
    Casou-se com a herdeira dos duques da Borgonha, os quais, ao longo do século passado, adquiriram um certo número de províncias na extremidades ocidentais do [Sacro] Império [Romano] – os Países Baixos e o Livre Condado de Borgonha, que fazia fronteira com a França. Maximiliano, nesse casamento, teve um filho, Filipe, o qual casou com Joana, herdeira de Ferdinando e Isabela, da Espanha. Filipe e Joana tiveram um filho, Carlos. Em Carlos, combinavam-se as heranças dos seus quatro avós: a Áustria de Maximiliano; os Países Baixos e o condado de Maria de Borgonha; Castela e a América espanhola de Isabela de Aragão; e as possessões mediterrâneas e italianas de Ferdinando. Ademais, em 1519, ele foi eleito Imperador do Sacro Império Romano-Germânico, tornando-se o chefe simbólico de toda a Alemanha. (Robert R. Palmer e Joel Colton, *A History of the Modern World* [New York: Alfred Knopf, 1992], p. 74.)
Sobre o caráter limitado e moderado das guerras monárquicas, consultar a discussão sobre a guerra democrática nas páginas seguintes.

mundo de reis para um mundo de presidentes democraticamente eleitos conduza a um aumento sistemático da intensidade e da extensão dos poderes governamentais e a uma tendência significativamente reforçada à descivilização.

Um governante democrático pode usar o aparato de estado para a sua vantagem pessoal, mas este não lhe pertence. Ele não pode vender recursos governamentais e embolsar privadamente as receitas dessas vendas; nem pode ele passar bens governamentais ao seu herdeiro pessoal. Ele possui o *uso atual* dos recursos governamentais, mas não o valor do capital. Em distinto contraste com um rei, um presidente desejará maximizar não a riqueza total do governo (valores do capital e receitas correntes), mas sim as receitas correntes (independentemente – e à custa – dos valores do capital). Na verdade, mesmo que quisesse agir de maneira diferente, ele *não poderia* fazê-lo, pois, sendo propriedade pública, os recursos do governo não são passíveis de serem vendidos; e, sem os preços de mercado, o cálculo econômico é *impossível*. Assim, deve ser considerado inevitável que a propriedade pública do governo resulte em um contínuo consumo de capital. Ao invés de manter ou até mesmo aumentar o valor da propriedade do governo – como faz um rei –, um presidente (o zelador temporário do governo) usará ao máximo os recursos governamentais o mais rapidamente possível, pois, se ele não os consumir *agora,* ele pode *nunca mais* ter a possibilidade de consumi-los. Em particular, um presidente (ao contrário de um rei) não tem interesse em não estragar o seu país. Por que ele *não* incrementará as suas expropriações se a vantagem de uma política de moderação – o consequente maior valor do capital da propriedade governamental – não pode ser colhida privadamente, enquanto a vantagem de uma política oposta de impostos mais altos – maiores rendimentos correntes – pode ser então obtida? Para um presidente, ao contrário de um rei, a moderação oferece apenas desvantagens. [26]

---

[26] Sobre a natureza da propriedade pública e a sua inerente irracionalidade, ver também Murray N. Rothbard, *Power and Market: Government and the Economy* (Kansas City: Sheed Andrews and McMeel, 1977), pp. 172–184; e Hans-Hermann Hoppe, *Uma Teoria do Socialismo e do Capitalismo* (São Paulo: Instituto Ludwig von Mises Brasil, 2010), cap. 9.
A diferença fundamental entre a propriedade privada governamental (de baixa preferência temporal) e a propriedade pública governamental (de alta preferência temporal) pode ser ilustrada pela instituição da escravidão, contrastando os escravos de propriedade privada – como existiam, por exemplo, na América antes da guerra – com os escravos de propriedade pública – como existiam, por exemplo, na antiga União Soviética e em seu império no Leste Europeu.
Assim como os escravos, na condição de propriedade privada, eram ameaçados com punições caso tentassem fugir, em todo o antigo Império Soviético a emigração foi banida e punida como uma ofensa criminal – caso necessário, aqueles que tentavam fugir eram fuzilados. Além disso, leis antivadiagem existiam em todo lugar, e os governos podiam atribuir qualquer tarefa – bem como todas as recompensas e todas as punições – a qualquer cidadão. Daí a classificação do sistema soviético como escravatura. Entretanto, ao contrário de um proprietário privado de escravos, os donos de escravos da Europa Oriental – de Lênin a Gorbachev – não podiam vender ou alugar os seus súditos em um

Ademais, com a propriedade pública governamental no lugar da propriedade privada governamental, a segunda razão para a moderação também desaparece: a nítida consciência de classe desenvolvida pelos governados. Nunca pode haver mais do que um soberano supremo, seja ele rei ou presidente. No entanto, ao passo que a possibilidade de obter a posição de rei ou de nobre (membro da família real) é sistematicamente restringida sob uma monarquia, em um governo de propriedade pública qualquer um, em teoria, pode tornar-se membro da classe governante – ou até mesmo o presidente. A distinção entre governantes e governados fica embaçada, e a consciência de classe dos governados perde a sua nitidez. Surge, ainda, a ilusão de que tal distinção não existe mais: emerge a ideia de que, com a existência de um governo democrático, ninguém é governado por ninguém; de que todos governam a si mesmos. Na verdade, é em grande parte por causa dessa ilusão que a transição da monarquia para a democracia pôde ser interpretada como um fator de progresso e, por isso, receber apoio público. Portanto, a resistência do público contra o governo é sistematicamente enfraquecida. Embora a expropriação e a tributação tenham se mostrado claramente opressivas e maléficas para o público no passado, elas agora parecem muito menos, sendo a humanidade o que ela é, pois qualquer um pode livremente adentrar as fileiras daqueles que estão recebendo os frutos dessa espoliação.

---

mercado de trabalho e privadamente apropriar as receitas decorrentes da venda ou do aluguel do seu "capital humano". Daí a classificação do sistema como escravidão pública (ou socialista).

Sem mercados de escravos e de mão-de-obra escrava, as coisas são ainda piores – e não melhores – para os escravos; inexistindo preços para os escravos e a sua mão-de-obra, um proprietário de escravos não pode alocar racionalmente o seu "capital humano". Ele não é capaz de determinar o valor o a escassez das suas várias e heterogêneas peças de capital humano; e ele não pode determinar o custo de oportunidade do uso desse capital em qualquer emprego e muito menos compará-lo com a receita correspondente. Portanto, má alocação, desperdício e "consumo" de capital humano duradouros são os resultados.

A evidência empírica indica tudo isso. Conquanto ocasionalmente acontecesse o fato de um proprietário privado de escravos matar um escravo seu – o que significa o máximo "consumo" de capital humano –, a escravidão socialista na Europa Oriental resultou no assassinato de milhões de civis. Sob a escravidão de propriedade privada, a saúde e a expectativa de vida dos escravos em geral aumentaram. No Império Soviético, os padrões de saúde deterioraram-se constantemente, e a expectativa de vida realmente caiu nas últimas décadas. O nível de treinamento prático e de educação dos escravos privados em geral aumentou. O dos escravos socialistas diminuiu. A taxa de reprodução entre os escravos de propriedade privada era positiva. Entre as populações de escravos da Europa Oriental, ela era em geral negativa. Eram altas as taxas de suicídio, de autoincapacitação, de rompimentos familiares, de promiscuidade, de filhos "ilegítimos", de defeitos congênitos, de doenças venéreas, de aborto, de alcoolismo e de comportamento bruto ou estúpido entre os escravos privados. Mas todas essas taxas de "consumo de capital humano" eram ainda maiores entre os escravos socialistas do antigo Império Soviético. Similarmente, ao passo que ocorriam comportamentos moralmente absurdos e violentos entre os escravos de propriedade privada após a sua emancipação, o embrutecimento da vida social após a abolição da escravatura socialista foi muito pior, revelando um grau até mesmo maior de degradação moral. Ver também: Hans-Hermann Hoppe, "Note on Socialism and Slavery", em *Chronicles* (agosto de 1993): 6.

Em razão disso, os impostos aumentarão, seja diretamente na forma de maiores impostos, seja indiretamente na forma de mais "criação" de moeda governamental (inflação). Do mesmo modo, o número de empregos governamentais e o alcance dos funcionários do governo ("servidores públicos"), em comparação com os dos funcionários privados, tenderão a aumentar, atraindo e promovendo pessoas com elevado grau de preferência temporal e com orientação para o presente (com visão limitada, de curto prazo). [27]

A combinação desses fatores inter-relacionados – a propriedade "pública" do governo e a liberdade de entrada nele – altera consideravelmente a conduta governamental tanto em seus assuntos internos quanto em seus assuntos externos. Internamente, é provável que o governo apresente uma tendência maior a contrair dívidas. Embora um rei não se oponha, em absoluto, a contrair dívidas, essa sua inclinação "natural" é restringi-

---

[27] Explica Bertrand de Jouvenel:
> Do século XII ao século XVIII, a autoridade governamental cresceu constantemente. O processo foi notado e compreendido por todos aqueles que viram o que aconteceu; ele despertou incessantes protestos e reações violentas. Mais tarde, o seu crescimento continuou em um ritmo acelerado, e a sua extensão trouxe uma ampliação correspondente da guerra. E agora nós não mais entendemos o processo, não mais protestamos, não mais reagimos. A nossa quietude é uma coisa nova, pela qual o Poder tem de agradecer à cortina de fumaça em que ele se envolveu. Antigamente, ele podia ser visto, pois manifestava-se na pessoa do rei, o qual não negava o seu *status* de mestre e em quem as paixões humanas eram perceptíveis. Agora, escondido no anonimato, ele afirma que não tem existência própria e que é o instrumento impessoal e desapaixonado da vontade geral – o que é claramente uma ficção; hoje, assim como sempre, o Poder está nas mãos de um grupo de homens que controlam o aparato da força. Tudo o que mudou é que tornou-se fácil para os governados modificar o pessoal dos principais detentores de poder. Visto de um ângulo, isso enfraquece o Poder, pois as vontades que controlam a vida de uma sociedade podem, ao prazer da própria sociedade, ser substituídas por outras vontades, nas quais ela confia mais. Porém, ao abrir-se a perspectiva do poder para todos os ambiciosos talentos, esse arranjo torna a expansão do Poder muito mais fácil. Sob o "antigo regime" (*ancien régime*), os movediços espíritos da sociedade, que sabiam que não havia chance de obterem uma quota do Poder, eram rápidos em denunciar a menor interferência deste. Agora, por outro lado, quando todo mundo é um ministro em potencial, ninguém está interessado em destruir um cargo que deseja um dia assumir ou em colocar areia em uma máquina que deseja usar quando for a sua vez. Por isso é que existe nos círculos políticos de uma sociedade moderna uma grande cumplicidade com a expansão do poder. (Bertrand de Jouvenel, *On Power: The Natural History of its Growth* [New York: Viking, 1949], pp. 9–10)

De fato, durante toda a era monárquica até a segunda metade do século XIX, a qual representa o ponto de viragem do processo histórico de desmonarquização e de democratização, começando com a Revolução Francesa e terminando com Primeira Guerra Mundial, a carga tributária raramente era superior a 5% da riqueza nacional (ver também a nota de rodapé n. 21). Desde então, ela tem aumentado constantemente. Na Europa Ocidental, após a Primeira Guerra Mundial, ela abarcava de 15 a 20% da riqueza nacional; e, nesse meio tempo, aumentou para cerca de 50%. Da mesma forma, durante toda a era monárquica até a segunda metade do século XIX, os empregados dos governos raramente ultrapassavam 2% da força de trabalho. Desde então, essa porcentagem tem constantemente aumentado, estando hoje geralmente em torno de 15 a 20%. Para obter mais informações, consultar Peter Flora, *State, Economy and Society in Western Europe, 1815–1975: A Data Handbook* (London: Macmillan, 1983), vol. 1, capítulos 5 e 8.

da pelo fato de que, na posição de proprietário privado do governo, ele e os seus herdeiros são considerados pessoalmente responsáveis pelo pagamento de todas as dívidas públicas (ele pode literalmente ir à falência ou ser forçado pelos credores a liquidar os ativos governamentais). Em nítido contraste, um zelador presidencial do governo não é responsabilizado pelas dívidas contraídas durante o seu mandato. Ao invés disso, as suas dívidas são consideradas "públicas", para serem pagas pelos governos futuros (e igualmente não responsáveis). Por causa desse motivo – ninguém é pessoalmente responsabilizado pelas suas dívidas –, a carga da dívida aumentará, e o consumo governamental presente será ampliado em detrimento do consumo governamental futuro. A fim de refinanciar uma dívida pública crescente, o nível da tributação futura (ou da inflação monetária futura) imposto a um público futuro terá de aumentar. E, com a expectativa de uma maior carga tributária futura, os governados também são afetados pelo pesadelo dos crescentes graus de preferência temporal, pois, diante de futuras taxas maiores de impostos, o consumo presente e o investimento de curto prazo são considerados relativamente mais atraentes em comparação com a poupança e o investimento de longo prazo. [28]

---

[28] As dificuldades encontradas pelos governantes monárquicos para obter empréstimos são notórias (ver também a nota de rodapé n. 23); e os reis normalmente tinham de pagar taxas de juros acima da média, as quais refletissem o seu risco comparativamente elevado de não cumprimento. Sobre isso, consultar Douglass C. North e Robert P. Thomas, *The Rise of the Western World: A New Economic History* (Cambridge: Cambridge University Press, 1973), p. 96. Em contrapartida, os governos democráticos, os quais se viram em pleno florescimento com o final da Primeira Guerra Mundial, realmente demonstraram uma tendência constante a financiar déficits e a aumentar dívidas. Hoje em dia, as "dívidas internas (nacionais)" na Europa ocidental e no "mundo ocidental" raramente ficam em menos de 30% da riqueza nacional, muitas vezes ultrapassando os 100%.
Da mesma forma – e tendo relação direta –, o mundo monárquico era normalmente caracterizado pela existência de uma moeda-mercadoria – geralmente ouro ou prata – e pelo estabelecimento, ao longo dos séculos XVII e XVIII, de um mercado mundial unificado e integrado por um padrão-ouro internacional. Um padrão de moeda-mercadoria torna difícil para um governo inflar a oferta de moeda. Ao monopolizarem a produção de moeda e envolverem-se em uma prática sistemática de "clipagem" monetária (adulteração/degradação da moeda), os reis fizeram o melhor que podiam para enriquecerem à custa do público. Eles bem que tentaram, mas não conseguiram obter sucesso em estabelecer monopólios de moedas puramente fiduciárias: de papel-moeda irredimível que pode ser criado praticamente a partir do nada, virtualmente sem custo algum. Nenhum indivíduo particular – nem mesmo um rei – podia ser investido com um extraordinário monopólio como esse! Foi apenas sob as condições do republicanismo democrático, no rescaldo da Primeira Guerra Mundial, que o padrão-ouro foi abolido e finalmente substituído por um sistema mundial de moedas nacionais de papel não redimíveis no ano de 1971. Desde então, a oferta de dinheiro e de crédito aumentou drasticamente. Uma aparente tendência "secular" permanente à inflação e à desvalorização monetária passou a existir. O financiamento dos déficits governamentais transformou-se em uma mera tecnicalidade bancária, e as taxas de juros – como indicadoras do grau social de preferência temporal –, as quais foram continuamente reduzidas ao longo dos séculos e, até o final do século XIX, caíram para cerca de 2%, passaram a exibir uma sistemática tendência ascendente.
Ver também: Murray N. Rothbard, *O Que o Governo Fez com o Nosso Dinheiro?* (São Paulo: Instituto Ludwig von Mises Brasil, 2013); e idem, *The Mystery of Banking* (New York: Richardson and Snyder, 1983); sobre a história das taxas de juros, ver Sidney Homer e Richard Sylla, *A History of Interest Rates* (New Brunswick, N. J.: Rutgers University Press, 1991), especialmente o capítulo 23, pp. 553–558.

Mais importante ainda: a conduta do governo como o detentor do monopólio da lei e da ordem sofrerá uma mudança sistemática. Como anteriormente explicado, um rei desejará fazer valer o direito de propriedade privada pré-existente; ele, não obstante o seu próprio *status* excepcional *vis-à-vis* algumas das suas disposições-chave, também terá de admitir e aceitar as noções de propriedade para si próprio e para todos os seus bens (pelo menos na medida em que são consideradas as relações internacionais entre os reis). Ele não cria novas leis, mas apenas ocupa uma posição privilegiada dentro de uma lei já existente: o sistema de direito privado que tudo engloba. Em contraste, com um governo de propriedade e de gestão "públicas", um novo tipo de "lei" surgirá: o direito "público", o qual isenta os agentes do governo de responsabilidade pessoal e imputa o *status* de "propriedade pública" a vários recursos da gestão econômica. Com o estabelecimento do "direito público" (incluindo o direito constitucional e o direito administrativo) não apenas como lei, mas também como uma lei "superior", ocorre uma erosão progressiva do direito privado; i.e., desencadeia-se uma crescente subordinação do direito privado ao direito público, bem como um crescente deslocamento daquele para este. [29]

---

[29] De fato, embora prejudicada pelas revoluções renascentista e protestante, ao longo de toda a era monárquica prevaleceu a noção de que os reis e os seus súditos eram governados por um única lei universal – "um código de regras intangíveis e imutáveis anterior às regras do soberano e com estas coexistente" (Bertrand de Jouvenel, *Sovereignty: An Inquiry into the Political Good* [Chicago: University of Chicago Press, 1957], p. 193). A lei era compreendida como algo a ser descoberto e reconhecido como eternamente "dado" – e não como algo a ser "feito". Havia a noção de que "a lei não podia ser legislada, mas apenas ser aplicada como sendo algo que sempre tivesse existido" (Bernhard Rehfeld, *Die Wurzeln des Rechts* [Berlim, 1951], p. 67). De fato, no início do século XX, Albert V. O. Dicey – em *Lectures on the Relation Between Law and Public Opinion in England During the Nineteenth Century* (London: Macmillan, 1903) – ainda podia sustentar que não existia na Grã-Bretanha a noção de direito público (ou direito administrativo) como distinto do direito privado: os agentes do governo, em suas relações com os particulares, ainda eram considerados sujeitos às mesmas regras e às mesmas leis dos cidadãos comuns. Mais uma vez, é só após a Primeira Guerra Mundial, no republicanismo democrático, que os agentes públicos alcançaram a "imunidade" às disposições de direito privado, encontrando aceitação geral uma visão tal como esta, do jurista socialista Gustav Radbruch:
> Para uma visão individualista do direito público, o estado é apenas o estreito cinto protetor do direito privado e da propriedade privada. Em contrapartida, para uma visão social [republicano-democrática] do direito, o direito privado deve ser considerado apenas como um instrumento provisório e constantemente declinante da iniciativa privada, temporariamente permitido pela esfera de total abrangência do direito público. (*Der Mensch im Recht* [Göttingen: Vandenhoeck, 1957], p. 40)

Entretanto,
> Em nossos dias, estamos acostumados a ter os nossos direitos modificados pelas decisões soberanas dos legisladores. O proprietário não se sente surpreso ao ser obrigado a manter um inquilino; o empregador não está menos acostumado a ter de elevar os salários dos seus empregados em virtude dos decretos do Poder. Hoje, entende-se que os nossos direitos subjetivos são precários, dependendo da boa vontade da autoridade estatal. (Bertrand de Jouvenel, *Sovereignty: An Inquiry into the Political Good* [Chicago: University of Chicago Press, 1957], p. 189)

Ao invés de defender o direito privado entre os governados e explorar o seu monopólio legal exclusivamente para o efeito de redistribuir a riqueza e os rendimentos da sociedade civil para si próprio, um governo "regulado" pelo direito público também empregará cada vez mais o seu poder para legislar – i.e., para criar um direito civil novo e "positivo" – com a intenção de redistribuir a riqueza e os rendimentos *dentro* da sociedade civil. Pois, na posição de zelador governamental provisório (não proprietário), é de pouca ou nenhuma preocupação que o efeito de qualquer redistribuição seja apenas reduzir a produtividade futura. Todavia, diante das eleições populares e da liberdade de entrada no governo, a defesa e a adoção de políticas de redistribuição de riqueza e de rendimentos estão fadadas a se tornarem o pré-requisito fundamental para quem deseja atingir ou manter a posição de zelador governamental. Assim, em vez de representar um "estado de consumo" (como a típica monarquia o faz), com a propriedade pública governamental, complementando e reforçando a tendência geral ao aumento dos impostos (e/ou da inflação), do número de empregos governamentais e das dívidas, o estado se transformará cada vez mais em um "estado de bem-estar social". [30] E, ao contrário da sua típica descrição como uma evolução "progressista", com essa transformação o vírus da elevação dos graus de preferência temporal será inoculado no meio da sociedade civil, e um processo autoacelerado de descivilização será colocado em movimento. [31]

Sobre a distinção entre lei e legislação, ver também Bruno Leoni, *Liberdade e a Lei* (São Paulo: Instituto Ludwig von Mises Brasil, 2010); e Friedrich A. von Hayek, *Law, Legislation and Liberty* (Chicago: University of Chicago Press, 1973), vol. 1, capítulos 4 e 6.

[30] Até o final do século XIX, a maior parte dos gastos públicos – geralmente mais da metade – tipicamente financiava o exército (admitindo que as despesas do governo utilizavam 5% da riqueza nacional, o montante de gastos militares significava o uso de 2,5% da riqueza nacional). O resto era usado para as despesas com a administração pública. As despesas com a proteção social ou a "caridade pública" eram insignificantes. Em contraste, no republicanismo democrático, as despesas militares têm normalmente aumentado para de 5 a 10% da riqueza nacional. Porém, com os gastos públicos utilizando 50% da riqueza nacional, as despesas militares agora representam apenas de 10 a 20% do total dos gastos do governo. A maior parte das despesas públicas, normalmente mais da metade das despesas totais – e 25% da riqueza nacional –, é agora direcionada para o custeio da rede pública de proteção social. Ver também: Carlo M. Cipolla, *Before the Industrial Revolution: European Society and Economy, 1000–1700* (New York: W. W. Norton, 1980), pp. 54–55; e Peter Flora, *State, Economy and Society in Western Europe, 1815–1975: A Data Handbook* (London: Macmillan, 1983), cap. 8.

[31] A mais importante das políticas que afetam a preferência temporal da sociedade é a introdução da legislação de "previdência social", que foi adotada durante a década de 1880 pela Alemanha de Bismarck e, em seguida, tornou-se universal em todo o mundo ocidental após o fim da Primeira Guerra Mundial. Libertando o indivíduo da tarefa de fornecer o sustento para a sua própria velhice, o alcance e o horizonte temporal da ação privada provedora serão reduzidos. Em particular, cairá o valor do matrimônio, da família e das crianças porque estes se tornam menos necessários em função da possibilidade de ser beneficiário do assistencialismo público. De fato, desde o princípio da era republicano-democrática, todos os indicadores de "disfunção familiar" já apresentaram uma sistemática tendência ascendente: o número de filhos diminuiu; o tamanho da população endógena estagnou ou até mesmo diminuiu; e as taxas de divórcio, ilegitimidade, família monoparental, celibato e aborto aumentaram. Além disso, as taxas de poupança pessoal já começaram a estagnar

A redistribuição de renda e de riqueza – legislativamente promulgada no seio da sociedade civil – pode tomar essencialmente três formas. Ela pode assumir a forma de uma simples transferência de pagamentos, em que a renda e/ou a riqueza são expropriadas de Pedro (representando os "ricos", os "possuidores") e transferidas para Paulo (representando os "pobres", os "não possuidores"). Ela pode assumir a forma de uma oferta "gratuita" ou de baixo custo de bens e serviços (tais como educação, saúde ou infraestrutura) por parte do governo, em que a renda e/ou a riqueza são confiscadas de um grupo de indivíduos – os pagadores de impostos (os "contribuintes") – e transferidas a um outro diferente grupo – os usuários dos respectivos bens e serviços. Ou ela pode assumir a forma de regulações (ou "leis de proteção") de empresas privadas e/ou de consumidores (como controles de preços, tarifas ou exigências de licenciamento), de acordo com as quais a riqueza dos membros de um grupo de empresários ou de consumidores é aumentada graças a uma correspondente perda para aqueles que se encontram no outro grupo "concorrente" (impondo restrições legais sobre o uso que esses últimos são autorizados a fazer das suas propriedades privadas).

Contudo, independentemente da sua forma específica, qualquer redistribuição desencadeia um duplo efeito sobre a sociedade civil. Em primeiro lugar, o simples ato de legislar – legislação democrática – aumenta o grau de incerteza. Em vez de ser imutável – e, portanto, previsível –, a lei torna-se cada vez mais flexível e imprevisível. O que é certo e o que é errado hoje podem não sê-los amanhã. O futuro, assim, torna-se mais irregular. Em virtude disso, subirão os graus de preferência temporal de todos; o consumo e a visão de curto prazo (orientação para o presente) serão estimulados; e, ao mesmo tempo, o respeito por todas as leis será sistematicamente solapado, promovendo-se o crime (pois, se não existe um padrão imutável de "direito", de "lei", então não há também nenhuma definição firme e constante de "crime", de "delito"). [32]

---

ou até mesmo a diminuir em vez de aumentarem proporcionalmente (ou até mesmo mais do que proporcionalmente) com o aumento da renda. Ver Allan C. Carlson, *Family Questions: Reflections on the American Social Crises* (New Brunswick, N. J.: Transaction Publishers, 1992); idem, "What Has Government Done to Our Families?", em *Essays in Political Economy*, 13 (Auburn, Alabama: Ludwig von Mises Institute, 1991); Bryce J. Christensen, "The Family vs. the State", em *Essays in Political Economy*, 14 (Auburn, Alabama: Ludwig von Mises Institute, 1992); ver também: Joseph A. Schumpeter, *Capitalism, Socialism and Democracy* (New York: Harper, 1942), cap. 14.
[32] Sobre a relação entre a preferência temporal e o crime, ver James Q. Wilson e Richard J. Herrnstein, *Crime and Human Nature* (New York: Simon and Schuster, 1985), pp. 49–56 e 416–422; Edward C. Banfield, *The Unheavenly City Revisited* (Boston: Little Brown, 1974); e idem, "Present-Orientedness and Crime", em *Assessing the Criminal: Restitution, Retribution and the Legal Process*, editado por Randy E. Barnett e John Hagel (Cambridge, Massachussets: Ballinger, 1977). Conquanto a alta preferência temporal não seja, de forma alguma, equivalente ao crime – ela também pode encontrar uma representação perfeitamente legal na forma de indiferença pessoal, insensibilidade, grosseria e desconfiança –, uma relação sistemática entre ela e o crime ainda existe, pois, para obter uma renda no

Em segundo lugar, qualquer redistribuição de renda ou de riqueza dentro da sociedade civil implica que os recebedores encontram-se em uma situação economicamente melhor sem terem produzido mais ou melhores bens ou serviços, ao passo que outros indivíduos encontram-se em uma si-

---

mercado, um mínimo de planejamento, paciência e sacrifício é necessário: é preciso trabalhar por um tempo antes de ser pago. Em contraste, atividades criminosas específicas como homicídio, agressão, estupro, assalto à mão armada, furtos e roubos não requerem tal disciplina: a recompensa do agressor é tangível e imediata, mas o sacrifício – a possível punição – reside no futuro incerto. Assim, se o grau social de preferência temporal é maior, pode-se esperar que aumente a frequência de atividades agressivas. Como explica Banfield:

> Não é provável que a ameaça de punição legal dissuada a pessoa de visão de curto prazo, orientada para o presente. Os ganhos que ela espera obter do seu ato ilegal encontram-se muito perto do presente, ao passo que o castigo que ela iria sofrer – no improvável caso de ser apanhada e punida – está em um futuro muito distante para ser levado em consideração. Para o indivíduo normal, é claro que há outros riscos além da pena legal que são fortes impedimentos para o ato criminoso: vergonha; perda do emprego; dificuldades para a esposa caso seja enviado para a prisão; e assim por diante. O indivíduo de visão de curto prazo, voltada para o presente, não leva em consideração tais riscos. Em seu ambiente, é normal ficar "em apuros" com a polícia o tempo todo; ele não precisa temer a perda do seu trabalho, visto que trabalha de forma intermitente ou, simplesmente, não trabalha; e, em relação à sua esposa e aos seus filhos, ele contribui pouco ou nada para o sustento deles, os quais podem muito bem ficar em situação melhor sem ele. (Edward C. Banfield, *The Unheavenly City Revisited* [Boston: Little Brown, 1974], pp. 140–141)

Sobre a magnitude do crescimento da atividade criminal decorrente do mecanismo do republicanismo democrático durante os últimos cem anos, como consequência do constante aumento da legislação e de uma gama cada vez mais vasta de responsabilidades "sociais" em vez de responsabilidades privadas, ver Roger D. McGrath, *Gunfighters, Highwaymen and Vigilantes: Violence on the Frontier* (Berkeley: University of California Press, 1984), especialmente o capítulo 13. Ao comparar o crime em alguns dos lugares mais violentos do Velho Oeste americano (duas cidades fronteiriças com campos de mineração no estado da Califórnia e no estado de Nevada) com alguns dos lugares mais violentos da era atual, McGrath (em "Treat Them to a Good Dose of Lead", em *Chronicles* [janeiro de 1994], pp. 17-18) resume desta forma, afirmando que

> As cidades fronteiriças de Bodie e Aurora, de fato, raramente sofreram com o roubo. (...) As cidades de hoje, como Detroit, Nova York e Miami, têm 20 vezes mais assaltos à mão armada *per capita*. Os Estados Unidos como um todo ostentam uma média três vezes maior de assaltos à mão armada *per capita* do que Bodie e Aurora. Roubos e furtos também pouco ocorreram nessas cidades mineiras. A maioria das cidades americanas hoje em dia ostenta uma média 30 ou 40 vezes maior de furtos e roubos *per capita* do que Bodie e Aurora. A taxa nacional é dez vezes maior. (...) Não foram relatados casos de estupro em Aurora ou Bodie. (...) Atualmente, um estupro ocorre a cada cinco minutos. (...) Mais de 4.100 deles ocorrem apenas no condado de Los Angeles. (...) Nos EUA, a taxa de estupro por 100.000 habitantes é de 42. (...) [A violência, incluindo homicídio, era frequente em Bodie e Aurora], mas os homens envolvidos eram jovens, saudáveis, armados e dispostos. (...) Sim, os homens (e algumas mulheres) estavam bastante armados, e alguns combatentes matavam-se uns aos outros, principalmente em lutas em que havia uma vaga regra de "chances iguais". Por outro lado, os jovens, os idosos, as mulheres e os indivíduos que optavam por não beber em bares (*saloons*) e por não desferir imprudentes bravatas raramente eram vítimas de crime ou violência. Ademais, canalhas sujos e baixos recebiam o que mereciam. (...) No início da década de 1950, a cidade de Los Angeles ostentava, em média, cerca de 70 assassinatos por ano. Hoje, a cidade ostenta a estatística de mais de 90 homicídios por mês. (...) Em 1952, foram registrados 572 estupros para a LAPD (*Los Angeles Police Department* – "Departamento de Polícia de Los Angeles"). Em 1992, 2.030 foram relatados. Durante esse mesmo período, os assaltos à mão armada aumentaram de um total de 2.566 para 39.508, e os furtos/roubos de veículos, de um total de 6.241 para 68.783.

tuação economicamente pior sem terem produzido bens ou serviços quantitativa ou qualitativamente inferiores. Dessa forma, não produzir, não produzir nada que valha a pena ou não antecipar corretamente o futuro e a demanda futura por um determinado produto tornam-se relativamente mais atraentes (ou menos proibitivos) do que produzir algo de valor e antecipar corretamente a demanda futura. Assim, independentemente da intenção legislativa específica – *"ajudar"* ou *"proteger"* os pobres; os desempregados; os doentes; os jovens ou os idosos; os ignorantes ou os estúpidos; os agricultores, os operários siderúrgicos ou os caminhoneiros; os segurados; os sem-teto; os brancos ou os negros; os casados ou os solteiros; aqueles com crianças ou aqueles sem crianças; e assim por diante –, haverá mais pessoas produzindo menos e demonstrando antecipações ruins e equivocadas, bem como um menor número de pessoas que produzem mais e antecipam melhor. Pois, se as pessoas possuem até mesmo o menor controle sobre os critérios que "habilitam" um indivíduo a ir para o lado dos que recebem ou para o lado dos que "entregam" no processo de redistribuição, elas cada vez mais se deslocarão deste lado para aquele lado. Haverá mais pobres, mais desempregados, mais gente não segurada, mais gente não competitiva, mais sem-teto – entre tantos outros. Mesmo que tal mudança de lado não seja possível – como é o caso da redistribuição da riqueza baseada no sexo, na raça, na renda ou na idade –, o incentivo para ser produtivo, responsável e previdente ainda sim será reduzido. Pode não haver mais homens ou mulheres ou brancos ou negros, pelo menos não imediatamente. Porém, uma vez que os membros de um grupo privilegiado por critérios de sexo, raça ou faixa etária são recompensados com um rendimento não merecido, eles têm menos incentivos para obter um rendimento no futuro; uma vez que os membros de um grupo discriminado por critérios de sexo, raça ou faixa etária são punidos por possuírem riquezas ou terem obtido um rendimento, eles também serão menos produtivos no futuro. Em todo caso, haverá menos atividade produtiva, menos autoconfiança e menos visão de longo prazo (orientada para o futuro); e haverá mais consumo, mais parasitismo, mais dependência, mais cegueira histórica e mais visão de curto prazo (orientada para o presente). Ou seja, o problema cuja suposta cura se encontra na redistribuição aumentará ainda mais. Portanto, o custo da manutenção do existente nível de assistencialismo será maior agora do que antes; e, a fim de financiá-lo, mais tributação e mais expropriação de riqueza devem ser impostas sobre os demais produtores. A tendência à mudança de atividades produtivas para atividades não produtivas será reforçada ainda mais, conduzindo (1) à contínua elevação das taxas de preferência temporal e (2) a uma descivilização progressiva – infantilização e desmoralização – da sociedade civil. [33]

Adicionalmente, com a propriedade pública governamental e com a liberdade de entrada em um governo republicano-democrático, a política externa também se modifica. Conforme explicado anteriormente, deve-se esperar que todos os governos sejam expansionistas; e não há razão para supor que os desejos expansionistas de um presidente serão menores do que os de um rei. No entanto, ao passo que um rei pode satisfazer esse desejo através do casamento, tal caminho está essencialmente vedado para um presidente. Ele não é o proprietário do território controlado pelo governo; ele, portanto, não pode anexar contratualmente territórios separados. E, ainda que ele assine tratados intergovernamentais, estes não possuem o *status* de contratos, mas constituem, na melhor das hipóteses, tão-somente pactos ou alianças temporários, porque, na condição de acordos relativos a recursos de propriedade pública, eles poderão ser revogados a qualquer momento por outros futuros governos. Se um governante democrático e uma elite governante democraticamente eleita desejarem expandir o seu território – e, em consequência, a sua base tributária –, então apenas a opção militar de conquista e de dominação está aberta a eles. Assim, a probabilidade de guerra será consideravelmente aumentada. [34]

---

[33] Sobre a "lógica" do intervencionismo estatal – a sua contraprodutividade, a sua inerente instabilidade e o seu caráter "progressista" –, ver Ludwig von Mises, *Uma Crítica ao Intervencionismo* (São Paulo: Instituto Ludwig von Mises Brasil, 2010); ver também: idem, *Ação Humana – Um Tratado de Economia* (São Paulo: Instituto Ludwig von Mises Brasil, 2010), parte 6: "A Intervenção no Mercado".
Para uma ilustração empírica dos efeitos descivilizadores e desmoralizantes das políticas de redistribuição, ver Edward C. Banfield, *The Unheavenly City Revisited* (Boston: Little Brown, 1974); Charles Murray, *Losing Ground: American Social Policy, 1950–1980* (New York: Basic Books, 1984).

[34] Antes e muito depois da transformação republicano-democrática da Europa com a revolução francesa (e americana), os mais proeminentes filósofos sociais – desde Montesquieu, Rousseau, Kant, J.-B. Say até John Stuart Mill – essencialmente sustentaram que "eram apenas as classes dominantes [o rei, a nobreza] que queriam a guerra e que 'as pessoas comuns', caso fossem autorizadas a falarem por si mesmas, optariam com entusiasmo pela paz" (Michael Howard, *War and the Liberal Conscience* [New Brunswick, N. J.: Rutgers University Press, 1978], capítulos 1 e 2, p. 45). De fato, Immanuel Kant, em sua obra *Perpetual Peace [A Paz Perpétua]*, de 1795, alegou que uma constituição republicana seria o pré-requisito para a paz perpétua. Pois, sob uma constituição republicana,

> Quando o consentimento dos cidadãos é necessário para decidir se deve haver guerra ou não, nada é mais natural do que isto: uma vez que eles teriam de decidir acerca da imposição de todas as privações da guerra sobre si mesmos, eles hesitariam muito em começar tal maléfica aventura. Em contrapartida, sob uma constituição que não dê ao súdito o *status* de cidadão – a qual, então, não seja republicana –, ir à guerra é a coisa mais fácil do mundo, pois o soberano não é um cidadão do estado, mas o seu proprietário; o seu jantar, a sua caça, os seus castelos, as suas festas, entre outras coisas, não irão sofrer o mínimo com a guerra, e assim ele pode ir à guerra por razões sem sentido, como se isso fosse uma viagem de recreio. (*Gesammelte Werke in zwölf Bänden*, editado por Wilhelm Weischedel [Frankfurt am Main: Suhrkamp, 1964], vol. 11, páginas 205 e seguintes.)

Na verdade, o que acontece é o oposto: a substituição de uma monarquia por uma república não implica menos poderes ao governo ou até mesmo o autogoverno. Isso resulta na substituição de uma má administração de um governo privado por uma pior administração de um governo público.

Ademais, não só a probabilidade de guerra será modificada, mas também a sua forma. As guerras monárquicas, em geral, decorrem de disputas por heranças desencadeadas por uma complexa rede de casamentos interdinásticos e pela extinção irregular – porém constante – de certas dinastias. Como violentas disputas patrimoniais, as guerras monárquicas são caracterizadas por terem objetivos territoriais. Elas não são motivadas por desavenças ideológicas, mas sim por disputas por propriedades tangíveis. Além disso, uma vez que se trata de disputas interdinásticas envolvendo questões de propriedade, o público considera a guerra como um assunto privado do rei, a ser financiado e executado com o próprio dinheiro e as próprias forças militares dele. Adicionalmente, uma vez que são conflitos de caráter privado entre diferentes famílias reais, o público percebe – e os reis se sentem obrigados a reconhecer isso – uma distinção nítida e clara entre combatentes e não combatentes, o que conduz ao direcionamento dos esforços de guerra das forças militares reais especificamente para as outras forças militares reais e as suas respectivas propriedades privadas. Ainda no século XVIII, nota o historiador militar Michael Howard,

> No continente, o comércio, as viagens e as relações de cultura e de aprendizado praticamente não encontraram obstáculos nos períodos de guerra. As guerras eram os conflitos do rei. O papel do bom cidadão era pagar os seus impostos, e a boa e saudável economia política ditava que ele deveria ser deixado em paz para construir a riqueza com a qual pagaria os impostos. Ele não era solicitado a participar das decisões que iniciavam as guerras nem a delas participar quando estas de fato se concretizavam, a não ser no caso em que um espírito de aventura juvenil dele se apoderava. Tais assuntos bélicos eram *arcana regni*, a preocupação exclusiva do soberano. [35]

Sobre o caráter ingênuo das opiniões em contrário de Kant e de outros pensadores, bem como sobre a correlação histórica "positivista" entre o sistema democrático e a militarização e a guerra crescentes, ver Michael Howard, *War in European History* (New York: Oxford University Press, 1976); John F. C. Fuller, *War and Western Civilization, 1832–1932* (Freeport, N. Y.: Books for Libraries, 1969); idem, *The Conduct of War, 1789–1961* (New York: Da Capo Press, 1992); ver também: Ekkehard Krippendorff, *Staat und Krieg* (Frankfurt am Main: Suhrkamp, 1985).

[35] Michael Howard, *War in European History* (New York: Oxford University Press, 1976), p. 73. Para uma avaliação similar, ver John F. C. Fuller, *The Conduct of War, 1789–1961* (New York: Da Capo Press, 1992):
> Tão completamente era a vida civil divorciada da guerra que, em sua obra *A Sentimental Journey through France and Italy*, Laurence Sterne relata que, durante a Guerra dos Sete Anos [1756–1763], ele deixou Londres e foi para Paris com tanta precipitação que nunca "entrou em minha mente que nós estávamos em guerra contra a França"; em sua chegada a Dover, subitamente lhe ocorreu que ele estava sem o passaporte. Isso, contudo, não o impediu de seguir o seu caminho; e, quando ele chegou a Versalhes, o Duque de Choiseul, o ministro francês dos Negócios Estrangeiros, tinha um passaporte enviado para ele. Em Paris, ele foi aplaudido pelos seus admiradores franceses; e em Frontignac ele foi convidado a teatros da colônia inglesa. (pp. 22–23)

De fato, escreve Guglielmo Ferrero do século XVIII,

> A guerra se tornara limitada por – e circunscrita a – um sistema de regras precisas. Ela era definitivamente considerada uma espécie de luta entre dois exércitos, sendo a população civil uma mera espectadora. Pilhagens, requisições e atos de violência contra a população eram proibidos tanto no país de origem quanto no do inimigo. Cada exército estabelecia entrepostos em sua retaguarda em vilarejos ou cidades cuidadosamente escolhidos, recolhendo-os assim que se moviam de um lado para o outro. (...) O alistamento militar obrigatório existia apenas de uma forma rudimentar e esporádica. (...) Sendo os soldados escassos e difíceis de serem obtidos, tudo era feito para garantir a sua qualidade através de um treinamento longo, paciente e meticuloso; porém, como isso era dispendioso e custoso, os soldados tornavam-se muito valiosos, e era necessário, assim, permitir que somente um mínimo possível deles fosse morto. Tendo de economizar os seus homens, os generais tentavam evitar travar batalhas. O objeto da guerra era a execução de hábeis manobras, não o aniquilamento do adversário; uma campanha sem lutas e sem perda de vidas, uma vitória obtida por uma combinação inteligente de movimentos eram consideradas o coroamento da arte bélica, o padrão ideal de perfeição. [36] (...) Foram a avareza e o cálculo que tornaram a guerra mais humana. (...) A guerra tornara-se uma espécie de jogo entre os soberanos. A guerra era um jogo com as suas regras e as suas apostas – um território, uma herança, um trono, um tratado. O perdedor pagava, mas uma justa proporção sempre era mantida entre o valor do jogo e os riscos a serem tomados, e as partes estavam sempre em guarda contra o tipo de teimosia que faz um jogador perder a cabeça. Elas tentavam manter o jogo nas mãos e saber

---

[36] Sobre isso, ver John F. C. Fuller, *The Conduct of War, 1789–1961* (New York: Da Capo Press, 1992), cap. 1. Fuller, aqui (p. 23), cita Daniel Defoe para o efeito de que muitas vezes "exércitos de cinquenta mil homens de um lado estão em uma baía, no raio de visão de um ao outro, e passam uma campanha inteira iludindo – ou, como isso é gentilmente chamado, observando – um ao outro; e, em seguida, eles marcham para os quartéis de inverno"; e, do mesmo modo, *Sir* John Fontescue é citado com a observação de que

> Forçar um inimigo a consumir os seus próprios suprimentos era complicado; compeli-lo a abastecer os seus adversários, mais complicado; e conquistar os quartéis de inverno dele em seu próprio território, ainda mais complicado. Portanto, adentrar as fronteiras de um inimigo e mantê-lo marchando para frente e para trás durante semanas a fio, sem dar-lhe a chance de desferir um golpe, isso era, por si só, um sucesso não tão pequeno assim. (p. 25)

quando pará-lo. [37]

Em contraste, as guerras democráticas tendem a ser guerras totais. Ao embaçar a distinção entre os governantes e os governados, uma república democrática reforça a identificação do público com um estado em particular. Com efeito, ao passo que o governo dinástico promove a identificação com a sua própria família e a sua própria comunidade, desenvolvendo uma atitude e uma visão de mundo "cosmopolitas" [38], o republicanismo democrático conduz inevitavelmente ao nacionalismo, i.e., à identificação emocional do público com grandes grupos

---

[37] Guglielmo Ferrero, *Peace and War* (Freeport, N. Y.: Books for Libraries Press, 1969), pp. 5–7. Ver também: John F. C. Fuller, *The Conduct of War, 1789–1961* (New York: Da Capo Press, 1992), pp. 20–25; idem, *War and Western Civilization, 1832–1932* (Freeport, N. Y.: Books for Libraries, 1969), pp. 26–29; Michael Howard, *War in European History* (New York: Oxford University Press, 1976), cap. 4; e Robert R. Palmer e Joel Colton, *A History of the Modern World* (New York: Alfred Knopf, 1992), pp. 274–275. No século XVIII, esses últimos autores notam,
> Nunca a guerra fora tão inofensiva. (...) Este foi um dos motivos por que os governos entravam em guerra tão levianamente. Por outro lado, os governos também se retiravam das guerras muito mais facilmente do que em tempos posteriores. Os seus cofres podiam ser exauridos, e os seus soldados treinados, esgotados; apenas questões práticas e racionais estavam em jogo; não havia histeria de guerra ou pressão da opinião pública; o inimigo de hoje podia ser o aliado de amanhã. A paz era quase tão fácil de fazer como a guerra. Os tratados de paz eram negociados, não impostos. Assim, o século XVIII foi o espectador de uma série de guerras e tratados, de mais guerras e tratados, de rearranjos de alianças, todos decorrentes em grande parte das mesmas questões, vendo exatamente os mesmos poderes presentes tanto no final como no início das guerras. (Ibid.)

[38] Como resultado de casamentos, legados, heranças e outras coisas, os territórios reais eram geralmente descontíguos, e os reis frequentemente governavam populações linguística e culturalmente distintas. Assim, eles compreenderam que era do seu próprio interesse dominar vários idiomas: os universais, como o latim e, em seguida, o francês; e os locais, como o inglês, o alemão, o italiano, o russo, o holandês, o tcheco, entre outros (ver Malcolm Vale, "Civilization of Courts and Cities in the North, 1200–1500", em *Oxford History of Medieval Europe*, editado por George Holmes [Oxford: Oxford University Press, 1988], pp. 322–323). Da mesma forma, as pequenas elites sociais e intelectuais eram geralmente proficientes em vários idiomas, demonstrando, assim, a sua orientação intelectual ao mesmo tempo local e supralocal (ou cosmopolita). Essa visão de mundo cosmopolita sustentou-se no fato de que, durante toda a era monárquica até 1914, a Europa foi caracterizada por uma liberdade de migração quase total. "Um homem podia viajar por todo o comprimento e por toda a largura do continente sem um passaporte até que ele alcançasse as fronteiras da Rússia e do Império Otomano. Ele podia se estabelecer sem formalidades em um país estrangeiro para fins de trabalho ou lazer, salvo, ocasionalmente, por alguns requisitos sanitários. Cada moeda era tão boa como o ouro." (A. J. P. Taylor, *From Sarajevo to Potsdam* [New York: Harcourt, Brace and World, 1966], p. 7.) Em contraste, nos dias de hoje, na era do republicanismo democrático, tornou-se inconcebível que seja possível ser governado por um "estrangeiro" ou que os estados possam ser diferentes de territórios contíguos. Os estados são definidos pelos seus cidadãos; e os cidadãos, por sua vez, são definidos pelos seus passaportes estatais. A migração internacional é rigorosamente regulada e controlada. Os dirigentes políticos e as elites intelectuais, agora muito mais numerosos, estão cada vez mais ignorantes das línguas estrangeiras. Não é por acaso que, de todos os membros do parlamento europeu, apenas Otto von Habsburgo, o atual chefe da família dos antigos governantes Habsburgos, fala todos os idiomas dos negócios oficiais do parlamento. Para uma proeminente – e altamente apologética – análise histórica da transição do cosmopolitismo para o nacionalismo na Alemanha do século XIX, consultar Friedrich Meinecke, *Cosmopolitanism and the National State* (Princeton, N. J.: Princeton University Press, 1970).

anônimos de pessoas, caracterizados em termos de linguagem, história, religião e/ou cultura comuns e considerados distintos de outras nações estrangeiras. As guerras entre estados são assim transformadas em guerras nacionais. Ao invés de representarem "meras" violentas disputas patrimoniais dinásticas, que podem ser "resolvidas" através de atos de ocupação territorial, elas tornam-se batalhas entre diferentes estilos de vida, o que só pode ser "resolvido" através de atos de subjugação (ou de extermínio) e de dominação cultural, linguística ou religiosa. Torna-se cada vez mais difícil, para os membros do público, manterem-se neutros ou se desembaraçarem de qualquer envolvimento pessoal. A resistência contra altos impostos para financiar uma guerra é considerada cada vez mais um ato de traição. O alistamento militar obrigatório (a conscrição) passa a ser a regra; ele não é mais a exceção. E, com massivos exércitos de soldados baratos – e, portanto, facilmente descartáveis – lutando pela supremacia nacional (ou contra a supressão nacional), apoiados pelos recursos econômicos da nação inteira, todas as distinções entre combatentes e não combatentes se obliteram, e as guerras se tornam cada vez mais brutais. "Uma vez que o estado deixou de ser visto como 'propriedade' de príncipes dinásticos", observa Michael Howard,

> E tornou-se, ao invés disso, o instrumento de forças poderosas dedicadas a conceitos abstratos tais como Liberdade, Nacionalidade ou Revolução, permitiu-se que um grande número da população visse no estado a incorporação de algum bem absoluto pelo qual nenhum preço era muito elevado, pelo qual nenhum sacrifício era demasiado; dessa forma, as "disputas moderadas e indecisas" da idade do rococó passaram a ser vistas como um absurdo anacronismo. [39]

---

[39] Michael Howard, *War in European Civilization*, pp. 75–76. Ver também: Marechal Ferdinand Foch, *The Principles of War* (Chapham and Hall, 1918).

> Começara uma nova era, a era das guerras nacionais, de guerras que assumiram um ritmo enlouquecido; pois esses conflitos destinaram-se a envolver no esforço de guerra todos os recursos da nação; elas foram concebidas não para defender um interesse dinástico, não para conquistar uma província, mas sim para defender ou propagar em primeiro lugar ideias filosóficas, ao lado de princípios de independência, de unidade, de vantagens imateriais de vários tipos. Por fim, elas puseram em risco os interesses e o destino de cada indivíduo particular. Daí o surgimento das paixões, que são elementos de força, até agora os principais utilizados. (p. 30)

Da mesma forma, conclui John F. C. Fuller (*War and Western Civilization, 1832–1932* [Freeport, N. Y.: Books for Libraries, 1969], pp. 26–27):

> A influência do espírito de nacionalidade – i.e., da democracia – na guerra foi profunda. (...) [Isso] "emocionalizou" a guerra e, em consequência disso, a embruteceu. (...) No século XVIII, as guerras eram, em sua grande maioria, ocupação de reis, cortesãos e cavalheiros. Os exércitos viviam em seus quartéis; eles interfeririam o mínimo possível na vida das pessoas; e, já que os soldados eram pagos com os recursos privados do rei, eles

Em distinto contraste com a guerra limitada do *ancien régime*, a nova era da guerra republicano- democrática – que começou com a Revolução Francesa e as Guerras Napoleônicas; que mais adiante, durante o século XIX, foi demonstrada pela Guerra Americana pela Independência do Sul (Guerra de Secessão); e que atingiu o seu apogeu durante o século XX com a Primeira e a Segunda Guerras Mundiais e continua preponderante até o presente – é a era da guerra total. Como resumiu William A. Orton:

> As guerras do século XIX eram mantidas dentro dos limites circunscritos pela tradição, bem reconhecida pelo direito internacional, de que a propriedade civil e a propriedade comercial deveriam ficar fora da esfera de combate. Bens de caráter civil não estavam expostos a apreensões arbitrárias ou a confiscos permanentes; e, independentemente das disposições territoriais e financeiras que um estado podia impor sobre um outro estado, permitia-se em geral que a vida econômica e cultural dos povos beligerantes continuasse normal, tal como antes estava. As práticas do século XX mudaram tudo isso. Durante ambas as Guerras Mundiais, listas infinitas de bens considerados contrabando, em conjunto com declarações unilaterais de direito marítimo, colocaram todo tipo de comércio em perigo, rasgando e descartando todos os precedentes. O término da Primeira Guerra foi marcado por um esforço determinado

---

eram caros demais para serem arriscados em uma ofensiva massiva. A mudança surgiu com a Revolução Francesa; os *sans-culottes* substituíram os cortesãos; como os exércitos tornaram-se cada vez mais instrumentos do povo, eles não só cresceram em tamanho, mas também em ferocidade. Exércitos nacionais lutam contra nações; exércitos reais lutam contra os seus equivalentes; o primeiro obedece à multidão enlouquecida, e o segundo, a um rei geralmente são. (...) Tudo isso se desenvolveu a partir da Revolução Francesa, que também fez surgir no mundo a guerra por meio do recrutamento conscrito de hordas, e estas, acopladas com as finanças e o comércio, geraram novos reinos de guerra. Pois, quando a nação inteira está em conflito, então toda a riqueza nacional disponível é direcionada para a guerra.

Por fim, sobre os efeitos do serviço militar obrigatório (conscrição) em particular, registra John F. C. Fuller (*The Conduct of War, 1789–1961* [New York: Da Capo Press, 1992], páginas 33 e 35):

O alistamento militar obrigatório mudou os fundamentos da guerra. Até então, os soldados tinham sido muito caros, agora eles ficaram baratos; as batalhas tinham sido evitadas, agora elas eram procuradas; e, embora as perdas fossem pesadas, elas agora poderiam ser rapidamente repostas. (...) A partir de agosto [de 1793, quando o parlamento da República Francesa decretou o serviço militar obrigatório universal], a guerra não só se tornava mais e mais ilimitada, mas também – e finalmente – total. Na quarta década do século XX, a vida foi considerada tão inócua que o massacre de populações civis tornou-se um objetivo estratégico tal como as batalhas o eram em guerras anteriores. Em 150 anos, o alistamento conduziu o mundo à barbárie tribal.

e bem-sucedido de prejudicar a recuperação econômica dos principais perdedores e de confiscar certas propriedades civis. A Segunda Guerra sofreu a influência dessa política ao ponto em que o direito internacional da guerra deixou de existir durante anos. O governo da Alemanha, na medida em que o seu braço podia alcançar, baseou uma política de confisco sobre uma teoria racial que não tinha alicerce no direito civil, no direito internacional e na ética cristã; e, quando a guerra começou, a violação da cortesia e da civilidade entre as nações revelou-se contagiosa. A liderança anglo-americana, tanto em discurso quanto em ação, lançou uma cruzada que não admitia limites jurídicos e territoriais para o exercício da coerção. O conceito de neutralidade foi condenado tanto na teoria quanto na prática. Não apenas os bens e os interesses dos inimigos foram alvo de todo constrangimento de que as potências beligerantes eram capazes, mas também os bens e os interesses de todas as partes, até mesmo os de países neutros; e os bens e os interesses dos estados neutros e dos seus civis, quando presentes em territórios em guerra ou sob o controle de potências beligerantes, foram submetidos praticamente ao mesmo tipo de coerção que se aplicava àqueles dos inimigos nacionais. A "guerra total", então, tornou-se uma espécie de guerra civil da qual nenhuma comunidade pode esperar escapar; e as "nações amantes da paz" atrairão para si essa óbvia inferência. [40]

RETROSPECTIVA E PERSPECTIVAS

O processo de civilização colocado em movimento pela poupança, pelo investimento e pelo acúmulo de bens de consumo duráveis e de bens de capital – o processo de queda gradual das preferências temporais e de alongamento do alcance e do horizonte dos recursos privados – pode ser temporariamente perturbado pelo crime. Porém, visto que as pessoas têm o direito de se defenderem do crime, a existência de atividades criminosas não altera a direção do processo. Ela apenas acarreta mais despesas com proteção, implicando menos gastos que não sejam dessa natureza.

Ao invés disso, uma mudança de direção – preferências temporais estagnadas ou até mesmo crescentes – somente será possível se as violações dos direitos de propriedade se *institucionalizarem*; i.e., se existir um go-

---

[40] William A. Orton, *The Liberal Tradition: A Study of the Social and Spiritual Conditions of Freedom* (Port Washington, N. Y.: Kennikat Press, 1969), pp. 251–252.

verno. Embora deva ser pressuposto que todos os governos possuem uma tendência ao seu crescimento interno e à sua expansão territorial (centralização política), deve-se considerar que nem todas as formas de governo podem ser igualmente bem-sucedidas em seus esforços. Se o governo é de propriedade privada (monarquia), a estrutura de incentivos que confronta o governante é tal que é do seu próprio interesse ser relativamente orientado para o futuro (visão de longo prazo) e ser moderado na tributação e na guerra. A velocidade do processo de civilização será sistematicamente diminuída. No entanto, deve-se esperar que as forças descivilizadoras decorrentes do governo monárquico sejam suficientemente fracas para fazerem frente à fundamental e contraposta tendência à queda das taxas de preferência temporal e à expansão dos recursos privados. Em contraste, somente quando um governo é de propriedade *pública* (governo republicano-democrático) é que se deve esperar que os efeitos descivilizadores do governo sejam suficientemente fortes para realmente travarem o processo de civilização ou até mesmo alterarem a sua direção, materializando uma tendência oposta (i.e., à descivilização): consumo de capital; retrocesso do alcance e do horizonte dos planos; e embrutecimento e infantilização progressivos da vida social.

Retrospectivamente, à luz dessas conclusões teóricas, muito da história europeia e ocidental moderna pode ser racionalmente reconstruído e compreendido. Durante um século e meio, começando com as revoluções americana e francesa e continuando até o momento atual, a Europa – e, em seu rastro, o mundo ocidental inteiro – sofreu uma monumental transformação. Em todo lugar, o governo monárquico e os reis soberanos foram substituídos pelo estado republicano-democrático e pelos "povos" soberanos. [41]

O primeiro ataque direto do republicanismo e da soberania popular ao princípio monárquico foi repelido com a derrota militar de Napoleão e com a restauração do governo Bourbon na França. Em consequência da experiência napoleônica, o republicanismo foi amplamente desacreditado durante a maior parte do século XIX. "Ainda se considerava que o republicanismo era violento e belicoso em sua política externa; turbulento em seu funcionamento político; hostil à igreja; e socialista – ou, pelo menos, igualitarista – em seu ponto de vista sobre a propriedade e a riqueza pri-

---

[41] Sobre o significado histórico e o caráter revolucionário dessa transformação, ver Guglielmo Ferrero, *Peace and War* (Freeport, N. Y.: Books for Libraries Press, 1969), especialmente as páginas 155 e seguintes; idem, *Macht* (Berna: A. Francke, 1944); Robert R. Palmer e Joel Colton, *A History of the Modern World* (New York: Alfred Knopf, 1992), especialmente os capítulos 14 e 18; ver também: Reinhard Bendix, *Kings or People* (Berkeley: University of California Press, 1978).
Sobre o debate intelectual acerca da ideia de soberania popular e do sufrágio universal, em particular na Grã-Bretanha, consultar Elie Halevy, *The Growth of Philosophical Radicalism* (Boston: Beacon Press, 1955), especialmente as páginas 120–150.

vada." [42] Ainda assim, o espírito republicano-democrático da Revolução Francesa deixou uma marca permanente. Desde a restauração do poder monárquico (em 1815) até a eclosão da Primeira Guerra Mundial (em 1914), a participação/representação política popular foi sistematicamente expandida pela Europa inteira. Em toda parte, a cidadania foi sucessivamente ampliada, e os poderes dos parlamentos popularmente eleitos, gradualmente incrementados. [43]

Todavia, embora cada vez mais fragilizado e enfraquecido, o princípio do governo monárquico manteve-se dominante até os acontecimentos cataclísmicos da Primeira Guerra Mundial. Antes da guerra, existiam apenas duas repúblicas na Europa: a Suíça e a França. Apenas quatro anos depois, após os Estados Unidos terem entrado na guerra europeia e decisivamente determinado o seu resultado, as monarquias praticamente desapareceram, e a Europa, junto com o resto do mundo, adotou o republicanismo democrático. Com o envolvimento dos EUA, a guerra tomou uma nova dimensão. Ao invés de ser uma tradicional disputa territorial – como era o caso antes 1917–, a guerra transformou-se em uma disputa ideológica. Os EUA foram fundados como uma república, e o princípio democrático, inerente à ideia de uma república, apenas recentemente tornara-se vitorioso – tal vitória decorreu da violenta derrota e da violenta devastação da Confederação secessionista pelo governo da União centralista. Nos tempos da Primeira Guerra Mundial, essa triunfante ideologia de um republicanismo democrático expansionista encontrou a sua perfeita personificação no então presidente dos EUA, Woodrow Wilson. Sob o governo deste, a guerra europeia tornou-se uma missão ideológica – fazer com que o mundo se transformasse num lugar seguro para a democracia, livre de governantes dinásticos. [44] Assim, os militarmente derrotados Romanovs, Hohenzollerns e Habsburgos tiveram de abdicar ou renunciar, e a Rússia, a Alemanha e a Áustria tornaram-se repúblicas democráticas com sufrágio universal (masculino e feminino) e com governos parlamentares. Da mesma forma, todos os recém-criados estados que provieram desses países – a Polônia, a Finlândia, a Estônia, a Letônia, a Lituânia, a Hungria e a Tchecoslováquia – adotaram constituições republicano-democráticas, sendo a Iugoslávia a única exceção. Na Turquia e na Grécia, as monar-

---

[42] Robert R. Palmer e Joel Colton, *A History of the Modern World* (New York: Alfred Knopf, 1992), p. 606.
[43] Para verificar os detalhes desse processo, consultar Peter Flora, *State, Economy and Society in Western Europe, 1815-1975: A Data Handbook* (London: Macmillan, 1983), cap. 3.
[44] Sobre a participação dos EUA na guerra, ver John F. C. Fuller, *The Conduct of War, 1789-1961* (New York: Da Capo Press, 1992), cap. 9; sobre o papel de Woodrow Wilson em particular, ver Murray N. Rothbard, "World War I as Fulfillment: Power and the Intellectuals", em *Journal of Libertarian Studies*, 9, n. 1 (1989); e Paul Gottfried, "Wilsonianism: The Legacy that Won't Die", em *Journal of Libertarian Studies*, 9, n. 2 (1990).

quias foram destituídas. E até mesmo onde as monarquias permaneceram nominalmente, como na Grã-Bretanha, na Itália, na Espanha, na Bélgica, na Holanda e nos países escandinavos, os monarcas não mais exerciam qualquer poder governamental. Introduziu-se o sufrágio adulto universal, e todo o poder estatal foi investido em parlamentos e funcionários "públicos". [45] Uma nova era – a era republicano-democrática sob a égide de um dominante governo dos EUA – começara.

Do ponto de vista da teoria econômica, o fim da Primeira Guerra Mundial pode ser identificado como o momento no qual a propriedade privada governamental foi completamente substituída pela propriedade pública governamental e como o momento a partir do qual deve ter sido desencadeada a tendência ao aumento dos graus de preferência temporal social, ao crescimento governamental e ao consequente processo de descivilização. Com efeito, como foi anteriormente indicado em detalhes, este tem sido o grande tema por trás da história do Ocidente do século XX. [46] Desde 1918, praticamente todos os indicadores de preferências temporais elevadas ou crescentes vêm apresentando uma sistemática tendência ascendente; no que diz respeito ao governo, o republicanismo democrático produziu o comunismo (e, com o comunismo, a escravidão pública e os assassinatos em massa perpetrados pelos governos mesmo em períodos de paz), o fascismo, o nacional-socialismo (nazismo) e, finalmente – e mais perenemente –, o "liberalismo" da social-democracia. [47] O serviço militar obrigatório tornou-se praticamente universal; as guerras internas (civis) e externas aumentaram em frequência e em brutalidade; e o processo de centralização política avançou mais do que nunca. Internamente, o republicanismo democrático conduziu a um permanente aumento dos impostos, das dívidas e do número de empregos públicos. Ele levou à destruição do padrão-ouro, à inflação sem precedentes da moeda de papel e ao aumento do protecionismo e do controle das migrações. Até mesmo as mais elementares normas de direito privado foram pervertidas por uma constante inundação de legislações e regulações estatais. Ao mes-

---

[45] O interessante é que a Suíça, que foi o primeiro país a estabelecer a instituição do sufrágio universal para os homens acima dos 20 anos de idade (1848), foi o último a expandir o sufrágio também para as mulheres (1971).

[46] Sobre o crescimento mundial do estatismo desde a Segunda Guerra Mundial, ver Paul Johnson, *Modern Times: The World from the Twenties to the Eighties* (New York: Harper and Row, 1983); sobre a expansão governamental nos EUA e a relação desta com a guerra, ver Robert Higgs, *Crisis and Leviathan: Critical Episodes in the Growth of American Government* (New York: Oxford University Press, 1987).

[47] Sobre as raízes históricas comuns do comunismo soviético, do fascismo e do nacional-socialismo (nazismo) como "tiranias" (esse termo, literalmente, significa "poderes arbitrários cujos detentores afirmam que a sua utilização é para o povo e de fato recorrem ao povo em busca de suporte") na Primeira Guerra Mundial e sobre o caráter "originário" do primeiro e o caráter "derivado" dos dois últimos, ver Elie Halevy, *The Era of Tyrannies* (Garden City, N. Y.: Anchor Books, 1965).

mo tempo, em relação à sociedade civil, as instituições do matrimônio e da família foram cada vez mais enfraquecidas, o número de filhos diminuiu, e as taxas de divórcio, de ilegitimidade, de família monoparental, de celibato e de aborto aumentaram. Ao invés de crescerem com o aumento do poder aquisitivo, as taxas de poupança estagnaram ou até mesmo caíram. Em comparação com o século XIX, a destreza cognitiva das elites políticas e intelectuais e a qualidade da educação pública diminuíram. E as taxas de criminalidade, de desemprego estrutural, de dependência do estado de bem-estar social, de parasitismo, de negligência, de imprudência, de incivilidade, de psicopatia e de hedonismo aumentaram.

Em última análise, o curso da história humana é determinado pelas ideias, sejam elas verdadeiras ou falsas. Assim como os reis não podiam exercer o seu governo a menos que a opinião pública o aceitasse como legítimo, os governantes democráticos também são igualmente dependentes da opinião pública para sustentar o seu poder político. É a opinião pública, portanto, que deve mudar para que o processo de descivilização seja impedido de completar o seu percurso. E, assim como a monarquia foi uma vez aceita como legítima, mas hoje é considerada uma solução impensável para a atual crise social, não é inconcebível a ideia de que o governo democrático possa algum dia ser considerado moralmente ilegítimo e politicamente impensável. Tal deslegitimação é uma condição necessária para que se evite a máxima catástrofe social. Não é o governo (monárquico ou democrático) a fonte da civilização humana e da paz social, mas sim a propriedade privada – bem como o reconhecimento e a defesa dos direitos de propriedade privada –, o contratualismo e a responsabilidade individual.

Capítulo II
Sobre a Monarquia, a Democracia e a Ideia de Ordem Natural

Teoria: O Contraste entre a Economia da Propriedade Privada Governamental e a Economia da Propriedade Pública Governamental

O governo é um monopolista territorial da compulsão: uma agência que se engaja em violações contínuas e institucionalizadas dos direitos de propriedade; uma agência que se dedica à exploração – sob a forma de expropriação, tributação e regulação – dos donos de propriedades privadas. Pressupondo-se não mais do que o interesse próprio dos agentes governamentais, deve-se esperar que todos os governos façam uso desse monopólio e apresentem uma tendência a praticarem uma exploração *cada vez maior* . [1] No entanto, nem todas as formas de governo podem ser igualmente bem-sucedidas nessa atividade ou praticá-la da mesma maneira. Em vez disso, à luz da elementar teoria econômica, a conduta do governo e os efeitos das políticas governamentais sobre a sociedade civil podem ser sistematicamente diferentes, dependendo da hipótese de o aparato governamental ser de propriedade privada ou de propriedade pública. [2]

O que caracteriza a propriedade privada governamental é o fato de que os recursos expropriados e o privilégio monopolístico da expropriação futura são propriedade *individual*. Os recursos confiscados são adicionados à propriedade privada do governante e tratados como se fossem uma parte dessa propriedade; e o privilégio monopolístico da expropriação futura é acrescentado a essa propriedade como se fosse um título, conduzindo, assim, a um aumento imediato no seu valor presente ("capitalização" do lucro do monopólio). Mais importante ainda: na condição de dono privado da propriedade governamental, o governante tem o direito de passar

---
[1] Sobre a teoria do estado, ver Murray N. Rothbard, *Por Uma Nova Liberdade – O Manifesto Libertário* (São Paulo: Instituto Ludwig von Mises Brasil, 2013); idem, *A Ética da Liberdade* (São Paulo: Instituto Ludwig von Mises Brasil, 2010); idem, *Governo e Mercado* (São Paulo: Instituto Ludwig von Mises Brasil, 2012); Hans-Hermann Hoppe, *Eigentum, Anarchie und Staat* (Oplanden: Westdeutscher Verlag, 1987); idem, *Uma Teoria do Socialismo e do Capitalismo* (São Paulo: Instituto Ludwig von Mises Brasil, 2010); idem, *The Economics and Ethics of Private Property* (Boston: Kluwer, 1993); ver também: Albert Jay Nock, *Our Enemy, the State* (Delevan, Wisconsin: Hallberg Publishing, 1983); Franz Oppenheimer, *The State* (New York: Vanguard Press, 1914); e idem, *System der Soziologie*, vol. 2, *Der Staat* (Stuttgart: Gustav Fischer, 1964).

[2] Sobre isso, ver também os capítulos 1, 3 e 13 deste livro.

todos os bens pessoais para o seu herdeiro; ele pode vender, alugar ou ceder uma parte ou a totalidade da sua propriedade privilegiada e embolsar privadamente as receitas decorrentes da sua venda ou do seu aluguel; e ele pode empregar ou despedir pessoalmente qualquer administrador e funcionário da sua propriedade.

Em contraste, na propriedade pública governamental, o controle do aparato governamental está nas mãos de um administrador ou zelador. O zelador pode usar o aparato governamental para a sua vantagem pessoal, mas este não lhe pertence. Ele não pode vender os recursos governamentais e embolsar privadamente as receitas; nem pode ele passar os bens governamentais para o seu herdeiro pessoal. Ele possui o *uso atual* dos recursos governamentais, mas não o valor do capital. Além disso, ao passo que a entrada na posição de proprietário privado do governo encontra-se limitada pelos critérios pessoais do seu dono, a entrada na posição de zelador governamental está aberta a todos. Qualquer indivíduo, em princípio, pode tornar-se o administrador do governo.

A partir desses pressupostos centrais, dois prognósticos teóricos inter-relacionados podem ser deduzidos: (1) O proprietário privado do governo tende a possuir um horizonte de planejamento sistematicamente mais longo – i.e., o seu grau de preferência temporal será menor; por conseguinte, o seu grau de exploração econômica tende a ser menor do que o de um zelador governamental. (2) Sujeitos a um maior grau de exploração, os governados também estarão comparativamente mais orientados para o presente (i.e., terão uma maior visão de curto prazo) sob um sistema de propriedade pública governamental do que sob um regime de propriedade privada governamental.

(1) O proprietário privado do governo previsivelmente tentará maximizar a sua riqueza – i.e., o valor presente da sua propriedade *e* as suas receitas correntes. Ele não desejará aumentar o valor dos seus rendimentos correntes à custa de uma queda mais do que proporcional no valor presente dos seus ativos; e, visto que os atos de aquisição das receitas correntes invariavelmente engendram repercussões no valor presente dos ativos (refletindo o valor de todas as receitas futuras esperadas dos ativos com desconto da taxa de preferência temporal), a propriedade privada, por sua própria natureza, conduz ao cálculo econômico, promovendo, em consequência, uma visão de longo prazo (orientada para o futuro). No caso específico da propriedade privada *governamental*, isso implica uma perceptível moderação no uso do privilegiado monopólio de expropriação por parte do governante, pois os atos de confisco, em função da sua natureza parasitária, recaem sobre atos anteriores de produção por parte dos governados. Onde nada foi

anteriormente produzido, nada pode ser expropriado; onde tudo é expropriado, toda a produção futura será bruscamente suspensa. Portanto, o proprietário privado do governo evitará tributar os seus súditos muito pesadamente a fim de impedir a redução dos seus potenciais ganhos financeiros futuros na medida em que, por exemplo, o valor presente da sua propriedade sofra declínios reais. Ao invés disso, para manter ou até mesmo aumentar o valor da sua propriedade pessoal, ele sistematicamente coibirá as suas políticas tributárias, pois, quanto menor for o grau de tributação, mais produtivos serão os súditos; e, quanto mais produtivos forem os governados, maior será o valor do parasitário monopólio da expropriação do governante. Ele, naturalmente, usará o seu privilégio monopolístico. Ele *não* deixará de impor tributos. Porém, na condição de proprietário privado do governo, é do seu interesse parasitar uma economia cada vez mais pujante, produtiva e próspera, porque isso também incrementaria – sem qualquer esforço da sua parte – as suas próprias riquezas e a sua própria prosperidade; o grau da exploração, portanto, tende a ser baixo.

Ademais, a propriedade privada do governo implica a moderação e a visão de longo prazo (orientada para o futuro) por uma outra razão. Toda propriedade privada é, por definição, propriedade exclusiva. Aquele que possui uma propriedade tem o direito de excluir todos os outros do seu uso e do seu gozo, tendo a liberdade de escolher com quem – caso realmente o queira – ele está disposto a compartilhar a utilização dela. Normalmente, o proprietário de um estabelecimento privado incluirá a sua família e excluirá todos os outros, com a exceção de um convidado ou de um funcionário pago ou contratado. Somente a família real (ou reinante) – e, em menor medida, os seus amigos, os seus funcionários e os seus parceiros de negócios – desfruta o uso das receitas fiscais e pode levar uma vida parasitária. Em decorrência dessas restrições à entrada no governo e da condição de exclusividade para o governante e a sua família, a propriedade privada do governo estimula o desenvolvimento de uma nítida "consciência de classe" nos governados, promovendo oposição e resistência a qualquer expansão do poder governamental de tributar. Existe uma distinção clara entre os (poucos) governantes e os (muitos) governados; e há pouco ou nenhum risco (ou possibilidade) de uma pessoa movimentar-se de uma classe para a outra. Em função dessa barreira quase intransponível à mobilidade "para cima", é reforçada a solidariedade entre os governados – i.e., a sua mútua identificação como vítimas reais ou potenciais das violações governamentais dos direitos de propriedade –, e o risco de a classe dominante perder a sua legitimidade em consequência de um aumento da tributação é assim reforçado. [3]

Em nítido contraste, o zelador de um governo de propriedade pública tentará maximizar não a riqueza total do governo (valores do capital e receitas correntes), mas sim as receitas correntes (independentemente – e à custa – dos valores do capital). Na verdade, mesmo que quisesse agir de maneira diferente, ele *não poderia* fazê-lo, pois, sendo propriedade pública, os recursos do governo não são passíveis de serem vendidos; e, sem os preços de mercado, o cálculo econômico é *impossível*. Assim, deve ser considerado inevitável que a propriedade pública do governo resulte em um contínuo consumo de capital. Ao invés de manter ou até mesmo aumentar o valor da propriedade governamental – como faz um proprietário privado do governo –, um presidente (o zelador temporário do governo) usará ao máximo os recursos governamentais o mais rapidamente possível, pois, se ele não os consumir *agora*, ele pode *nunca mais* ter a possibilidade de consumi-los. Em particular, um zelador (ao contrário do proprietário privado do governo) não tem interesse em não estragar o seu país. Por que ele *não* incrementará as suas expropriações se a vantagem de uma política de moderação – o consequente maior valor do capital da propriedade governamental – não pode ser colhida privadamente, enquanto a vantagem de uma política oposta, de impostos mais altos – maiores rendimentos correntes –, pode então ser obtida? Para um presidente, ao contrário de um proprietário privado do governo, a moderação oferece apenas desvantagens. [4]

Além disso, com a propriedade pública governamental, qualquer pessoa, em princípio, pode tornar-se membro da classe governante ou até mesmo o seu chefe supremo. A distinção entre governantes e governados fica embaçada, e a consciência de classe dos governados perde a sua nitidez. Surge, ainda, a ilusão de que tal distinção não existe mais: emerge a ideia de que, com a existência de um governo democrático, ninguém é governado por ninguém; de que todos governam a si mesmos. Portanto, a resistência do público contra o governo é sistematicamente enfraquecida. Embora a expropriação e a tributação tenham se mostrado claramente opressivas e maléficas para o público no passado, elas agora parecem muito menos, sendo a humanidade o que ela é, pois qualquer um pode livremente adentrar as fileiras daqueles que estão recebendo os frutos des-

---

[3] Ver também Bertrand de Jouvenel, *On Power: The Natural History of its Growth* (New York: Viking, 1949), especialmente as páginas 9–10.
[4] Ver Murray N. Rothbard, *Power and Market: Government and the Economy* (Kansas City: Sheed Andrews and McMeel, 1977), pp. 188–189; ver também: *Managing the Commons*, editado por Garret Hardin e John Baden (San Francisco: W. H. Freeman, 1977); e Mancur Olson, "Dictatorship, Democracy and Development", em *American Political Science Review*, 87, n. 3 (1993).

sa espoliação. Em decorrência disso, a exploração aumentará – seja escancaradamente na forma de maiores impostos, seja discretamente na forma de mais "criação" de moeda governamental (inflação) e de mais regulações legislativas. Do mesmo modo, o número de empregados governamentais ("servidores públicos"), em comparação com o número de funcionários privados, tenderá a aumentar bastante, atraindo e promovendo pessoas com elevado grau de preferência temporal e com orientação para o presente (com visão limitada, de curto prazo).

(2) Em contraste com o direito de autodefesa na eventualidade de um atentado criminoso, a vítima das violações governamentais dos direitos de propriedade privada não pode legitimamente defender-se de tais violações. [5]

A instituição de um imposto governamental sobre os bens ou os rendimentos viola os direitos de propriedade do produtor tanto quanto o roubo. Em ambos os casos, a oferta de bens do apropriador/produtor é diminuída contra a sua vontade e sem o seu consentimento. A moeda governamental – i.e., a criação de "liquidez" – não menos significa uma expropriação fraudulenta dos donos de propriedade do que as operações de uma gangue criminosa de falsificadores. Ademais, as regulações do governo acerca do que um proprietário pode ou não pode fazer com a sua propriedade – para além da regra de que ninguém pode causar danos físicos à propriedade dos outros e de que todas as trocas (comércio) de uns com os outros devem ser voluntárias e contratuais – implicam uma "apropriação" da propriedade de alguém da mesma forma como o fazem os atos de extorsão, de roubo ou de destruição. Mas a tributação, a criação de "liquidez" perpetrada pelo governo e as regulações governamentais, ao contrário dos seus homólogos penais, são consideradas legítimas; e a vítima da interferência do governo, ao contrário da vítima de um crime, *não* tem o direito à defesa física e à proteção da sua propriedade.

Graças, então, à sua legitimidade, as violações governamentais dos direitos de propriedade afetam sistematicamente as preferências temporais individuais de forma diferente – e muito mais profunda – do que a criminalidade. Assim como os crimes, a interferência governamental nos direitos de propriedade privada reduz a oferta de bens presentes de uma pessoa, aumentando, assim, a sua efetiva taxa de preferência temporal. As agressões governamentais, ao contrário dos crimes, ao mesmo tempo aumentam o *grau* de preferência temporal das vítimas reais e potenciais, pois elas implicam também uma redução da oferta de bens *futuros* (uma redu-

---

[5] Além das obras citadas na nota de rodapé n. 1, ver Lysander Spooner, *No Treason: The Constitution of No Authority* (Larkspur, Colorado: Pine Tree Press, 1966), p. 17.

ção da taxa de retorno sobre o investimento). O crime, por ser ilegítimo, ocorre apenas intermitentemente – o assaltante desaparece da cena com o seu saque e deixa a sua vítima sozinha, livre e em paz. Portanto, pode-se lidar com o crime através do aumento da demanda por produtos e serviços de proteção (em relação ao aumento da demanda por produtos e serviços que não sejam de proteção) a fim de restaurar ou até mesmo aumentar a futura taxa de retorno de investimento e de fazer com que seja menos provável que o mesmo ou um outro assaltante possam ser bem-sucedidos uma segunda vez com a mesma ou com uma outra vítima. Em contraste, por serem legítimas, as violações governamentais dos direitos de propriedade são contínuas. O agressor não desaparece na clandestinidade, mas permanece ao redor; e a vítima não pode se armar contra ele, mas deve permanecer indefesa (pelo menos é o que, geralmente, dela se espera). Ao invés de promoverem e melhorarem a sua proteção, as vítimas reais e potenciais das violações governamentais dos direitos de propriedade – como demonstrado pela sua contínua desproteção *vis-à-vis* os seus agressores – reagem a isso associando um risco permanentemente maior à totalidade da sua produção futura e ajustando sistematicamente para baixo as suas expectativas em relação à taxa de retorno de todos os investimentos futuros. Em função de os apropriadores/produtores estarem (e virem a si próprios assim) indefesos contra futuras agressões por parte dos agentes do governo, a sua esperada taxa de retorno de ações produtivas e orientadas para o futuro (visão de longo prazo) é reduzida em todos os aspectos; em consequência disso, as vítimas reais e potenciais tornam-se mais orientadas para o presente (visão de curto prazo). [6]

Adicionalmente, em virtude de o grau de exploração ser comparativamente maior sob o governo de propriedade pública, essa tendência à adoção da visão de curto prazo, orientada para o presente, será significativamente mais acentuada sob o governo de propriedade pública do que sob o governo de propriedade privada. [7]

---

[6] Sobre o fenômeno e a teoria da preferência temporal, ver especialmente Ludwig von Mises, *Ação Humana – Um Tratado de Economia* (São Paulo: Instituto Ludwig von Mises Brasil, 2010), capítulos 18 e 19; ver também: William Stanley Jevons, *Theory of Political Economy* (New York: Augustus M. Kelley, 1965); Eugen von Böhm-Bawerk, *Capital and Interest*, 3 vols. (South Holland, Illinois: Libertarian Press, 1959); Richard von Strigl, *Capital and Production* (Auburn, Alabama: Ludwig von Mises Institute, 2001); Frank Fetter, *Capital, Interest and Rent* (Kansas City: Sheed Andrews and McMeel, 1977); e Murray N. Rothbard, *Man, Economy and State: A Treatise on Economic Principles*, 2 vols. (Auburn, Alabama: Ludwig von Mises Institute, 1993).

[7] Consultar também os capítulos 1, 3 e 13 deste livro.

Prática: A Transição da Monarquia para a Democracia (1789-1918)

As monarquias hereditárias representam os exemplos históricos de governos de propriedade privada. As repúblicas democráticas representam os exemplos históricos de governos de propriedade pública.

Durante a maior parte da sua história, a humanidade, na medida em que esteve sujeita a qualquer tipo de controle governamental, encontrou-se sob o jugo de regimes monárquicos. Houve exceções: a democracia ateniense; Roma durante a sua era republicana (até 31 a. C.); as repúblicas de Veneza, Florença e Gênova durante o período renascentista; os cantões suíços (desde 1291); as Províncias Unidas dos Países Baixos durante o período entre 1648 e 1673; e a Inglaterra sob Cromwell (de 1649 a 1660). Entretanto, estas foram ocorrências raras em um mundo dominado pelas monarquias. Com a exceção da Suíça, elas se revelaram fenômenos de curta duração. Limitadas pelo ambiente monárquico circundante, todas as repúblicas mais antigas concretizaram a condição de liberdade de entrada na propriedade pública governamental apenas de modo imperfeito, porque, ao passo que a forma republicana de governo implica, por definição, que o governo não é de propriedade privada, mas sim de propriedade pública – podendo-se esperar, então, que uma república possua uma inata tendência à adoção do sufrágio universal –, em todas as repúblicas antigas, a entrada no governo estava restrita a grupos relativamente pequenos de "nobres".

Com o término da Primeira Guerra Mundial, a humanidade realmente deixou para trás a era monárquica.[8] No transcurso de um século e meio, contando a partir da Revolução Francesa, a Europa – e, em seu rastro, o resto do mundo – sofreu uma monumental transformação. Em todo lugar, o governo monárquico e os reis soberanos foram substituídos pelo estado republicano-democrático e pelos "povos" soberanos.

O primeiro ataque direto do republicanismo e da soberania popular ao princípio monárquico foi repelido com a derrota militar de Napoleão e com a restauração do governo Bourbon na França. Como consequência do terror revolucionário e das guerras napoleônicas, o republicanismo foi amplamente desacreditado durante a maior parte do século XIX. Ainda assim, o espírito republicano-democrático da

---

[8] Sobre isso, consultar Guglielmo Ferrero, *Peace and War* (Freeport, N. Y.: Books for Libraries Press, 1969), especialmente o capítulo 3; idem, *Macht* (Berna: A. Francke, 1944); Erik von Kuehnelt-Leddihn, *Leftism Revisited: From de Sade and Marx to Hitler and Pol Pot* (Washington, D. C.: Regnery Gateway, 1990); e Reinhard Bendix, *Kings or People* (Berkeley: University of California Press, 1978).

Revolução Francesa deixou uma marca permanente. Desde a restauração do poder monárquico (em 1815) até a eclosão da Primeira Guerra Mundial (em 1914), a participação/representação política popular foi sistematicamente expandida pela Europa inteira. Em toda parte, a cidadania foi sucessivamente ampliada, e os poderes dos parlamentos popularmente eleitos, gradualmente incrementados. [9]

De 1815 a 1830, o direito de voto, na França, ainda era rigorosamente limitado sob o restaurado governo Bourbon. De uma população de cerca de 30 milhões de indivíduos, o eleitorado incluía apenas os maiores donos de propriedades – cerca de 100.000 pessoas (menos da metade do 1% da população acima dos 20 anos de idade). Como resultado da Revolução de Julho de 1830, da abdicação de Carlos X e da coroação do Duque de Orléans, Louis Philippe, o número de eleitores aumentou para aproximadamente 200.000 pessoas. Em consequência das perturbações revolucionárias de 1848, a França voltou a ser republicana, sendo introduzido o sufrágio universal e irrestrito para todos os cidadãos do sexo masculino acima da idade de 21 anos. Napoleão III foi eleito por quase 5,5 milhões de votos de um eleitorado de mais de 8 milhões de pessoas.

No Reino Unido, após 1815, o eleitorado consistia em cerca de 500.000 abastados donos de propriedades (cerca de 4% da população acima dos 20 anos de idade). A Lei de Reforma, de 1832, abrandou os requisitos relativos à propriedade de bens, outorgando o direito de voto para aproximadamente 800.000 pessoas. A próxima ampliação do eleitorado – de cerca de 1 milhão para 2 milhões de indivíduos – concretizou-se com a Segunda Lei de Reforma, de 1867. Em 1884, as restrições patrimoniais foram ainda mais afrouxadas, outorgando-se o direito de voto para cerca de 6 milhões de pessoas (cerca de um terço da população acima de 20 anos de idade e mais de três quartos de todos os adultos do sexo masculino).

Na Prússia – o mais importante dos 39 estados alemães independentes reconhecidos depois do Congresso de Viena –, a democratização se estabeleceu com a revolução de 1848 e com a constituição de 1850. A câmara inferior do parlamento prussiano foi, assim, eleita por sufrágio universal masculino. Todavia, até 1918, o eleitorado permaneceu estratificado em três classes com diferentes poderes de voto. Por exemplo, os cidadãos mais ricos – aqueles que contribuíram com um terço de todos os impostos – elegeram um terço dos membros da câmara inferior. Em 1867, a Confe-

---

[9] Para consultar uma documentação detalhada, ver Peter Flora, *State, Economy and Society in Western Europe, 1815–1975* (Frankfurt am Main: Campus, 1983), vol. 1, cap. 3; ver também: Robert R. Palmer e Joel Colton, *A History of the Modern World* (New York: Alfred Knopf, 1992), especialmente os capítulos 14 e 18.

deração Alemã do Norte – formada pela Prússia e por outros 21 estados alemães – foi fundada. A sua constituição outorgou o sufrágio universal sem restrições para todos os homens acima da idade de 25 anos. Em 1871, após a vitória sobre Napoleão III, a constituição da Confederação Alemã do Norte foi adotada praticamente sem alterações pelo recém-fundado Império Alemão. De uma população total de cerca de 35 milhões de indivíduos, cerca de 8 milhões de pessoas (aproximadamente um terço da população com mais de 20 anos) elegeu o primeiro *Reichstag* alemão.

Depois da unificação política italiana sob a liderança do Reino da Sardenha e do Piemonte em 1861, o direito de voto era outorgado para somente 500.000 pessoas (número aproximado) de uma população de cerca de 25 milhões de indivíduos (aproximadamente 3,5% da população acima da idade de 20 anos). Em 1882, os requisitos patrimoniais foram abrandados, e a idade mínima para exercer o voto foi reduzida de 25 para 21 anos. Em decorrência disso, o eleitorado da Itália aumentou para mais de 2 milhões de pessoas. No ano de 1913, foram introduzidos o sufrágio quase universal e ilimitado para todos os homens acima de 30 anos e o sufrágio minimamente restrito para homens acima dos 21 anos, sendo aumentado o número de eleitores italianos para mais de 8 milhões de pessoas (mais de 40% da população acima dos 20 anos de idade).

Na Áustria, o sufrágio masculino restrito e desigual foi introduzido em 1873. O eleitorado, composto de quatro classes – ou *curiae* – de desigual poder de voto, totalizou 1,2 milhões de eleitores de uma população de cerca de 20 milhões de pessoas (10% da população acima dos 20 anos). Em 1867, uma quinta classe (*curia*) foi acrescentada. Quarenta anos mais tarde, esse sistema foi abolido, sendo aprovado o sufrágio universal e igual para homens acima da idade de 24 anos, o que outorgou o direito de voto para cerca de 6 milhões de indivíduos (quase 40% da população acima dos 20 anos).

A Rússia tinha um sistema de conselhos provinciais e distritais eleitos – os *zemstvos* – desde 1864; e, em 1905, em consequência da sua desastrosa guerra contra o Japão, criou-se um parlamento – a Duma –, o qual foi eleito por sufrágio masculino quase universal, embora indireto e desigual. No tocante às menores potências da Europa: o sufrágio masculino igual e universal ou quase universal já existia na Suíça desde o ano de 1848 e foi adotado entre os anos 1890 e 1910 na Bélgica, na Holanda, na Noruega, na Suécia, na Espanha, na Grécia, na Bulgária, na Sérvia e na Turquia.

Apesar de cada vez mais fragilizado e enfraquecido, o princípio do governo monárquico manteve-se dominante até os acontecimentos cataclísmicos da Primeira Guerra Mundial. Antes de 1914, existiam apenas duas repúblicas na Europa: a Suíça e a França. E, de todas as principais monarquias europeias, apenas a do Reino Unido podia ser classificada como um sistema parlamentar, i.e., um sistema em que o poder supremo estava investido em um parlamento eleito. Apenas quatro anos depois, após os Estados Unidos – país no qual o princípio democrático, ínsito à ideia de uma república, apenas recentemente tornara-se vitorioso, em decorrência da violenta destruição da Confederação secessionista pelo governo da União centralista [10] – terem entrado na guerra europeia e decisivamente determinado o seu resultado, as monarquias praticamente desapareceram, e a Europa, junto com o resto do mundo, adotou o republicanismo democrático. [11]

Assim, os militarmente derrotados Romanovs, Hohenzollerns e Habsburgos tiveram de abdicar ou renunciar, e a Rússia, a Alemanha e a Áustria tornaram-se repúblicas democráticas com sufrágio universal (masculino e feminino) e com governos parlamentares. Da mesma forma, todos os recém-criados estados que provieram desses países – a Polônia, a Finlândia, a Estônia, a Letônia, a Lituânia, a Hungria e a Tchecoslováquia – adotaram constituições republicano-democráticas, sendo a Iugoslávia a única exceção. Na Turquia e na Grécia, as monarquias foram destituídas. E até mesmo onde as monarquias permaneceram nominalmente, como na Grã-Bretanha, na Itália, na Espanha, na Bélgica, na Holanda e nos países escandinavos, os monarcas não mais exerciam qualquer poder governamental. Introduziu-se o sufrágio adulto universal, e todo o poder estatal foi investido em parlamentos e funcionários "públicos". [12] Uma nova ordem mundial – a era republicano-democrática sob a égide de um dominante governo dos Estados Unidos – começara.

---

[10] Sobre o caráter aristocrático (*não* democrático) dos Estados Unidos em sua origem, ver Lord Acton, "Political Causes of the American Revolution", em idem, *The Liberal Interpretation of History* (Chicago: University of Chicago Press, 1967); ver também: Chris Woltermann, "Federalism, Democracy and the People", em *Telos*, 26, n. 1 (1993).

[11] Sobre a participação dos Estados Unidos na guerra, ver John F. C. Fuller, *The Conduct of War, 1789–1961* (New York: Da Capo Press, 1992), cap. 9; sobre o papel de Woodrow Wilson em particular, ver Murray N. Rothbard, "World War I as Fulfillment: Power and the Intellectuals", em *Journal of Libertarian Studies*, 9, n. 1 (1989); Paul Gottfried, "Wilsonianism: The Legacy that Won't Die", em *Journal of Libertarian Studies*, 9, n. 2 (1990); e Erik von Kuehnelt-Leddihn, *Leftism Revisited: From de Sade and Marx to Hitler and Pol Pot* (Washington, D. C.: Regnery Gateway, 1990), cap. 15.

[12] O interessante é que a Suíça, que foi o primeiro país a estabelecer a instituição do sufrágio universal para os homens (em 1848), foi o último a expandir o sufrágio também para as mulheres (em 1971). Similarmente, a França, onde o sufrágio universal masculino existia desde 1848, estendeu o direito de voto às mulheres apenas em 1945.

Provas e Ilustrações: a Exploração e a Visão de Curto Prazo (Orientada para o Presente) sob o Regime Monárquico e sob o Republicanismo Democrático

Do ponto de vista da teoria econômica, o fim da Primeira Guerra Mundial pode ser considerado o momento da história em que a propriedade privada governamental foi completamente substituída pela propriedade pública governamental; o momento a partir do qual se pode hipotetizar a concretização de uma tendência sistemática à exploração cada vez maior – i.e., à expansão governamental – e a graus cada vez maiores de preferência temporal social – i.e., à promoção da visão de curto prazo, orientada para o presente. Na realidade, este tem sido o grande tema por trás da história ocidental pós-Primeira Guerra Mundial: com alguns maus presságios no último terço do século XIX, em conjunto com uma crescente emasculação dos *ancien régimes*, de 1918 em diante praticamente todos os indicadores de exploração governamental e de preferência temporal cada vez maiores apresentaram uma sistemática tendência ascendente.

Indicadores de Exploração

Não há dúvida de que o volume de *impostos* cobrados da sociedade civil aumentou durante a era monárquica. [13] Porém, ao longo de todo esse período, a *quota* de receitas governamentais permaneceu notavelmente estável e baixa. Conclui o historiador econômico Carlo M. Cipolla:

> Apesar de tudo, deve-se admitir, sem dúvida, que a porção das riquezas nacionais apreendidas pelo setor público aumentou a partir do século XI por toda a Europa, mas é difícil imaginar que, excetuando-se momentos e locais específicos, o poder público nunca conseguiu tomar mais do que de 5 a 8% da renda nacional.

E ele, então, demonstra que essa porção não foi sistematicamente ultrapassada até a segunda metade do século XIX. [14] Nos tempos feudais, observa Bertrand de Jouvenel,

---

[13] Para dados sobre a Inglaterra, a Prússia e a Áustria, ver Hans Joachim Schoeps, *Preussen. Geschichte eines Staates* (Frankfurt am Main: Ullstein, 1981), p. 405.
[14] Carlo M. Cipolla, *Before the Industrial Revolution: European Society and Economy, 1000–1700* (New York: W. W. Norton, 1980), p. 48.

Os gastos estatais – que é como nós os chamamos agora – eram considerados (...) como os próprios gastos do rei, nos quais ele incorria em virtude de suas atividades. Quando as praticava, ele ao mesmo tempo encontrava-se em uma "propriedade" (no moderno sentido da palavra); i.e., ele encontrava-se dotado de direitos de propriedade que lhe garantiam um rendimento suficiente para a provisão das suas flexíveis necessidades. É como se fosse esperado de um governo da nossa própria época que cobrisse as suas despesas correntes com as receitas provenientes de empresas públicas. [15]

Durante a centralização política ocorrida ao longo dos séculos XVI e XVII, surgiram novas fontes adicionais de receitas governamentais: impostos sobre importações, impostos sobre circulação de mercadorias e impostos sobre propriedades de terra. No entanto, até meados do século XIX, de todos os países da Europa Ocidental, apenas o Reino Unido, por exemplo, estabelecia imposto de renda (desde o ano de 1843). A França introduziu pela primeira vez algum tipo de imposto de renda em 1873; a Itália, em 1877; a Noruega, em 1892; os Países Baixos, em 1894; a Áustria, em 1898; a Suécia, em 1903; os Estados Unidos, em 1913; a Suíça, em 1916; a Dinamarca e a Finlândia, em 1917; a Irlanda e a Bélgica, em 1922; e a Alemanha, em 1924. [16] Mas até mesmo no período da deflagração da Primeira Guerra Mundial o total das despesas governamentais em percentagem do Produto Interno Bruto (PIB) normalmente não aumentou para mais de 10%, só raramente ultrapassando os 15% (como no caso da Alema-

---

[15] Bertrand de Jouvenel, *Sovereignty: An Inquiry into the Political Good* (Chicago: University of Chicago Press, 1957), p. 178. "O rei", explica Bertrand de Jouvenel,

> Não podia impor tributos; ele só podia solicitar "subsídios". Foi salientado que os seus leais súditos lhe concediam recursos de livre e espontânea vontade; e estes, muitas vezes, aproveitavam essa ocasião para estipular as condições. Por exemplo, eles concederam subsídios para João, o Bom (da França), sob a condição de que ele deveria passar a abster-se de cunhar moedas, as quais estavam sendo degradadas pela diminuição do seu peso. Para reconstituir o seu Tesouro, o rei podia esmolar de cidade em cidade, expondo as suas necessidades e obtendo doações locais, como foi feito na véspera da Guerra dos Cem Anos; ou ele podia reunir, de todas as partes do país, aqueles cujo apoio financeiro almejava. Trata-se de um grave erro confundir essa reunião (assembleia) com uma moderna sessão do Parlamento, embora esse último fenômeno tenha surgido a partir do primeiro. O parlamento é soberano e pode exigir impostos. Essas antigas reuniões devem, pelo contrário, ser compreendidas como um encontro de dirigentes de empresas modernas concordando em entregar para a Fazenda uma parte dos seus lucros, com alguns dirigentes sindicais presentes concordando em abrir mão de algumas das suas taxas sindicais para o bem comum, para os fins de utilidade pública. Cada grupo era chamado para fazer uma concessão, e cada um deles, portanto, estava em uma boa situação para estipular condições. Um parlamento moderno não pode ser visto dessa maneira, pois impõe a sua vontade através do voto da maioria. (pp. 178–179)

[16] Ver Peter Flora, *State, Economy and Society in Western Europe, 1815–1975: A Data Handbook* (Frankfurt am Main: Campus, 1983), vol. 1, pp. 258–259.

nha). Em nítido contraste, com o início da era republicano-democrática, as despesas governamentais totais, em percentagem do PIB, normalmente aumentaram de 20 para 30% no decorrer das décadas de 1920 e de 1930; e elas, em meados da década de 1970, em geral atingiram 50%. [17]

Também não há dúvida de que aumentou *o número total de empregados governamentais* durante a era monárquica. Contudo, até o final do século XIX, os funcionários do governo raramente ultrapassavam 3% do total da força de trabalho. Os ministros e os parlamentares reais em geral não recebiam salários financiados pelo poder público; esperava-se que eles se sustentassem com os seus rendimentos privados. Em contraste, com o avanço do processo de democratização, eles se tornaram funcionários assalariados, sendo aumentando, desde então, o número de empregados governamentais. Na Áustria, por exemplo, o número de funcionários governamentais em percentagem da força de trabalho aumentou de menos de 3% em 1900 para mais de 8% em 1920 e para quase 15% em meados da década de 1970. Na França, esse número passou de 3% em 1900 para 4% em 1920 e para cerca de 15% em meados da década de 1970. Na Alemanha, ele cresceu de 5% em 1900 para aproximadamente 10% em meados da década de 1920 e para aproximadamente 15% em meados da década de 1970. No Reino Unido, ele aumentou de menos de 3% em 1900 para mais de 6% em 1920 e, novamente, para cerca de 15% em meados da década de 1970. Esse padrão foi semelhante na Itália e em praticamente todos os lugares; apenas na diminuta Suíça, em meados da década de 1970, o número de empregados governamentais ainda era um pouco inferior a 10% da força de trabalho. [18]

Da análise da *inflação* e dos dados sobre a *oferta de moeda* emerge um padrão similar. O mundo monárquico era geralmente caracterizado pela existência de uma moeda-mercadoria – geralmente ouro ou prata – e, por fim, após o estabelecimento, ao longo dos séculos XVII e XVIII, de um mercado mundial unificado e integrado, pelo padrão-ouro internacional. Um padrão de moeda-mercadoria torna difícil para um governo inflar a oferta de moeda. Ao monopolizarem a produção de moeda e envolverem-se em uma prática sistemática de "clipagem" monetária (degra-

---

[17] Ibid., cap. 8. Como era previsível, as despesas do governo em geral aumentaram durante os tempos de guerra. No entanto, o padrão descrito acima também se aplica aos períodos de guerra. Na Grã-Bretanha, por exemplo, durante o auge das Guerras Napoleônicas, as despesas governamentais, em percentagem de riqueza nacional, subiram para quase 25%. Em contraste, durante a Primeira Guerra Mundial, elas chegaram a quase 50%; e, durante a Segunda Guerra Mundial, elas subiram para bem acima de 60%. Ver ibid., pp. 440–441.
[18] Ibid., cap. 5. Na verdade, a atual percentagem de emprego governamental (de cerca de 15% da mão-de-obra) deve ser considerada como sistematicamente subestimada, pois, além de excluir todos os funcionários militares, ela também exclui o pessoal empregado em hospitais públicos, em instituições assistencialistas, em agências de previdência social e em empresas estatais.

dação da moeda), os reis fizeram o melhor que podiam para enriquecerem à custa do público. Também houve tentativas de criar moedas fiduciárias irredimíveis. Na verdade, analisando-se, por exemplo, a história do Banco da Inglaterra desde a sua criação, em 1694, encontram-se suspensões periódicas do pagamento em espécie – em 1696, em 1720, em 1745 e de 1797 a 1821. Mas essas experiências de moedas fiduciárias, associadas em especial com o Banco de Amsterdã, com o Banco da Inglaterra (e John Law) e com o Banco Real da França (*Banque Royale*), consistiram em raros eventos regionais que rapidamente terminaram em catástrofes financeiras – como o colapso da "mania das tulipas" holandesa, em 1637, e a "bolha do Mississipi" e a "bolha do Mar do Sul", em 1720. Os governantes monárquicos bem que tentaram, mas não conseguiram obter sucesso em estabelecer monopólios de *moedas puramente fiduciárias*, i.e., de papel-moeda irredimível que pode ser criado praticamente a partir do nada, virtualmente sem custo algum. Nenhum indivíduo particular – nem mesmo um rei – podia ser investido com um extraordinário monopólio como esse.

Foi apenas sob as condições do republicanismo democrático – de governantes anônimos e impessoais – que essa façanha conseguiu ser realizada. Durante a Primeira Guerra Mundial – bem como durante guerras anteriores –, os governos beligerantes destruíram o padrão-ouro. Em toda a Europa, o resultado foi um aumento dramático na oferta de papel-moeda. Especialmente na Alemanha derrotada, na Áustria e na Rússia Soviética, emergiram condições hiperinflacionárias no imediato rescaldo da guerra. Porém, ao contrário das guerras anteriores, a Primeira Guerra Mundial não terminou com o retorno ao padrão-ouro. Ao invés disso, a partir de meados da década de 1920 até o ano de 1971, interrompido por uma série de crises monetárias internacionais, um pseudopadrão-ouro – o padrão-ouro câmbio (*gold exchange standard*) – foi implementado. Em síntese, apenas os Estados Unidos redimiam dólares em ouro (e, de 1933 em diante, após abolição do padrão-ouro no mercado interno, os EUA o faziam somente em relação aos bancos centrais estrangeiros). A Grã-Bretanha redimia libras em dólares (ou – raramente – em barras de ouro em vez de moedas de ouro), e o resto da Europa redimia as suas moedas em libras. Em virtude disso – como reflexo da hierarquia internacional de poder que passou a existir depois do fim da Primeira Guerra Mundial –, o governo dos EUA agora inflacionava dólares de papel em cima do ouro; o governo da Grã-Bretanha inflacionava libras de papel em cima de dólares inflacionados; e os governos dos demais países europeus inflacionavam as suas moedas de papel em cima de dólares ou libras inflacionados (e, depois de 1945, somente em cima de dólares). Finalmente, em 1971, com reservas de dólares cada vez maiores acumuladas nos bancos centrais europeus e com o perigo iminente de uma *"corrida"* para as reservas de ouro americanas, até mesmo o último remanescente do padrão-ouro internacional foi abolido. Desde então – e pela primeira vez na história –, o mundo inteiro adotou um sistema de moedas puramente fiduciárias – de moedas governamentais de papel de livre flutuação. [19]

Como resultado, desde o início da era republicano-democrática – inicialmente, sob um pseudopadrão-ouro; a partir do ano de 1971, em um ritmo acelerado, sob um padrão de papel-moeda governamental –, uma aparente tendência "secular" permanente à inflação e à desvalorização monetária passou a existir.

Ao longo da era monárquica, com a moeda-mercadoria em grande parte fora do controle do governo, o "nível" de preços em geral caiu, sendo aumentado o poder de compra do dinheiro (exceto durante os períodos de guerra ou de descoberta de ouro). Vários índices de preços na Grã-Bretanha, por exemplo, indicam que os preços eram substancialmente menores em 1760 do que foram centenas de anos atrás; e, em 1860, eles eram mais baixos do que foram em 1760. [20] Conectados por um padrão-ouro internacional, o desenvolvimento em outros países foi semelhante. [21] Em nítido contraste, durante a era republicano-democrática, com o centro financeiro mundial deslocado da Grã-Bretanha para os Estados Unidos (tendo esse país o papel de estabelecer a tendência monetária internacional), emergiu um padrão muito diferente. Antes da Primeira Guerra Mundial, o índice de preços de produtos no atacado, nos EUA, logo após o fim da Guerra de Secessão, em 1868, caiu de 125 para abaixo de 80 em 1914. Ele, então, era inferior ao que fora em 1800. [22] Em contraste, pouco tempo depois da Primeira Guerra Mundial, em 1921, o índice de preços de produtos no atacado, nos EUA, situou-se em 113. Após a Segunda Guerra Mundial, em 1948, ele subiu para 185. No ano de 1971, era de 255; em 1981, alcançou 658; e, em 1991, foi para quase 1.000. Durante somente duas décadas de moeda fiduciária irredimível, o índice de preços ao consumidor, nos EUA, subiu de 40 em 1971 para 136 em 1991; no Reino Unido, de 24 para

---

[19] Ver também Murray N. Rothbard, *O Que o Governo Fez com o Nosso Dinheiro?* (São Paulo: Instituto Ludwig von Mises Brasil, 2013); Henry Hazlitt, *From Bretton Woods to World Inflation* (Chicago: Regnery, 1984); Hans-Hermann Hoppe, "Banking, Nation States and International Politics: A Sociological Reconstruction of the Present Economic Order", em *Review of Austrian Economics*, 4 (1990); e idem, "How is Fiat Money Possible? Or: The Devolution of Money and Credit", em *Review of Austrian Economics*, 7, n. 2 (1994).

[20] Ver B. R. Mitchell, *Abstract of British Historical Statistics* (Cambridge: Cambridge University Press, 1962), páginas 468 e seguintes.

[21] Ver B. R. Mitchell, *European Historical Statistics, 1750–1970* (New York: Columbia University Press, 1978), páginas 388 e seguintes.

[22] 1930 = 100; ver Ron Paul e Lewis Lehrmann, *The Case for Gold: A Minority Report to the U.S. Gold Commission* (Washington, D. C.: Cato Institute, 1982), páginas 165 e seguintes.

157; na França, de 30 a 137; na Alemanha, de 56 para 116. [23]

Do mesmo modo, no decorrer de mais de 70 anos – de 1845 a 1918 (fim da Primeira Guerra Mundial) –, a oferta de moeda na Grã-Bretanha aumentou cerca de seis vezes. [24] Em distinto contraste, durante os 73 anos posteriores – de 1918 a 1991 –, a oferta de moeda nos Estados Unidos aumentou mais de sessenta e quatro vezes. [25]

Além da tributação e da inflação, o governo pode recorrer à *dívida* para financiar as suas despesas correntes. Assim como em relação aos impostos e à inflação, não há dúvida de que a dívida governamental aumentou no decorrer da era monárquica. Entretanto, como foi teoricamente prognosticado, nesse quesito os monarcas também demonstraram moderação e visão de longo prazo (orientada para o futuro) significativamente maiores do que os zeladores republicano-democráticos.

Em toda a era monárquica, as dívidas governamentais eram essencialmente dívidas de guerra. Apesar de o total da dívida, portanto, tender a aumentar com o passar do tempo, pelo menos durante os tempos de paz os monarcas normalmente *reduziram* as suas dívidas. O exemplo britânico é bastante representativo. No decorrer dos séculos XVIII e XIX, a dívida governamental aumentou. Ela era de 76 milhões de libras após a Guerra Espanhola (em 1748); de 127 milhões de libras após a Guerra dos Sete Anos (em 1763); de 232 milhões de libras após a Guerra da Independência Americana (em 1783); e de 900 milhões de libras após as Guerras Napoleônicas (em 1815). Todavia, durante cada período de paz

---

[23] 1983 = 100; ver *Economic Report of the President* (Washington D. C.: Government Printing Office, 1992).

[24] Ver B. R. Mitchell, *Abstract on British Historical Statistics*, páginas 444 e seguintes.

[25] Ver Milton Friedman e Anna Schwartz, *A Monetary History of the United States, 1867–1960* (Princeton, N. J.: Princeton University Press, 1963), pp. 704–722; e *Economic Report of the President* (Washington D. C.: Government Printing Office, 1992). A notável diferença entre a era monárquica e a era republicano-democrática também se encontra naquilo que se refere ao desenvolvimento e ao reconhecimento da teoria monetária. John Law, o pioneiro teórico da moeda e do crédito fiduciários, que influenciou a reforma monetária de 1711–1720, deixou secretamente a França e procurou refúgio em Veneza, onde morreu pobre e esquecido. Em nítido contraste, o sucessor de John Law no século XX, John Maynard Keynes, que é o responsável pelo desaparecimento do padrão-ouro clássico durante o período após a Primeira Guerra Mundial e que deixou para trás o sistema de Bretton Woods (que desabou em 1971), foi homenageado durante a toda a sua vida e é ainda hoje respeitado como o principal economista do mundo. (No mínimo, a filosofia pessoal de Keynes de hedonismo e de visão de curto prazo, orientada para o presente – a qual encontra-se resumida em seu famoso ditado de que "no longo prazo estaremos todos mortos" –, reflete fielmente o espírito da era democrática.) Da mesma forma, Milton Friedman, o responsável pela ordem monetária pós-1971 – e, portanto, pelo período de paz mais inflacionário de todos na história humana –, é aclamado como um dos grandes economistas da humanidade. Ver mais sobre isso em Joseph T. Salerno, "Two Traditions in Modem Monetary Theory: John Law and A. R. J. Turgot", em *Journal des Économistes et des Études Humaines*, 2, n. 2/3 (1991).

(1727-1739; 1748-1756; 1762-1775), o total da dívida de fato diminuiu. A partir de 1815 até 1914, a dívida nacional britânica caiu de um total de 900 milhões de libras para abaixo de 700 milhões de libras.

Em nítido contraste, desde o estabelecimento da era republicano-democrática, a dívida governamental na Grã-Bretanha só aumentou – tanto na guerra *quanto* na paz. Em 1920, ela era de 7,9 bilhões de libras; em 1938, de 8,3 bilhões de libras; em 1945, de 22,4 bilhões de libras; em 1970, de 34 bilhões de libras. E ela, desde então, foi aumentando até chegar, em 1987, a mais de 190 bilhões de libras. [26] Da mesma forma, a dívida governamental nos Estados Unidos aumentou tanto na guerra *quanto* na paz. A dívida do governo federal após a Primeira Guerra Mundial, em 1919, era de aproximadamente 25 bilhões de dólares. Em 1940, era de 43 bilhões de dólares. Depois da Segunda Guerra Mundial, em 1946, ela fixou-se em cerca de 270 bilhões de dólares. Em 1970, subiu para 370 bilhões de dólares; de 1971 em diante, sob um regime de moeda puramente fiduciária, ela literalmente explodiu. Em 1979, era de aproximadamente 840 bilhões de dólares; em 1985, era de mais de 1,8 trilhão. Em 1988, chegou a quase 2,5 trilhões; em 1992, ultrapassou 3 trilhões de dólares. Atualmente, ela encontra-se em aproximadamente 6 trilhões de dólares. [27]

Por fim, pode-se notar a mesma tendência à maior exploração e à maior

---

[26] Ver Sidney Homer e Richard Sylla, *A History of Interest Rates* (New Brunswick, N. J.: Rutgers University Press, 1991), páginas 188 e 437.

[27] Ver Jonathan Hughes, *American Economic History* (Glenview, Illinois: Scott, Foresman, 1990), páginas 432, 498 e 589.
Além disso, limitados pelo padrão de moeda-mercadoria, os monarcas foram incapazes de "monetizar" as suas dívidas. Quando o rei vendia títulos de dívida para financiadores ou bancos privados, isso, sob o padrão-ouro, não influenciava a oferta monetária total. Se, em consequência disso, o rei gastava mais, os outros tinham de gastar menos. Assim, os credores estavam interessados em avaliar corretamente os riscos associados com os seus empréstimos, e os reis normalmente pagavam taxas de juros substancialmente superiores àquelas que eram pagas pelos mutuários comerciais. Ver Sidney Homer e Richard Sylla, *A History of Interest Rates* (New Brunswick, N. J.: Rutgers University Press, 1991), p. 84 e páginas 5, 99, 106 e 113 (e seguintes). Em contraste, sob o padrão ouro-câmbio (com apenas uma ligação indireta do papel-moeda com o ouro) e especialmente sob o regime de moedas puramente fiduciárias (sem qualquer lastro no ouro), o financiamento do déficit governamental se transformou em uma mera tecnicalidade bancária. Atualmente, ao venderem as suas dívidas para o sistema bancário, os governos podem de fato criar novos fundos (nova moeda) para pagar os seus débitos. Quando o departamento do Tesouro vende títulos de dívida para o sistema bancário comercial, os bancos não pagam por esses títulos com os fundos dos seus existentes depósitos em dinheiro; auxiliados pelo banco central do governo (através das suas operações no mercado aberto – *open-market*), eles criam a partir do nada uma demanda adicional por depósitos. O sistema bancário não gasta menos em decorrência do fato de o governo gastar mais; ao invés disso, o governo gasta mais, e os bancos gastam (empréstimos) tanto quanto antes. Ademais, eles recebem um retorno (juros) pelos títulos de dívida recém-adquiridos. Ver Murray N. Rothbard, *The Mystery of Banking* (New York: Richardson and Snyder, 1983), especialmente o capítulo 11. Portanto, há pouca hesitação por parte dos bancos em comprar títulos de dívida governamentais mesmo com as taxas de juros estando abaixo do mercado; e o crescimento da dívida pública e o aumento da inflação, assim, caminham lado a lado.

visão de curto prazo (orientada para o presente) quando se examinam a *legislação* e a *regulação* governamentais. Durante a era monárquica, com uma clara distinção entre os governantes e os governados, o rei e o parlamento europeu encontravam-se submetidos à lei. Eles, na condição de juízes (ou de júri), aplicavam a lei preexistente. Eles não criavam a lei. Escreve Bertrand de Jouvenel:

> O monarca era visto apenas como um juiz – e não como um legislador. Ele fazia os direitos subjetivos serem respeitados e os respeitava ele mesmo; ele reconhecia a existência desses direitos e não negava que eles eram anteriores à sua autoridade. (...) Os direitos subjetivos não eram usufruídos por meio de uma precária concessão, mas eram em si mesmos propriedade absoluta. Os direitos do soberano também eram em si mesmos propriedade absoluta. Esses direitos também eram direitos subjetivos, tanto quanto os outros direitos; não obstante a sua dignidade mais elevada, eles não podiam fazer com que os outros direitos fossem solapados. (...) Com efeito, havia um profundo sentimento de que todos os direitos positivos se entrelaçavam; se o rei ignorasse o título do moleiro à sua terra, o título do rei ao seu trono poderia ser, por esse motivo, também desconsiderado. A profunda – embora obscura – noção de legitimidade estabelecia uma solidariedade entre todos os direitos. Nenhuma mudança em tais direitos podia ser realizada sem o consentimento dos seus titulares. [28]

É certo que a monopolização da lei e da ordem resultou em preços mais elevados e/ou em menor qualidade dos serviços do que, no caso contrário, em condições competitivas, ocorreria; é certo que, ao longo do tempo, os reis empregaram cada vez mais o seu monopólio para o seu próprio proveito. Por exemplo, no decorrer das épocas, eles usaram cada vez mais o seu monopólio da lei e da ordem para perverter a ideia de punição. O objetivo principal da pena era, originalmente, a restituição e a compensação da vítima de uma violação de direitos por parte de um determinado agressor. Sob o governo monárquico, modificou-se cada vez mais esse princípio; em vez da restituição e da compensação da *vítima*, deslocou-se o seu sentido: quem deveria ser restituído e compensado era o próprio *rei*. [29] Todavia, ao passo que essa prática resultava numa expansão do poder gover-

---

[28] Bertrand de Jouvenel, *Sovereignty: An Inquiry into the Political Good* (Chicago: University of Chicago Press, 1957), pp. 172–173 e 189; ver também: Fritz Kern, *Kingship and Law in the Middle Ages* (Oxford: Blackwell, 1948), especialmente a página 151; e Bernhard Rehfeld, *Die Wurzeln des Rechts* (Berlim, 1951), especialmente a página 67.

[29] Ver Bruce L. Benson, "The Development of Criminal Law and Its Enforcement", em *Journal des Économistes et des Études Humaines*, 3, n. 1 (1992).

namental, ela não envolvia a redistribuição de riqueza e de renda no seio da sociedade civil nem implicava a ideia de que o próprio rei estava isento da incidência das disposições do direito privado. O direito privado ainda era supremo. E, com efeito, no início do século XX, Albert V. O. Dicey ainda podia argumentar que, na Grã-Bretanha, por exemplo, não existia uma distinção entre a lei legislada – o direito público – e a lei preexistente – o direito privado. A lei reguladora das relações entre cidadãos privados ainda era considerada fixa e imutável; e os agentes do governo, em suas relações com os particulares, ainda eram considerados sujeitos às mesmas regras e às mesmas leis dos cidadãos comuns. [30]

Em nítido contraste, sob a democracia, com o exercício do poder escondido no anonimato, os presidentes e os parlamentos rapidamente se elevaram *acima* da lei. Eles se tornaram não só os juízes, mas também os legisladores – os criadores de um "novo" direito. [31] Nos dias atuais, observa Jouvenel,

> Estamos acostumados a ter os nossos direitos modificados pelas decisões soberanas dos legisladores. O proprietário não se sente surpreso ao ser obrigado a manter um inquilino; o empregador não está menos acostumado a ter de elevar os salários dos seus empregados em virtude dos decretos do Poder. Hoje, entende-se que os nossos direitos subjetivos são precários, dependendo da boa vontade da autoridade estatal. [32]

Em um desenvolvimento semelhante à democratização da moeda – i.e., a substituição da moeda-mercadoria privada pelo papel-moeda governamental e a sua consequência (inflação e maior incerteza financeira) –, a democratização da lei e da aplicação do direito conduziu a uma constante inundação cada vez maior de legislações. Atualmente, o número de atos legislativos e de regulações aprovados pelos parlamentos no decorrer de apenas um único ano é de dezenas de milhares (preenchendo centenas de milhares de páginas), afe-

---

[30] Ver Albert V. O. Dicey, *Lectures on the Relation between Law and Public Opinion in England During the Nineteenth Century* (London: Macmillan, 1903); ver também: Friedrich A. von Hayek, *Law, Legislation and Liberty* (Chicago: University of Chicago Press, 1973), vol. 1, capítulos 4 e 6.

[31] Ver Robert A. Nisbet, *Community and Power* (New York: Oxford University Press, 1962), pp. 110–111.

[32] Bertrand de Jouvenel, *Sovereignty: An Inquiry into the Political Good* (Chicago: University of Chicago Press, 1957), p. 189; ver também: Robert A. Nisbet, *Community and Power* (New York: Oxford University Press, 1962), cap. 5:
> Os reis podem ter, por vezes, governado com o grau de irresponsabilidade que alguns modernos funcionários governamentais podem desfrutar; mas é duvidoso que, em termos de poderes e serviços efetivos, qualquer rei – até mesmo os das "monarquias absolutas" do século XVII – tenha exercido o tipo de autoridade que agora é conferida aos cargos de muitos funcionários de alto escalão nas democracias. (p. 103)

tando todos os aspectos da vida civil e comercial – o que resulta em uma constante desvalorização de todo o direito e em uma maior insegurança jurídica. Um exemplo típico disso é a edição de 1994 do Código de Regulamentos Federais (*Code of Federal Regulations* – CFR), a coletânea anual de todas as regulações em vigor do governo federal dos Estados Unidos, o qual é composto por um total de 201 livros, ocupando cerca de 8 metros de prateleiras de uma biblioteca. Só o índice desse código possui 754 páginas. Tal código contém normas relativas à produção e à distribuição de quase tudo quanto se possa imaginar – de aipo, cogumelos e melancias a pulseiras e braceletes; de rótulos de lâmpadas incandescentes a meias e roupas de baixo; de paraquedas, ferro e aço, crimes sexuais em *campi* universitários a receitas de anéis de cebola a partir de cebolas picadas –, revelando o poder quase totalitário de um governo democrático. [33]

INDICADORES DE VISÃO DE CURTO PRAZO (ORIENTADA PARA O PRESENTE)

O fenômeno da preferência temporal social é um pouco mais difícil de ser compreendido do que o da expropriação e da exploração; e é mais complicado identificar indicadores adequados de visão de curto prazo (orientada para o presente). Além disso, alguns desses indicadores são menos diretos – "mais suaves" – do que os de exploração.

Mas todos eles apontam para a mesma direção e, juntos, oferecem uma ilustração clara do segundo prognóstico teórico: o governo democrático promove também a visão de curto prazo (orientada para o presente) dentro da sociedade civil. [34]

O indicador mais direto da preferência temporal social é a taxa de juros. A taxa de juros é a razão da valoração dos bens presentes em relação aos bens futuros. Mais especificamente: ela indica o prêmio através do qual o dinheiro presente é trocado pelo dinheiro futuro. Uma alta taxa de juros implica maior "visão de curto prazo" (orientada para o presente); uma baixa taxa de juros implica maior "visão de longo prazo" (orientada para o futuro). Sob condições normais – i.e., sob a hipótese de padrões de vida e de rendimentos salariais reais cada vez maiores –, pode-se esperar que a taxa de juros esteja em queda e que ela, em última análise, atinja – sem, contudo, jamais alcançar – o zero, pois, com o aumento dos salá-

---

[33] Ver Donald Boudreaux, "The World's Biggest Government", em *Free Market* (novembro de 1994).
[34] Ver também T. Alexander Smith, *Time and Public Policy* (Knoxville: University of Tennessee Press, 1988).

rios reais, a utilidade marginal do dinheiro presente diminui em relação à utilidade marginal do dinheiro futuro; em virtude disso, sob a hipótese, *ceteris paribus* [35], de um *dado padrão* de preferência temporal, a taxa de juros deve cair. Assim, a poupança e o investimento aumentarão; os futuros rendimentos reais serão ainda maiores; e assim por diante.

De fato, a tendência à queda das taxas de juros caracteriza a tendência suprassecular da humanidade ao desenvolvimento. As taxas mínimas de juros sobre "empréstimos seguros e normais" eram de aproximadamente 16% no início da história financeira grega (no século VI a. C.); elas caíram para 6% durante o período helenista. Em Roma, as taxas mínimas de juros caíram de mais de 8% durante o período mais antigo da República para 4% durante o primeiro século do Império. Na Europa do século XIII, as taxas de juros mais baixas sobre empréstimos "seguros" eram de 8%. Em meados do século XIV, elas caíram para cerca de 5%. No século XV, caíram para 4%. No século XVII, passaram para 3%. E, no final do século XIX, as taxas de juros mínimas ainda diminuíram para menos de 2,5%. [36]

Essa tendência de forma alguma aconteceu suavemente. Ela foi muitas vezes interrompida por períodos – alguns do tamanho de séculos – de aumento das taxas de juros. No entanto, esses períodos estão associados com grandes guerras e revoluções – como a Guerra dos Cem Anos (durante o século XIV); as guerras religiosas (do final do século XVI ao início do século XVII); as Revoluções Americana e Francesa e as Guerras Napoleônicas (do final do século XVIII ao início do século XIX); e as duas guerras mundiais (do século XX). Adicionalmente, considerando que taxas de juros mínimas elevadas ou em ascensão indicam, em geral, períodos de padrões de vida baixos ou em declínio, a anuladora tendência oposta a taxas de juros baixas e em queda reflete o progresso global da humanidade – o seu avanço evolutivo da barbárie para a civilização. Mais especificamente: a tendência a taxas de juros decrescentes reflete o surgimento do mundo ocidental – o aumento da prosperidade, da visão de longo prazo (orientada para o futuro), da inteligência e da força moral dos seus povos e o nível sem precedentes da civilização europeia do século XIX.

Então, com esse pano de fundo histórico – e de acordo com a teoria econômica –, seria de se esperar que as taxas de juros do século XX fossem ainda *menores* do que as taxas de juros do século XIX. Na verdade, só existem duas explicações possíveis para o fato de isso *não* ter sido as-

---

[35] *Ceteris paribus* é uma expressão latina que significa "tudo o mais constante" ou "mantidas inalteradas todas as outras coisas". (N. do T.)
[36] Ver Sidney Homer e Richard Sylla, *A History of Interest Rates* (New Brunswick, N. J.: Rutgers University Press, 1991), pp. 557–558.

sim. A primeira possibilidade é que os rendimentos reais do século XX não excederam – ou até mesmo foram menores que – os rendimentos reais do século XIX. Entretanto, essa explicação pode ser descartada por razões empíricas, visto que é bastante incontroverso que os rendimentos reais do século XX foram, na verdade, maiores. Portanto, apenas a segunda explicação é válida. Se os rendimentos reais são maiores, mas as taxas de juros não são menores, então a condição *ceteris paribus* não mais pode ser considerada verdadeira. Em vez disso, o *padrão* de preferência temporal social deve ter se deslocado para um patamar mais elevado. Ou seja, as características da população devem ter mudado. As pessoas, na média, devem ter perdido força moral e capacidade intelectual e adquirido uma maior visão de curto prazo (orientada para o presente). De fato, este parece ser o caso.

De 1815 em diante, por toda a Europa e por todo o mundo ocidental, as taxas mínimas de juros diminuíram constantemente, chegando a uma baixa histórica de bem menos de 3% (na média) na virada do século. Com o surgimento da era republicano-democrática, essa tendência empacou e mostrou uma mudança de direção, revelando serem a Europa e os Estados Unidos do século XX civilizações em declínio. Uma análise da menor média decenal das taxas de juros na Grã-Bretanha, na França, nos Países Baixos, na Bélgica, na Alemanha, na Suécia, na Suíça e nos Estados Unidos, por exemplo, mostra que, durante a época do período pós-Primeira Guerra Mundial, as taxas de juros na Europa nunca estiveram tão baixas quanto (ou mais baixas do que) as taxas de juros durante a segunda metade do século XIX. Somente nos Estados Unidos da década de 1950 as taxas de juros ficaram abaixo das taxas de juros verificadas no final do século XIX. Entretanto, este foi apenas um fenômeno de curta duração; mesmo assim, as taxas de juros nos EUA não eram inferiores às taxas de juros que existiam na Grã-Bretanha durante a segunda metade do século XIX. Em vez disso, as taxas de juros no século XX foram, em geral, significativamente *maiores* do que as taxas no século XIX; se há alguma coisa que elas apresentaram, então é uma tendência *crescente*. [37] Essa conclusão não é substancialmente alterada mesmo que se leve em consideração o fato de que as taxas de juros modernas – em especial, desde a década de 1970 – incluem um sistemático prêmio inflacionário. Após o ajuste das recentes taxas de juros nominais à inflação (a fim de conceber-se uma estimativa de taxas de juros *reais*), as taxas de juros contemporâneas mostram-se consideravelmente maiores do que as taxas de juros de cem anos atrás. Na média, as taxas mínimas de juros de longo prazo na Europa e nos EUA,

---

[37] Ver ibid., pp. 554–555.

hoje em dia, mostram-se bem acima de 4% e, possivelmente, no patamar de 5% – i.e., acima das taxas de juros na Europa do século XVII e no mesmo patamar (ou em patamar superior) das taxas de juros no século XV. Da mesma forma, as atuais taxas de poupança nos EUA – por volta de 5% do rendimento disponível – não são maiores do que as taxas de poupança de três séculos atrás em um país muito mais pobre, a Inglaterra do século XVII. [38]

Paralelamente a esse desenvolvimento, refletindo um aspecto mais específico do mesmo fenômeno subjacente de preferências temporais elevadas ou crescentes, os indicadores de *desagregação familiar* – de "famílias *disfuncionais*" – apresentaram um aumento sistemático.

Até o final do século XIX, a maior parte dos gastos públicos – geralmente mais da metade – tipicamente financiava o exército. Admitindo-se que as despesas do governo utilizavam 5% da riqueza nacional, o montante de gastos militares significava o uso de 2,5% da riqueza nacional. O resto era usado para as despesas com a administração pública. As despesas com a proteção social ou a "caridade pública" eram insignificantes. A poupança direcionada para a velhice era considerada responsabilidade individual; e o auxílio aos pobres era entendido como tarefa da caridade privada voluntária. Em contraste, refletindo o igualitarismo inerente à democracia, a partir do início do processo de democratização no final do século XIX, surgiu a coletivização da responsabilidade individual. As despesas militares normalmente aumentaram para 5 a 10% da riqueza nacional. Porém, com os gastos públicos utilizando 50% da riqueza nacional, as despesas militares agora representam apenas de 10 a 20% do total dos gastos do governo. A maior parte das despesas governamentais, normalmente mais da metade das despesas totais – e 25% da riqueza nacional –, é agora direcionada para o custeio da rede pública de proteção social, i.e., para o "seguro" governamental compulsório contra a doença, os acidentes de trabalho, a velhice, o desemprego (há uma lista – sempre crescente – de outros problemas, deficiências e incapacidades). [39]

Assim, pelo fato de os indivíduos serem cada vez mais aliviados da responsabilidade de arcarem com os custos da sua saúde, da sua segurança e da sua velhice, o alcance e o horizonte temporal das ações provedoras privadas foram sistematicamente reduzidos. Em particular, caiu o valor do

---

[38] Ver Carlo M. Cipolla, *Before the Industrial Revolution: European Society and Economy, 1000–1700* (New York: W. W. Norton, 1980), p. 39.
[39] Ver ibid., pp. 54–55; e Peter Flora, *State, Economy and Society in Western Europe, 1815–1975* (Frankfurt am Main: Campus, 1983), capítulo 8 e página 454.

matrimônio, da família e das crianças porque estes se tornam menos necessários em função da possibilidade de ser beneficiário do assistencialismo público. De fato, desde o princípio da era republicano-democrática, o número de filhos diminuiu, e o tamanho da população endógena estagnou ou até mesmo diminuiu. Ao longo dos séculos, até o final do século XIX, a taxa de natalidade era praticamente constante: aproximadamente de 30 a 40 por 1.000 habitantes (em geral um pouco maior em países predominantemente católicos e um pouco menor em países predominantemente protestantes). Em contraste, durante o século XX, as taxas de natalidade por toda a Europa e por todos os Estados Unidos experimentaram um declínio dramático – para cerca de 15 a 20 por 1.000 habitantes. [40] Ao mesmo tempo, as taxas de divórcio, ilegitimidade, família monoparental, celibato e aborto aumentaram, ao passo que as taxas de poupança pessoal já começaram a estagnar ou até mesmo a diminuir em vez de aumentarem proporcionalmente (ou até mesmo mais do que proporcionalmente) com o aumento da renda. [41]

Ademais, como consequência da depreciação do direito resultante da legislação e da coletivização da responsabilidade individual (efetuada, em particular, pela legislação de previdência social), a taxa de *crimes* de natureza grave – assassinato, agressão, roubo e furto, por exemplo – também demonstrou uma sistemática tendência ascendente.

No curso "normal" dos acontecimentos – i.e., com o aumento do padrão de vida –, é de se esperar que a proteção contra desastres sociais como o crime se submeta a uma melhoria contínua, assim como é de se esperar que a proteção contra desastres naturais como inundações, terremotos e furacões se torne progressivamente melhor. Na verdade, em toda a história do mundo ocidental, este parece, de modo geral, ter sido o caso – até os tempos recentes, durante a segunda metade do século XX, quando as taxas de criminalidade começaram a subir de forma constante. [42]

---

[40] Conferir B. R. Mitchell, *European Historical Statistics, 1750–1970* (New York: Columbia University Press, 1978), páginas 16 e seguintes.
[41] Ver Allan C. Carlson, *Family Questions: Reflections on the American Social Crises* (New Brunswick, N. J.: Transaction Publishers, 1988); idem, *The Swedish Experiment in Family Politics* (New Brunswick, N. J.: Transaction Publishers, 1990); idem, "What Has Government Done to Our Families?", em *Essays in Political Economy*, 13 (Auburn, Alabama: Ludwig von Mises Institute, 1991); e Charles Murray, *Losing Ground: American Social Policy, 1950–1980* (New York: Basic Books, 1984); para conhecer uma análise mais remota, ver Joseph A. Schumpeter, *Capitalism, Socialism and Democracy* (New York: Harper, 1942), cap. 14.
[42] Ver James Q. Wilson e Richard J. Herrnstein, *Crime and Human Nature* (New York: Simon and Schuster, 1985), pp. 408–409; sobre a magnitude do aumento da atividade criminosa perpetrado pelo republicanismo democrático e pelo assistencialismo no decorrer dos últimos cem anos, ver também Roger D. McGrath, *Gunfighters, Highwaymen and Vigilantes: Violence on the Frontier* (Berkeley: University of California Press, 1984), especialmente o capítulo 13; e idem, "Treat Them to a Good Dose of Lead", em *Chronicles* (janeiro de 1994).

Certamente, há uma série de fatores – além da irresponsabilidade e da visão de curto prazo (orientada para o presente) cada vez maiores (desencadeadas pela legislação e pelo assistencialismo) – que podem contribuir para a criminalidade. Os homens cometem mais crimes do que as mulheres; os jovens cometem mais crimes do que os mais velhos; os negros cometem mais crimes do que os brancos; e os habitantes das cidades cometem mais crimes do que os habitantes das zonas rurais. [43] Assim, as alterações na composição dos sexos, das faixas etárias e das raças e o grau de urbanização deverão desencadear um efeito sistemático sobre o crime. Entretanto, todos esses fatores são relativamente estáveis, não influindo, portanto, em qualquer alteração sistemática na tendência de longo prazo à redução das taxas de criminalidade. Nos países europeus, as populações foram e são relativamente homogêneas; nos Estados Unidos, a proporção de negros manteve-se estável. A composição dos sexos é, em grande parte, uma constante biológica; como resultado das guerras, apenas a proporção do sexo masculino diminuiu de maneira periódica, sendo reforçada, na realidade, a "normal" tendência à queda das taxas de criminalidade. Da mesma forma, a composição das faixas etárias tem mudado apenas lentamente; e, em virtude da diminuição da taxa de natalidade e do aumento da expectativa de vida, a idade média da população aumentou – o que, na verdade, ajudou a diminuir ainda mais as taxas de criminalidade. Por fim, o grau de urbanização começou a aumentar radicalmente de 1800 em diante. Pode-se atribuir um período de crescentes taxas de criminalidade durante o início do século XIX a esse surto inicial de urbanização. [44] Porém, após um período de adaptação ao novo fenômeno da urbanização, a partir de meados do século XIX, a equilibradora tendência à queda das taxas de criminalidade foi novamente retomada – apesar do fato de que o processo de rápida urbanização continuou nos cem anos seguintes. E, quando as taxas de criminalidade começaram a sistematicamente aumentar a partir de meados do século XX, o processo de urbanização crescente realmente chegou a uma interrupção.

Verifica-se, portanto, que o fenômeno do aumento dos índices de criminalidade somente pode ser explicado pelo processo de democratização: por um crescente grau de preferência temporal social; por uma crescente perda, tanto em termos intelectuais quanto em termos morais, de responsabilidade individual; e por uma diminuição do respeito por todas as leis – i.e., relativismo moral –, estimulada por inabaláveis enchentes de

---

[43] Ver J. Philippe Rushton, *Race, Evolution and Behavior* (New Brunswick, N. J.: Transaction Publishers, 1995); e Michael Levin, *Why Race Matters* (Westport, Connecticut: Praeger, 1998).
[44] Ver James Q. Wilson e Richard J. Herrnstein, *Crime and Human Nature* (New York: Simon and Schuster, 1985), p. 411.

legislações. [45] É claro, a "alta preferência temporal" não é equivalente ao *"crime"*. Uma alta preferência temporal também pode encontrar expressão perfeitamente legítima em coisas como imprudência, irresponsabilidade, grosseria, preguiça, estupidez ou hedonismo. Existe, contudo, uma relação sistemática entre a alta preferência temporal e o crime, pois, para obter uma renda no mercado, um mínimo de planejamento, paciência e sacrifício é necessário: é preciso trabalhar por um tempo antes de ser pago. Em contraste, a maioria das atividades criminosas graves – como homicídio, agressão, estupro, assalto à mão armada, furtos e roubos – não requerem tal disciplina: a recompensa do agressor é tangível e imediata, mas o sacrifício – a possível punição – reside no futuro incerto. Assim, se o grau social de preferência temporal é maior, pode-se esperar que, em especial, aumente a frequência dessas formas de comportamento agressivo – como de fato aconteceu. [46]

---

[45] Essencialmente a mesma conclusão é também atingida por ibid., pp. 414–415:
> Conforme uma sociedade se torna cada vez mais igualitarista em sua face externa, acabam se tornando afirmações céticas as alegações de que as capacidades de algumas pessoas são intrinsecamente superiores às capacidades das outras; e assim os seus membros ficam mais dispostos a considerar as rendas dos outros como injustamente adquiridas. Pode haver pouca dúvida, pensamos, de que a tendência da opinião pública nas nações modernas tem se direcionado a visões mais igualitaristas, baseadas em alguns casos na crescente crença, entre as minorias raciais, religiosas e étnicas desfavorecidas, de que a deferência que uma vez pagaram já não mais precisa ser paga; pelo contrário: agora o grupo majoritário lhes deve reparações pelas injustiças do passado. É claro, as pessoas podem adquirir mais opiniões em favor do igualitarismo (ou até mesmo de um maior montante de reparações a serem obtidas) sem, todavia, tornarem-se mais criminosas por causa disso. Mas, à margem, alguns indivíduos – talvez aquelas pessoas impulsivas, que valorizam os produtos de uma sociedade afluente – veem esse valor de repente reforçado quando permitem ser convencidos de que o atual proprietário de um carro não tem uma reivindicação maior (i.e., mais justa) do que eles por esse bem. (...) As informações sobre as mudanças nas inibições contra o crime são praticamente inexistentes. (...) [No entanto], um fato sedutor, mas isolado, pode sugerir que essas inibições de fato se modificaram – pelo menos em algumas sociedades. Wolpin descobriu que, na Inglaterra, a proporção entre os assassinos que cometeram suicídio antes de serem presos e todos os assassinos condenados caiu, de forma mais ou menos constante, de cerca de três quartos em 1929 para cerca de um quarto em 1967.

[46] Sobre a relação entre a alta preferência temporal e o crime, ver também Edward C. Banfield, *The Unheavenly City Revisited* (Boston: Little, Brown, 1974), especialmente os capítulos 3 e 8; e idem, "Present-Orientedness and Crime", em *Assessing the Criminal*, editado por Randy E. Barnett e John Hagel (Cambridge, Massachusetts: Ballinger, 1977). Explica Banfield:
> Não é provável que a ameaça de punição legal dissuada a pessoa de visão de curto prazo, orientada para o presente. Os ganhos que ela espera obter do seu ato ilegal encontram-se muito perto do presente, ao passo que o castigo que ela iria sofrer – no improvável caso de ser apanhada e punida – está em um futuro muito distante para ser levado em consideração. Para o indivíduo normal, é claro que há outros riscos além da pena legal que são fortes impedimentos para o ato criminoso: vergonha; perda do emprego; dificuldades para a esposa caso seja enviado para a prisão; e assim por diante. O indivíduo de visão de curto prazo, orientada para o presente, não leva em consideração tais riscos. Em seu ambiente, é normal ficar "em apuros" com a polícia o tempo todo; ele não precisa temer a perda do seu trabalho, visto que trabalha de forma intermitente ou, simplesmente, não trabalha; e, em relação à sua esposa e aos seus filhos, ele contribui pouco ou nada para o sustento deles, os quais podem muito bem ficar em situação melhor sem ele. (Edward C. Banfield, *The Unheavenly City Revisited* [Boston: Little, Brown, 1974], pp. 140–141)

Conclusão: Monarquia, Democracia e a Ideia de Ordem Natural

Então, a partir da vantajosa perspectiva da elementar teoria econômica e à luz das evidências históricas, uma visão revisionista da história moderna toma forma e substância. A teoria ortodoxa da história – segundo a qual a humanidade marcha continuamente "para frente", rumo a níveis cada vez maiores de progresso – está incorreta. Sob o ponto de vista daqueles que preferem menos exploração a mais exploração e que valorizam a visão de longo prazo (orientada para o futuro) e a responsabilidade individual mais do que a visão de curto prazo (orientada para o presente) e a irresponsabilidade individual, a transição histórica da monarquia para a democracia representa, na verdade, declínio civilizatório – e não progresso. E esse veredicto não se altera mesmo que sejam incluídos outros (ou mais) indicadores. Muito pelo contrário. Sem dúvida, o mais importante indicador de exploração e de visão de curto prazo (orientada para o presente) que *não* foi discutido neste capítulo é a *guerra*. No entanto, se for incluído esse indicador, o desempenho relativo dos governos republicano-democráticos demonstra ser ainda pior – e não melhor. Além de exploração e degradação social maiores, a transição da monarquia para a democracia engendrou uma mudança crucial: da guerra limitada para a guerra total. O século XX – a era da democracia – deve ser classificado entre os períodos mais sangrentos e assassinos de toda a história humana. [47]

Ver também James Q. Wilson e Richard J. Herrnstein, *Crime and Human Nature* (New York: Simon and Schuster, 1985), pp. 416–422. Wilson e Herrnstein mostram indicadores sobre o fato de os jovens se tornarem cada vez mais "orientados para o presente – e, assim, cada vez mais impulsivos – do que aqueles de gerações anteriores". Há alguns indícios de que isso seja verdade. No ano de 1959, Davids, Kidder e Reich aplicaram em Rhode Island, a um grupo de delinquentes institucionalizados de ambos os sexos, diversos testes (completar uma história, contar ao entrevistador se eles pouparim ou gastariam várias somas de dinheiro que lhes fossem dadas) projetados para medir a sua preferência temporal. Os resultados demonstraram que eles eram mais nitidamente orientados para o presente do que os não delinquentes. Quinze anos mais tarde, essencialmente os mesmos testes foram aplicados a um novo grupo de jovens infratores institucionalizados – no mesmo estado e com a mesma idade. Esse grupo revelou-se muito mais orientado para o presente – e, assim, muito menos disposto a adiar a gratificação pessoal (por exemplo, a poupar em vez de gastar o dinheiro) – do que o grupo anterior de delinquentes. Adicionalmente, o grupo mais recente mencionou com frequência que gastaria o dinheiro dado em drogas (ninguém disse isso em 1959) e jamais mencionou que o daria a outra pessoa (em 1959, vários afirmaram que o fariam). Conferir a página 418 de tal livro.

[47] Sobre o contraste entre a guerra monárquica e a guerra democrática, ver John F. C. Fuller, *The Conduct of War, 1789–1961* (New York: Da Capo Press, 1992), especialmente os capítulos 1 e 2; idem, *War and Western Civilization, 1832–1932* (Freeport, N. Y.: Books for Libraries, 1969); Michael Howard, *War in European History* (Oxford: Oxford University Press, 1978), especialmente o capítulo 6; idem, *War and the Liberal Conscience* (New Brunswick, N. J.: Rutgers University Press, 1978); Bertrand de Jouvenel, *O Poder – A História Natural do Seu Crescimento* (São Paulo: Peixoto Neto, 2010), cap. 8; William A. Orton, *The Liberal Tradition* (Port Washington, Washington: Kennikat Press, 1969), páginas 25 e seguintes; Guglielmo Ferrero, *Peace and War* (Freeport, N. Y.: Books for Libraries

Portanto, surgem inevitavelmente duas perguntas finais. O atual estado de coisas não pode ser "o fim da história". O que podemos esperar? E o que podemos fazer? Quanto à primeira questão, a resposta é breve. No final do século XX, o republicanismo democrático nos Estados Unidos e em todo o mundo ocidental parece ter esgotado os fundos de reserva que foram herdados do passado. Por décadas – até o *boom* da década de 1990 –, os rendimentos reais estagnaram ou até mesmo caíram. [48] A dívida pública e o custo dos sistemas de previdência social conduziram à perspectiva de um iminente descalabro econômico. Ao mesmo tempo, os conflitos sociais e o desmoronamento social atingiram perigosos patamares. Se a tendência à exploração e à visão de curto prazo (orientada para o presente) cada vez maiores permanecer em seu curso atual, os estados democráticos ocidentais de bem-estar social entrarão em colapso – assim como ocorreu com as repúblicas socialistas populares do Leste Europeu no final da década de 1980. Assim, resta a segunda pergunta: o que podemos fazer a partir de *agora* para impedir que o processo de declínio civilizatório complete o seu percurso rumo a uma catástrofe econômica e social?

Acima de tudo, a ideia da democracia e da regra da maioria deve ser deslegitimada. Em última instância, o curso da história é determinado pelas *ideias*, sejam elas verdadeiras ou falsas. Assim como os reis não podiam exercer o seu domínio a menos que maioria da opinião pública aceitasse esse domínio como legítimo, os governantes democráticos não podem manter-se no poder sem o apoio ideológico da opinião pública. [49] Da mesma forma, a transição do governo monárquico para o governo democrático deve ser explicada, fundamentalmente, como uma mera mudança na opinião pública. De fato, até o final da Primeira Guerra Mundial, a esmagadora maioria da opinião pública na Europa aceitava os governos monárquicos como legítimos. [50] Nos dias de hoje, quase ninguém o faria. Pelo contrário: a ideia do governo monárquico é considerada ridícula, risível. Em virtude disso, deve-se considerar impossível um retorno ao *ancien régime*. Tudo indica que a legitimidade do governo monárquico foi irremediavelmente perdida. O retorno à monarquia não seria uma solução verdadeira e adequada. Os governos monárquicos, sejam quais forem os

---

Press, 1969), cap. 1; ver também o capítulo 1 deste livro.

[48] Para uma reveladora análise das estatísticas dos Estados Unidos, ver Robert Batemarco, "GNP, PPR and the Standard of Living", em *Review of Austrian Economics*, 1 (1987).

[49] Sobre a relação entre o governo e a opinião pública, ver a clássica análise de Étienne de la Boétie, *Discurso sobre a Servidão Voluntária*, com uma introdução escrita por Murray N. Rothbard; ver também: David Hume, *Essays: Moral, Political and Literary* (Oxford: Oxford University Press, 1963), especialmente o Ensaio IV: "Of the First Principles of Government".

[50] Ainda em 1871, por exemplo, com o sufrágio universal masculino, a Assembleia Nacional da República Francesa continha apenas cerca de 200 congressistas republicanos entre mais de 600 deputados. E a restauração de uma monarquia só foi impedida porque os apoiadores dos Bourbon e os adeptos dos Orléans ficaram em insolúvel impasse uns com os outros.

seus méritos relativos, *praticam* a exploração e *contribuem* para a promoção da visão de curto prazo (orientada para o presente). Ao invés disso, a ideia do governo republicano-democrático deve ser reputada como igualmente – se não mais – ridícula e risível, sendo ele identificado como a fonte do contínuo processo de descivilização.

Todavia, ao mesmo tempo – e ainda mais importante –, uma *alternativa* positiva para a monarquia *e* a democracia – a ideia de uma ordem natural – deve ser delineada e compreendida. Por um lado, isso implica o reconhecimento de que a verdadeira fonte da civilização humana não se encontra na exploração (tanto na do governo monárquico tanto na do governo republicano-democrático), mas sim na propriedade privada, na produção e nas trocas voluntárias. Por outro lado, isso envolve o reconhecimento de um *insight* sociológico fundamental (o qual, aliás, também ajuda a identificar de modo preciso onde a oposição histórica à monarquia se equivocou): a manutenção e a preservação de uma economia baseada na propriedade privada e nas trocas voluntárias exigem, como pressuposto sociológico, a existência de uma elite natural voluntariamente reconhecida – uma *nobilitas naturalis*. [51]

O resultado natural das transações voluntárias entre vários proprietários privados é, decididamente, não igualitarista, hierárquico e elitista. Em consequência da enorme diversidade de talentos humanos, em todas as sociedades (sejam quais forem os seus graus de complexidade) algumas pessoas rapidamente adquirem o *status* de elite. Devido às suas realizações superiores em termos de riqueza, sabedoria e coragem (havendo, inclusive, uma combinação de ambos), alguns indivíduos chegam a possuir uma "autoridade natural", e as suas opiniões e os seus julgamentos desfrutam um respeito generalizado. Além disso, em função do acasalamento e do casamento seletivos e das leis de herança civil e genética, as posições de autoridade natural têm maior probabilidade de se situarem dentro das linhagens de algumas famílias nobres. É aos chefes dessas famílias com um histórico longamente estabelecido de grandes realizações, de visão de longo prazo (orientada para o futuro) e de exemplar conduta pessoal que os homens se dirigem para solucionarem os seus conflitos e as suas queixas uns contra os outros; e são esses líderes da elite natural os indivíduos que normalmente atuam como juízes e pacificadores, muitas vezes gratuitamente – a partir de um senso de obrigação exigido e esperado de uma pessoa de autoridade ou até mesmo a partir de uma íntegra preocupação pela justiça civil –, na condição de um "bem público" privadamente pres-

---

[51] Ver também Wilhelm Röpke, *A Humane Economy* (Indianapolis, Indiana: Liberty Fund, 1971), pp. 129–136; e Bertrand de Jouvenel, *O Poder – A História Natural do Seu Crescimento* (São Paulo: Peixoto Neto, 2010), cap. 17.

tado e provido. [52]

Na verdade, a origem endógena da monarquia (em oposição à origem exógena, por meio da conquista) [53] só pode ser compreendida no contexto de uma ordem prévia das elites naturais. O pequeno – porém decisivo – passo na transição para o governo monárquico – i.e., o "pecado original" – consistiu precisamente na *monopolização* da função de juiz e pacificador. Esse passo foi tomado depois de um único membro da elite natural voluntariamente reconhecida – o rei – ter insistido, com a oposição dos outros membros da elite social, que todos os conflitos dentro daquele determinado território fossem trazidos para diante dele e que as partes em conflito não escolhessem qualquer outro juiz ou pacificador que não fosse ele. A partir desse momento, a lei e a aplicação da lei se tornaram mais caras: ao invés de serem oferecidas gratuitamente ou mediante pagamento voluntário, elas passaram a ser financiadas através de pagamentos compulsórios (impostos). Ao mesmo tempo, deteriorou-se a qualidade da lei: ao invés de defender o direito preexistente e aplicar os universais e imutáveis princípios da justiça, os juízes monopolistas – os quais não temem perder clientes em decorrência de não serem imparciais em suas decisões – puderam sucessivamente alterar a lei existente em proveito próprio.

Foi em grande medida pelo preço inflacionado da justiça e pelas perversões da lei preexistente por parte dos reis que surgiu a motivação da histórica oposição à monarquia. Entretanto, prevaleceram noções confusas acerca das causas desse fenômeno. Houve aqueles que corretamente concluíram que o problema residia no *monopólio* – e não nas elites ou na nobreza. [54] Mas eles se encontravam em número muito menor em relação àqueles que erroneamente culpavam o caráter elitista dos governantes pelo problema; em consequência disso, esses indivíduos se empenharam em manter o monopólio da lei e da aplicação da lei, tão-somente substituindo o rei e a visível pompa real pelo "povo" e pelas supostas modéstia e decência do "homem comum". Daí o sucesso histórico da democracia.

---

[52] Sobre a prestação privada de bens públicos por "grandes homens", ver Marvin Harris, *Cannibals and Kings: The Origins of Culture* (New York: Vintage Books, 1977), páginas 104 e seguintes.

[53] Para uma avaliação comparativa entre as teorias endógenas e as teorias exógenas do governo e para uma crítica histórica dessas últimas, como incorretas ou incompletas, ver Wilhelm Mühlmann, *Rassen, Ethnien, Kulturen. Moderne Ethnologie* (Neuwied: Luchterhand, 1964), pp. 248–319, especialmente as páginas 291–296.
Para conhecer os defensores das teorias sobre a origem exógena do governo, ver Friedrich Ratzel, *Politische Geographie* (Munique, 1923); Franz Oppenheimer, *System der Soziologie*, vol. 2, *Der Staat* (Stuttgart: Gustav Fischer, 1964); e Alexander Rüstow, *Freedom and Domination* (Princeton, N. J.: Princeton University Press, 1976).

[54] Ver, por exemplo, Gustave de Molinari, *Da Produção de Segurança* (São Paulo: Instituto Ludwig von Mises Brasil, 2014), obra publicada originalmente em francês no ano de 1849.

Ironicamente, a monarquia foi então destruída pelas mesmas forças sociais que os reis instigaram quando começaram a impedir as autoridades naturais concorrentes de atuarem como juízes. A fim de superar a resistência delas, os reis normalmente alinhavam-se com o povo, com o "homem comum". [55] Apelando ao sentimento sempre popular da inveja, os reis prometiam ao povo uma justiça melhor e mais barata em troca (e à custa) da tributação dos seus próprios pares (i.e., dos concorrentes dos reis), minando a sua reputação. Quando as promessas dos reis revelaram-se vazias – conforme estava previsto –, os mesmos sentimentos igualitários que eles cortejaram voltavam-se agora contra eles. Afinal de contas, o próprio rei era um membro da nobreza; como resultado da exclusão de todos os outros juízes, a sua posição se tornou apenas mais elevada e elitista, e a sua conduta, apenas mais arrogante. Nesse sentido, pareceu mais do que lógico, então, que os reis também deveriam ser derrubados e que as políticas igualitaristas (as quais foram iniciadas pelos próprios monarcas) deveriam ser concretizadas através da sua derradeira conclusão: o monopólio dos serviços judiciais pelo "homem comum".

Como era previsível (tal como foi anteriormente explicado e ilustrado em detalhes), a democratização da lei e da aplicação da lei – a substituição do rei pelo povo –, contudo, tornou as coisas ainda piores. O preço da justiça e da pacificação aumentou astronomicamente; e durante todo esse tempo a qualidade da lei deteriorou-se ao ponto em que a ideia do direito como um corpo de princípios universais e imutáveis de justiça praticamente desapareceu da opinião pública, sendo substituída pela concepção do direito como uma legislação (lei *criada* pelo governo). Ao mesmo tempo, a democracia obteve êxito numa área em que a monarquia só conseguiu efetivar um modesto preâmbulo: na decisiva destruição das elites naturais. As fortunas das grandes famílias se dissiparam; e a sua tradição de independência cultural e econômica, de perspicácia intelectual e de liderança moral e espiritual foi esquecida. Ainda existem homens ricos

---

[55] Sobre isso, consultar Henri Pirenne, *Medieval Cities* (Princeton, N. J.: Princeton University Press, 1974). "O claro interesse da monarquia", escreve Pirenne,
> Era apoiar os adversários do alto feudalismo. Naturalmente, sempre que era possível fazê-lo sem tornar-se obrigada para com elas, a monarquia ajudava essas classes médias [das cidades], as quais, levantando-se contra os seus senhores, lutavam, para todos os efeitos, no interesse das prerrogativas reais. Aceitar o rei como árbitro da sua contenda significava, para as partes em conflito, reconhecer a soberania dele. A entrada dos burgueses na cena política trouxe, como consequência, o enfraquecimento do princípio contratual do estado feudal – para a vantagem do princípio da autoridade do estado monárquico. Era impossível que a realeza não tomasse conta disso e aproveitasse cada oportunidade para mostrar a sua boa vontade para com as comunidades, as quais, sem qualquer intenção de fazê-lo, trabalhavam com tanta utilidade em seu nome. (pp. 179–180)

Ver também: ibid., páginas 227 e seguintes; Bertrand de Jouvenel, *O Poder – A História Natural do Seu Crescimento* (São Paulo: Peixoto Neto, 2010), cap. 17.

hoje em dia; mas eles, muito frequentemente, devem a sua fortuna direta ou indiretamente ao estado. Assim, tais homens se encontram muitas vezes mais dependentes de contínuos favores estatais do que as pessoas de menor riqueza. Eles, normalmente, não mais são os chefes de famílias proeminentes há muito estabelecidas, mas sim aquilo que se chama de "novos-ricos" (*nouveaux riches*). A sua conduta não é marcada por virtude, dignidade ou gosto especiais; ela é um reflexo da mesma cultura proletária de visão de curto prazo (orientada para o presente), de oportunismo e de hedonismo, a qual os ricos agora compartilham com todos os demais; em virtude disso, os seus pontos de vista não influenciam a opinião pública mais do que os de quaisquer outros indivíduos.

Portanto, quando o estado democrático finalmente exaurir a sua legitimidade, o problema a ser enfrentado será significativamente mais complicado do que o problema da época em que os reis perderam a sua legitimidade. Nesses tempos, teria sido suficiente abolir o monopólio real da lei e da aplicação da lei e substituí-lo por uma ordem natural de jurisdições concorrentes, pois ainda existiam remanescentes das elites naturais que poderiam assumir essa tarefa. Isso, agora, não é mais suficiente. Se o monopólio da lei e da aplicação da lei dos governos democráticos for dissolvido, não parece haver outra autoridade a quem se poderá recorrer por justiça, e o caos parece inevitável. Assim, além da defesa da abolição da democracia, é de fundamental importância estratégica que, ao mesmo tempo, seja dado suporte ideológico a todas as forças sociais descentralizadoras ou até mesmo secessionistas. Em outras palavras, a tendência à centralização política que caracterizou o mundo ocidental por muitos séculos – primeiro, sob o governo monárquico; em seguida, sob os auspícios democráticos – deve ser sistematicamente revertida. [56]

Mesmo que, como resultado de uma tendência separatista, floresça um novo governo (democrático ou não), a existência de governos territorialmente menores e de uma maior concorrência política tenderá a favorecer a moderação no tocante à exploração. Em todo caso, apenas em pequenas regiões, comunidades ou bairros é que será novamente possível, para alguns poucos indivíduos – com base no reconhecimento popular da sua independência econômica, das suas grandes realizações profissionais, da sua vida pessoal moralmente impecável e dos seus juízos e gostos superiores

---

[56] Sobre a economia política da centralização política e a lógica do processo de descentralização e de secessão, ver Hans-Hermann Hoppe, "The Economic and Political Rational for European Secessionism", em *Secession, State and Liberty*, editado por David Gordon (New Brunswick, N. J.: Transaction Publishers, 1998); Jean Baechler, *The Origins of Capitalism* (New York: St. Martin's Press, 1976), especialmente o capítulo 7; ver também o capítulo 5 deste livro.

–, ascender às fileiras das autoridades naturais voluntariamente reconhecidas e dar legitimidade à ideia de uma ordem natural [57] de juízes concorrentes e de jurisdições sobrepostas – i.e., de uma sociedade "anárquica" de leis privadas – como resposta à monarquia e à democracia.

---

[57] "Em uma sociedade sadia", escreve Wilhelm Röpke,
A liderança, a responsabilidade e a defesa exemplar das normas e dos valores orientadores da sociedade devem ser o exaltado dever e o indiscutível direito de uma minoria que forma (e é voluntária e respeitosamente reconhecida como tal) o ápice de uma pirâmide social hierarquicamente estruturada em termos de realizações. A sociedade de massa (...) deve ser compensada pela liderança individual – não por parte de gênios pioneiros ou excêntricos ou de intelectuais fogos-fátuos, mas, ao contrário, por parte de pessoas com coragem para rejeitar novidades extravagantes em favor das "velhas e boas verdades" que Goethe nos adverte e alerta para respeitar e em prol dos valores humanos simples, indestrutíveis e historicamente comprovados. Em outras palavras, nós precisamos da liderança de (...) "ascetas da civilização", santos secularizados que foram, que em nossa era ocupam um lugar que não deve, por longo tempo, permanecer vago em qualquer momento e em qualquer sociedade. Isso é o que as pessoas têm em mente quando afirmam que a "revolta das massas" deve ser combatida por uma outra revolta, a "revolta da elite". (...) Aquilo de que realmente precisamos é: uma verdadeira *nobilitas naturalis*. Nenhuma era pode ser possível sem ela, pelo menos a de todos nós, quando tanta coisa está balançando e se esfarelando. Temos necessidade de uma nobreza natural cuja autoridade seja, felizmente, prontamente aceita por todos os homens; de uma elite cujo título decorra exclusivamente do seu desempenho supremo e do seu inigualável exemplo ético, investida com a dignidade moral de uma vida assim. Apenas alguns poucos indivíduos de cada estrato da sociedade podem ascender a essa fina camada de nobreza natural. O caminho para isso é uma vida exemplar e lentamente amadurecida de dedicados esforços em nome de todos; de integridade irrepreensível; de constante restrição da nossa ganância comum; de comprovada solidez de julgamento; de indômita coragem em defender a verdade e o direito e, por fim, uma impecável vida privada – tudo isso significa ser, em geral, o maior exemplo. Esta é a forma como os poucos, alçados a patamares superiores pela confiança das pessoas, gradualmente alcançam uma posição acima das classes, dos interesses, das paixões, das maldades e das tolices dos homens, tornando-se, finalmente, a consciência da nação. Pertencer a esse grupo de aristocratas morais deve ser o objetivo mais elevado e mais desejável, diante do qual todas as outras conquistas da vida são pálidas e insípidas. (...) Nenhuma sociedade livre, pelo menos a de todos nós, que ameaça degenerar-se em uma sociedade de massa, pode subsistir sem tal classe de censores. A sobrevivência do nosso mundo livre dependerá, em última instância, da capacidade da nossa era de produzir um número suficiente de tais aristocratas de espírito público. (Wilhelm Röpke, *A Humane Economy* [Indianapolis, Indiana: Liberty Fund, 1971], pp. 130–131)

Capítulo III
Sobre a Monarquia, a Democracia, a Opinião Pública e a Deslegitimação

I

É pertinente iniciar este capítulo com algumas observações sobre Ludwig von Mises e sobre a sua concepção de uma sociedade livre. "O programa do liberalismo", escreveu Mises,

> Se fosse condensado em uma única palavra, esta seria: *propriedade*, i.e., propriedade privada dos meios de produção (pois, no tocante aos bens de consumo, a propriedade privada é algo óbvio, não sendo questionada até mesmo por socialistas e comunistas). Todas as outras exigências do liberalismo decorrem dessa exigência fundamental. [1]

Baseado na propriedade privada, explicou Mises, o surgimento da sociedade – da cooperação humana – foi o resultado (1) da diversidade natural entre as pessoas e os bens e (2) do reconhecimento de que o trabalho realizado no âmbito da divisão do trabalho é mais produtivo do que o trabalho realizado em isolamento autossuficiente. Explanou ele:

> Se – e na medida em que –, por meio da divisão do trabalho, obtém-se uma maior produtividade do que aquela obtida por meio do trabalho isolado; se – e na medida em que – o homem é capaz de perceber esse fato, a ação humana tende, naturalmente, à cooperação e à associação. (...) A experiência ensina que essa condição – uma maior produtividade alcançada pela divisão do trabalho – torna-se efetiva porque a sua causa – a desigualdade inata entre os homens e a desigual distribuição geográfica dos fatores naturais de produção – é real. É este o fato que nos permite compreender o curso da evolução social. [2]

Se o surgimento da sociedade – da cooperação humana sob a divisão do trabalho – pode ser explicado como sendo o resultado do autointe-

---
[1] Ludwig von Mises, *Liberalism: In the Classical Tradition* (Irvington-on-Hudson, N. Y.: Foundation for Economic Education, 1985), p. 19.
[2] Ludwig von Mises, *Human Action: A Treatise on Economics* (Chicago: Regnery, 1966), pp. 160–161.

resse, também é verdade que, sendo a humanidade o que ela é, sempre existirão criminosos (como assassinos, ladrões, agressores, trapaceiros e embusteiros); e a vida em sociedade será intolerável a menos que eles sejam ameaçados com punições físicas. "Os liberais compreendem perfeitamente", escreveu Mises,

> Que, sem o recurso da coerção, a existência da sociedade correria perigo e que, por trás das regras de conduta, cuja observância é necessária para assegurar a cooperação humana pacífica, deve pairar a ameaça da força, para que todo o edifício da sociedade não deva ficar à mercê de qualquer um dos seus membros. Alguém tem de estar em condições de exigir daquela pessoa que não respeita a vida, a saúde, a liberdade pessoal ou a propriedade privada dos outros que obedeça às regras da vida em sociedade. É esta a função que a doutrina liberal atribui ao estado: a proteção da propriedade, da liberdade e da paz. [3]

Se isso for aceito, como deve o governo ser organizado de forma que se garanta que ele, de fato, fará aquilo que, supostamente, deve fazer: proteger os direitos de propriedade privada pré-existentes? Tendo em vista o que eu direi mais adiante em favor da instituição da monarquia, a oposição liberal de Mises ao *antigo regime (ancien régime)* dos reis e príncipes absolutos é, aqui, digna de nota. Os reis e os príncipes eram indivíduos privilegiados. Quase por definição, eles se chocavam com a ideia dos liberais de unidade e de universalidade da lei. Dessa forma, afirmou Mises, a teoria liberal do estado é hostil aos monarcas.

> O estado monárquico não possui fronteiras naturais. Aumentar a propriedade da sua família é o ideal do príncipe; ele se esforça para legar ao seu sucessor um território maior do que aquele que herdou do seu pai. Continuar adquirindo novas posses territoriais até chocar-se com um adversário tão forte ou mais forte – este é o esforço dos reis. (...) Os príncipes consideram os países de forma semelhante àquela como um dono de propriedade considera as suas florestas, os seus prados e os seus campos. Eles os vendem, eles os trocam (para, por exemplo, "arredondar" as fronteiras); e, a cada vez, transfere-se também o governo sobre os habitantes. (...) As terras e os povos, aos olhos dos príncipes, nada mais são do que objetos sob o domínio da propriedade principesca; os primeiros for-

---

[3] Ludwig von Mises, *Liberalism: In the Classical Tradition* (Irvington-on-Hudson, N. Y.: Foundation for Economic Education, 1985), p. 37.

mam a base da soberania, os últimos constituem os direitos de propriedade. O príncipe exige obediência e lealdade das pessoas que vivem em "sua" terra; ele praticamente as considera como propriedade sua. [4]

Já que Mises rejeitou o estado monárquico por ele ser incompatível com a proteção dos direitos de propriedade privada, o que, então, deveria substituí-lo? A resposta de Mises foi: a democracia e o governo democrático. No entanto, a definição de Mises do governo democrático é fundamentalmente diferente do seu sentido coloquial, usual. Mises cresceu em um estado multinacional e, assim, ficou dolorosamente consciente dos resultados antiliberais do governo da maioria em territórios etnicamente mistos. [5] Ao invés de governo da maioria (majoritarismo), para Mises a democracia significava literalmente "autodeterminação, autogoverno, autorregulação" [6]; em decorrência disso, o governo democrático é, essencialmente, uma organização de adesão voluntária em que se reconhece, para cada um dos seus eleitores, o direito ilimitado e irrestrito à secessão. "O liberalismo", explicou Mises,

> Não obriga nenhuma pessoa a aderir à estrutura do estado. Aquele que quiser emigrar não é impedido de fazê-lo. Quando uma parcela do povo de um estado desejar se separar da união, o liberalismo não a impede de fazê-lo. As colônias que desejarem tornar-se independentes só precisam fazê-lo. A nação, na condição de entidade orgânica, não pode aumentar nem diminuir por meio de mudanças nos estados; o mundo como um todo não pode ganhar nem perder com isso. [7]

---

[4] Ludwig von Mises, *Nation, State and Economy: Contributions to the Politics and History of Our Time* (New York: New York University Press, 1983), pp. 32–33. Mises, mais adiante, observa que
> O estado monárquico esforça-se incessantemente para efetuar a expansão do seu território e o aumento do número dos seus súditos. Por um lado, ele objetiva a aquisição de territórios e favorece a imigração; por outro lado, define e promove as mais rigorosas penas contra a emigração. Quanto mais territórios e mais súditos, mais receitas e mais soldados. Somente no tamanho do estado reside a garantia da sua preservação. Os estados menores estão sempre em perigo de ser engolidos por outros maiores. (p. 39)

[5] "Em territórios poliglotas", escreveu Mises, "a aplicação do princípio do majoritarismo não conduz à liberdade de todos, mas sim ao governo da maioria sobre a minoria. (...) O governo da maioria (...), para uma parte da população (...), não significa governo popular, mas sim governo estrangeiro" (ibid., páginas 55 e 50). Sob as circunstâncias especiais da Áustria dos Habsburgos como um estado multinacional, mas fundamentalmente alemão, a aplicação do princípio do majoritarismo não apenas promoveria a dissolução do Império. Em particular, fosse o Império dissolvido ou não, a democracia funcionaria sistematicamente contra os alemães e, em última análise, conduziria ao "suicídio nacional" alemão (ibid., p. 117). Isso, de acordo com Mises, era a "trágica posição" dos liberais alemães na Áustria (ibid., p. 115). "A democratização da Áustria equivalia à desgermanização." (Ibid., p. 126)

[6] Ibid., p. 46.

[7] Ibid., pp. 39–40.

> O direito de autodeterminação no tocante à questão da adesão a um estado então significa: sempre que os habitantes de um determinado território – trate-se de uma única aldeia, de toda uma zona ou de uma série de distritos adjacentes – demonstrarem, através de plebiscito livremente realizado, que não desejam permanecer unidos ao estado ao qual pertencem no momento, mas que desejam formar um estado independente ou anexar-se a qualquer outro estado, os seus desejos devem ser respeitados e cumpridos. Este é o único modo viável e eficaz de evitar revoluções, guerras civis e guerras internacionais. (...) Se fosse possível, de alguma forma, conceder esse direito de autodeterminação a cada indivíduo, isso teria de ser feito. [8]

Portanto, a resposta de Mises a como garantir que o governo protegerá os direitos de propriedade é por meio da ameaça da secessão ilimitada e da sua própria característica de adesão voluntária.

II

Não quero, aqui, aprofundar a análise da ideia de governo democrático de Mises, mas, pelo contrário, passar à definição moderna de democracia e à questão da sua compatibilidade com a base (os fundamentos) do liberalismo: a propriedade privada e a sua proteção.

Pode-se argumentar que a definição de Mises do sistema de governo democrático era aplicável para os Estados Unidos até o ano de 1861. Até

---

[8] Ludwig von Mises, *Liberalism: In the Classical Tradition* (Irvington-on-Hudson, N. Y.: Foundation for Economic Education, 1985), pp. 109–110. As objeções que Mises levanta contra secessão ilimitada são exclusivamente de natureza técnica (economias de escala, entre outras). Assim, por exemplo, Mises reconhece ter dificuldades em imaginar, "em uma cidade territorialmente mista, a criação de duas forças policiais – talvez uma alemã e outra tcheca –, cada uma apenas podendo agir contra membros da sua própria nacionalidade". Ludwig von Mises, *Nation, State and Economy: Contributions to the Politics and History of Our Time* (New York: New York University Press, 1983), p. 53. Por outro lado, observa Mises que
> As ideias políticas dos tempos modernos permitem a continuação da existência de pequenos estados mais seguros nos dias de hoje do que nos séculos anteriores. (...) Não pode haver uma questão de prova de autossuficiência econômica na formação dos estados em uma época em que a divisão do trabalho abarca grandes extensões de terra, todos os continentes, na verdade o mundo inteiro. Não importa se os habitantes de um estado satisfazem as suas necessidades direta ou indiretamente por meio da produção doméstica; a única coisa que importa é que possam satisfazê-las todas. (...) Até mesmo no momento em que a estrutura estatal foi unificada, eles [os habitantes separatistas] não obtiveram os seus bens [importados] em troca de nada, mas apenas através do valor fornecido em retorno; e esse valor ofertado em troca não se torna maior quando a comunidade política se dissolve. (...) Portanto, o tamanho do território de um estado não importa. (Ibid., pp. 81–82)

então, era consenso generalizado a ideia de que o direito de secessão existia e de que a União era somente uma associação voluntária de estados independentes. Entretanto, após a esmagadora derrota e a violenta devastação da Confederação secessionista infligidas por Lincoln e pela União, estava claro que o direito de secessão não existia e que a democracia significava o governo absoluto e ilimitado da maioria. Nem se constata que qualquer estado a partir dessa época concretizou a definição de Mises do sistema de governo democrático. Ao invés disso, assim como o modelo americano, todas as democracias modernas são organizações de adesão compulsória.

O mais surpreendente de tudo isso é o fato de Mises nunca ter submetido esse modelo moderno de democracia à mesma análise sistemática a que ele submetera o governo monárquico. Com certeza, ninguém mostrou-se mais previdente em relação aos efeitos destrutivos das políticas sociais e econômicas dos governos modernos do que Mises; e ninguém reconheceu mais claramente do que ele o aumento dramático do poder estatal ao longo do século XX – mas Mises nunca relacionou de maneira sistemática esses fenômenos com a moderna democracia compulsória. Em nenhum lugar ele chegou a sugerir que o declínio do liberalismo e o predomínio das ideologias políticas anticapitalistas desse século de socialismo, social-democracia, capitalismo democrático, economia social de mercado (ou qualquer outro rótulo que tem sido atribuído a vários programas e políticas antiliberais) encontram a sua explicação sistemática na própria democracia majoritária.

O que me proponho a fazer aqui é preencher a lacuna deixada por Mises e realizar uma análise lógica da democracia majoritária, tornando, assim, a história moderna – a nossa época – inteligível e previsível.

III

Com a inexistência do direito de secessão, o governo democrático é, economicamente falando, um monopolista territorial compulsório da proteção e da decisão final (jurisdição); nesse sentido, ele é indistinguível do governo monárquico. Assim como os príncipes não permitiam a secessão, ela é proibida sob a democracia. Além disso – como sugere a posição de monopolista compulsório –, tanto o governo democrático quanto o governo monárquico possuem o direito de cobrar impostos (impor tributos). Ou seja, ambos estão autorizados a determinar unilateralmente – sem o consentimento dos protegidos – a quantia que estes devem pagar pela sua própria proteção.

A partir dessa classificação usual como monopólios compulsórios, uma similaridade fundamental entre ambos – o governo monárquico e o governo democrático – pode ser deduzida: sob auspícios monopolísticos, o preço da justiça e da proteção continuamente aumentará, e a quantidade e a qualidade da justiça e da proteção constantemente diminuirão. [9] Na condição de expropriadora protetora de propriedades, uma agência de proteção financiada por impostos é uma contradição em termos, conduzindo inevitavelmente a mais impostos e a menos proteção. Mesmo que – como defendem os liberais – um governo limite as suas atividades exclusivamente à proteção dos direitos de propriedade pré-existentes, surge a questão de quanta proteção deve ser produzida. Motivados (como todos nós) pelo autointeresse e pela desutilidade do trabalho – mas detendo o exclusivo poder da tributação –, a resposta dos agentes governamentais será sempre a mesma: (1) maximizar os gastos com serviços de proteção (e, em teoria, praticamente toda a riqueza de uma nação pode ser consumida pelo custo da proteção) e, ao mesmo tempo, (2) minimizar a produção efetiva de proteção. Quanto mais dinheiro se pode gastar e quanto menos se deve trabalhar para produzir, melhor a situação será.

Adicionalmente, o monopólio da jurisdição inevitavelmente conduzirá a uma deterioração constante e progressiva da qualidade da proteção. Se é possível recorrer somente (exclusivamente) ao governo por justiça, então ela (a justiça) será distorcida em prol do governo, não obstante as constituições e os supremos tribunais. As constituições e os supremos tribunais são constituições e agências governamentais; e quaisquer limitações à ação governamental que possam fornecer são invariavelmente decididas pelos agentes da mesma instituição. Previsivelmente, as definições de propriedade e de proteção serão continuamente modificadas, e o alcance da jurisdição, constantemente ampliado para a vantagem do governo.

IV

Ao passo que ambos são incompatíveis com a proteção da vida e da propriedade, o governo monárquico e o governo democrático são também diferentes em um aspecto essencial. A diferença decisiva e fundamental reside no fato de que a entrada no governo monárquico é sistematicamen-

---

[9] Sobre a teoria econômica do monopólio, ver Murray N. Rothbard, *Man, Economy and State: A Treatise on Economic Principles*, 2 vols. (Auburn, Alabama: Ludwig von Mises Institute, 1993), cap. 10; sobre, em particular, a produção monopolista da segurança, ver: idem, *Por Uma Nova Liberdade – O Manifesto Libertário* (São Paulo: Instituto Ludwig von Mises Brasil, 2013), capítulos 12 e 14; Gustave de Molinari, *Da Produção de Segurança* (São Paulo: Instituto Ludwig von Mises Brasil, 2014); Morris Tannehill e Linda Tannehill, *The Market for Liberty* (New York: Laissez Faire Books, 1984); e Hans-Hermann Hoppe, *The Private Production of Defense* (Auburn, Alabama: Ludwig von Mises Institute, 1998).

te restringida pelo critério (discrição) pessoal do monarca e de que, sob a democracia, a entrada e a participação no governo estão abertas a todos em igualdade de condições; qualquer indivíduo – não apenas a classe dos nobres hereditários – pode se tornar um funcionário governamental e exercer qualquer função pública, podendo percorrer o caminho até o cargo máximo de primeiro-ministro ou presidente.

Normalmente, essa distinção entre a entrada restrita e a livre entrada no governo e a transição do governo monárquico para o governo democrático têm sido interpretadas como um progresso em prol do liberalismo: de uma sociedade de *status* e de privilégios para uma sociedade de igualdade perante a lei. Mas essa interpretação reside num equívoco fundamental. A partir do ponto de vista liberal clássico, o governo democrático deve ser considerado pior do que o governo monárquico, significando, em realidade, um retrocesso.

A entrada livre e igualitária no governo democrático é algo totalmente diferente e incompatível com a noção liberal clássica de um direito universal, igualmente aplicável a todos, em todos os lugares e em todos os tempos. O liberalismo, observou Mises, "esforça-se para efetuar a maior unificação possível da lei – em última análise, a unidade mundial do direito". [10]

A livre entrada no governo, contudo, não concretiza esse objetivo. Pelo contrário: a questionável desigualdade entre a lei superior dos monarcas e a lei inferior (subordinada) dos súditos ordinários encontra-se preservada no regime democrático por meio da separação entre o direito público e o direito privado e por meio da supremacia do primeiro sobre o último. Sob a democracia, todos são iguais na medida em que a entrada no governo está liberada para todos nas mesmas condições. Sob a democracia, não há privilégios *pessoais* ou indivíduos privilegiados. Entretanto, existem privilégios *funcionais* e funções privilegiadas. Na medida em que atuam como funcionários públicos, os agentes do governo democrático são regidos e protegidos pelo direito público e, assim, ocupam uma posição privilegiada *vis-à-vis* os indivíduos que atuam no âmbito da mera autoridade do direito privado (essencialmente, podendo sustentar as suas próprias atividades através dos impostos impingidos sobre indivíduos submetidos ao direito privado). Os privilégios, a discriminação e o protecionismo não desaparecem. Pelo contrário: ao invés de ficarem restritos apenas aos príncipes e aos nobres, os privilégios, a discriminação e o protecionismo podem ser exercidos por – e concedidos a – todos.

---

[10] Ludwig von Mises, *Nation, State and Economy: Contributions to the Politics and History of Our Time* (New York: New York University Press, 1983), p. 38.

Como era previsível, sob a democracia é reforçada a tendência de todo monopólio compulsório a aumentar os preços e a diminuir a qualidade. Na condição de monopolista hereditário, o monarca considera o território e a população sob a sua jurisdição como a sua propriedade pessoal e se engaja na exploração monopolística da sua "propriedade". No tocante ao governo democrático, a exploração não desaparece. Embora qualquer pessoa tenha o direito de obter ingresso no governo, isso não elimina a distinção entre os governantes e os governados. O governo e o povo governado não são a mesma entidade. Em vez de um príncipe que considera o país como a sua propriedade privada, quem comanda o monopólio é um zelador (administrador) temporário e intercambiável. O zelador não detém a propriedade do país; porém, enquanto ele estiver no cargo, ele está autorizado a usá-lo para o seu proveito e para a vantagem dos seus protegidos. Ele possui o seu uso corrente – i.e., o *usufruto* –, mas não o seu estoque de capital. Isso não elimina a exploração; ao invés disso, faz com que ela se torne menos calculada e se realize com pouca ou nenhuma consideração para com o estoque de capital. Em outras palavras, a exploração adere a uma visão de curto prazo. [11]

Ambos – os monarcas hereditários e os zeladores democráticos – podem aumentar os seus gastos correntes por meio de impostos mais elevados. No entanto, o príncipe tende a evitar o aumento de impostos caso isso conduza ao consumo de capital – i.e., a um desconto do valor presente do estoque de capital do qual ele é proprietário. Em contraste, o zelador não apresenta essa relutância. Embora ele seja o dono das atuais receitas tributárias, ele não detém a propriedade do estoque de capital do qual decorrem essas receitas; outros o possuem. Assim, sob condições democráticas, a tributação ultrapassa muito além o seu nível sob o governo monárquico.

Adicionalmente, ambos – os príncipes e os zeladores – podem aumentar os seus gastos correntes por meio do endividamento; e, dotados do poder de tributar, ambos tendem a contrair mais dívidas do que os particulares. Porém, ao passo que o príncipe assume um passivo contra os seus bens pessoais sempre que ele solicita empréstimos (i.e., vende títulos de dívida) do povo governado (por esse motivo, o valor atual da sua propriedade diminui), o zelador democrático encontra-se livre desse tipo de situação. Ele pode desfrutar todos os benefícios advindos de gastos correntes mais elevados enquanto o passivo e a concomitante queda nos valores das propriedades recaem sobre outras pessoas. Assim, a dívida pública é maior e aumenta mais rapidamente sob condições democráticas do que sob o governo monárquico.

---

[11] Sobre esse assunto, ver Murray N. Rothbard, *Governo e Mercado* (São Paulo: Instituto Ludwig von Mises Brasil, 2012), cap. 5; e Hans-Hermann Hoppe, "The Political Economy of Monarchy and Democracy and the Idea of a Natural Order", em *Journal of Libertarian Studies*, 11, n. 2 (1995).

Por fim, ambos – os príncipes e os zeladores – podem usar o poder do monopólio compulsório para obter controle sobre a oferta de moeda; em decorrência disso, ambos também podem aumentar os seus próprios gastos correntes ao inflarem a oferta monetária. Entretanto, aquele príncipe que inflar a oferta de moeda sopesará, no mínimo, dois fatores: o seu enriquecimento imediato *e* o fato de que, como o resultado inevitável de uma maior oferta de moeda, o futuro poder de compra da moeda e o tamanho dos futuros impostos serão menores. Em contraste com um príncipe, um zelador democrático está preocupado apenas com o seu enriquecimento imediato, pois ele não detém a propriedade das receitas fiscais atuais *e* futuras. Ele só possui as receitas tributárias presentes; ele, então, está preocupado apenas com o atual poder de compra da moeda. Com o aumento da oferta monetária, ele pode aumentar a sua atual capacidade de compra, enquanto o consequente menor poder de compra da moeda e das receitas fiscais deve surgir no futuro, sendo arcado por outros. Assim, a inflação monetária prevalecerá mais sob condições democráticas do que sob o governo monárquico.

V

Além disso, com a liberdade de entrada e de participação no governo, a perversão da justiça e da proteção (i.e., da lei e da ordem) avançará ainda mais velozmente. A noção dos direitos humanos universais e imutáveis – e, em particular, dos direitos de propriedade – essencialmente desaparece, sendo substituída pela concepção da lei como legislação governamental e dos direitos como meras concessões conferidas pelo governo. [12]

Em vez de apenas redistribuírem os rendimentos e as riquezas da sociedade civil para o governo por meio da tributação, do financiamento de dívidas e da inflação monetária, tanto os monarcas hereditários quanto os zeladores democráticos também podem usar o seu monopólio da jurisdição para efetuarem a redistribuição de renda e de riqueza *no seio da sociedade civil*. Todavia, a estrutura de incentivos que os príncipes e os zeladores encaram é nitidamente diferente em cada caso.

É instrutivo realizar mais uma análise sobre o governo monárquico. No tocante à redistribuição, os príncipes enfrentam dois desincentivos.

---

[12] Sobre a distinção fundamental entre direito e legislação, ver Bruno Leoni, *Liberdade e a Lei* (São Paulo: Instituto Ludwig von Mises Brasil, 2010); Friedrich A. von Hayek, *Law, Legislation and Liberty*, 2 vols. (Chicago: University of Chicago Press, 1973), vol. 1: *Rules and Order*; e Murray N. Rothbard, *A Ética da Liberdade* (São Paulo: Instituto Ludwig von Mises Brasil, 2010).

O primeiro é um desincentivo lógico. Ainda que o príncipe esteja acima de tudo e de todos, os seus direitos também são direitos de propriedade (embora de um tipo vagamente superior). Se um príncipe toma à força a propriedade de uma pessoa e a entrega para outra, ele subverte e erode o princípio sobre o qual se apoiam a sua própria posição e a sua própria segurança *vis-à-vis* outros príncipes. [13] Em segundo lugar, a partir do ponto de vista econômico, toda redistribuição de renda e de riqueza dos *"ricos"* ("possuidores") para os *"pobres"* ("não possuidores") é contraproducente, reduzindo o valor total do território. Isso não é o mesmo que dizer que os príncipes se absterão completamente de implementar políticas de redistribuição; mas essas políticas assumirão uma forma nitidamente diferente. Por um lado, elas devem mostrar-se em conformidade com a ideia do direito de propriedade *privada*; por outro lado, elas devem *aumentar* a produtividade futura e, portanto, o valor presente do país. Assim, os príncipes geralmente concedem privilégios *pessoais* em vez de privilégios grupais (de grupo); eles concedem privilégios para os ricos em vez de para os pobres e cuidam dos chamados "problemas sociais" por meio da realocação de políticas de cultura do trabalho, de aculturação e de colonização em vez de por meio da redistribuição de renda e de riqueza.

Em contraste, o zelador democrático não encara nenhum obstáculo lógico à redistribuição de propriedades privadas. Em vez de envolver-se com a preservação e o aumento dos valores do capital, ele se preocupará principalmente com a defesa e a promoção da sua própria posição contra a concorrência de novos entrantes no governo.

Esse tipo de legitimidade não se apoia sobre a legitimidade da propriedade privada. Ele repousa sobre a legitimidade da propriedade "social" ou "pública". Portanto, ao tomar à força a propriedade de uma pessoa e ao entregá-la para outra, ele, na condição de zelador, não contradiz o seu próprio fundamento ideológico. Em vez disso, ele afirma e reforça a supremacia do princípio da propriedade pública. Assim, sob condições democráticas, o direito privado – o direito de propriedade e de contrato subjacente à sociedade civil –, como uma área jurídica independente, definha e desaparece e é absorvido por um direito público abrangente e totalizante criado pelo governo (legislação). Como observou o jurista socialista alemão Gustav Radbruch, a partir da perspectiva do zelador democrático "o direito privado deve ser considerado apenas como um instrumento provisório e constantemente declinante da iniciativa privada, temporariamente permitido pela esfera de total abrangência do direito público". [14] Em

---

[13] Ver também Bertrand de Jouvenel, *Sovereignty: An Inquiry into the Political Good* (Chicago: University of Chicago Press, 1957), páginas 172–173 e 189.
[14] Gustav Radbruch, *Der Mensch im Recht* (Göttingen: Vandenhoeck, 1927), p. 40.

última análise, toda propriedade é propriedade pública. Todo direito de propriedade privada estabelecido é apenas provisoriamente válido e pode ser alterado por meio de uma determinação unilateral do zelador baseada nas exigências da "segurança pública" e do "bem comum".

Em segundo lugar – e mais especificamente –, em decorrência do fato de os zeladores não serem os donos do estoque de capital do país, há pouca ou nenhuma preocupação com os efeitos perversos da redistribuição de renda e de riqueza. As repercussões de longo prazo das medidas redistributivas são irrelevantes para os zeladores, ao passo que os seus efeitos imediatos e de curto prazo lhes são importantes. O zelador encontra-se sempre sob a pressão da concorrência política de outros que almejam substituí-lo. Tendo em vista as regras do governo democrático – o princípio de "um homem, um voto" e do governo da maioria (majoritarismo) –, o zelador, seja para garantir a sua posição atual, seja para obter uma posição mais vantajosa, deve conceder ou prometer conceder privilégios para *grupos* em vez de para particulares; e, dado que sempre há mais pobres ("não possuidores") do que ricos ("possuidores"), a sua política de redistribuição será igualitarista, não elitista. Dessa forma, como o resultado da competição democrática, a natureza estrutural da sociedade será progressivamente deformada.

Um dos motivos é que, independentemente dos critérios em que se baseia, toda redistribuição envolve os atos de "tomar" de um proprietário original e/ou produtor – o "possuidor" de algo – e de "entregar" para um não proprietário e/ou não produtor – o "não possuidor" desse algo. O incentivo para ser um proprietário original ou produtor da coisa em questão é reduzido; e o incentivo para ser um não proprietário e um não produtor é promovido. Portanto, o número de possuidores e de produtores diminui, e aumenta a quantidade de não possuidores e de não produtores. E, uma vez que algo de *bom* provavelmente está sendo redistribuído – algo que os possuidores/produtores têm em grande quantidade e os não possuidores/ não produtores têm em pouca quantidade –, essa alteração implica literalmente que o número relativo de pessoas ruins ou não tão boas assim e de características pessoais e hábitos ruins ou não tão bons assim aumentará continuamente; e a vida em sociedade se tornará cada vez mais desagradável. Em vez de colonização, cultura e aculturação, a democracia promove degeneração social, corrupção e decadência.

Além disso, a livre competição nem sempre é uma coisa boa. A livre concorrência na produção de bens é algo positivo, mas a livre competição na produção de males é algo negativo. Por exemplo, livre concorrência no ramo de assassinatos, de roubos, de falsificações e de mentiras não é algo bom; é algo pior do que ruim. Já foi explicada a razão pela qual o governo, na condição de organização de adesão compulsória dotada com o poder da decisão final e da tributação, deve ser considerado um mal (pelo menos a partir da perspectiva liberal). Exige-se uma segunda análise para perceber que a competição democrática, na verdade, é algo pior do que ruim.

Em todas as sociedades, sendo a humanidade o que ela é, sempre existem indivíduos que cobiçam a propriedade de outros. [15] Algumas pessoas são mais atingidas por esse sentimento do que outras; mas elas normalmente aprendem a não agir de acordo com tal sentimento – ou até mesmo chegam a se sentir envergonhadas por possuí-lo. Em geral, apenas alguns indivíduos não conseguem suprimir os seus desejos pelas propriedades dos outros; e eles são tratados como criminosos pelos seus semelhantes, sendo reprimidos através do castigo físico. Sob o governo monárquico, apenas uma única pessoa – o príncipe – pode agir movida pelo seu desejo de tomar a propriedade de outro homem; e é isso que faz dela uma ameaça em potencial, um "mal". Entretanto, além dos desincentivos econômicos e lógicos já delineados, o príncipe também é restringido em seus desejos redistributivos pela circunstância de que todos os membros da sociedade aprenderam a considerar a tomada à força e a redistribuição da propriedade de um outro homem como atos vergonhosos e imorais; portanto, de acordo com isso, eles veem cada ação do príncipe com a maior suspeita. Em distinto contraste, com a liberdade de entrada no governo, qualquer pessoa tem o direito de expressar abertamente o seu desejo pelas propriedades dos demais. O que era anteriormente considerado imoral (e, em função disso, reprimido) é atualmente considerado um sentimento legítimo. Na medida em que recorram à democracia, todos podem abertamente cobiçar as propriedades de todos os outros; e, desde que se obtenha o ingresso no governo, todos podem agir movidos pelos seus desejos pelas propriedades dos demais. Assim, sob a democracia, todos se tornam uma ameaça.

Então, sob condições democráticas, o desejo popular – e também imoral e antissocial – pelas propriedades dos outros homens é sistematicamente reforçado. Toda demanda é legítima se for expressa publicamente sob a proteção especial da "liberdade de expressão". Tudo pode ser dito, reivindicado e alegado; e tudo pode ser obtido. Nem até mesmo o direito de propriedade privada aparentemente mais seguro e garantido está imune das demandas redistributivas. Pior ainda: submetidos a eleições de massa, aqueles membros da sociedade com pouca ou nenhuma inibição moral contra o roubo da propriedade de outrem – os amoralistas habituais que são os mais talentosos em reunir maiorias de uma multitude de demandas populares moralmente desinibidas e mutuamente incompatíveis;

---

[15] Sobre isso, consultar Helmut Schoeck, *Envy: A Theory of Social Behavior* (New York: Harcourt, Brace and World, 1970).

enfim, os eficientes demagogos – tendem a obter o ingresso no governo e a subir ao topo da hierarquia governamental. Assim, uma situação ruim torna-se ainda pior. [16]

Historicamente, a seleção do príncipe acontecia por intermédio da casualidade do seu nobre nascimento; e a sua única qualificação pessoal era a sua educação e a sua criação voltadas para torná-lo um futuro regente, um preservador da dinastia (do seu *status* e das suas posses). Isso, obviamente, não assegurava que o futuro rei não seria mau e perigoso. No entanto, vale a pena lembrar que todo príncipe que falhou em seu dever de preservar a dinastia – que destruiu ou arruinou o país; que provocou agitação civil, tumulto e discórdia; ou que, de qualquer outra forma, colocou em perigo a posição da dinastia – enfrentou o risco imediato de ser neutralizado ou assassinado por um outro membro da sua própria família. Em todo caso, contudo, mesmo que a casualidade do seu nascimento e a sua educação não pudessem impedir que um príncipe se tornasse mau e perigoso, ao mesmo tempo a casualidade de um nobre nascimento e a educação principesca não impediam que ele pudesse se tornar um diletante inofensivo ou até mesmo uma pessoa boa, decente e moral. Em contraste, a seleção dos governantes através de eleições populares faz com que seja praticamente impossível que qualquer pessoa boa ou inofensiva possa ascender ao topo. Os primeiros-ministros e os presidentes são selecionados graças à sua comprovada eficiência como demagogos moralmente desinibidos. Assim, a democracia praticamente assegura que *somente* indivíduos maus e perigosos alcançarão o topo da hierarquia governamental [17]; na verdade,

---

[16] Ver também Hans-Hermann Hoppe, *Eigentum, Anarchie und Staat. Studien zur Theoriedes Kapitalismus* (Opladen: Westdeutscher Verlag, 1987), páginas 182 e seguintes.

[17] "Os políticos", observa H. L. Mencken com a sua sagacidade característica,
   Raramente, se nunca, são eleitos apenas pelos seus méritos – pelo menos, não em uma democracia. Algumas vezes, sem dúvida, isso acontece, mas apenas por algum tipo de milagre. Eles normalmente são escolhidos por razões bastante distintas, a principal delas sendo simplesmente o poder de impressionar e encantar os intelectualmente destituídos. (...) Será que algum deles se arriscaria a dizer a verdade, somente a verdade e nada mais que a verdade sobre a real situação do país, tanto em questões internas quanto em questões externas? Algum deles irá se abster de fazer promessas que ele sabe que não poderá cumprir – que nenhum ser humano *poderia* cumprir? Irá algum deles pronunciar uma palavra, por mais óbvia que seja, que possa alarmar ou alienar a imensa turba de idiotas que se aglomeram ao redor da possibilidade de usufruir uma teta que se torna cada vez mais fina? Resposta: isso pode acontecer nas primeiras semanas do período eleitoral... Mas não após a disputa já ter ganho atenção nacional e quando a briga já estiver séria. (...) Eles todos irão prometer para cada homem, mulher e criança no país tudo aquilo que estes quiserem ouvir. Eles todos sairão percorrendo o país à procura de chances de tornar os ricos pobres, de remediar o irremediável, de socorrer o insocorrível, de organizar o inorganizável, de deflogisticar o indeflogisticável. Todos eles irão curar as imperfeições apenas proferindo palavras contra elas; e pagarão a dívida nacional com um dinheiro que ninguém mais precisará ganhar, pois já estaremos vivendo na abundância. Quando um deles disser que

em decorrência da livre concorrência política, aqueles que ascendem se tornarão *cada vez mais* indivíduos ruins e perigosos; e, na condição de zeladores temporários e intercambiáveis, eles só raramente serão assassinados.

VI

Após mais de um século de democracia compulsória, os resultados previsíveis estão bem diante dos nossos olhos. A carga tributária imposta aos proprietários e aos produtores faz com que o ônus econômico imposto sobre os escravos e os servos feudais pareça moderado em comparação. As dívidas governamentais (públicas) atingiram patamares impressionantes. O ouro foi substituído pela moeda de papel emitida pelo governo, e o valor desse dinheiro governamental diminuiu continuamente. Todos os detalhes da vida privada, da propriedade, do comércio e do contrato são regulados por montanhas cada vez maiores de leis de papel (legislação). Em nome do bem comum ou da segurança nacional, os nossos zeladores nos "protegem" do aquecimento global (e do resfriamento global) e da extinção de animais e de plantas; dos maridos e das esposas; dos pais e dos empregadores; da pobreza, da doença e dos desastres; da ignorância, do preconceito, do racismo, do sexismo, da homofobia; e de inúmeros outros inimigos e perigos públicos. E, com enormes arsenais de armas de agressão e de destruição em massa, eles nos "defendem" – até mesmo fora dos Estados Unidos – de novos Hitlers e de todos os suspeitos de serem simpatizantes desses novos Hitlers.

Todavia, a única tarefa para a qual o governo foi concebido – proteger as nossas vidas e as nossas propriedades – não foi executada pelos nossos zeladores. Pelo contrário: quanto mais se gastou em prol do bem comum e da segurança nacional, mais os nossos direitos de propriedade privada foram deteriorados, mais as nossas propriedades foram expropriadas, confiscadas, destruídas e depreciadas, e mais fomos privados do próprio propósito da proteção: da independência pessoal, do poder econômico e da riqueza privada.

---

dois mais dois são cinco, algum outro irá provar que são seis, sete e meio, dez, vinte, *n*. Em suma, eles irão se despir da sua aparência sensata, cândida e sincera e passarão a ser simplesmente candidatos a cargos públicos, empenhados apenas em capturar votos. A essa altura, todos eles já saberão – supondo que até então não sabiam – que, em uma democracia, os votos são conseguidos não ao falar coisas sensatas, mas sim ao falar besteiras; e todos eles dedicar-se-ão a essa faina com vigoroso entusiasmo. A maioria deles, antes de o alvoroço estar terminado, passará realmente a acreditar em sua própria honestidade. O vencedor será aquele que prometer mais com a menor possibilidade de cumprir o mínimo. (H. L. Mencken, *A Mencken Chrestomathy* [New York: Vintage Books, 1982], pp. 148–151)

Quanto mais leis de papel foram produzidas, mais riscos morais e mais insegurança jurídica foram criados – e a ausência do direito (anomia) substituiu a lei e a ordem. E, ao passo que nós nos tornamos cada vez mais indefesos, empobrecidos, ameaçados e inseguros, os nossos governantes se tornaram cada vez mais corruptos, perigosamente armados e arrogantes.

Neste estágio, surge a questão do futuro do liberalismo. É apropriado voltar ao início do capítulo: i.e., a Ludwig von Mises e à ideia de uma ordem social liberal. Assim como Étienne de la Boétie e David Hume antes dele, Mises reconheceu que o poder de qualquer governo – tanto de príncipes quanto de zeladores, tanto de homens benevolentes quanto de tiranos – reside, em última instância, na opinião ao invés de na força física. Os agentes governamentais constituem sempre apenas uma pequena proporção do total da população que se encontra sob o seu controle, quer sob governo monárquico, quer sob governo democrático. Menor ainda é a proporção de agentes do governo central. Mas isso implica que um governo – e, em especial, um governo central – não pode impor a sua vontade sobre a totalidade da população a menos que encontre um amplo apoio e uma grande cooperação voluntária dentro do povo governado. Assim escreve La Boétie:

> Aquele que os domina tanto (...), na verdade, nada mais tem do que o poder que vocês lhe conferem para destruí-los. De onde ele tira tantos olhos com os quais os espia, a não ser que vocês os coloquem a serviço dele? Como ele possui tantas mãos para golpeá-los, a menos que as tenha tomado de vocês? Os pés com que ele esmaga as suas cidades, de quem ele os obtém, a não ser de vocês? Como ele tem algum poder sobre vocês, exceto através de vocês próprios? Como ele ousaria atacá-los e assaltá-los se não tivesse a colaboração de vocês? O que ele lhes poderia fazer se vocês não fossem os receptadores do ladrão que os saqueia, os cúmplices do assassino que os mata e os traidores de vocês mesmos? Vocês semeiam as suas plantações para que ele possa assolá-las; vocês enriquecem os seus lares com mobílias e afins para que ele possa pilhar os seus bens; vocês criam as suas filhas para que ele possa saciar a sua luxúria e o seu apetite carnal; vocês criam os seus filhos para que ele faça com eles o melhor que puder: levá-los às suas guerras, conduzi-los à carnificina, torná-los servos da sua avidez e instrumentos das suas vinganças; vocês entregam os seus corpos ao trabalho duro para que ele possa desfrutar as suas delícias e chafurdar em seus prazeres nojentos e vis; vocês se enfraquecem a fim de torná-lo mais forte e mais poderoso, possibilitando-lhe conseguir manter a rédea cada vez

mais curta. [18]

Entretanto, se o poder de todo governo reside apenas na opinião e na colaboração consensual, então – como Murray N. Rothbard, o mais destacado aluno Mises e o nosso outro mestre intelectual, explicou em sua introdução ao tratado que La Boétie escreveu no século XVI – segue-se também que todo governo pode ser derrubado por uma simples mudança de opinião e pelo exercício da pura força de vontade. "Pois, se a tirania realmente depende da aprovação e do consentimento em massa, então o instrumento óbvio para a sua derrubada é, simplesmente, a *retirada* massiva dessa aprovação e desse consentimento." [19] Ou seja, a fim de retirar os poderes do governo e de restaurá-lo ao seu antigo *status* de uma organização de adesão voluntária (como antes de 1861), não é necessário apoderar-se dele, engajar-se em violenta batalha contra ele ou nem mesmo tocar nos governantes. De fato, fazer isso apenas reafirmaria o princípio da compulsão e da violência agressiva subjacente ao atual sistema, conduzindo inevitavelmente à substituição de um governo ou de um tirano por outro governo ou outro tirano. Pelo contrário: é necessário tão-somente que se decida efetuar a retirada da união compulsória e que se reassuma o direito de autoproteção. Com efeito, é essencial que se evite proceder por meios que não sejam a secessão pacífica e a retirada da cooperação. [20]

Se esse conselho parece ser ingênuo à primeira vista (que diferença faz se é você ou se sou eu quem decide efetuar a secessão da União?), o seu *status* como uma verdadeira estratégia de revolução social torna-se aparente quando todas as implicações de um ato pessoal de secessão são delineadas. A decisão de efetuar a secessão implica que se considera o governo central como ilegítimo e que, de acordo com isso, deve-se tratá-lo (assim como os seus agentes) como uma organização fora-da-lei e como forças de ocupação "estrangeiras". Ou seja, se compelido pelos agentes governamentais, o indivíduo cumpre as suas ordens (por prudência e por autopreservação), mas não faz nada para apoiar e facilitar as suas operações. O

---

[18] Étienne de la Boétie, *The Politics of Obedience: The Discourse of Voluntary Servitude* (New York: Free Life Editions, 1975), p. 52.
[19] Ibid., p. 15.
[20] Explica Murray N. Rothbard em sua introdução à obra de La Boétie (ibid., p. 17):
> Era uma tradição medieval justificar o tiranicídio de governantes injustos que violassem a lei divina, mas a doutrina de La Boétie, mesmo que não fosse violenta, era profundamente bem mais radical. Pois, ao passo que o assassinato de um tirano é apenas um ato individual isolado dentro de um sistema político existente, a desobediência civil em massa, sendo um ato direto empreendido por grande parte da população, é muito mais revolucionária em função de engendrar uma transformação no sistema em si. É também muito mais profundo e elegante em termos teóricos, emanando diretamente do *insight* de La Boétie, que diz que o poder necessariamente depende do consentimento popular; a solução contra o poder, então, é simplesmente a retirada desse consentimento.

indivíduo tenta assegurar para si o máximo possível da sua propriedade e lhes entrega o mínimo de impostos possível. O indivíduo considera todas as leis e regulações federais nulas e írritas (sem efeito) e as ignora sempre que possível. O indivíduo não trabalha (nem se apresenta para esse propósito) para o governo central (ramos executivo, legislativo ou judiciário) nem se associa com quem o faz (e, em especial, não com aqueles que se encontram no topo da hierarquia de zeladores). O indivíduo não participa da política do governo central e não contribui nada para o funcionamento da máquina política federal. O indivíduo não auxilia por meio de doação ou contribuição qualquer partido político nacional ou qualquer campanha política, nem qualquer organização, agência, fundação, instituto ou *think-tank* que cooperam com – ou são financiados por – qualquer ramo do Leviatã federal, nem qualquer pessoa que viva ou trabalhe na – ou perto da – capital federal.

Ao invés disso, tendo em mãos o máximo possível da sua propriedade que pôde ser protegido das garras do governo, o indivíduo começa a ofertar a sua própria proteção e adota uma nova e sistemática estratégia dupla de investimento. Por um lado, assim como a existência do crime exige uma defesa adequada – tais como fechaduras, armas, portões, guardas e seguro –, a existência do governo exige medidas de defesa específicas: por exemplo, investir de forma e em locais que possibilitem retirar, remover, esconder, ocultar ou dissimular a sua riqueza, tanto quanto possível, dos olhos e dos braços do governo. Mas as medidas defensivas não são suficientes. Para que se obtenha uma plena proteção da propriedade do alcance do governo, é necessário evitar ficar isolado em uma decisão de secessão. Nem todos, obviamente, seguirão o exemplo individual. Na verdade, nem é necessário que a maioria total da população o faça. É necessário, porém, que pelo menos uma grande parte da população em muitas localidades separadas o faça; e para chegar a esse nível crítico de retirada *em massa* é essencial complementar as medidas de defesa com uma estratégia ofensiva: investir em uma campanha ideológica de deslegitimação, entre o público, da ideia e da instituição do governo democrático.

A massa das pessoas, como reconhecerem La Boétie e Mises, sempre e em todo lugar consiste de "brutos", "estúpidos" e "tolos", facilmente iludidos e afundados em habitual submissão. Assim, nos dias de hoje, doutrinada desde a mais tenra infância com a propaganda governamental em escolas públicas e em instituições educacionais por legiões de intelectuais certificados pelo governo, a maioria das pessoas, sem pensar, insensatamente aceita e repete disparates, absurdos e bobagens tais como "a democracia significa o autogoverno" e "o governo é do povo, para o povo e pelo povo". Mesmo que possa enxergar através desse artifício, a maioria ainda aceita, sem espírito crítico e sem questionamento, o governo democrático em decorrência do fato de que ele lhes fornece uma variedade de bens e de benefícios. Esses "loucos", observa La Boétie, não percebem que estão "*meramente* recuperando uma parte dos seus próprios bens e que o seu governante não poderia ter lhes dado o que eles estavam recebendo sem ter antes lhes tomado à força esses bens". [21] Assim, toda revolução social deverá necessariamente começar com apenas alguns raros homens: a elite natural.

Esta é a forma como La Boétie descreve essa elite e o seu papel:

> Há sempre uns poucos, mais bem dotados do que outros, que sentem o peso do jugo e não podem impedir a si próprios de tentar sacudi-lo: estes são os homens que jamais se acostumam com a sujeição e que sempre, tal como Ulisses – que por mar e terra sempre procurava ver a fumaça da sua casa –, não podem se impedir de atentar para os seus privilégios naturais e de recordar os seus antepassados e os seus antigos caminhos. Estes são, de fato, homens que, tendo entendimento nítido e espírito clarividente, não estão satisfeitos, tal como a grande populaça, em ver somente o que está diante dos seus pés, mas que, sim, querem olhar sobre eles, por trás e antes e até mesmo lembram as coisas do passado para julgar as coisas do futuro, comparando ambas com as coisas atuais. Estes são os que, tendo a cabeça por si mesmos bem feita, ainda a poliram com o estudo e o saber. Mesmo que a liberdade esteja inteiramente perdida da Terra e de todo fora do mundo, tais homens a imaginam e a sentem em seu espírito – e ainda a saboreiam. A servidão não é do seu gosto, não importando quão bem disfarçada ela esteja. [22]

Contudo, assim como não pode haver revolução sem uma elite liberal/libertária, não pode haver revolução sem alguma forma de participação em massa. Ou seja, a elite não pode atingir o seu próprio objetivo de restabelecer os direitos de propriedade privada e a lei e a ordem a não ser que seja bem sucedida em comunicar as suas ideias ao público – abertamente se possível; e secretamente se necessário – e em despertar as massas do seu sono subserviente através do estímulo (pelo menos de maneira temporária) do instinto natural do ser humano de querer ser livre. Como diz Mises: "O florescimento da sociedade humana depende de dois fatores: da capacidade intelectual de homens excepcionalmente dotados para conceber teorias econômicas e sociais sólidas e sadias; e da habilidade destes ou

---

[21] Ibid., p. 70.
[22] Ibid., p. 65.

de outros homens para tornar essas ideologias palatáveis e aceitáveis para a maioria." [23]

Assim, a decisão dos membros da elite de efetuar a secessão do governo e de não mais cooperar com ele deve incluir sempre a vontade e a resolução de envolver-se em – ou de contribuir para – uma contínua batalha ideológica, porque, se o poder de governo reside na aceitação generalizada de ideias falsas, absurdas, tolas e insensatas, então a única verdadeira proteção é (1) o ataque sistemático a essas ideias e (2) a propagação e a proliferação das ideias verdadeiras. Todavia, assim como é necessário ser sempre cauteloso e cuidadoso em relação a investimentos materiais, é igualmente importante ser eternamente vigilante e seletivo em relação a investimentos ideológicos.

Em especial, não é suficiente, nesse esforço, simplesmente criticar ou apoiar os críticos (e as críticas) de políticas ou personalidades governamentais específicas, pois, ainda que corretas e populares, essas críticas não penetram a raiz do problema. Na terminologia da "Nova Esquerda", isso é "imanente ao sistema" e, portanto, inofensivo do ponto de vista do governo. Em razão disso, qualquer apoio dado a esses esforços, apesar de bem-intencionado, no melhor dos casos significa desperdício e na pior das hipóteses contribui ainda mais para o aumento do poder governamental. Ao invés disso, ao passo que os críticos (e as críticas) do governo podem *começar* tendo como alvo políticas ou personalidades específicas – ou mesmo que eles *devam* fazê-lo para atrair atenção em massa –, tudo e todos que merecem apoio terão de ir mais longe. Todo crítico (e toda crítica) digno de apoio deve explicar toda e qualquer falha específica do governo como sendo um sintoma dos defeitos inerentes à ideia do próprio governo (e, em especial, do próprio governo democrático). Em outras palavras, nenhum crítico (ou nenhuma crítica) é digno de apoio a menos que exponha como fraude intelectual os dois pilares em que todos os poderes governamentais se baseiam: a crença de que a proteção da propriedade privada – um bem único entre todos os demais bens – necessita de um monopólio compulsório (uma organização de adesão não voluntária); e a crença de que a propriedade privada e a proteção são mais bem asseguradas caso a entrada nesse monopólio da lei e da ordem seja livre e caso os seus administradores sejam eleitos democraticamente.

De fato, jamais deve haver até mesmo o menor vacilo nesse compromisso de um intransigente radicalismo ideológico ("extremismo"). Não apenas seria contraproducente concretizar algo inferior a isso, mas também – mais importante ainda – *apenas* ideias radicais – na verdade, radi-

---

[23] Ludwig von Mises, *Human Action: A Treatise on Economics* (Chicago: Regnery, 1966), p. 864.

calmente simples – podem eventualmente agitar as emoções das massas entorpecidas e indolentes. E nada é mais eficaz no sentido de convencer as massas a cessar de colaborar com o governo do que a exposição, a dessantificação e a ridicularização constantes, incansáveis e implacáveis do governo e dos seus representantes como fraudes e imposturas morais e econômicas: como reis nus submetidos ao desprezo, como alvos de todas as piadas.

Se – e somente se – os membros da elite natural liberal/libertária compreenderem plenamente essa lição e começarem a agir em conformidade com ela, então o liberalismo tem um futuro promissor. Somente assim eles terão feito o que La Boétie aconselhou a todos nós:

> Decidam não mais servir, e vocês serão livres; não lhes peço que empurrem ou sacudam o tirano, mas que, simplesmente, não mais o sustentem – e vocês o verão, como um grande colosso cuja base se retira, cair graças ao seu próprio peso e quebrar-se em pedaços. [24]

---

[24] La Boétie, *The Politics of Obedience: The Discourse of Voluntary Servitude* (New York: Free Life Editions, 1975), pp. 52–53.

Capítulo IV
Sobre a Democracia, a Redistribuição e a Destruição de Propriedade

Imaginem um governo mundial, eleito democraticamente de acordo com o princípio "um homem, um voto" em uma escala global. Qual seria o provável resultado dessa eleição? Provavelmente, formar-se-ia um governo composto por uma coalizão chinesa e indiana. E o que esse governo mais provavelmente decidiria realizar de modo a satisfazer os seus eleitores e, assim, ser reeleito? Esse governo provavelmente perceberia que o chamado mundo ocidental é muito rico e que o resto do mundo, em especial a China e a Índia, é muito pobre, entendendo que seria necessária uma redistribuição sistemática de riqueza e de renda. [1] Ou imaginem que, em seu próprio país, o direito de voto foi ampliado para as crianças a partir dos sete anos de idade. Embora o governo, provavelmente, não fosse composto por crianças, as suas políticas certamente refletiriam as "preocupações e demandas legítimas" das crianças de terem um acesso "adequado" e "igual" a vídeos, batatas fritas e limonada "grátis". [2]

Com esses "experimentos imaginários" em mente, não pode haver dúvida sobre as consequências que decorreram do processo de democratização que se iniciou na Europa e nos Estados Unidos na segunda metade do século XIX e que se concretizou após o final da Primeira Guerra Mundial. A sucessiva expansão da democracia e, por fim, o estabelecimento do sufrágio adulto universal fizeram *dentro* de cada país o que uma democracia global faria no mundo inteiro: colocar em marcha uma tendência aparentemente permanente à redistribuição de riqueza e de renda. [3]

---

[1] A população combinada da China e da Índia está em torno de 2,2 bilhões de pessoas (de uma população mundial de cerca de seis bilhões de indivíduos). Em contrapartida, a população combinada da Europa Ocidental e da América do Norte é de cerca de 700 milhões de pessoas.
[2] Durante meados do século XIX, a expectativa média de vida na Europa Ocidental e na América do Norte era de aproximadamente 40 anos. Nessa época, além de estar restrito exclusivamente ao sexo masculino e de estar submetido a significativos requisitos mínimos de propriedade, o direito de voto estava limitado a uma exigência de idade mínima de, normalmente, 25 anos (em alguns lugares, como o Reino Unido e a Suécia, essa exigência não era inferior a 21 anos; e, em outros, como a França e a Dinamarca, essa exigência não era superior a 30 anos). Hoje em dia, ao passo que a expectativa média de vida na Europa Ocidental e na América do Norte subiu para bem acima dos 70 anos, o direito de voto foi estendido em todo lugar para os sexos masculino e feminino; todos os requisitos mínimos de propriedade foram eliminados; e a idade mínima de voto, de um modo geral, foi abaixada para os 18 anos. Se os requisitos originais de "maturidade" tivessem sido mantidos, a idade mínima de voto, pelo contrário, deveria ter sido aumentada, passando da média de 25 anos para cerca de 50 anos!
[3] Como um indicador bruto dessa tendência, podem-se relacionar as sucessivas expansões do eleitorado durante o final do século XIX e o início do século XX com a ascensão do número de participantes socialistas e social-democráticos (e com a concomitante diminuição de partidos liberais

O princípio "um homem, um voto", combinado com a "livre entrada" no governo democrático, implica que todas as pessoas (assim como os seus bens pessoais) ficam à mercê de serem pilhadas por todas as outras. Uma "tragédia dos comuns" se estabelece. [4] Pode-se esperar que as maiorias de "pobres" ("não possuidores") incansavelmente tentará enriquecer à custa das minorias de "ricos" ("possuidores"). Isso não significa dizer que haverá apenas uma classe de pobres e uma classe de ricos e que a redistribuição ocorrerá de maneira uniforme dos ricos para os pobres. Pelo contrário. Ao passo que a redistribuição dos ricos para os pobres sempre desempenhará um papel de destaque, seria um despropósito sociológico supor que esta será a única ou até mesmo a forma predominante de redistribuição. [5] Afinal de contas, os "permanentemente" ricos e os "permanentemente" pobres normalmente são ricos ou pobres em decorrência de um determinado motivo. Os ricos, caracteristicamente, são indivíduos inteligentes e trabalhadores, e os pobres, normalmente, são indivíduos estúpidos ou preguiçosos (ou ambos). [6] Não é muito provável que os tolos,

---

clássicos). Alguns exemplos devem ser suficientes. **(1) Alemanha:** Nos anos 1871, 1903 e 1919, o número total de votos expressos foi, respectivamente, 4,1, 9,5 e 30,5 milhões; a participação do eleitorado socialista foi, respectivamente, de 3%, 32% e 46%; a participação do eleitorado liberal foi, respectivamente, de 46%, 22% e 23%. **(2) Itália:** Nos anos 1895, 1913 e 1919, o número total de votos expressos foi, respectivamente, 1,3, 5,1, e 5,8 milhões; a participação do eleitorado socialista foi, respectivamente, de 7%, 18% e 32%; a participação do eleitorado liberal foi, respectivamente, de 80%, 56% e 35%. **(3) Reino Unido:** Nos anos 1906 e 1918, o número total de votos expressos foi, respectivamente, 7,3 e 21,4 milhões; a participação do eleitorado socialista foi, respectivamente, de 5% e 21%; a participação do eleitorado liberal foi, respectivamente, de 49% e 25%. **(4) Suécia:** Nos anos 1905, 1911 e 1921, o número total de votos expressos foi, respectivamente, 0,2, 0,6 e 1,7 milhão; a participação do eleitorado socialista foi, respectivamente, de 9%, 28% e 36%; a participação do eleitorado liberal foi, respectivamente, de 45%, 40% e 19%. **(5) Países Baixos (Holanda):** Nos anos 1888, 1905 e 1922, o número total de votos expressos foi, respectivamente, de 0,3, 0,8 e 3,3 milhões; a participação do eleitorado socialista foi, respectivamente, de 3%, 17% e 27%; a participação do eleitorado liberal foi, respectivamente, de 40%, 28% e 9%.
[4] A "tragédia dos comuns" se refere à utilização excessiva, ao desperdício ou ao esgotamento dos recursos de uso comum (como bens de propriedade pública). Consultar *Managing the Commons*, editado por Garrett Hardin e John Baden, (San Francisco: W. H. Freeman, 1977).
[5] Sobre isso, conferir Joseph A. Pechman, "The Rich, the Poor and the Taxes They Pay", em *Public Interest* (outono de 1969); e Murray N. Rothbard, *For A New Liberty: The Libertarian Manifesto* (New York: Collier, 1978), pp. 157–162.
[6] Consultar Edward C. Banfield, *The Unheavenly City Revisited* (Boston: Little Brown, 1974), especialmente o capítulo 3. Normalmente, explica Banfield, a pobreza é apenas uma fase de transição, restrita à fase inicial da carreira profissional do indivíduo. A pobreza "permanente", por outro lado, é causada por determinados valores culturais e por determinadas atitudes: pela visão de curto prazo (orientada para o presente) do indivíduo – ou, em termos econômicos, pelo seu elevado grau de preferência temporal (o qual se correlaciona fortemente com a baixa inteligência; ambos – inteligência fraca e alta preferencia temporal – parecem ter uma base genética comum. Ao passo que o primeiro – a pessoa que se encontra temporariamente pobre, mas que está gradualmente ascendendo – é caracterizado pela sua visão de longo prazo (orientada para o futuro), pela sua autodisciplina e pela sua vontade de renunciar à imediata gratificação com a finalidade de, em troca, obter um futuro melhor, a pessoa que se encontra em uma situação de pobreza permanente se caracteriza pela sua visão de curto prazo (orientada para o presente) e pelo seu hedonismo. Escreve Banfield:

mesmo compondo a maioria, praticarão sistematicamente expedientes astuciosos e enriquecerão à custa de uma minoria de indivíduos brilhantes e cheios de energia. Ao invés disso, a maior parte da redistribuição será realizada *dentro* do grupo dos "não pobres", e muitas vezes aqueles que se encontram em melhor situação realmente obterão sucesso em serem subsidiados por aqueles que se encontram em pior situação. Considere-se, por exemplo, a prática quase universal da oferta de ensino universitário "gratuito", na qual a classe operária, cujos filhos raramente frequentam universidades, custeia através dos impostos a educação dos filhos da classe média! [7] Além disso, pode-se esperar que haverá muitos grupos e muitas coalizões concorrentes tentando obter vantagens à custa dos outros. Existirão vários critérios facilmente alteráveis definindo o que torna uma pessoa "rica" ou "possuidora" (merecedora de ser saqueada) e outra pessoa "pobre" ou "não possuidora" (merecedora de receber o saque). Ao mesmo tempo, os indivíduos se tornarão membros de uma multiplicidade de grupos de "ricos" e/ou de "pobres", sofrendo perdas em razão de algumas das suas características e obtendo ganhos em razão de outras das suas características, com alguns indivíduos sendo os perdedores líquidos e outros indivíduos sendo os ganhadores líquidos da redistribuição.

O reconhecimento da democracia como uma máquina de redistribuição popular de riqueza e de renda, em conjunto com um dos princípios mais fundamentais da economia – o de que, no final, as pessoas acabarão recebendo cada vez mais daquilo que estiver sendo subsidiado – fornece a chave para a compreensão dos tempos atuais. [8]

Se [a "classe baixa" de indivíduos] tem alguma consciência do futuro, ela se traduz na ideia de que ele é algo fixo, fadado, além do seu controle: as coisas acontecem *com o indivíduo*; ele não as *torna realidade*. O impulso regula o seu comportamento – ou porque ele próprio não é disciplinado o suficiente para sacrificar uma satisfação presente por uma satisfação futura; ou porque ele não possui o senso de futuro. Ele é, portanto, radicalmente imprevidente. (...) Ele trabalha apenas para manter-se vivo, movimentando-se de um emprego não qualificado para outro, não nutrindo interesse pelo seu trabalho. (...) Ele é descuidado com as suas coisas (...); e, mesmo quando são quase novas, elas são suscetíveis de estarem permanentemente defeituosas ("fora de ordem") em virtude da falta de pequenos reparos ou consertos. O seu corpo é, também, uma coisa "para ser trabalhada, mas não reparada". (pp. 61–62)

[7] Sobre isso, consultar Armen Alchian, "The Economic and Social Impact of Free Tuition", em idem, *Economic Forces at Work* (Indianapolis, Indiana: Liberty Fund, 1971); e Murray N. Rothbard, *Por Uma Nova Liberdade – O Manifesto Libertário* (São Paulo: Instituto Ludwig von Mises Brasil, 2013), cap. 7. Outros exemplos que envolvem esse tipo de redistribuição são: os subsídios agrícolas, que favorecem, em especial, grandes e abastados agricultores/fazendeiros; o salário mínimo, que favorece os trabalhadores mais especializados e mais bem pagos (e sindicalizados) em detrimento dos trabalhadores não especializados ou não qualificados (e não sindicalizados); e, obviamente, todas as formas de medidas legislativas de "proteção dos negócios" (tarifas protecionistas), que favorecem os abastados proprietários das corporações em detrimento da massa de consumidores comparativamente pobres.
[8] Sobre a economia da redistribuição, ver Ludwig von Mises, *Socialism: An Economic and Sociological Analysis* (Indianapolis, Indiana: Liberty Fund, 1981), especialmente o capítulo 34; Murray N.

Toda redistribuição, independentemente do critério em que se baseia, envolve "tomar" algo dos proprietários originais e/ou dos produtores (os "possuidores") e "entregar" esse bem para os não proprietários e os não produtores (os "não possuidores"). O incentivo para ser um proprietário original ou um produtor da coisa em questão é reduzido, e o incentivo para ser um não proprietário e um não produtor é estimulado. Assim, em consequência da prática de subsidiar indivíduos em função de serem pobres, haverá cada vez mais pobreza. Em consequência da prática de subsidiar pessoas em função de estarem desempregadas, mais desemprego será criado. A prática de sustentar mães solteiras com fundos públicos (recursos fiscais) conduzirá a um aumento nas taxas de filhos uniparentais, de "ilegitimidade" e de divórcio. [9] Com a proibição do trabalho infantil, haverá transferência de renda das famílias com crianças para os indivíduos sem filhos (em decorrência da restrição da oferta de mão-de-obra, os salários aumentarão); portanto, a taxa de natalidade cairá. Por outro lado, com a prática de subsidiar a educação das crianças, engendra-se o efeito oposto: haverá transferência de renda daqueles indivíduos sem filhos ou com poucas crianças para aqueles indivíduos com muitos filhos; em consequência disso, a taxa de natalidade aumentará. Porém, em seguida, o valor de crianças novamente diminuirá, e as taxas de natalidade cairão em consequência do chamado sistema de previdência social, pois, com a prática de subsidiar os aposentados (os velhos) por meio dos impostos cobrados dos atuais assalariados e criadores de riqueza (os jovens), a instituição da família – o vínculo intergeracional entre pais, avós e filhos – é sistematicamente enfraquecida. Os idosos, caso não tenham feito qualquer poupança para a sua própria velhice, já não mais precisam contar com a ajuda dos seus filhos; e os jovens (os quais, em geral, possuem menos riqueza acumulada) devem sustentar os velhos (os quais, normalmente, detêm mais riqueza acumulada) – em vez de as coisas serem o contrário (como é típico no seio das famílias). O desejo dos pais por filhos e o desejo dos filhos por pais diminuirão; aumentará o número de rompimentos familiares e de famílias disfuncionais; e a ação provedora – a poupança e a formação de capital – diminuirá ao mesmo tempo em que o consumo aumenta. [10]

Rothbard, *Power and Market: Government and the Economy* (Kansas City: Sheed Andrews and McMeel, 1977), páginas 169 e seguintes; e idem, *Por Uma Nova Liberdade – O Manifesto Libertário* (São Paulo: Instituto Ludwig von Mises Brasil, 2013), cap. 8.

[9] Para conhecer uma detalhada investigação empírica desses assuntos (bem como de muitos outros temas relacionados), ver Charles Murray, *Losing Ground: American Social Policy, 1950–1980* (New York: Basic Books, 1984).

[10] Em relação aos efeitos da "previdência social", das leis de frequência escolar obrigatória e da proibição do trabalho infantil – efeitos esses que engendram a destruição progressiva das famílias –, ver Allan C. Carlson, *What Has Government Done to Our Families?* (Auburn, Alabama: Ludwig von Mises Institute, 1991); ver também: Bryce J. Christensen, *The Family vs. the State* (Auburn, Alabama: Ludwig von Mises Institute, 1992).

Em decorrência da prática de subsidiar os fingidores de doenças, os neuróticos, os descuidados (negligentes), os alcoólatras, os viciados em drogas, os infectados pela AIDS e os física e mentalmente "diferenciados" através de regulações na área de seguros e através de seguros compulsórios de saúde, haverá mais doenças, mais fingimentos, mais neuroticismo, mais descuido (negligência), mais alcoolismo, mais toxicodependência, mais infecção por AIDS e mais retardo físico e mental. [11] Com a prática de forçar as pessoas honestas (não criminosas), incluindo as vítimas de crimes, a custearem a prisão dos criminosos (em vez de obrigar os criminosos a compensarem as suas vítimas e a pagarem o custo total da sua própria apreensão e da sua própria prisão), aumentarão as taxas de crime. [12] Com a prática de forçar os empresários (os empregadores), através de programas de "ação afirmativa" ("não discriminação"), a empregarem mais mulheres, mais homossexuais, negros ou mais membros de outras "minorias" além do número que eles gostariam de admitir em seus negócios, haverá mais minorias empregadas, menos empregadores e menos homens, heterossexuais e brancos empregados. [13] Com a

---

[11] Para conhecer uma das análises mais pioneiras, mais profundas e mais clarividentes sobre esse tema, conferir Ludwig von Mises, *Socialism: An Economic and Sociological Analysis* (Indianapolis, Indiana: Liberty Fund, 1981), pp. 429–432 e 438–441. No início da década de 1920, Mises descreveu os efeitos da "previdência social" da seguinte forma:

> Ao enfraquecer ou destruir completamente a vontade de estar bem e de estar em condições para o trabalho, a previdência social cria a doença e a incapacidade para o trabalho; ela estimula o hábito de reclamar. (...) Em suma, trata-se de uma instituição que tende a encorajar as doenças (para não mencionar os acidentes) e a reforçar consideravelmente os efeitos físicos e psíquicos dos acidentes e das doenças. *Como* uma instituição social, ela torna o povo física e mentalmente doente – ou pelo menos ajuda as doenças a se multiplicarem, a aumentarem e a se intensificarem. (p. 432)

Além disso, Mises atinge o cerne da questão e explica a razão por que o seguro contra a maioria dos riscos de acidentes e de saúde – e, em particular, contra o risco de desemprego – é economicamente impossível.

> O valor do seguro de saúde e de acidentes se torna problemático em razão da possibilidade de que os segurados desencadeiem ou, pelo menos, intensifiquem o estado contra o qual estão segurados. Contudo, no caso do seguro-desemprego, o estado contra o qual se está segurado nunca pode desenvolver-se a menos que a pessoa segurada assim o deseje. (...) O desemprego é um problema de salários, não de trabalho disponível. É tão impossível segurar-se contra o desemprego quanto segurar-se, por exemplo, contra a não comercialização de mercadorias. (...) O seguro-desemprego é, definitivamente, um contrassenso. Jamais poderá haver qualquer fundamento estatístico para um seguro desse tipo. (p. 439)

Sobre a lógica do risco e do seguro, ver Ludwig von Mises, *Ação Humana – Um Tratado de Economia* (São Paulo: Instituto Ludwig von Mises Brasil, 2010), cap. 6; sobre as consequências sociais disgênicas da "seguridade" social (previdência social), ver Seymour W. Itzkoff, *The Road to Equality: Evolution and Social Reality* (Westport, Connecticut: Praeger, 1992); e idem, *The Decline of Intelligence in America* (Westport, Connecticut: Praeger, 1994).

[12] Sobre o crime e a punição, ver Murray N. Rothbard, *A Ética da Liberdade* (São Paulo: Instituto Ludwig von Mises Brasil, 2010), cap. 13; *Assessing the Criminal*, editado por Randy E. Barnett e John Hagel (Cambridge, Massachusetts: Ballinger, 1977); e *Criminal Justice? – The Legal System vs. Individual Responsibility*, editado por Robert J. Bidinotto (Irvington-on-Hudson, N. Y.: Foundation for Economic Education, 1994).

[13] Sobre o direito e a economia da "ação afirmativa" e da discriminação, ver Richard A.

prática de obrigar os proprietários de terras privadas a subsidiar ("proteger") "espécies ameaçadas de extinção" que residam em suas propriedades através da legislação ambiental, haverá mais animais (e em melhor situação) e menos seres humanos (e em pior situação). ¹⁴

Mais importante ainda: com a prática de obrigar os donos de propriedades privadas e/ou os indivíduos que trabalham no mercado (produtores) a subsidiar "políticos", "partidos políticos" e "servidores públicos" (políticos e funcionários do governo não *pagam* impostos, mas são *pagos* através dos impostos) ¹⁵, haverá menos criação de riqueza, menos produtores e menor produtividade; e haverá cada vez mais desperdício, "parasitas" e parasitismo.

Os empresários (os capitalistas) e os seus empregados somente podem obter lucro ou renda ao produzirem bens (produtos ou serviços) que sejam vendidos no mercado. As aquisições dos compradores são voluntárias. Com a compra de um produto ou de um serviço, os compradores (os consumidores) demonstram que *dão maior valor* a este produto ou a este serviço do que ao montante de dinheiro que utilizam para adquirir aquele

---

Epstein, *Forbidden Grounds* (Chicago: University of Chicago Press, 1992); e *Discrimination, Affirmative Action and Equal Opportunity*, editado por Walter Block e Michael Walker (Vancouver: Fraser Institute, 1982).

¹⁴ Em relação à conservação e ao ambientalismo, ver Murray N. Rothbard, "Conservation in the Free Market", em idem, *Egalitarianism as a Revolt Against Nature and Other Essays* (Washington, D. C.: Libertarian Review Press, 1974); idem, *Power and Market: Government and the Economy* (Kansas City: Sheed Andrews and McMeel, 1977), pp. 63–70; idem, "Law, Property Rights and Air Pollution", em idem, *The Logic of Action Two* (Cheltenham, U. K.: Edward Elgan, 1997); e Llewellyn Rockwell Jr., *The Anti-Environmentalist Manifesto* (Burlingame, California: Center for Libertarian Studies, 1993).

¹⁵ Sobre isso, consultar Murray N. Rothbard, *Power and Market: Government and the Economy* (Kansas City: Sheed Andrews and McMeel, 1977), cap. 2, páginas 84 e seguintes. Para reconhecer essa importante verdade, é necessário apenas suscitar esta questão: "O que aconteceria se todos os impostos fossem abolidos?" Será que isso implicaria, por exemplo, que a renda de todos aumentaria, passando da renda líquida (depois da incidência de impostos) para a renda bruta (antes da incidência de impostos)? A resposta é um retumbante "não". Pois algo está sendo realizado com os impostos recolhidos. Eles são usados, por exemplo, para pagar os salários dos funcionários do governo. Os seus salários não poderiam aumentar caso os impostos fossem abolidos. Em vez disso, os seus rendimentos cairiam para zero – o que demonstra que eles, na verdade, não pagam imposto algum. Como explica Rothbard: "Se um burocrata recebe um salário anual de US$ 5.000,00 e paga US$ 1.000,00 em 'impostos' para o governo, é mais do que óbvio que ele, simplesmente, recebe um salário anual de US$ 4.000,00 e não paga nenhum imposto. Todos os chefes de estado e de governo pura e simplesmente optaram por um dispositivo contábil complexo e enganoso para fazer parecer que o burocrata paga impostos da mesma forma como o fazem quaisquer outros indivíduos que obtêm essa mesma renda." (ibid., páginas 278 e 142) Uma vez que isso tenha sido bem compreendido, torna-se óbvio o motivo por que certos grupos – tais como os professores de ensino fundamental e de ensino médio e os professores universitários – se mostram quase sempre (e de modo uniforme) a favor do aumento dos impostos. Eles, portanto, não estão aceitando generosamente uma maior carga tributária sobre si mesmos. Ao invés disso, impostos mais altos são os meios pelos quais eles aumentam os seus próprios salários financiados por impostos. Sobre a questão da dicotomia entre os pagadores de impostos e os consumidores de impostos (ou sugadores de impostos), ver também John C. Calhoun, *A Disquisition on Government* (New York: Liberal Arts Press, 1953), pp. 16–18.

bem. Em contraste, os políticos, os partidos políticos e os funcionários públicos não produzem nada que, por sua vez, seja vendido no mercado. Ninguém *compra* "produtos" ou "serviços" do governo. Estes, sim, são produzidos – e, sim, incorre-se em custos para produzi-los –, mas tais bens não são vendidos nem comprados. Por um lado, isso implica que é impossível determinar o valor deles e saber se esse valor justifica ou não os seus custos. Já que ninguém os compra, ninguém na verdade demonstra que considera que os produtos e os serviços governamentais valem os seus custos; e, de fato, não se pode saber se há – ou não – alguém que atribui qualquer valor a eles. Do ponto de vista da teoria econômica, portanto, é totalmente ilegítimo supor – como sempre é feito na contabilidade da riqueza nacional – que os produtos e os serviços governamentais valem o custo de serem produzidos e, então, simplesmente *adicionar* esse valor ao valor dos produtos e serviços "normais" – ofertados pela iniciativa privada (i.e., bens comprados e vendidos) – a fim de, por exemplo, obter o PIB (Produto Interno Bruto). Pode-se muito bem admitir que os produtos e os serviços governamentais não valem nada ou até mesmo que eles sejam "males" ao invés de "bens"; portanto, o custo dos políticos e de todo o funcionalismo público deve ser *subtraído* do valor total dos bens produzidos privadamente. Com efeito, supor *isso* seria, sim, muito mais justificado. Pois, por outro lado – bem como em relação às suas implicações práticas –, a subvenção de políticos e de funcionários públicos resulta em incentivos para (1) "produzir" com pouca ou nenhuma consideração para com o bem-estar dos alegados consumidores e para (2) "produzir" com muita ou total consideração para com o bem-estar dos próprios "produtores" (i.e., os políticos e os funcionários públicos). Tanto faz se a sua produção satisfaz ou não os consumidores; os seus rendimentos continuam os mesmos. Assim, em consequência da expansão do setor "público", haverá cada vez mais preguiça, descuido (negligência), incompetência, serviço péssimo, má educação, desperdício – e até mesmo mais destruição; e, ao mesmo tempo, haverá cada vez mais arrogância, demagogia e mentira ("nós trabalhamos pelo bem comum"). [16]

Após menos de uma centena de anos de democracia e de redistribuição, os resultados previsíveis encontram-se diante de nós. O "fundo de reserva" que foi herdado do passado está aparentemente esgotado. No Ocidente, por várias décadas (desde o final da década de 1960 ou o início da década de 1970), os padrões reais de vida estagnaram-se ou até mesmo

---

[16] Sobre os erros fundamentais envolvidos nos procedimentos padrões de contabilidade da riqueza nacional e sobre uma alternativa construtiva, ver Murray N. Rothbard, *America's Great Depression* (Kansas City: Sheed and Ward, 1975), pp. 296–304; e idem, *Power and Market: Government and the Economy* (Kansas City: Sheed Andrews and McMeel, 1977), pp. 199–202.

caíram. [17] A dívida "pública" e o custo dos atuais sistemas de previdência social e de saúde pública conduziram à perspectiva de um iminente descalabro econômico. [18] Ao mesmo tempo, praticamente todas as formas de comportamento indesejável – desemprego, dependência do assistencialismo, negligência, imprudência, incivilidade, psicopatia, hedonismo e criminalidade – aumentaram, e os conflitos sociais e o colapso social alcançaram perigosos patamares. [19] Caso as tendências atuais continuem, é seguro dizer que o estado de bem-estar social ocidental (social-democracia) se desmoronará, assim como o socialismo oriental (estilo russo) desabou no final da década de 1980.

No entanto, o colapso econômico não conduz automaticamente à promoção do seu oposto, o progresso. As coisas, ao invés de melhorarem, podem tornar-se ainda piores. O que é necessário além de uma crise são ideias – ideias corretas – e homens capazes de compreendê-las e de aplicá-las assim que surja a oportunidade. Em última análise, o curso da história é determinado pelas ideias, sejam elas verdadeiras ou falsas, e por homens agindo de acordo com – e sendo inspirados por – essas ideias verdadeiras ou falsas. A atual bagunça também é o resultado de ideias. Ela é a consequência da aceitação maciça, por parte da opinião pública, da ideia da democracia. Enquanto essa aceitação prevalecer, a catástrofe é inevitável, e não pode haver esperança de melhora mesmo após a sua concretização. Por outro lado, logo que a ideia da democracia for reconhecida como falsa e cruel – e as ideias podem, em princípio, ser modificadas quase instantaneamente –, a catástrofe pode, sim, ser evitada.

A tarefa central daqueles que querem virar a maré e impedir um verdadeiro colapso é a "deslegitimação" da ideia da democracia, mostrando que ela é a principal causa do atual estado de "descivilização" progressiva. Para essa finalidade, deve-se, em primeiro lugar, ressaltar que é difícil encontrar muitos defensores da democracia na história da teoria política. Quase todos os grandes pensadores nutriam desprezo pela democracia. Até mesmo os Pais Fundadores dos Estados Unidos – um país que, hoje em dia, é considerado o perfeito modelo da democracia – opunham-se rigoro-

---

[17] Para conhecer um instrutivo estudo que utiliza as sugestões de Rothbard para um método alternativo de contabilidade da riqueza nacional, ver Robert Batemarco, "GNP, PPR and the Standard of Living", em *Review of Austrian Economics*, 1 (1987).

[18] Para consultar um resumo geral, verificar Victoria Curzon Price, "The Mature Welfare State: Can It Be Reformed?", em *Can The Present Problems of Mature Welfare States Such as Sweden Be Solved?*, editado por Nils Karlson (Estocolmo: City University Press, 1995), especialmente as páginas 15–19.

[19] Nos Estados Unidos, por exemplo, entre 1960 e 1990, a taxa de homicídios dobrou, as taxas de estupro quadruplicaram, a taxa de roubos aumentou cinco vezes, e a probabilidade de tornar-se vítima de grave agressão aumentou 700%. Sobre isso, consultar Seymour Itzkoff, *The Decline of Intelligence in America* (Westport, Connecticut: Praeger, 1994); e Roger D. McGrath, "Treat Them to a Good Dose of Lead", em *Chronicles* (janeiro de 1994).

samente a ela. Sem uma única exceção, eles pensavam que a democracia nada mais era do que o governo do populacho, da gentalha, da multidão (*mob-rule*). Eles se consideravam membros de uma "aristocracia natural"; e, ao invés da democracia, eles defendiam a adoção de uma república aristocrática. [20] Além disso, até mesmo entre os poucos defensores teóricos da democracia – como Rousseau, por exemplo –, é praticamente impossível encontrar qualquer pessoa que defenda a democracia para agrupamentos humanos que não sejam comunidades extremamente pequenas (aldeias ou cidades). Com efeito, em pequenas comunidades – onde todos se conhecem pessoalmente –, a maioria das pessoas tem de reconhecer que a posição dos "ricos" (dos "possuidores") está normalmente baseada nas suas realizações pessoais superiores, assim como reconhecer que a posição dos "pobres" (dos "não possuidores") encontra a sua explicação típica nas suas deficiências pessoais e na sua inferioridade. Nessas circunstâncias, é muito mais difícil ser bem-sucedido em tentativas de saquear outras pessoas (e os seus bens pessoais) em vantagem própria. Em distinto contraste, em grandes territórios que englobam milhões ou até mesmo centenas de milhões de pessoas – onde os potenciais saqueadores não conhecem as suas vítimas (e *vice-versa*) –, o desejo humano de enriquecer à custa do outro se depara com pouco ou nenhum obstáculo. [21]

---

[20] Ver Erik von Kuehnelt-Leddihn, *Leftism Revisited: From de Sade and Marx to Hitler and Pol Pot* (Washington D. C.: Gateway Regnery, 1990), especialmente o capítulo 6. Dos fundadores americanos, Alexander Hamilton era um monarquista. Da mesma forma, o governador da Pensilvânia, Robert Morris, nutria fortes inclinações monárquicas. George Washington manifestou a sua profunda aversão à democracia em uma carta de 30 de setembro de 1798 a James McHenry. John Adams estava convencido de que toda sociedade gera aristocratas tão inevitavelmente quanto um milharal gera alguns milhos de espigas grandes e alguns milhos de espigas pequenas. Em uma carta a John Taylor, ele enfatizou, como Platão e Aristóteles, que a democracia, em última análise, evolui para o despotismo; e, em uma carta a Jefferson, ele declarou que "a democracia invejará todos, lutará contra todos, esforçar-se-á para destruir a todos; quando, por acaso, acontecer que se torne suprema por um curto período de tempo, ela será vingativa, sangrenta e cruel". James Madison, em uma carta a Jared Parks, queixou-se da dificuldade "de proteger os direitos de propriedade contra o espírito da democracia". E até mesmo Thomas Jefferson – que, provavelmente, é o mais "democrático" dos Fundadores – confessou em uma carta a John Adams que ele considerava
> A aristocracia natural (...) como a bênção mais preciosa da natureza para a instrução, a confiança e o governo da sociedade. E, na verdade, teria sido incoerente que a criação tivesse concebido os homens para a vida em sociedade e não tivesse lhes dado força e sabedoria suficientes para gerir os assuntos da sociedade. Talvez possamos até mesmo dizer que esta forma de governo é a melhor, pois promove da maneira mais eficaz uma genuína seleção de aristocratas naturais para os cargos governamentais?

Para caracterizar, assim, a atitude geral dos fundadores, a declaração mais apropriada é a de John Randolph de Roanoke: "Eu sou um aristocrata: eu amo a liberdade; eu odeio a igualdade."

[21] O livro *Contrato Social*, de Rousseau, que surgiu em 1762, tinha como propósito, na verdade, ser um comentário teórico sobre a situação política de Genebra, o seu país natal, que então era uma cidade-estado independente com menos de 30.000 habitantes governada, com efeito, por uma pequena oligarquia hereditária formada pelos chefes das famílias aristocráticas mais proeminentes de Genebra, a qual controlava o Pequeno Conselho e o Conselho dos Duzentos. O argumento de Rousseau em prol do "povo" e da "soberania popular" foi concebido como um ataque a essa oligarquia, mas de modo algum significava a defesa da democracia direta e da participação política universal (como é

Mais importante ainda: é preciso que fique claro – mais uma vez – que a ideia da democracia é *imoral* e *não econômica*. No tocante ao *status* moral do governo da maioria, deve ser ressaltado que ela permite que *A* e *B* se unam para roubar *C*, que *C* e *A*, por sua vez, se juntem para roubar *B* e que, em seguida, *B* e *C* conspirem contra *A* – e assim por diante. Isso não é justiça, mas sim um escândalo moral; e, ao invés de o regime democrático e os seus defensores serem tratados com respeito, eles devem ser tratados com desprezo e ridicularizados como fraudes morais. [22]

Por outro lado, no tocante à qualidade econômica da democracia, deve ser incansavelmente enfatizado que a verdadeira fonte da civilização humana e da prosperidade não se encontra na democracia, mas sim na propriedade privada, na produção e nas trocas voluntárias. Em particular, contrastando com os grandes mitos, é preciso sublinhar que a falta de

---

hoje entendido). Em vez disso, o que Rousseau tinha em mente quando escreveu em favor do "povo soberano" era apenas os membros do outro órgão político de Genebra, o Grande Conselho, que era composto por cerca de 1.500 membros e incluía, além da camada aristocrática superior de Genebra, a sua aristocracia hereditária inferior.

[22] Felizmente, apesar da incessante propaganda realizada pelos professores de escolas financiadas e controladas pelo governo – tal como a repetição do *slogan* "a democracia significa que todos nós governamos a nós mesmos" – bem como por gente famosa laureada com o prêmio Nobel, como James Buchanan e a sua Escola da "Escolha Pública" (*"Public Choice" School*) – a qual diz absurdos como "os governos, assim como as empresas, são instituições voluntárias" (James M. Buchanan e Gordon Tullock, *The Calculus of Consent* [Ann Arbor: University of Michigan Press, 1962], p. 19) –, ainda existe bom senso suficiente tanto no meio acadêmico quanto no seio do público em geral para haver ouvidos simpáticos a tais críticas. Quanto ao meio acadêmico, um economista tão destacado como Joseph A. Schumpeter observaria, em relação a pontos de vista tais como o de Buchanan, que "a teoria que estuda os impostos através da analogia com as mensalidades de um clube ou com a aquisição do serviço de, digamos, um médico só demonstra o quão longe essa parte das ciências sociais se encontra dos hábitos científicos das mentes." (Joseph A. Schumpeter, *Capitalism, Socialism and Democracy* [New York: Harper, 1942], p. 198) E, no tocante ao público em geral, pode-se encontrar conforto nas palavras do grande jornalista e escritor americano H. L. Mencken, que escreveu:

> O homem médio, sejam quais forem os seus erros em outras áreas, pelo menos vê claramente que o governo é algo que se encontra fora dele e fora da generalidade dos seus semelhantes – ele vê que o governo é um poder separado, independente e hostil, estando só parcialmente sob o seu controle e sendo capaz de causar-lhe grandes danos. (...) Será de pouca importância o fato de que roubar o governo seja universalmente considerado como um crime de menor magnitude do que roubar um indivíduo ou até mesmo uma empresa? (...) Quando um cidadão comum é roubado, um homem digno está sendo privado dos frutos do seu trabalho e das suas economias; quando o governo é roubado, o pior que acontece é que certos patifes e tratantes ficam com um pouco menos de dinheiro com que brincar do que tinham antes. A ideia de que eles mereciam esse dinheiro nunca lhes passa pela cabeça; e, para a maioria dos homens sensatos, tal ideia parece ridícula, é uma piada. Eles, os indivíduos do governo, são simplesmente uns malandros que, por um acidente jurídico, adquiriram o dúbio e vago direito de embolsar uma parte dos ganhos dos seus semelhantes. Quando aquele montante é diminuído por uma iniciativa privada, a atividade, como um todo, torna-se muito mais nobre. (*A Mencken Chrestomathy* [New York: Vintage Books, 1949], pp. 146–147; ver também: H. L. Mencken, *Notes on Democracy* [New York: Knopf, 1926].)

democracia não teve essencialmente nada a ver com a falência do socialismo de estilo russo. O problema do socialismo não é o modo de seleção dos políticos; o seu defeito é a própria política (a supremacia das decisões políticas). Em vez de cada produtor privado decidir de forma independente o que fazer com os seus recursos particulares – como ocorre em um regime de propriedade privada e de contratualismo –, com os fatores de produção total ou parcialmente socializados, cada decisão exige a permissão de outra pessoa. É irrelevante para o produtor a maneira como aqueles indivíduos que lhe outorgam permissão são escolhidos. O que importa para ele é que a permissão (a autorização) deve ser buscada. Enquanto este for o caso, o incentivo dos produtores para produzir é reduzido, e o empobrecimento será a consequência. A propriedade privada é incompatível com a democracia – assim como ela é incompatível com qualquer outra forma de poder político. [23] Em vez da democracia, a justiça e a eficiência econômica exigem uma sociedade de propriedade privada pura e irrestrita – uma "anarquia da produção" em que ninguém manda em ninguém, em que todas as relações entre os produtores são voluntárias e, portanto, mutuamente benéficas. [24]

Por último, no tocante a razões de ordem estratégica, a fim de aproximar-se do objetivo de uma ordem social não exploradora – i.e., a anarquia de propriedade privada –, a ideia do majoritarianismo deve ser virada contra o próprio governo democrático. Sob qualquer forma de controle governamental, incluindo a democracia, a "classe dominante" (os políticos e os funcionários públicos) representa apenas uma pequena percentagem do total da população. Embora seja possível que cem parasitas possam levar uma vida confortável com os bens produzidos por mil hospedeiros, mil parasitas não conseguem viver à custa de uma centena de hospedeiros. Com base no reconhecimento desse fato, parece possível convencer a maioria de eleitores de que se trata de uma ampliação da injustiça deixar que pessoas que vivem à custa dos impostos pagos por outras pessoas tenham o direito de determinar o nível dessas exações; assim, essa maioria decidiria, democraticamente, abolir o direito de voto de todos os funcionários governamentais e de todos aqueles que recebem benefícios do governo (tanto os destinatários do assistencialismo quanto indivíduos que

---

[23] Sobre isso, consultar Hans-Hermann Hoppe, *Uma Teoria do Socialismo e do Capitalismo* (São Paulo: Instituto Ludwig von Mises Brasil, 2010); idem, "Desocialization in a United Germany", em *Review of Austrian Economics*, 5, n. 2 (1991); Murray N. Rothbard, "The End of Socialism and the Calculation Debate Revisited", em idem, *The Logic of Action One* (Cheltenham, U. K.: Edward Elgar, 1997); e idem, "How and How Not To Desocialize", em *Review of Austrian Economics*, 6, n. 1 (1992).
[24] Sobre isso, consultar Murray N. Rothbard, *A Ética da Liberdade* (São Paulo: Instituto Ludwig von Mises Brasil, 2010); Hans-Hermann Hoppe, *The Economics and Ethics of Private Property* (Boston: Kluwer, 1993), especialmente a parte II; ver também: Anthony de Jasay, *Choice, Contract, Consent: A Restatement of Liberalism* (London: Institute of Economic Affairs, 1991).

possuem contratos com o governo).

Adicionalmente, em conjunto com essa estratégia, é necessário reconhecer a enorme importância da secessão e dos movimentos separatistas. Se as decisões da maioria estão sempre "corretas", então a maior de todas as possíveis maiorias – uma maioria mundial e um governo democrático global – deve, em última instância, ser considerada "correta" [25], ocorrendo as consequências previsíveis no início deste capítulo. Em contraste, a secessão implica sempre o rompimento entre populações menores e populações maiores. Trata-se, assim, de um argumento contra o princípio da democracia e do majoritarismo. Quanto mais avança o processo de secessão para o nível de pequenas regiões, de cidades, de bairros, de vilas, de aldeias e, em última instância, de lares individuais e de associações voluntárias de núcleos familiares e de empresas, mais difícil será manter o nível atual de políticas redistributivistas. Ao mesmo tempo, quanto menores forem as pequenas unidades territoriais, mais provável será que alguns indivíduos – com base no reconhecimento popular da sua independência econômica, das suas grandes realizações profissionais, da sua vida pessoal moralmente impecável e dos seus juízos e gostos superiores – ascendam às fileiras das elites naturais voluntariamente reconhecidas e deem legitimidade à ideia de uma ordem natural de árbitros, juízes e jurisdições sobrepostos e concorrentes (não monopolistas) e livremente (voluntariamente) financiados (tal como existe ainda hoje na arena do comércio internacional e do turismo internacional). Uma pura e genuína sociedade de leis privadas – esta é a resposta à democracia e a qualquer outra forma de governo político (coercitivo). [26]

---

[25] Ver também Murray N. Rothbard, *Power and Market: Government and the Economy* (Kansas City: Sheed Andrews and McMeel, 1977), páginas 189 e seguintes.

[26] Sobre o direito e a economia da secessão, ver *Secession, State and Liberty*, editado por David Gordon (New Brunswick, N. J.: Transaction Publishers, 1998), com ensaios de: Donald W. Livingston; Stephen Yates; Scott Boykin; Murray N. Rothbard; Clyde N. Wilson; Joseph R. Stromberg; Thomas DiLorenzo, James Ostrowski; Hans-Hermann Hoppe; Pierre Desrochers e Eric Duhaime; e Bruce L. Benson; ver também: Hans-Hermann Hoppe, "The Western State as a Paradigm: Learning From History", em *Politics and Regimes: Religion and Public Life*, 30 (1997); e Robert W. McGee, "Secession Reconsidered", em *Journal of Libertarian Studies*, 11, n. 1 (1994).

Capítulo V
Sobre a Centralização e a Secessão

O estado é um monopolista territorial da compulsão: uma agência que se engaja em violações contínuas e institucionalizadas dos direitos de propriedade; uma agência que se dedica à exploração – sob a forma de expropriação, tributação e regulação – dos donos de propriedades privadas.[1] Pressupondo-se não mais do que o interesse próprio dos agentes governamentais, deve-se esperar que todos os governos façam uso desse monopólio e apresentem uma tendência a praticarem uma exploração *cada vez maior*. Por um lado, isso significa maior exploração doméstica (maior tributação interna). Por outro lado – e este aspecto, em particular, será importante para o presente capítulo –, isso significa expansionismo territorial. Os estados sempre se esforçarão para aumentar o tamanho da sua expropriação (tributação). No entanto, ao fazê-lo, eles entrarão em conflito com outros estados. A competição entre os estados *qua* monopolistas territoriais da compulsão é, por sua própria natureza, uma competição eliminatória. Ou seja, pode haver apenas uma empresa monopolista da expropriação e da tributação em uma determinada área; assim, pode-se esperar que a competição entre diferentes estados promova a tendência a uma centralização política cada vez maior e, em última instância, à formação de um único estado mundial.

Uma análise da história ocidental é suficiente para ilustrar a validade dessa conclusão. Por exemplo, no início desse milênio que recém findou, a Europa consistia em milhares de unidades políticas independentes. Hoje em dia, existem apenas algumas dezenas dessas unidades. É certo que também existiram forças descentralizadoras. Houve a progressiva desintegração do Império Otomano – a partir do século XVI até após a Primeira Guerra Mundial –, culminando na formação da Turquia moderna. O descontíguo Império Habsburgo foi gradualmente desmembrado a partir da época da sua maior expansão sob Carlos V até o seu pleno esvaecimento, sendo a Áustria moderna fundada em 1918. E só recentemente, diante

---

[1] Sobre a teoria do estado, ver Murray N. Rothbard, *Por Uma Nova Liberdade – O Manifesto Libertário* (São Paulo: Instituto Ludwig von Mises Brasil, 2013); idem, *A Ética da Liberdade* (São Paulo: Instituto Ludwig von Mises Brasil, 2010); idem, *Governo e Mercado* (São Paulo: Instituto Ludwig von Mises Brasil, 2012); Hans-Hermann Hoppe, *Eigentum, Anarchie und Staat. Studien zur Theorie des Kapitalismus* (Opladen: Westdeutscher Verlag, 1987); idem, *Uma Teoria do Socialismo e do Capitalismo* (São Paulo: Instituto Ludwig von Mises Brasil, 2010); idem, *The Economics and Ethics of Private Property* (Boston: Kluwer, 1993); ver também: Albert Jay Nock, *Our Enemy, the State* (Delevan, Wisconsin: Hallberg Publishing, 1983); Franz Oppenheimer, *The State* (New York: Vanguard Press, 1914); idem, *System der Soziologie*, vol. 2, *Der Staat* (Stuttgart: Gustav Fischer, 1964); e Anthony de Jasay, *The State* (Oxford: Blackwell, 1985).

dos nossos próprios olhos, o antigo Império Soviético se desintegrou. Há, agora, mais de uma dúzia de estados independentes no território da antiga União Soviética. A antiga Iugoslávia consiste agora nestes países: Eslovênia, Croácia, Sérvia, Macedônia e Bósnia. E os tchecos e os eslovacos dividiram-se e formaram países independentes. Entretanto, a tendência marcante foi no sentido oposto. Por exemplo, durante a segunda metade do século XVII, a Alemanha era composta por aproximadamente 234 países, 51 cidades livres e 1.500 propriedades senhoriais independentes. No início do século XIX, o número total dessas três categorias caiu para abaixo de 50; e em 1871 foi concretizada a unificação. O cenário na Itália foi semelhante. Até mesmo países pequenos apresentam uma história de expansão e de centralização. A Suíça começou em 1291 como uma confederação de três estados cantonais independentes. Em 1848, ela tornou-se um único estado (federal) com cerca de duas dúzias de províncias cantonais.

Além disso, a partir de uma perspectiva global, a humanidade chegou mais perto do que nunca do estabelecimento de um governo mundial. Mesmo antes da dissolução do Império Soviético, os Estados Unidos alcançaram um *status* hegemônico sobre a Europa Ocidental (principalmente sobre a Alemanha Ocidental) e sobre os países do Pacífico (mais notavelmente sobre o Japão) – como mostrado pela presença de tropas americanas e pela construção de bases bélicas; pelos pactos militares OTAN (*Organisation du Traité de l'Atlantique Nord* – "Organização do Tratado do Atlântico Norte") e SEATO (*Southeast Asia Treaty Organization* – "Organização do Tratado do Sudeste Asiático"); pela função do dólar americano como a suprema moeda de reserva internacional e pelo papel do Banco Central dos EUA ("Federal Reserve System") como o "emprestador" ou "prestador de liquidez" de última instância para todo o sistema bancário ocidental; e por instituições como o Fundo Monetário Internacional (FMI), o Banco Mundial e a recém-criada Organização Mundial do Comércio (OMC). [2] Ademais, sob a hegemonia americana, a integração política da Europa Ocidental avançou constantemente. Com a recente criação de um Banco Central Europeu e de uma moeda única (o euro), a Comunidade Europeia está praticamente estabelecida. Ao mesmo tempo, com o NAFTA ("Acordo de Livre Comércio da América do Norte"), foi

---

[2] Sobre a função da moeda "fiduciária" (de papel), dos bancos centrais e da cooperação monetária internacional (interestatal) como meios de unificação política e como instrumentos de imperialismo econômico – i.e., de exploração dos estados "periféricos" pelos estados "dominantes" –, consultar Hans-Hermann Hoppe, "Banking, Nation-States and International Politics: A Sociological Reconstruction of the Present Economic Order", em idem, *The Economics and Ethics of Private Property* (Boston: Kluwer, 1993); Jorg Guido Hülsmann, "Political Unification: A Generalized Progression Theorem", em *Journal of Libertarian Studies*, 13, n. 1 (1977); e Murray N. Rothbard, *Wall Street, Banks and American Foreign Policy* (Burlingame, California: Center for Libertarian Studies, 1995). Ver também as notas de rodapé n. 20 e n. 21 deste capítulo.

tomado um passo significativo rumo à integração política do continente americano. Com a ausência do Império Soviético e da sua ameaça militar, os EUA emergiram como a única e incontestável superpotência militar do mundo, tornando-se o seu "policial supremo".

Conforme a visão tradicional, a centralização é, de um modo geral, um movimento "bom" e progressista; a desintegração e a secessão, mesmo quando às vezes inevitáveis, representam um anacronismo. Supõe-se que as grandes unidades políticas – e, em última análise, um único governo mundial – implicam maiores mercados e, em virtude disso, maior riqueza. Como comprovação desse fato, argumenta-se que a prosperidade econômica aumentou drasticamente com o aumento da centralização. Contudo, em vez de refletir a realidade, essa visão ortodoxa, na verdade, apenas ilustra o fato de que a história é normalmente escrita pelos vencedores. Correlação ou coincidência temporal não comprovam o nexo de causalidade. Com efeito, a relação entre a prosperidade econômica e a centralização é muito diferente – e, de fato, praticamente o oposto – daquilo que a ortodoxia alega. [3]

A integração política (centralização) e a integração econômica (mercado) são dois fenômenos completamente diferentes. A integração política envolve a expansão territorial do poder de tributação e de regulação das propriedades (expropriação) de um estado. A integração econômica é a ampliação da divisão do trabalho e da participação no mercado em âmbito interpessoal e inter-regional. [4] Em princípio, ao tributarem e regularem os proprietários e os assalariados, todos os governos são contraproducentes. Eles *reduzem* a participação no mercado e a formação da riqueza econômica. [5] Porém, uma vez admitida a existência de um governo, não há nenhuma relação direta entre o tamanho territorial e a integração econômica. Tanto a Suíça quanto a Albânia são países pequenos; mas a Suíça apresenta um elevado grau de integração econômica, ao passo que a Albânia não o apresenta. Tanto os Estados Unidos quanto a antiga União Soviética

---

[3] Sobre esse assunto, ver Jean Baechler, *The Origins of Capitalism* (New York: St. Martin's Press, 1976), especialmente o capítulo 7; Hans-Hermann Hoppe, "The Economic and Political Rationale for European Secessionism", em *Secession, State and Liberty*, editado por David Gordon (New Brunswick, N. J.: Transaction Publishers, 1998); ver também: Eric Jones, *The European Miracle : Environments, Economies and Geopolitics in the History of Europe and Asia* (Cambridge: Cambridge University Press, 1981); Nathan Rosenberg e L. E. Birdzell, *How the West Grew Rich* (New York: Basic Books, 1986); e David S. Landes, *The Wealth and Poverty of Nations* (New York: Norton, 1998).

[4] Sobre o surgimento da divisão do trabalho e da integração econômica, ver Ludwig von Mises, *Ação Humana – Um Tratado de Economia* (São Paulo: Instituto Ludwig von Mises Brasil, 2010), cap. 8; e Murray N. Rothbard, "Freedom, Inequality, Primitivism and the Division of Labor", em idem, *Egalitarianism as a Revolt Against Nature and Other Essays* (Auburn, Alabama: Ludwig von Mises Institute, 2000).

[5] Sobre esse tópico, consultar Murray Rothbard, *Governo e Mercado* (São Paulo: Instituto Ludwig von Mises Brasil, 2012).

são países grandes; todavia, ao passo que, nos EUA, há elevada divisão do trabalho e alta participação no mercado, não havia quase nenhuma integração econômica na URSS, onde praticamente não existia propriedade privada do capital. A centralização, portanto, pode ser acompanhada tanto pelo progresso econômico quanto pelo retrocesso econômico. O progresso acontece quando um governo menos tributador e menos regulador amplia o seu território à custa de um governo mais explorador. ⁶ Se o contrário ocorre, a centralização promove a desintegração econômica e o retrocesso.

No entanto, há uma relação indireta muito importante entre o tamanho territorial e a integração econômica. Não é possível começar a existir um governo central dominando territórios – e, ainda menos, um único governo mundial – *ab ovo*. Ao invés disso, todas as instituições com o poder de tributar e de regular os donos de propriedades privadas devem começar pequenas. A pequenez, porém, promove a moderação. Um governo pequeno tem muitos concorrentes próximos; se ele tributar e regular os seus próprios súditos de forma visivelmente mais pesada do que os seus concorrentes, haverá a emigração da mão-de-obra e do capital, o que fará com que esse governo sofra uma correspondente perda de futuras receitas tributárias. Considere-se, por exemplo, um único lar familiar – ou uma cidade – como um território independente. Poderia um pai fazer com o seu filho – ou um prefeito fazer com a sua cidade – o que o governo da União Soviética fez com os seus súditos (i.e., negar-lhes o direito à propriedade privada do capital) ou o que os governos em toda a Europa Ocidental e o governo dos Estados Unidos fazem com os seus cidadãos (i.e., expropriar até 50% da sua riqueza)? É óbvio que não. Haveria, inevitavelmente, (1) uma imediata revolta, com o governo sendo derrubado; ou (2) uma emigração para outro lar familiar ou outra cidade nas proximidades. ⁷

---

⁶ Ver ibid.
⁷ A competição política, então, é um dispositivo mais eficaz para limitar o desejo natural de um governo de expandir os seus poderes expropriadores do que as limitações de ordem constitucional. Na verdade, as tentativas de alguns teóricos da escolha pública e da "economia constitucional" de conceber constituições liberais modelares devem ser reputadas como irremediavelmente ingênuas. Pois os tribunais constitucionais – bem como os juízes do Supremo Tribunal – são parte integrante do aparato estatal cujos poderes estão encarregados de limitar. Por que razão eles desejariam restringir o poder da própria organização que lhes fornece empregos, dinheiro e prestígio? Portanto, admitir que eles limitariam os poderes estatais não é apenas algo teoricamente incompatível – i.e., incompatível com o pressuposto do autointeresse –, mas também algo sem qualquer fundamento histórico. Por exemplo, apesar da limitação explícita do poder do governo central contida na Décima Emenda da constituição dos Estados Unidos, as interpretações da Suprema Corte dos EUA tornou essa emenda essencialmente nula e sem efeito (írrita). Da mesma forma, apesar da garantia constitucional da propriedade privada na constituição da Alemanha (Ocidental), o Supremo Tribunal alemão, após a reunificação alemã, em 1990, declarou "válidas" todas as expropriações comunistas anteriores à fundação do estado da Alemanha Oriental em 1949. Portanto, mais da metade das terras utilizadas para a agricultura na antiga Alemanha Oriental foi apropriada pelo estado da Alemanha (Ocidental) (em vez de essas terras serem devolvidas aos seus proprietários privados originais, tal como exigido por uma interpretação literal da constituição).

Então, em oposição à visão tradicional, encontra-se precisamente no fato de que a Europa possuía uma estrutura de poder altamente descentralizada, composta de inúmeras unidades políticas independentes, a explicação da origem do capitalismo – i.e., a ampliação da participação no mercado e o crescimento econômico – no mundo ocidental. [8] Não foi por acaso que o capitalismo inicialmente floresceu sob condições de extrema descentralização política: nas cidades-estado situadas no norte da Itália; no sul da Alemanha; e nos secessionistas Países Baixos (Holanda).

A competição entre estados pequenos por súditos tributáveis os conduz a conflitos uns contra os outros. Em consequência dos conflitos interestatais, ao longo dos séculos alguns estados são bem-sucedidos na expansão dos seus territórios, ao passo que outros estados são eliminados ou incorporados. Quais estados são os vencedores nesse processo de competição eliminatória depende, obviamente, de muitos fatores, mas, no longo prazo, o fator decisivo é a quantidade relativa de recursos econômicos que um governo tem à sua disposição. [9] Através da tributação e da regulação, os governos não contribuem positivamente para a criação da riqueza econômica. Ao invés disso, eles parasitariamente se apropriam da riqueza existente. Eles, contudo, podem influenciar negativamente a quantidade de riqueza existente. *Ceteris paribus* [10], quanto menor for a carga tributária e regulatória imposta por um governo sobre a sua economia doméstica, maior tenderá a ser a sua população (devido a motivos internos, bem como a fatores imigratórios), e maior será a quantidade de riquezas produzidas no país que poderão ser utilizadas para financiar os seus conflitos com os estados vizinhos. Por esse motivo, a centralização é frequentemente progressiva. Os estados que pouco tributam e regulam as suas economias domésticas – estados liberais – tendem a expandir os seus territórios à

---

[8] A importância da "anarquia" internacional para o surgimento do capitalismo europeu foi justamente enfatizada por Jean Baechler. Assim, escreve ele em *The Origins of Capitalism* (New York: St. Martin's Press, 1976),

"A constante expansão do mercado, tanto em amplitude quanto em intensidade, foi o resultado da ausência de ordem política por toda a Europa Ocidental." (p. 73) "A expansão do capitalismo tem a sua origem e a sua *raison d'être [razão de ser]* na anarquia política. (...) O coletivismo e a gestão estatal só obtiveram sucesso nos manuais escolares." (p. 77)

Todo poder tende ao absoluto. Se ele não é absoluto, então algum tipo de limitação entrou em jogo. (...) Aqueles em posição de poder tentaram incessantemente minar essas limitações. Eles nunca o conseguiram; e isso ocorreu por uma razão que também me parece estar vinculada ao sistema internacional: a limitação do poder de agir externamente e a constante ameaça de agressão externa [as duas características de um sistema multipolar] implicam que o poder é também limitado internamente e deve contar com centros autônomos de decisão; portanto, somente com moderação é possível usá-los. (p. 78)

[9] Sobre esse assunto, consultar Paul Kennedy, *The Rise and Fall of the Great Powers: Economic Change and Military Conflict from 1500 to 2000* (New York: Vintage Books, 1987).

[10] *Ceteris paribus* é uma expressão latina que significa "tudo o mais constante" ou "mantidas inalteradas todas as outras coisas". (N. do T.)

custa dos estados não liberais. [11] Isso explica a deflagração da "Revolução Industrial" na Inglaterra e na França centralizadas. Isso explica a razão por que a Europa Ocidental, ao longo do século XIX, passou a dominar o resto do mundo (e não o contrário) e o motivo por que tal colonialismo foi geralmente progressivo. Adicionalmente, isso explica a ascensão dos Estados Unidos para o *status* de superpotência durante o século XX.

Todavia, quanto mais avançar esse processo de "governos mais liberais derrotando governos menos liberais" – i.e., quanto maiores forem os territórios; quanto menor for o número de estados concorrentes; quanto maior for a distância entre eles (e, portanto, quanto mais dispendiosa for a migração internacional) –, menor será o incentivo de um governo para manter o seu liberalismo doméstico. Assim que nós nos aproximamos do limite de um estado mundial, desaparecem todas as possibilidades de "votação com os pés" contra um determinado governo. Tanto faz o lugar ao qual migra um certo indivíduo; a mesma estrutura tributária e regulatória é aplicada. Assim, solucionado o problema da emigração, remove-se um obstáculo fundamental contra a expansão do poder governamental. Isso explica os acontecimentos do século XX: com a Primeira Guerra Mundial e, ainda mais, com Segunda Guerra Mundial, os Estados Unidos concretizaram a sua hegemonia sobre a Europa Ocidental, tornando-se o herdeiro dos seus vastos impérios coloniais. Um passo decisivo em direção à unificação global foi tomado com o estabelecimento de uma *pax Americana*. E, de fato, ao longo de todo esse período, os EUA, a Europa Ocidental e a maior parte do resto do mundo sofreu um constante e dramático aumento do poder governamental, da tributação e da regulação expropriatória. [12]

Então, à luz da teoria econômica e social e da história, uma defesa da secessão pode então ser realizada. [13]

---

[11] Sobre esse tópico, consultar Hans-Hermann Hoppe, "Marxist and Austrian Class Analysis", em idem, *The Economics and Ethics of Private Property* (Boston: Kluwer, 1993); e idem, "Banking, Nation States and International Politics", em *Review of Austrian Economics*, 4 (1990); sobre a exigência de uma economia liberal de mercado – i.e., de um mercado interno *laissez-faire* – para uma condução bem-sucedida da guerra, ver Ludwig von Mises, *Nationalokonomie. Theorie des Handelns und Wirtschaftens* (Munique: Philosophia Verlag, 1980), parte 6, cap. 9; e idem, *Intervencionismo – Uma Análise Econômica* (São Paulo: Instituto Ludwig von Mises Brasil, 2010), cap. 6; sobre a tendência contrária dos estados a usarem as guerras como pretextos para a destruição do *laissez-faire* doméstico e para a implementação de sistemas econômicos cada vez mais intervencionistas ou socialistas, ver Robert Higgs, *Crisis and Leviathan: Critical Episodes in the Growth of American Government* (New York: Oxford University Press, 1987).
[12] Sobre esse tema, ver também Paul Johnson, *Modern Times* (New York: Harper and Row, 1983); e Robert A. Nisbet, *The Present Age* (New York: Harper and Row, 1988).
[13] Sobre esse assunto, ver também *Secession, State and Liberty*, editado por David Gordon; Robert McGee, "Secession Reconsidered", em *Journal of Libertarian Studies*, 11, n. 1 (1994); e Ludwig von Mises, *Liberalism: In the Classical Tradition* (Irvington-on-Hudson, N. Y.: Foundation for Economic Education, 1985), especialmente as páginas 108–110.

Inicialmente, a secessão nada mais é do que uma mudança de controle sobre a riqueza nacional: de um governo maior (central) para um governo menor (regional). A hipótese de isso conduzir a maior ou menor integração econômica (e a maior ou menor prosperidade) depende, em grande medida, das novas políticas do governo regional. Entretanto, a existência da secessão, por si mesma, engendra um impacto positivo sobre a produção, pois um dos mais importantes motivos para a secessão é tipicamente a crença, por parte dos separatistas, de que eles e os seus territórios estão sendo explorados por outras pessoas. Os eslovenos sentiam – com razão – que eles estavam sendo sistematicamente saqueados pelos sérvios e pelo governo central iugoslavo dominado pelos sérvios; os bálticos se ressentiam do fato de que eles tinham de pagar impostos para os russos e para o governo da União Soviética, dominado pelos russos. [14] Em virtude da secessão, relações hegemônicas domésticas (internas) são substituídas por relações contratuais (mutuamente benéficas) exteriores. Em vez de haver uma integração forçada, existe uma separação voluntária. A integração forçada – também ilustrada por medidas como o *busing* [15], o controle de aluguéis, a ação afirmativa, as leis antidiscriminação e, conforme será explicado em breve, a "imigração livre" – invariavelmente gera tensão, ódio e conflito. Em contraste, a separação voluntária conduz à harmonia e à paz. [16] Sob a integração forçada, qualquer fracasso ou erro pode ser culpa de um grupo (ou uma cultura) "estrangeiro", e todo sucesso ou acerto pode ser reivindicado como próprio; assim, não há motivo para qualquer cultura aprender com outra. Sob um regime de "separados, mas iguais", é preciso enfrentar a realidade não só da diversidade cultural, mas também – e em especial – dos níveis visivelmente diferentes de progresso cultural. Se um povo separatista deseja melhorar ou manter a sua posição *vis--à-vis* outro povo concorrente, o aprendizado discriminativo auxiliará nessa empreitada. É preciso imitar, assimilar e, se possível, melhorar as habilidades, as práticas e as regras características das sociedades mais avançadas; e é necessário evitar os traços das sociedades menos avançadas.

Ao invés de promover um nivelamento por baixo de culturas (como é o

---

[14] Similarmente, uma das razões determinantes para a tentativa da Confederação Sulista de se separar da União americana foi o Decreto Morrill de 1861, que instituiu um imposto de 47% sobre o valor de todas as mercadorias importadas. Nessa época, o Sul exportava três quartos da sua produção agrícola e importava a maioria dos seus produtos manufaturados do estrangeiro. De fato, esse Decreto significava que o Sul estava sendo forçado a pagar impostos mais elevados para subsidiar os ineficientes fabricantes e trabalhadores industriais do Norte.

[15] Trata-se do transporte de alunos de uma escola de determinada localidade para uma escola de outra localidade para promover a integração racial. (N. do T.)

[16] Sobre esse tópico, consultar Murray N. Rothbard, "Nations by Consent: Decomposing the Nation-State", em *Secession, State and Liberty*, editado por David Gordon; Ludwig von Mises, *Nation, State and the Economy: Contributions to the Politics and History of Our Time* (New York: New York University Press, 1983), especialmente as páginas 31–77; ver também o capítulo 7 deste livro.

caso da integração forçada), a secessão estimula um processo cooperativo de seleção (e de promoção) cultural. [17]

Além disso, embora tudo dependa das políticas domésticas do novo governo regional – e embora não haja nenhuma relação direta entre o tamanho territorial e a integração econômica –, existe uma importante ligação indireta. Assim como a centralização política, em última análise, tende a promover a desintegração econômica, a secessão tende a aprimorar a integração econômica e a promover o desenvolvimento. Em primeiro lugar, a secessão implica sempre o rompimento entre uma população menor e uma população maior, sendo, portanto, uma manifestação contra o princípio da democracia e do governo da maioria em favor da propriedade privada descentralizada. Mais importante ainda: a secessão implica sempre o aumento de oportunidades de migração inter-regional – e um governo secessionista é imediatamente confrontado com a ameaça da emigração. A fim de evitar a perda dos seus súditos produtivos, tal governo fica sob crescente pressão para adotar políticas internas relativamente liberais, respeitando mais a propriedade privada e impondo uma menor carga tributária e regulatória do que os seus vizinhos. [18] Afinal, com tantos territórios

---

[17] Não obstante a propaganda igualitarista, existem, sim, enormes diferenças em relação ao grau de progresso cultural; por exemplo, na antiga Iugoslávia, entre eslovenos, croatas, sérvios e kosovares-albaneses e/ou entre católicos, ortodoxos e muçulmanos; ou na antiga União Soviética entre letões, estonianos, lituanos, alemães, polacos, ucranianos, russos, georgianos, romenos, armênios, chechenos, azeris, turcomênios, cazaques – e assim por diante. O resultado imediato da separação política entre esses povos culturalmente distintos será, simplesmente, uma variedade cada vez maior de governos e de formas de organização social. Entretanto, deve se esperar que alguns desses governos recém-independentes (bem como as suas políticas sociais) serão piores (do ponto de vista da integração econômica e da prosperidade) do que aqueles que prevaleceriam caso o antigo governo central se mantivesse no poder, ao passo que outros governos recém-estabelecidos se revelarão melhores. Por exemplo, pode ser muito pior, para o povo azeri, ser controlado por um governo composto por nativos do que por um governo composto por russos; ou, para os kosovares-albaneses, pode ser muito pior cair sob o jugo de alguns indivíduos da sua própria etnia do que sob o jugo do governo sérvio. Ao mesmo tempo, as políticas sociais na Estônia, na Letônia e na Lituânia, por exemplo, serão provavelmente melhores do que aquelas que o governo russo implementaria; e os croatas alcançarão maior prosperidade ficando sob um governo de nativos do que permanecendo sob controle sérvio. A secessão, portanto, não eliminará as diferenças culturais e as disparidades de padrões de vida; e, na verdade, ela pode muito bem acentuá-las. Todavia, é precisamente com a revelação de todas as diferenças culturais e de todas as disparidades de desenvolvimento socioeconômico de diversos povos que a secessão, com o tempo, fornecerá os melhores estímulos para o progresso cultural e econômico de todos os povos, tanto os desenvolvidos quanto os subdesenvolvidos.
[18] No caso da antiga Alemanha Oriental, pode-se encontrar um excelente exemplo da pressão por reformas causada pela emigração. Tendo sido submetida ao controle da União Soviética e tendo sido tornada socialista no rastro da Segunda Guerra Mundial, a Alemanha Oriental, desde a sua criação, viu uma enorme quantidade dos seus habitantes migrando para a Alemanha Ocidental intervencionista (social-democrata), que era mais liberal (e, em consequência disso, mais próspera). No início da década de 1960, o número de emigrantes aumentou para aproximadamente 1.000 indivíduos por dia. Em resposta a isso, em 13 de agosto de 1961, o governo da Alemanha Oriental sentiu a necessidade de construir um sistema fronteiriço – com muros, arame farpado, cercas eletrificadas, campos de minas, dispositivos automáticos de tiros e guaritas – de quase 150 quilômetros de comprimento, com a finalidade exclusiva de evitar que alemães orientais fugissem do socialismo. Desde 1961 até

quanto o número de lares familiares, vilas, aldeias ou cidades, as oportunidades para a emigração economicamente motivada são maximizadas, e o poder governamental sobre a economia doméstica, minimizado.

Mais especificamente: quanto menor for o país, maior será a pressão para optar pelo livre comércio, em detrimento do protecionismo. Todas as interferências governamentais no comércio exterior coercivamente limitam o alcance das trocas interterritoriais mutuamente benéficas, conduzindo, assim, ao empobrecimento relativo (tanto no interior do país quanto no estrangeiro). [19] Porém, quanto menores forem o território e os seus mercados internos, mais dramático será esse efeito. Um país do tamanho dos Estados Unidos, por exemplo, mesmo que tenha renunciado a todo comércio exterior, pode atingir comparativamente elevados padrões de vida desde que possua um irrestrito e desobstruído mercado interno de capital e de bens de consumo. Em contraste, se cidades ou províncias predominantemente sérvias se separarem da Croácia circundante e seguirem o mesmo protecionismo, o resultado, provavelmente, será desastroso. Considere-se um único lar familiar como a menor unidade separatista concebível. Ao engajar-se em um livre comércio sem restrições, até mesmo o menor território pode ser totalmente integrado ao mercado mundial e usufruir todas as vantagens da divisão do trabalho, e os seus donos podem tornar-se as pessoas mais ricas do planeta. A existência de um único indivíduo rico em todo e qualquer lugar é a prova viva disso. Por outro lado, se os donos desse mesmo lar familiar decidirem renunciar a todo comércio interterritorial, o resultado será uma pobreza extrema e abjeta ou até mesmo a morte. Portanto, quanto menores forem um território e os seus mercados internos, maior será a probabilidade de essa localidade optar pelo livre comércio.

Adicionalmente, a secessão também promove integração *monetária*. O processo de centralização também resultou na desintegração monetária: na destruição do antigo padrão internacional de moeda-mercadoria (padrão-ouro) e na substituição desse padrão por um sistema de moedas governa-

---

a primavera de 1989, o problema, assim, pôde ser contido. Porém, quando a Hungria, uma aliada socialista, começou a afrouxar os seus controles fronteiriços *vis-à-vis* a Áustria – persuadida, como agora foi revelado, pelos membros da União Pan-Europeia liderada por Otto von Habsburgo –, a onda de emigração da Alemanha Oriental foi imediatamente retomada. Na verdade, dentro de poucos dias o número de alemães orientais escapando para o Ocidente através da Hungria aumentou para mais de 2.000 indivíduos por dia. Este foi um desses eventos que, acima de tudo, desencadearam, num primeiro momento, a derrubada do regime de Honecker na Alemanha Oriental; em seguida, no dia – para sempre memorável – 09 de novembro de 1989, o desmantelamento do Muro de Berlim; e, finalmente, no ano seguinte, a reunificação da Alemanha. Sobre isso, consultar Hans-Hermann Hoppe, "Desocialization in a United Germany", em *Review of Austrian Economics*, 5, n. 2 (1991).
[19] Sobre esse tema, ver também Adolf Gasser, *Gemeindefreiheit als Rettung Europas* (Basileia: Verlag Bücherfreunde, 1943).

mentais de papel de livre flutuação dominado pelo dólar americano – i.e., um cartel global de falsificadores governamentais liderado pelos Estados Unidos. Todavia, um sistema de moedas de papel de livre flutuação – o ideal monetarista friedmaniano –, rigorosamente falando, é na prática a ausência de um sistema monetário. [20] Trata-se de um sistema disfuncional de escambo parcial, pervertendo-se a própria finalidade da moeda – que é facilitar as trocas ao invés de complicá-las. Isso se torna evidente quando se reconhece que, do ponto de vista da teoria econômica, não há nenhum significado especial no modo como as fronteiras nacionais são elaboradas. Porém, caso se imagine, então, uma proliferação de territórios nacionais cada vez menores – chegando, em última análise, ao ponto em que cada lar familiar constitui o seu próprio país –, a proposta de Friedman revela-se como aquilo que ela realmente é: um verdadeiro absurdo. Pois, se todas as famílias emitissem a sua própria moeda de papel, o mundo retrocederia rapidamente ao escambo. Ninguém aceitaria a moeda de papel de ninguém; o cálculo econômico seria impossível; e o comércio praticamente se paralisaria. [21] É somente devido a séculos de centralização política e ao fato de que permanece apenas um número relativamente pequeno de países e de moedas nacionais – portanto, as consequências desintegrado-

---

[20] Ver também Murray N. Rothbard, *The Case for a 100 Percent Gold Dollar* (Auburn, Alabama: Ludwig von Mises Institute, 1991); idem, "Gold vs. Fluctuating Fiat Exchange Rates", em idem, *The Logic of Action One* (Cheltenham, U. K.: Edward Elgar, 1997); idem, *The Case Against the Fed* (Auburn, Alabama: Ludwig von Mises Institute, 1995); e Hans-Hermann Hoppe, "How is Fiat Money Possible? Or: The Devolution of Money and Credit", em *Review of Austrian Economics*, 7, n. 2 (1994).

[21] Sobre esse assunto, consultar especialmente Murray N. Rothbard, *The Case for a 100 Percent Gold Dollar* (Auburn, Alabama: Ludwig von Mises Institute, 1991). "Um problema", explica Rothbard,
> Que todo estatista e nacionalista monetário deixou de analisar é a fronteira geográfica de cada moeda. Se devem existir moedas nacionais fiduciárias flutuantes, quais devem, então, ser os limites das "nações"? Certamente, fronteiras políticas têm pouco ou nenhum significado econômico. (...) Prosseguindo com a lógica, a consequência em última instância das moedas fiduciárias livremente flutuantes é uma moeda diferente emitida individualmente por todas as pessoas. (...) Eu penso que seria instrutivo que algum economista se dedicasse a uma análise aprofundada sobre como seria um mundo assim. Creio que é seguro dizer que a humanidade estaria de volta a uma forma de escambo extremamente complexa e caótica. (...) Pois não mais haveria qualquer espécie de meio monetário de troca. Cada troca exigiria uma outra *"moeda"*. De fato, visto que a moeda *significa* um meio comum de troca, é duvidoso que o próprio conceito de *moeda* continue a ser aplicado. (...) Em suma, moedas fiduciárias flutuantes são corruptoras da própria função da moeda. (...) Eles contradizem a essência do funcionamento monetário. (pp. 55-61)

Assim, conclui Rothbard:
> Quanto mais geral (mais comum) é a moeda, maior é o alcance da divisão do trabalho e do comércio inter-regional de bens e serviços que se originam da economia de mercado. Um meio monetário de troca é algo crucial para o livre mercado; quanto maior for o uso dessa moeda, maior será o mercado (mais amplo e extenso), e melhor ele poderá funcionar. Em síntese, a verdadeira liberdade de comércio exige uma moeda-mercadoria internacional (...), o ouro e a prata. Qualquer colapso de um meio de troca internacional pelo papel-moeda fiduciário estatal inevitavelmente paralisará e desintegrará o livre mercado, privando o mundo inteiro dos frutos desse mercado. (pp. 58-61)

ras e as dificuldades calculacionais são muito menos graves – que isso pôde ter sido negligenciado. A partir desse *insight* teórico, entende-se que a secessão – desde que ela ocorra em uma escala suficientemente grande – realmente promoverá a integração monetária. Em um mundo de centenas de milhares de unidades políticas independentes, cada país teria de abandonar o atual sistema de moedas fiduciárias (que é o responsável pela maior inflação mundial de toda a história humana), adotando novamente um sistema monetário internacional baseado em uma mercadoria (como o padrão-ouro).

O separatismo e o crescimento dos movimentos secessionistas e regionalistas em todo o mundo não representam um anacronismo, mas sim, potencialmente, as forças históricas mais progressistas, especialmente à luz do fato de que, com a queda da União Soviética, nós nos aproximamos mais do que nunca do estabelecimento de uma *"nova* ordem mundial". A secessão aumentará a diversidade étnica, linguística, religiosa e cultural, ao passo que séculos de centralização reprimiram e esmagaram centenas de culturas distintas. [22] A secessão acabará com a integração forçada provocada pela centralização; ao invés de estimular conflitos sociais e o nivelamento cultural, ela promoverá a concorrência pacífica e cooperativa de diferentes culturas separadas territorialmente. Em especial, ela eliminará os problemas de imigração que cada vez mais assolam os países da Europa Ocidental e os Estados Unidos. Atualmente, sempre que o governo central permite a imigração, ele permite que os estrangeiros encaminhem-se – literalmente, por meio das ruas e das estradas governamentais – para as entradas das residências de quaisquer habitantes nativos, independentemente de esses residentes desejarem ou não essa proximidade para com os estrangeiros. Assim, a "imigração livre", em grande medida, significa integração forçada. A secessão resolverá esse problema ao permitir que cada pequeno território tenha as suas próprias normas de admissão e determine, de forma independente, (1) com quem os seus residentes se associarão no próprio território e (2) com quem tais habitantes preferirão efetuar uma cooperação social à distância. [23]

Por fim, a secessão promoverá a integração econômica e o desenvolvimento. O processo de centralização resultou na formação de um cartel internacional governamental dominado pelos Estados Unidos de gestão

---

[22] Sobre esse tema, ver também Adolf Gasser, *Gemeindefreiheit als Rettung Europas* (Basileia: Verlag Bücherfreunde, 1943).
[23] Ver também Murray N. Rothbard, "Nations by Consent: Decomposing the Nation-State", em *Secession, State and Liberty*, editado por David Gordon; Peter Brimelow, *Alien Nation: Common Sense About America's Immigration Disaster* (New York: Random House, 1995); *Immigration and the American Identity*, editado por Thomas Fleming (Rockford, Illinois: Rockford Institute, 1995); ver também os capítulos 7, 9 e 10 deste livro.

das migrações, das trocas comerciais e das moedas fiduciárias; no estabelecimento de governos cada vez mais invasivos e onerosos; num globalizado estatismo assistencialista e belicista; em estagnação econômica ou até mesmo em diminuição dos padrões de vida. A secessão, se for efetivada em uma escala suficientemente grande, pode mudar tudo isso. O mundo se constituiria de dezenas de milhares de diferentes países, regiões e cantões; de centenas de milhares de cidades livres independentes, como as atuais "esquisitices" de Mônaco, Andorra, San Marino, Liechtenstein, Hong Kong e Cingapura. Aumentariam consideravelmente as oportunidades de migração economicamente motivada, e o mundo consistiria em pequenos territórios de governos liberais economicamente integrados através do livre comércio e de uma moeda-mercadoria internacional (como o ouro). Seria um mundo inédito de prosperidade, de crescimento econômico e de progresso cultural. [24]

---

[24] No que diz respeito ao avanço cultural que pode ser esperado a partir dessa evolução, é necessário concluir com algumas observações pertinentes de Johann Wolfgang von Goethe, o maior poeta e escritor alemão (1749–1832). Em 23 de outubro de 1828, quando a Alemanha ainda encontrava-se fragmentada em 39 estados independentes, Goethe, em uma conversa com Johann Peter Eckermann (*Gespräche mit Goethe in den letzten Jahren seines Lebens*), proferiu uma explicação sobre a conveniência da unidade política alemã:

> Eu não tenho medo de que a Alemanha não vá estar unida; (...) ela já está unificada, porque as moedas alemãs Thaler e Groschen têm o mesmo valor por todo o Império e porque a minha mala pode passar através de todos os trinta e seis estados sem ser aberta. (...) A Alemanha está unificada no setor de pesos e medidas; na área de comércio e migração; e em centenas de outras coisas semelhantes. (...) As pessoas, no entanto, equivocam-se ao pensar que a unidade deve se expressar na forma de uma grande capital e que essa grande cidade pode beneficiar as massas da mesma forma como ela pode beneficiar o desenvolvimento de algumas pessoas excepcionais. (...) Um pensador francês, penso que seja Daupin, elaborou um mapa sobre o estado da cultura na França, indicando o maior ou o menor grau de esclarecimento dos seus diversos departamentos por meio de cores mais claras ou mais escuras. Nesse mapa, podemos encontrar, especialmente nas províncias do sul, muito longe da capital, alguns departamentos pintados inteiramente de preto, indicando uma completa escuridão cultural. Seria esse o caso se a bela França tivesse *dez* centros – em vez de apenas *um* – a partir dos quais a luz e a vida irradiariam? (...) O que torna a Alemanha grande é a sua admirável cultura popular, a qual penetrou uniformemente todas as partes do Império. E não é porventura por causa da grande diversidade de residências principescas que essa cultura floresce, as quais são as suas fontes e os seus curadores? Vamos apenas supor que durante séculos só duas capitais – Viena e Berlim – existissem na Alemanha; ou até mesmo apenas uma única. Então, eu me pergunto, o que teria acontecido com a cultura alemã e a prosperidade generalizada que anda de mãos dadas com a cultura! (...) A Alemanha dispõe de vinte universidades espalhadas por todo o Império; de mais de cem bibliotecas públicas; e de um número semelhante de coleções de arte e de museus naturais; pois cada príncipe deseja atrair tal beleza e tal bem. (...) Os ginásios e as escolas técnicas e industriais existem em abundância; na verdade, não há praticamente uma vila alemã sem a sua própria escola.
> Como é que as coisas são, nesse sentido, quando falamos da França! (...) Por outro lado, olhe para o número de teatros alemães, que ultrapassa setenta. (...) A valorização da música e do canto e o seu desempenho não prevalecem tanto nos outros lugares quanto na Alemanha. (...) Então, pense em cidades como Dresden, Munique, Stuttgart, Kassel, Braunschweig, Hannover e outras semelhantes; pense sobre a energia que essas cidades representam; pense sobre os efeitos que elas engendram em províncias vizinhas; e pergunte a si mesmo se tudo

isso existiria se as cidades não tivessem sido as residências dos príncipes por um longo período de tempo. (...) Frankfurt, Bremen, Hamburgo, Lubeck são grandes e brilhantes, e o seu impacto sobre o bem-estar da Alemanha é incalculável. Entretanto, elas continuariam a ser o que são se perdessem a sua independência e fossem incorporadas como cidades provinciais em um único grande Império Alemão? Tenho razões para duvidar disso.

Capítulo VI
Sobre o Socialismo e a Desestatização

I

A riqueza pode ser criada ou aumentada somente através de três maneiras: (1) por meio da percepção de determinados bens naturais (ofertados pela natureza) como bens escassos e da apropriação ativa desses bens antes que alguém já o tenha feito (*homesteading*); (2) por meio da produção de bens com o auxílio do trabalho e com o uso de tais recursos originalmente apropriados; ou (3) por meio da aquisição de bens através de uma transferência voluntária e contratual com o apropriador original ou o produtor. Os atos de apropriação original transformam algo que ninguém antes percebera como escasso em um bem (um ativo) que gera rendimentos; os atos de produção, por sua própria natureza, objetivam transformar um bem menos valioso em um bem mais valioso; e toda troca (transação) contratual implica o intercâmbio e o redirecionamento de bens específicos das mãos daqueles que valorizam menos as suas posses para as mãos daqueles que valorizam mais essas posses. [1]

---

[1] Deve ser notado que cada uma dessas atividades atende aos requisitos do assim chamado movimento superior de Pareto – i.e., elas melhoram o bem-estar de pelo menos um indivíduo sem diminuir o bem-estar de outro. Portanto, mesmo com a impossibilidade da comparação interpessoal de utilidade, pode-se dizer que cada uma dessas atividades aumenta o bem-estar *social*. Sobre as análises de Vilfredo Pareto acerca do significado do uso da expressão *bem-estar social*, consultar o seu *Manual of Political Economy* (New York: Augusto M. Kelley, 1971), no qual ele escreve:

> Considere-se qualquer posição, e suponha-se o afastamento dela por uma distância muito pequena, compatível com as restrições [de alcançar o maior bem-estar possível dos indivíduos de uma coletividade]. Se, ao fazê-lo, o bem-estar de todos os indivíduos da coletividade é maior, é evidente que a nova posição é mais vantajosa para cada um deles; e ela – vice-versa – é menor caso o bem-estar de todos os indivíduos seja diminuído. Além disso, o bem-estar de alguns deles pode permanecer o mesmo, sem ocorrer mudança nessas conclusões. Contudo, por outro lado, se esse pequeno movimento aumenta o bem-estar de certas pessoas e diminui o bem-estar de outras, não podemos mais afirmar positivamente que é vantajoso para toda a coletividade efetuar esse movimento. (p. 451)

Agora, se um homem usa o seu corpo (o "trabalho") para apropriar – i.e., trazer para o seu controle – alguns recursos naturais ("terra" sem dono), essa ação demonstra que ele valoriza – imputa valor a – essas coisas. Portanto, ele deve ter obtido utilidade em sua apropriação. Ao mesmo tempo, a sua ação não faz com que ninguém fique em pior situação, pois, com a apropriação de recursos previamente sem dono, nada é tirado de outrem. Outras pessoas também poderiam ter se apropriado desses recursos caso os tivessem considerado valiosos. Entretanto, elas comprovadamente não o fizeram. Na verdade, a sua inação em se apropriar deles demonstra a sua preferência por *não* usufruí-los. Assim, não é possível dizer que elas perderam qualquer utilidade em consequência dessa apropriação. A partir desse sistema de atos de apropriação original, qualquer outro ato – seja de produção, seja de consumo – é igualmente um movimento superior de Pareto de acordo com as preferências demonstradas, desde que isso não afete a integridade física dos recursos apropriados (ou produzidos com recursos apropriados) por outros indivíduos. O produtor/consumidor encontra-se em melhor situação, ao passo que todos os outros possuem a mesma quantidade de mercadorias do que antes. Como resultado,

Portanto, tendo isso em mente, conclui-se que o socialismo só pode conduzir ao empobrecimento.

Em primeiro lugar, sob o socialismo, a propriedade dos bens de produção é atribuída a um grupo de indivíduos independentemente das ações ou inações anteriores dos membros desse grupo em relação a esses bens. Com efeito, a propriedade socialista favorece os não apropriadores, os não produtores e os não contratantes e coloca em desvantagem os apropriadores, os produtores e os contratantes. Assim, haverá menos apropriação original de recursos naturais cuja escassez é percebida; haverá menos produção de novos fatores de produção; haverá menos manutenção dos fatores de produção já existentes; e haverá, por fim, menos contratação; pois todas essas atividades envolvem custos. Sob o regime de propriedade coletiva, o custo de realizá-las é aumentado, e o custo de não realizá-las, diminuído. [2]

Em segundo lugar, uma vez que, sob o socialismo, os meios de produção não podem ser vendidos, não existem preços de mercado para os fatores de produção. Sem tais preços, a contabilidade de custos é impossível. As receitas não podem ser comparadas com as despesas; e é impossível verificar se o uso de um fator de produção para uma finalidade específica é economicamente viável ou conduz a um desperdício de recursos escassos em projetos com pouca ou nenhuma importância para os consumidores. Em função de não lhe ser permitido receber ofertas de indivíduos particulares que possam perceber uma forma alternativa de utilizar um determinado meio de produção, o administrador socialista dos bens de capital não sabe quais são as oportunidades que ele está perdendo. Em consequência disso, ocorrerá uma permanente má alocação dos fatores de produção. [3]

---

pode-se dizer que ninguém se encontra em situação pior. Por fim, toda troca voluntária de bens de acordo com esse sistema é também um movimento superior de Pareto, porque ela só pode ocorrer se ambas as partes tiverem a expectativa de tirar proveito da troca, ao passo que se mantém inalterada a quantidade de bens ativamente controlados (propriedade) por outros indivíduos. Para ver mais sobre isso, consultar Murray N. Rothbard, "Toward a Reconstruction of Utility and Welfare", em idem, *The Logic of Action One* (Cheltenham, U. K.: Edward Elgar, 1997); e Jeffrey Herbener, "Pareto Rule and Welfare Economics", em *Review of Austrian Economics*, 10, n. 1 (1997).

[2] Ver Hans-Hermann Hoppe, *Uma Teoria do Socialismo e do Capitalismo* (São Paulo: Instituto Ludwig von Mises Brasil, 2010).

[3] Ver Ludwig von Mises, *O Cálculo Econômico sob o Socialismo* (São Paulo: Instituto Ludwig von Mises Brasil, 2011); idem, *Socialism: An Economic and Sociological Analysis* (Indianapolis, Indiana: Liberty Fund, 1981); idem, *Ação Humana – Um Tratado de Economia* (São Paulo: Instituto Ludwig von Mises Brasil, 2010); Murray N. Rothbard, *Man, Economy and State*, 2 vols. (Auburn, Alabama: Ludwig von Mises Institute, 1993), especialmente as páginas 544–550 e 585–586; idem, "Ludwig von Mises and Economic Calculation under Socialism" e "The End of Socialism and the Calculation Debate Revisited", em idem, *The Logic of Action One* (Cheltenham, U. K.: Edward Elgar, 1997); e Joseph Salerno, "Ludwig von Mises as Social Rationalist", em *Review 01 Austrian Economics*, 4 (1990).

Em terceiro lugar, mesmo *pressuposta* alguma alocação inicial, uma vez que os insumos (*input*) e os recursos produzidos (*output*) são propriedade coletiva, o incentivo de todos os produtores para aumentar a quantidade e/ou a qualidade da sua produção individual é sistematicamente diminuído; e o seu incentivo para usar o capital de maneira a evitar a sua utilização excessiva ou a sua subutilização é reduzido. Em vez disso, já que os lucros e os prejuízos advindos dos bens de capital e das vendas da empresa socialista são socializados ao invés de serem atribuídos a produtores individuais específicos, a inclinação do ser humano à preguiça e à negligência é sistematicamente encorajada. Portanto, haverá como resultado uma qualidade e/ou uma quantidade inferior de bens; e um permanente consumo de capital será inevitável. [4]

Em quarto lugar, sob o regime da propriedade privada, a pessoa que possui um recurso pode determinar, de forma independente dos outros, o que fazer com ele. Se tal indivíduo desejar aumentar a sua riqueza e/ou o seu *status* social, ele somente poderá fazê-lo satisfazendo da melhor maneira possível as necessidades e os desejos mais urgentes dos consumidores voluntários através do uso que faz da sua propriedade. Com a propriedade coletiva dos fatores de produção, são necessários mecanismos de decisões coletivas. Todas as decisões sobre o que, como e para quem produzir, sobre quanto pagar ou cobrar e sobre quem promover ou rebaixar são questões políticas. Eventuais divergências devem ser resolvidas por meio da supremacia da vontade de uma pessoa sobre a vontade de outra pessoa; e isso, invariavelmente, cria vencedores e perdedores. Assim, caso se deseje subir a escada do regime socialista, é preciso recorrer a talentos políticos. Não é a capacidade de empreender, de trabalhar e de satisfazer as necessidades e os desejos dos consumidores que garante o sucesso. Ao invés disso, é por meio da persuasão, da demagogia e da intriga – bem como por meio de promessas, de subornos e de ameaças – que se alcança o topo. É desnecessário dizer que essa politização da sociedade, implícita em qualquer sistema de propriedade coletiva, contribui ainda mais para o empobrecimento e a miséria. [5]

---

[4] Para ver mais sobre esse assunto, consultar Hans-Hermann Hoppe, "Desocialization in a United Germany", em *Review of Austrian Economics*, 5, n. 2 (1991); Murray N. Rothbard, *Power and Market: Government and the Economy* (Kansas City: Sheed Andrews and McMeel, 1977), especialmente as páginas 172–189; e Ludwig von Mises, *Bureaucracy* (New Rochelle, N. Y.: Arlington House, 1969), especialmente o capítulo 3.

[5] Para ver mais sobre esse tópico, consultar Friedrich A. von Hayek, *O Caminho da Servidão* (São Paulo: Instituto Ludwig von Mises Brasil, 2010), especialmente o capítulo 10; ver também: *The Politicization of Society*, editado por Kenneth S. Templeton (Indianapolis, Indiana: Liberty Fund, 1979). Deve-se ressaltar aqui, em particular, que, em oposição à crença generalizada, a falta de democracia essencialmente nada tem a ver com a ineficiência do socialismo. As regras de acordo com as quais os políticos são selecionados para os seus cargos não constituem o problema. O problema jaz na política e nas decisões políticas. Ao invés de cada produtor decidir de forma independente

II

A manifesta e visível derrocada do socialismo em todo o Leste Europeu a partir do final da década de 1980 – depois de cerca de setenta anos de "experimentos sociais" – fornece uma triste ilustração da validade da teoria econômica. O que a teoria que há muito tempo previu esse resultado, mostrando-o como inevitável [6], tem agora a dizer sobre como a Europa Oriental pode erguer-se mais rapidamente das ruínas do socialismo? Visto que a causa da sua miséria econômica, em última instância, é a propriedade coletiva dos fatores de produção, a solução e a chave para um futuro próspero estão na privatização. Como, porém, a propriedade socializada (estatizada) deve ser privatizada? [7]

Uma observação moral elementar – mas fundamental – deve preceder a resposta a essa pergunta. [8] Já que o socialismo não pode surgir sem a expropriação de bens originalmente "criados" e transformados em propriedade por apropriadores, produtores e/ou contratantes individuais, todas as propriedades socialistas, desde a sua origem, devem ser abolidas. Nenhum governo – até mesmo um governo livremente eleito – pode ser

---

o que fazer com os seus recursos particulares – como em um regime de propriedade privada e de contratualismo –, sob um regime de fatores de produção socializados (estatizados) cada decisão requer uma permissão (autorização) coletiva. É irrelevante para o produtor como os indivíduos com o poder de permissão são escolhidos. O que importa para ele é que a autorização deve ser obtida de qualquer maneira.

Na medida em esse é o caso, o incentivo para que os produtores produzam é reduzido; e o empobrecimento, portanto, continuará. A propriedade privada, assim, é incompatível com a democracia, bem como com qualquer outra forma de poder político. Em contraste, com a instituição da propriedade privada, uma "anarquia da produção" é estabelecida, na qual ninguém manda em ninguém e todas as relações entre os produtores são voluntárias (e, então, mutuamente benéficas).

[6] Ver, em especial, Ludwig von Mises, *Socialism: An Economic and Sociological Analysis* (Indianapolis, Indiana: Liberty Fund, 1981); ver também: *Collectivist Economic Planning*, editado por Friedrich A. von Hayek (London: Routledge and Sons, 1935); e Trygve Lie J. B. Hoff, *Economic Calculation in a Socialist Society* (Indianapolis, Indiana: Liberty Fund, 1981).

[7] Embora exista um vasto corpo de literatura sobre a socialização (estatização) da propriedade privada, pouco foi escrito sobre a desestatização. Pode-se suspeitar que a razão para essa negligência se encontre na persistente preferência explícita ou implícita da maioria dos intelectuais ocidentais pelo socialismo. Assim, qualquer análise do problema da desestatização deve parecer simplesmente irrelevante; pois por que razão se desejaria abandonar uma alegada "etapa superior de evolução social" (i.e., o socialismo) em prol de uma etapa inferior (i.e., o capitalismo)? Até mesmo no seio da Escola Austríaca, na melhor das hipóteses, apenas se encontram conselhos implícitos acerca desse importante problema que os cidadãos da Europa Oriental enfrentam. Para conhecer algumas das poucas exceções, ver Murray N. Rothbard, "How To Desocialize?" e "A Radical Prescription for the Socialist Bloc", em *The Economics of Liberty*, editado por Llewellyn H. Rockwell Jr. (Auburn, Alabama: Ludwig von Mises Institute, 1990); idem, "How and How Not To Desocialize", em *Review of Austrian Economics*, 6, n. 1 (1992); e Jeffrey Herbener, "The Role of Entrepreneurship in Desocialization", em *Review of Austrian Economics*, 6, n. 1 (1992).

[8] Sobre a teoria ética subjacente a essas considerações em particular, ver Murray N. Rothbard, *A Ética da Liberdade* (São Paulo: Instituto Ludwig von Mises Brasil, 2010); e Hans-Hermann Hoppe, *The Economics and Ethics of Private Property* (Boston: Kluwer, 1993).

considerado o titular legítimo de qualquer propriedade socialista, pois o herdeiro de um criminoso, mesmo sendo inocente, não pode se tornar o proprietário legítimo de bens adquiridos ilegitimamente. Graças à sua própria inocência, ele deve permanecer livre de repressão (punição), mas todos os seus ganhos "herdados" devem ser imediatamente devolvidos às vítimas originais; e a sua reaquisição das propriedades socialistas deve ser realizada sem que elas sejam obrigadas a pagar qualquer coisa. De fato, cobrar das vítimas um preço para a reaquisição daquilo que era originalmente delas é, em si mesmo, um crime que tiraria para sempre qualquer inocência que um governo já possa ter tido. [9]

Mais especificamente: todos os títulos originais de propriedade devem ser imediatamente reconhecidos, independentemente de quem atualmente possuí-los. Na medida em que as pretensões dos proprietários privados originais ou dos seus herdeiros colidir com as pretensões dos atuais usuários desses bens, as primeiras devem se sobrepor às últimas. Só se o usuário atual puder provar que a pretensão do proprietário original ou do seu herdeiro é ilegítima – i.e., que o direito de propriedade em questão fora inicialmente adquirido por meios coercivos ou fraudulentos – é que a pretensão do usuário deve prevalecer, devendo ele, assim, ser reconhecido como o legítimo proprietário. [10]

Em relação à possibilidade de a propriedade socialista não ser reivindicada dessa forma, as ideias sindicalistas devem ser colocadas em prática – i.e., a propriedade dos bens deve ser imediatamente transferida para as pessoas que as usam: as terras para os agricultores; as fábricas para os trabalhadores; as ruas para os trabalhadores de rua ou para os residentes; as escolas para os professores; as burocracias para os burocratas; e assim por diante. [11] Para quebrar (desmembrar) os enormes conglomerados da

---

[9] Empiricamente, isso é o que os governos do pós-comunismo, em larga medida, fizeram, é claro. A esse respeito, é particularmente notável o caso da Alemanha. Após a reunificação da Alemanha em 1991, o (conservador) governo alemão, apoiado pelo seu Supremo Tribunal, recusou-se a devolver quaisquer propriedades que foram expropriadas no período entre os anos 1946 e 1949, sob o jugo russo/soviético, na antiga Alemanha Oriental (mais de 50% de todas as terras utilizadas para propósitos agrícolas), aos seus proprietários originais. Ao invés disso, o governo vendeu essas terras a "clientes" favorecidos, com boas conexões políticas, os quais, em muitos casos, incluem antigos comunistas expropriadores que se transformaram em capitalistas. Em contraste, até hoje os proprietários originais ou seus herdeiros não receberam um centavo de indenização.

[10] Naqueles casos em que os usuários atuais realmente compraram do governo bens expropriados, eles devem procurar uma compensação dos responsáveis por essa venda, e os funcionários governamentais responsáveis por ela devem ser obrigados a reembolsar o preço de compra. Sobre as questões relativas à posse criminosa, à restituição, ao ônus da prova e a outros temas conexos, ver Murray N. Rothbard, *A Ética da Liberdade* (São Paulo: Instituto Ludwig von Mises Brasil, 2010), especialmente os capítulos 9–11; e Hans-Hermann Hoppe, *Eigentum, Anarchie und Staat. Studien zur Theorie des Kapitalismus* (Opladen: Westdeutscher Verlag, 1987), especialmente o capítulo 4.

[11] Aqui, a referência às "ideias sindicalistas" não deve ser interpretada como aprovação do programa

produção socialista, o princípio sindicalista deve ser aplicado naquelas unidades produtivas em que o trabalho de um determinado indivíduo é realmente executado – i.e., nos edifícios de escritórios, nas escolas, nas ruas (ou nos quarteirões de ruas), nas fábricas e nas fazendas. Ao contrário do sindicalismo – mas sendo da maior importância –, as quotas de propriedade assim adquiridas devem ser livremente transacionáveis (devendo, então, ser estabelecido um mercado de ações), o que permitirá (1) a separação entre as funções dos capitalistas (proprietários) e dos empregados (não proprietários) e (2) a suave e contínua transferência de bens de indivíduos menos produtivos para indivíduos mais produtivos. [12]

---

do sindicalismo. Ver também a nota de rodapé n. 12. Pelo contrário: o *slogan* sindicalista "as ferrovias para os ferroviários; as minas para os mineiros; as fábricas para os operários" foi originalmente concebido como um programa de expropriação dos proprietários privados das empresas capitalistas. "O sindicalismo, assim como o socialismo", escreve Mises,

> Tem por objetivo a abolição da separação entre os trabalhadores e os meios de produção, só que pretende fazê-lo através de outro método. Nem todos os trabalhadores se tornarão os proprietários de todos os meios de produção; os trabalhadores em um determinado setor ou empreendimento ou os trabalhadores envolvidos em um ramo completo de produção obterão os meios de produção utilizados nesse setor ou nesse ramo. (Ludwig von Mises, *Socialism: An Economic and Sociological Analysis* [Indianapolis, Indiana: Liberty Fund, 1981], p. 240)

Aqui, a aplicação das ideias sindicalistas é proposta para a concretização do efeito inverso – i.e., como uma forma de *privatização* de fatores de produção já socializados (estatizados) *nos casos em que não é possível identificar proprietários privados originais (expropriados) desses fatores*. Ademais, a ética racional para a aplicação do *slogan* sindicalista nesses – e *somente* nesses – casos reside no fato de que tal sistema de privatização é o que mais se aproxima do método descrito por John Locke da apropriação inicial (original) justa de recursos previamente sem dono. Os ferroviários, de fato, "misturaram o seu trabalho" com as ferrovias, e os mineiros, com as minas. Portanto, a sua reivindicação a esses recursos deve ser considerada como mais bem fundamentada de todas.

[12] Segundo o programa sindicalista original que pretende abolir definitivamente a separação entre o trabalhador e os meios de produção (ver a nota de rodapé n. 11), qualquer troca ou venda da sua "quota de propriedade" por parte do trabalhador deve ser proibida.

"Se a reforma sindicalista deve significar mais do que a simples redistribuição dos bens de produção", explica Mises,

> Então não se pode permitir que os arranjos de propriedade privada do capitalismo persistam em relação aos meios de produção. É preciso retirar os bens de produção do mercado. Os cidadãos não devem ter a possibilidade de alienar as quotas dos meios de produção que lhes foram atribuídas; pois, no sindicalismo, elas estão vinculadas com a pessoa dos seus proprietários de uma forma muito mais forte do que no caso da sociedade liberal. (Ludwig von Mises, *Socialism: An Economic and Sociological Analysis* [Indianapolis, Indiana: Liberty Fund, 1981], p. 242)

Com efeito, sob o sindicalismo, o trabalhador não é o *"proprietário"* no sentido clássico da palavra; pois a propriedade, como observa Mises, "*é* sempre aquilo em que reside o poder de dispor, de vender. (...) A propriedade privada só existe quando o indivíduo pode lidar com a sua propriedade privada dos meios de produção da forma que considerar mais vantajosa." (Ludwig von Mises, *Socialism: An Economic and Sociological Analysis* [Indianapolis, Indiana: Liberty Fund, 1981], pp. 244-45). De fato, se os trabalhadores tivessem a permissão de dispor das suas quotas, a situação rapidamente retornaria ao *status quo ante* capitalista, havendo uma separação nítida entre proprietários/capitalistas (propriedade), de um lado, e trabalhadores (mão-de-obra laboral), de outro. Entretanto, se isso não for permitido, explica Mises,

> Então surgem dificuldades insuperáveis, a não ser que seja irrealista supor que não ocorram mudanças nos métodos de produção, nas relações de oferta e demanda, na

Nessa estratégia de privatização, encontram-se dois problemas. Em primeiro lugar, o que deve ser feito em caso de estruturas recém-erguidas – as quais, de acordo com o sistema proposto, seriam a propriedade produtiva dos seus atuais usuários – construídas em um terreno que deve ser devolvido a um outro proprietário original? Embora pareça suficientemente simples conceder para cada produtor uma igual quota de propriedade [13], quantas quotas devem ser concedidas para o proprietário original do terreno? As estruturas e as terras não podem ser fisicamente separadas. Nos termos da teoria econômica, trata-se de fatores de produção absolutamente específicos e complementares cuja contribuição relativa ao seu valor conjunto de produto não é possível de ser dissociada. Nesse caso, não há outra alternativa senão a negociação. [14] Isso – ao contrário da impressão inicial de que tal situação poderá conduzir a conflitos permanentes e insolucionáveis – dificilmente deverá causar muitas dores de cabeça, pois, invariavelmente, há, envolvidos em qualquer disputa desse tipo, apenas dois recursos

---

tecnologia ou na população. (...) Se alterações na direção e na dimensão da procura ou na técnica de produção causam mudanças na organização da indústria (o que exige a transferência de trabalhadores de um setor para outro ou de um ramo de produção para outro), imediatamente surge a questão sobre o que deve ser feito com as quotas dos meios de produção desses trabalhadores. Devem os trabalhadores e os seus herdeiros manter as quotas daquelas indústrias a que eles pertenciam durante a época da sindicalização e adentrar as novas indústrias como simples trabalhadores assalariados, não lhes sendo permitido retirar qualquer parte do rendimento da propriedade? Ou devem eles perder as suas quotas ao deixarem essa indústria e, em troca, receber uma quota *per capita* igual àquelas que possuem os trabalhadores já ocupados na nova indústria? Qualquer uma dessas soluções rapidamente violaria o princípio do sindicalismo. (...) Se o trabalhador, ao sair de uma indústria, perde a sua quota e, ao adentrar outra indústria, adquire uma quota dela, aqueles trabalhadores que estavam perdendo com essa mudança, naturalmente, se oporiam energicamente a todas as alterações na produção. A introdução de um processo de maior produtividade do trabalho *sofreria resistência* caso deslocasse ou pudesse deslocar trabalhadores. Por outro lado, os trabalhadores de um empreendimento ou de um ramo da indústria se oporiam a qualquer desenvolvimento através da introdução de novos trabalhadores se isso ameaçasse reduzir os seus rendimentos da propriedade. Em suma, o sindicalismo tornaria qualquer mudança na produção praticamente impossível. Nos casos em que ele exista, não *pode* haver possibilidade de progresso econômico. (Ludwig von Mises, *Socialism: An Economic and Sociological Analysis* [Indianapolis, Indiana: Liberty Fund, 1981], pp. 242–244)

Para ver mais sobre o sindicalismo, consultar Ludwig von Mises, *Ação Humana – Um Tratado de Economia* (São Paulo: Instituto Ludwig von Mises Brasil, 2010), cap. 23; e idem, *Money, Method and the Market Process* (Boston: Kluwer, 1990), cap. 18.

[13] Ao invés de atribuir iguais quotas de propriedade para todos os atuais produtores, para que a justiça prevalecesse seria realmente preferível a atribuição de desiguais quotas de propriedade de acordo com o tempo em que o trabalhador serviu dentro de uma determinada unidade de produção. Isso também permitiria a inclusão dos trabalhadores atualmente aposentados nesse sistema de privatização proposto, solucionando, assim, o chamado problema das pensões.

[14] Sobre a teoria econômica da negociação, ver Murray N. Rothbard, *Man, Economy and State: A Treatise on Economic Principles*, 2 vols. (Auburn, Alabama: Ludwig von Mises Institute, 1993), pp. 308–312; ver também: Ludwig von Mises, *Human Action: A Treatise on Economics*, Scholar's Edition (Auburn, Alabama: Ludwig von Mises Institute, 1998), p. 336.

estritamente divididos e limitados. Ademais, é do interesse de ambas as partes alcançar um acordo rápido e mutuamente benéfico; e, se uma das partes possui uma posição negocial mais fraca, trata-se claramente do proprietário da terra, já que ele não pode vendê-la sem o consentimento dos donos das estruturas, ao passo que estes podem desmantelar a estrutura sem precisarem da autorização do proprietário da terra.

Em segundo lugar, a estratégia sindicalista de privatização implica que os produtores das indústrias de uso intensivo de capital (máquinas) teriam uma relativa vantagem em comparação com os produtores das indústrias de uso intensivo de mão-de-obra (trabalho humano). O valor das quotas de propriedade recebidas pelos primeiros ultrapassaria o valor das quotas de propriedade atribuídas aos últimos; e essa distribuição desigual de riqueza necessitaria de justificativa (ou, pelo menos, é o que parece). Na verdade, tal justificativa encontra-se prontamente disponível. Ao contrário das crenças "progressistas" (i.e., social-democráticas) amplamente difundidas, não há nada eticamente errado com a desigualdade. [15] Com efeito, o problema de privatizar propriedades anteriormente socializadas (estatizadas) é quase perfeitamente análogo ao problema de estabelecer propriedades privadas em um "estado de natureza", i.e., em uma situação em que os recursos se encontram previamente sem dono. Nessas condições, de acordo com a ideia lockeana essencial dos direitos naturais (a qual coincide com o senso natural de justiça da maioria das pessoas), a propriedade privada é estabelecida através de atos de apropriação original: por meio da mistura de trabalho com recursos naturais (ofertados pela natureza) antes que alguém tenha feito isso. [16] Na medida em que

---

[15] Ver Murray N. Rothbard, *Egalitarianism As a Revolt Against Nature and Other Essays* (Washington, D. C.: Libertarian Review Press, 1974); ver também: Robert Nozick, *Anarchy, State and Utopia* (New York: Basic Books, 1974), cap. 8; Helmut Schoeck, *Envy: A Theory of Social Behavior* (New York: Harcourt, Brace and World, 1970); idem, *Das Recht auf Ungleichheit* (Munique: Herbig, 1979); idem, *Ist Leistung Unanständig?* (Osnabrueck: Fromm, 1978); e Erik von Kuehnelt-Leddihn, *Liberty or Equality* (Front Royal, Virginia: Christendom Press, 1993).

[16] Ver John Locke, *Two Treatises on Government [Dois Tratados sobre o Governo]*, Livro II, seção 27, onde ele escreve:
> Embora a terra e todas as criaturas inferiores sejam comuns a todos os homens, cada homem possui a "propriedade" sobre a sua própria "pessoa". A esta, além dele mesmo, ninguém tem direito algum. O "trabalho" do seu corpo e a "obra" das suas mãos, pode-se dizer, são devidamente seus. Então, qualquer coisa que ele retire do estado em que a Natureza a proveu e colocou, com que misture o seu trabalho e a que adicione algo que é seu torna-se a sua "propriedade". Sendo por ele retirada do estado comum em que a Natureza a deixou, a essa coisa se agrega, por meio desse trabalho, algo que exclui o direito comum dos demais homens. Sendo esse "trabalho" a sua propriedade inquestionável, nenhum homem exceto ele pode ter direito àquilo que tal labor se agregou, pelo menos quando o que resta é suficiente para os outros tanto em quantidade quanto em qualidade.

Ver também a nota de rodapé n. 11. A fim de evitar qualquer mal-entendido, a menção de Locke aqui se refere exclusivamente à sua essencial ideia de "apropriação original". Ele não inclui um

existem eventuais diferenças entre a qualidade dos recursos naturais – como é certamente o caso –, o resultado gerado pela ética da apropriação original será a desigualdade (ao invés da igualdade). A abordagem da privatização sindicalista significa, simplesmente, a aplicação desse princípio da apropriação original a circunstâncias ligeiramente modificadas. Os fatores de produção socializados (estatizados) já se encontram apropriados originalmente por indivíduos particulares. O seu direito de propriedade sobre determinados fatores de produção foi até agora apenas ignorado e desrespeitado; e tudo o que ocorreria sob o sistema proposto é que essa injustificável situação seria finalmente corrigida. Se tal retificação resulta em desigualdades, então isso não é mais injusto do que as desigualdades que surgem no âmbito de um regime de apropriação original e não adulterada. [17]

Adicionalmente, a nossa proposta sindicalista é economicamente mais eficiente do que a única alternativa de privatização concebível e viável com os requisitos básicos da justiça (com o reconhecimento

---

endosso da primeira declaração desse trecho citado ou da famigerada "condição" ("ressalva" ou "pré-requisito") que conclui o trecho. Pelo contrário: a primeira declaração sobre a propriedade "comum" da natureza exige pressupostos teológicos desnecessários e incomprovados. Antes da ocorrência de um ato de apropriação original, a natureza é e deve ser considerada como simplesmente sem dono. Assim, essa "condição" é claramente incompatível com a ideia principal de Locke, devendo ser abandonada. Ver também: Richard A. Epstein, *Takings: Private Property and the Power of Eminent Domain* (Cambridge, Massachusetts: Harvard University Press, 1985), pp. 10–12. A partir da rejeição da premissa inicial de Locke, conclui-se que as críticas à teoria da apropriação original de Locke – como a de Herbert Spencer (*Social Statics [Estática Social]*, capítulos 9 e 10) – devem ser rejeitadas como inválidas também. Spencer compartilha com Locke dessa premissa inicial; porém, com base nisso, ele conclui que está proibida a propriedade privada sobre todas as terras. A terra, de acordo com Spencer, só pode ser arrendada da "sociedade" por meio do pagamento de um "aluguel sobre a terra" que permita a sua utilização. Para conhecer uma crítica dessa proposta e de outras semelhantes feitas por Henry George e pelos seus seguidores, ver Murray N. Rothbard, *Power and Market: Government and the Economy* (Kansas City: Sheed Andrews and McMeel, 1977), pp. 122–135.
Para conhecer os defensores das variantes modernas do "pré-requisito" de Locke e/ou do igualitarismo de Spencer, consultar Robert Nozick, *Anarchy, State and Utopia* (New York: Basic Books, 1974), páginas 178 e seguintes; e Hillel Steiner, "The Natural Right to the Means of Production", em *Philosophical Quarterly*, 27 (1977); para conhecer uma refutação dessas variantes teóricas como autocontraditórias, ver Jeffrey Paul, "Historical Entitlement and the Right to Natural Resources", em *Man, Economy and Liberty – Essays in Honor of Murray N. Rothbard*, editado por Walter Block e Llewellyn H. Rockwell Jr. (Auburn, Alabama: Ludwig von Mises Institute, 1988); e Fred D. Miller, "The Natural Right to Private Property", em *The Libertarian Reader*, editado por Tibor R. Machan (Totowa, N. J.: Rowman e Littlefield, 1982).

[17] Para conhecer a teoria lockeana dos direitos de propriedade mais consistente e completa que existe, ver Murray N. Rothbard, *A Ética da Liberdade* (São Paulo: Instituto Ludwig von Mises Brasil, 2010); e idem, "Law, Property Rights and Air Pollution", em idem, *The Logic of Action Two* (Cheltenham, U. K.: Edward Elgar, 1997); para conhecer a justificativa teórica do princípio da apropriação original em particular, na condição de fundamento axiomático incontestável da ética, ver Hans-Hermann Hoppe, *Eigentum, Anarchie und Staat. Studien zur Theorie des Kapitalismus* (Opladen: Westdeutscher Verlag, 1987), cap. 4; idem, *Uma Teoria do Socialismo e do Capitalismo* (São Paulo: Instituto Ludwig von Mises Brasil, 2010), capítulos 2 e 7; e idem, *The Economics and Ethics of Private Property* (Boston: Kluwer, 1993), capítulos 8–11 e apêndice.

de que o governo não é o legítimo proprietário da economia socializada; assim, a venda ou o leilão devem estar fora de qualquer cogitação). Conforme a última alternativa, toda a população receberia quotas iguais de todos os bens do país não reivindicados por um proprietário original que fora expropriado. À parte da questionável qualidade moral dessa política [18], isso seria extremamente ineficiente. Por uma simples razão: para que essas quotas nacionalmente distribuídas se transformem em títulos de propriedade transacionáveis, elas devem especificar a que determinado recurso se referem. Portanto, para implementar essa proposta, seria necessário, em primeiro lugar, realizar um inventário completo de todos os bens do país (ou, pelo menos, um inventário de todas as suas unidades de produção distintamente separáveis). Em segundo lugar, mesmo que tal inventário fosse finalmente concretizado, os proprietários, em grande número, consistiriam de indivíduos que não saberiam praticamente nada sobre os bens que possuiriam. Em contraste, de acordo com o não igualitário sistema de privatização sindicalista, nenhum inventário é necessário. Assim, a propriedade original passará a estar exclusivamente com indivíduos que, em larga medida, possuem, em razão do seu envolvimento produtivo com esses bens apropriados, melhor conhecimento para fazer uma primeira avaliação realista de tais bens.

Em conjunto com a privatização de todos os bens de acordo com os princípios enunciados, o governo deve adotar uma constituição favorável à propriedade privada e declará-la como a imutável lei fundamental do país inteiro. Essa constituição deve ser extremamente breve e estabelecer os seguintes princípios em termos o mais inequívocos possível:

Todo indivíduo, além de ser o único proprietário do seu corpo físico, tem o direito de empregar a sua propriedade privada da maneira que ele desejar, desde que, com isso, ele não modifique coercivamente a integridade física do corpo ou da propriedade de outra pessoa. Todas as trocas interpessoais e todas as trocas de títulos de propriedade entre proprietários privados devem ser voluntárias (contratuais).

Esses direitos pessoais são absolutos. Qualquer infração pessoal sobre eles está legalmente sujeita a sofrer um processo engendrado pela vítima

---

[18] Como se pode justificar que a propriedade dos bens de produção possa ser atribuída sem que se considerem as ações ou inações de um determinado indivíduo em relação ao bem em questão? Mais especificamente: como se pode justificar que alguém que não tenha contribuído literalmente nada para a existência e a manutenção de um bem em particular – e que talvez nem sequer saiba que ele existe – possa possuí-lo da mesma forma que alguém que ativa e objetivamente contribuiu para a sua existência e a sua manutenção?

dessa infração ou pelo seu agente, estando suscetível à aplicação dos princípios da proporcionalidade da punição e da responsabilidade objetiva. [19]

Então – como está implícito nessa constituição –, todas as regulações das propriedades, todas as requisições de licenças, todas as restrições à importação e à exportação e todos os controles de salários e de preços devem ser imediatamente abolidos, introduzindo-se a liberdade total de contrato, de profissão, de comércio e de migração. Subsequentemente, o governo, estando agora sem bens, deve declarar a sua própria existência como inconstitucional – na medida em que dependa da aquisição não contratual de propriedades, i.e., da tributação – e abdicar do seu poder. [20]

III

O resultado dessa abolição completa do socialismo e do estabelecimento de uma autêntica e pura sociedade de propriedade privada – uma anarquia de donos de propriedade privada, regida exclusivamente pela lei da propriedade privada – seria a mais rápida recuperação econômica da Europa Oriental. Desde o início, a população, de um modo geral, estaria surpreendentemente rica, pois, embora as economias do Leste Europeu estejam em frangalhos, os seus países não se encontram destruídos. Os valores das propriedades (imóveis) são altos; e, apesar de todo o consumo de capital do passado, ainda existem grandes quantidades de bens de capital. Com a inexistência de atividade governamental e com toda a riqueza nacional nas mãos de particulares, os povos da Europa Oriental poderão em breve se tornar alvos de inveja entre os seus homólogos da Europa Ocidental.

---

[19] Sobre o princípio da proporcionalidade da pena, ver Murray N. Rothbard, *A Ética da Liberdade* (São Paulo: Instituto Ludwig von Mises Brasil, 2010), cap. 13; Hans-Hermann Hoppe, *Eigentum, Anarchie und Staat. Studien zur Theorie des Kapitalismus* (Opladen: Westdeutscher Verlag, 1987), pp. 106–128; Stephan Kinsella, "Punishment and Proportionality: The Estoppel Approach", em *Journal of Libertarian Studies*, 12, n. 1 (1996); e idem, "Inalienability and Punishment", em *Journal of Libertarian Studies*, 14, n. 1 (1999); sobre o princípio da responsabilidade objetiva, ver Richard A. Epstein, "A Theory of Strict Liability", em *Journal of Legal Studies*, 2 (janeiro de 1973); ver também: idem, *Medical Malpractice: The Case for Contract* (Burlingame, California: Center for Libertarian Studies, Occasional Paper Series, n. 9, 1979); e Judith J. Thomson, *Rights, Restitution and Risk* (Cambridge, Massachussets: Harvard University Press, 1986), especialmente os capítulos 12 e 13.

[20] Sobre a ética e a economia das sociedades sem estado, ver Murray N. Rothbard, "Society Without a State", em *Anarchism (Nomos XIX)*, editado por Roland Pennock e John W. Chapman (New York: New York University Press, 1978); idem, *Por Uma Nova Liberdade – O Manifesto Libertário* (São Paulo: Instituto Ludwig von Mises Brasil, 2013); e Bruce L. Benson, *The Enterprise of Law: Justice Without the State* (San Francisco: Pacific Institute, 1991).

Além disso, ao libertar os fatores de produção do controle político e ao entregá-los a indivíduos particulares (os quais estão autorizados a usá-los como bem entenderem, desde que não danifiquem fisicamente os recursos pertencentes a outros indivíduos), oferece-se o estímulo mais eficaz para a produção futura.

Com um livre mercado irrestrito para os bens de capital, a contabilidade racional de custos torna-se possível. Com os lucros e os prejuízos individualizados e refletidos no balanço de vendas e de bens de capital do proprietário, maximiza-se o incentivo de todo produtor para aumentar a quantidade e/ou a qualidade da sua produção e para evitar qualquer utilização excessiva ou subutilização do seu capital. Em especial, a disposição constitucional de que somente a integridade física das propriedades – e não os valores das propriedades – será protegida garante que todos os proprietários realizarão os maiores esforços produtivos para promover mudanças favoráveis nos valores das suas propriedades e para impedir e combater qualquer mudança desfavorável (isso, por exemplo, pode ser causado por ações de estranhos contra as suas propriedades).

Especificamente, a abolição de todos os controles de preços eliminaria quase instantaneamente todos os desabastecimentos atuais, e a produção começaria a aumentar imediatamente, tanto em termos quantitativos quanto em termos qualitativos. O desemprego, temporariamente, aumentaria de forma drástica; contudo, com as taxas de salários flexíveis, sem negociação coletiva e sem seguro-desemprego, ele rapidamente desapareceria. Inicialmente, as taxas médias de salários permaneceriam substancialmente abaixo das taxas ocidentais – mas isso também mudaria em breve. Atraídos por salários comparativamente mais baixos, em função do fato de que europeus orientais previsivelmente revelariam uma grande necessidade de descontar (liquidação) os seus bens de capital recém-adquiridos para financiar o seu consumo corrente – e, acima de tudo, em função do fato de que a Europa Oriental seria um paraíso de livre comércio e de ausência de tributação –, inúmeros investidores e enormes quantidades de capital começariam a fluir para essa região imediatamente.

A produção de segurança – i.e., a provisão de proteção policial e de um sistema judicial –, a qual é um setor geralmente admitido como estando fora do âmbito do livre mercado e como sendo a função adequada para o governo, provavelmente seria realizada por grandes companhias ocidentais de seguros. [21] Fornecendo seguro para os bens pessoais, a ação poli-

---

[21] Sobre a economia da produção privada concorrencial de segurança, ver Gustave de Molinari, *Da Produção de Segurança* (São Paulo: Instituto Ludwig von Mises Brasil, 2014); Murray N. Rothbard, *Governo e Mercado* (São Paulo: Instituto Ludwig von Mises Brasil, 2012), cap. 1; idem, *Por*

cial – a prevenção e a detecção de crimes, bem como a cobrança de uma compensação –, de fato, faz parte das atividades "naturais" dessa indústria (isso ocorreria caso os governos não impedissem as seguradoras de fazê-lo e não atribuíssem essa tarefa para si próprios, com as habituais e conhecidas ineficiências decorrentes de tal monopólio). Da mesma forma, estando nos negócios de arbitragem de conflitos entre litigantes de seguradoras concorrentes, as companhias de seguros, naturalmente, assumiriam a função de sistema judicial.

No entanto, mais importante do que a entrada de grandes empresas – tais como as seguradoras no setor de produção de segurança – seria o influxo de um grande número de pequenos empreendedores, em especial da Europa Ocidental. Enfrentando uma pesada carga tributária nos estados de bem-estar social do Oeste Europeu, bem como sendo sufocados por inúmeras regulações (requisições de licenciamento; leis de proteção do trabalho; trabalho compulsório; horas de abertura das lojas; e assim por diante), uma desregulada economia de propriedade privada na Europa Oriental seria praticamente uma atração irresistível. O grande influxo de talento empresarial e de capital logo começaria (1) a fazer com que subissem as taxas dos salários reais, (2) a estimular a poupança interna e (3) a conduzir a um processo velozmente acelerado de acúmulo de capital. Ao invés de deixarem o Leste, as pessoas efetuariam rapidamente uma migração na direção oposta, com um número cada vez maior de europeus ocidentais abandonando o socialismo de bem-estar (assistencialista) em prol das ilimitadas oportunidades oferecidas no Oriente. Por fim, confrontados com as crescentes perdas de indivíduos produtivos, o que colocaria ainda mais pressão sobre os seus orçamentos assistencialistas, as elites do poder na Europa Ocidental seriam forçadas a começarem o processo de desestatização do Oeste Europeu. [22]

Uma Nova Liberdade – O Manifesto Libertário (São Paulo: Instituto Ludwig von Mises Brasil, 2013), cap. 12; Morris Tannehill e Linda Tannehill, *The Market for Liberty* (New York: Laissez Faire Books, 1984); Hans-Hermann Hoppe, *The Private Production of Defense* (Auburn, Alabama: Ludwig von Mises Institute, 1998); ver também: Bruce L. Benson, *The Enterprise of Law: Justice Without the State* (San Francisco: Pacific Institute, 1991).

[22] É praticamente desnecessário mencionar que o verdadeiro processo de desestatização na Europa Oriental a partir de 1989 prosseguiu por caminhos bastante diferentes destes propostos aqui (ver também a nota de rodapé n. 9). Isso, aliás, não deve ser considerado uma surpresa.
Não obstante as dramáticas convulsões que têm ocorrido desde o ano de 1989, o tamanho dos governos do Leste Europeu em termos de pessoal empregado e de recursos apropriados ainda é impressionante, até mesmo para os já elevados padrões ocidentais. Além disso, os funcionários dos governos municipal (local), estadual e federal ainda são, em grande parte, os mesmos indivíduos de antes de 1989, e muitos dos líderes políticos da Europa Oriental pós-comunista já se encontravam em cargos proeminentes, tendo ascendido a eminentes posições sob os regimes comunistas. Para a maioria deles, as ideias liberais clássicas e libertárias eram simplesmente desconhecidas; mas todos eles estavam muito familiarizados com os conceitos assistencialistas e estatistas. Ademais, se as prescrições liberais e libertárias acima descritas de imediata e completa privatização de todas as propriedades coletivas

fossem colocadas em prática, todos os empregos governamentais desapareceriam rapidamente. Os funcionários públicos teriam sido submetidos aos caprichos do mercado, sendo forçados a encontrar ocupações novas e produtivas. Em alternativa, se o familiar modelo de estado de bem-estar social dos europeus ocidentais fosse admitido como o exemplo a ser seguido – e se as burocracias da Europa Oriental assumissem o comando da irreversível tendência à desestatização, controlando e regulando a privatização de partes "não vitais" dos seus enormes recursos coletivos (chegando aos níveis ocidentais, mas não ficando abaixo deles) –, a maioria dos cargos burocráticos não só poderia ser assegurada, mas também as receitas governamentais e os salários dos burocratas poderiam realmente aumentar. Adicionalmente, em virtude dos interesses dos governos ocidentais em uma transição "ordenada" do socialismo ao estatismo assistencialista, os dirigentes e as burocracias do Leste Europeu, ao adotarem esse percurso de reformas, poderiam esperar que pelo menos uma parte dos riscos associados a elas seriam assumidos ou financiados pelos seus homólogos ocidentais. Além disso, durante a era comunista, a cooperação entre o Oriente e o Ocidente foi extremamente limitada. Em consequência da ineficiência da produção socialista, a Europa Oriental foi incapaz de vender qualquer coisa para o Ocidente (exceto matérias-primas e bens de consumo básicos), e as transações do Ocidente com o bloco oriental normalmente representavam menos de 5% do seu comércio exterior. A participação estrangeira em propriedades no Leste Europeu foi essencialmente proibida. Nem mesmo uma única moeda oriental era livremente conversível em moedas ocidentais, e até mesmo os contatos políticos eram comparativamente raros. Porém, com a queda do comunismo, os governos da Europa Oriental tinham algo a oferecer. Com certeza, as trocas comerciais entre o Ocidente e o Oriente ainda são baixas; e elas, no rastro imediato das convulsões revolucionárias em todo o Leste Europeu, até mesmo caíram. Todavia, sem a supremacia do dogma de que "social" significa "propriedade coletiva dos fatores de produção", algumas das riquezas nacionalizadas da Europa Oriental, de repente, ficaram disponíveis para aquisições; e, com os governos do Leste Europeu controlando o processo de desestatização, os líderes políticos ocidentais – bem como os banqueiros e os grandes empresários com boas conexões políticas – imediatamente aumentaram o contato com os seus congêneres orientais. Em troca do auxílio ocidental durante a fase de transição, os governos orientais agora possuíam ativos reais para vender. Ademais, os orientais podiam garantir aos ansiosos compradores ocidentais que, desde o início, a estrutura tributária e regulatória das economias emergentes da Europa Oriental seria harmonizada com as normas e os padrões da Comunidade Europeia. Mais importante ainda: os governos orientais podiam assegurar que o novo sistema bancário do Leste Europeu seria arquitetado de acordo com o familiar modelo ocidental – um banco central controlado pelo governo, um cartel bancário de reservas fracionárias formado por bancos comerciais de propriedade privada e uma moeda fiduciária conversível baseada em reservas de moedas fiduciárias ocidentais –, permitindo, assim, que o sistema bancário ocidental iniciasse uma expansão de crédito internacionalmente coordenada e estabelecesse uma hegemonia monetária e financeira sobre as economias emergentes do Oriente. Portanto, atualmente, uma década após o colapso do socialismo, os países da Europa Oriental encontram-se no caminho rumo ao estatismo assistencialista ocidental ("social-democracia"). Em função da privatização parcial e da eliminação da maioria dos controles de preços (embora não de todos), o desempenho econômico do Leste Europeu certamente melhorou, ultrapassando os seus anteriores resultados catastróficos e desesperadores. Essa melhoria, por sua vez, recompensou o Ocidente sob a forma de uma maior integração econômica (ampliação dos mercados; extensão e intensificação da divisão do trabalho; um volume cada vez maior de comércio internacional mutuamente benéfico). Entretanto, devido ao alcance limitado da privatização e a essa estratégia de reforma gradual, o processo de recuperação oriental tem sido dolorosamente lento, provocando um desemprego em massa aparentemente permanente e rápidas crises inflacionárias e monetárias. Adicionalmente, já que o tamanho médio dos governos dos países da Europa Oriental é ainda significativamente maior do que o dos governos dos países semissocialistas da Europa Ocidental, o progresso econômico do Leste Europeu e o estímulo dado para as economias ocidentais serão apenas temporários, e a recuperação e o expansionismo econômico, provavelmente, serão em breve substituídos pela estagnação tanto no Ocidente quanto no Oriente (aqui, em um nível inferior permanente).

IV

POST SCRIPT: SOBRE A PRIVATIZAÇÃO NOS ESTADOS DE BEM-ESTAR SOCIAL

Embora deva estar claro, conforme as considerações anteriores, o motivo por que, a partir de um ponto de vista moral e econômico, os estados ocidentais de bem-estar social exigem uma reforma tão profunda quanto os antigos países socialistas da Europa Oriental, é importante observar que o *método* de privatização deve ser diferente nesses dois casos. A estratégia de privatização sindicalista proposta para os antigos países socialistas, como é sabido, somente se aplica nos casos em que não é possível identificar os proprietários privados originais (ou os seus herdeiros) dos fatores de produção socializados (estatizados), os quais foram expropriados. Se um proprietário original ou o seu herdeiro pudesse ser identificado, então *ele* deveria ser novamente reconhecido como o proprietário privado de determinado bem. Se – e somente se – não houvesse tal proprietário ou tal herdeiro, poderia ser considerado justo reconhecer os usuários atuais e/ou anteriores dos fatores de produção socializados (estatizados) como os seus proprietários privados, pois eles – e apenas eles – possuem, assim, uma ligação clara e objetiva (i.e., determinável intersubjetivamente) com esses recursos. De todas as pessoas, só eles efetuaram *de facto* a apropriação original dos fatores da produção em questão. Portanto, somente a sua pretensão a serem donos legítimos desses recursos possui um fundamento "real" (objetivo).

Da mesma forma, seria *sem* qualquer fundamento "real" – e, portanto, absolutamente indefensável do ponto de vista moral – se a propriedade privada dos fatores de produção "públicos" das economias mistas (de bem-estar social) do mundo ocidental for concedida aos funcionários do setor público (i.e., aos assim chamados "servidores públicos") conforme a prescrição deste *slogan* sindicalista: "As escolas públicas para os professores; as universidades para os docentes; os correios para os empregados dos correios; as terras públicas para os burocratas do Ministério da Administração das Terras; os tribunais de justiça e as delegacias de polícia para os juízes e os policiais; e assim por diante." De fato, fazê-lo representaria nada menos do que um escândalo moral, mesmo especialmente no caso em que a propriedade "pública" em questão não seja a consequência de uma prévia expropriação do dono anterior dessa propriedade por meio do poder governamental de "domínio eminente" (nesse caso, a propriedade deve ser simplesmente devolvida ao proprietário original ou ao seu herdeiro). Mesmo nessa hipótese, todos os bens "públicos" ainda são o resultado de alguma forma de expropriação; embora a correta identificação das vítimas de tal expropriação seja mais difícil do que no caso claro do "domínio eminente", isso, sem dúvida, é possível. Em todo caso, é evidente que os funcionários públicos, em geral, não estão entre as vítimas. Assim, de todas as pessoas, eles são os que têm a pretensão menos fundamentada à propriedade privada legítima desses bens.

Edifícios e estruturas de propriedade pública foram todos financiados por impostos; e, na medida em que as terras públicas são analisadas, trata-se do resultado de uma política pública – i.e., coercivamente financiada e aplicada – que proíbe a apropriação privada da natureza e dos recursos naturais (bem como o seu desenvolvimento). Portanto, parece que é aos pagadores de impostos, de acordo com o montante de impostos pagos, que devem ser dados os títulos de propriedade sobre edifícios públicos e estruturas públicas, ao passo que as terras públicas devem ser simplesmente liberadas para a apropriação original privada. Tenha-se em mente que os funcionários públicos *não* são *pagadores* de impostos (ainda que eles, em público, frequentemente fantasiem sê-los). Ao invés disso, as suas receitas líquidas normalmente advêm dos impostos pagos pelos indivíduos que trabalham no setor privado da economia. Os funcionários públicos são *consumidores* de impostos (assim como os beneficiários do assistencialismo público são consumidores de impostos em vez de pagadores de impostos)[23]; portanto, os servidores públicos, assim como os destinatários do assistencialismo estatal, devem ser excluídos da propriedade privada de edifícios públicos e estruturas públicas. Tanto os funcionários públicos quanto os beneficiários do assistencialismo público são sustentados pelos pagamentos de impostos de outras pessoas; e a injustiça seria ainda maior se eles – ao invés daqueles que pagaram os seus salários e as suas benesses e financiaram a construção dos edifícios públicos e das estruturas públicas que ocupam e controlam – fossem agraciados com a propriedade desses edifícios e dessas estruturas. [24] Em relação às terras públicas não desenvolvidas disponíveis para a apropriação original privada, todos os administradores e guardas públicos (entre outros) devem ser excluídos porque essas terras disponíveis para apropriação original estão atualmente ocupadas por eles, tendo sido anteriormente protegidas pelas suas pró-

---

[23] Ver também o capítulo 4 deste livro, especialmente a nota de rodapé n. 15.

[24] Com certeza, inúmeras complicações surgiriam desse sistema de privatização. A fim de determinar as quotas de propriedade concedidas a vários indivíduos de edifícios e estruturas que atualmente são "propriedade" dos governos municipal (local), estadual e federal, esses indivíduos teriam de fornecer, respectivamente, a documentação dos seus últimos pagamentos de impostos municipais (locais), estaduais e federais; e em cada caso os últimos benefícios assistencialistas recebidos devem ser deduzidos do pagamento de impostos, de modo que se chegue a um valor para o montante de impostos *líquidos* pagos. Em uma sociedade de mercado completamente privatizada, a tarefa de encontrar uma solução para esse problema seria tipicamente desempenhada por contadores, advogados e agências de arbitragem, financiados direta ou indiretamente – por meio de honorários de sucumbência – por reivindicantes individuais.

prias ações contra potenciais desenvolvedores privados. Esses indivíduos podem ser autorizados a efetuar a apropriação original de *outras* terras públicas que estão atualmente ocupadas por *outros* agentes governamentais (as quais foram anteriormente protegidas contra o desenvolvimento privado por esses outros agentes). Mas permitir-lhes a apropriação original das terras que ocupam atualmente lhes daria uma vantagem sobre outros potenciais apropriadores originais, o que seria manifestamente injusto à luz do fato de que foram eles, sustentados pelos pagadores de impostos, que anteriormente mantiveram esses mesmos pagadores de impostos longe dessas terras.

Capítulo VII
Sobre a Imigração Livre e a Integração Forçada

I

O argumento clássico em favor da imigração livre apresenta-se desta forma: *Ceteris paribus* [1], as empresas se deslocam para regiões com salários mais baixos, e a mão-de-obra se move para áreas com salários mais altos, afetando assim a tendência à equalização das taxas de salários (para o mesmo tipo de trabalho), bem como a melhor localização do capital. Um influxo de migrantes em uma dada zona com elevados salários diminuirá as taxas de salários *nominais*. Esse influxo, entretanto, não diminuirá as taxas de salários *reais* caso a população esteja abaixo do seu tamanho ótimo, ideal. Pelo contrário: se este for o caso, a produção aumentará mais do que proporcionalmente, e os rendimentos reais, com efeito, serão ampliados. Portanto, as restrições impostas à imigração prejudicarão os protegidos trabalhadores domésticos *qua* consumidores *mais* do que os beneficiarão *qua* produtores. Além disso, as restrições à imigração aumentarão a "fuga" de capitais para o exterior (a exportação de capitais que, de outra forma, poderiam ter permanecido), ainda ocasionando uma equalização das taxas de salários (embora um pouco mais lentamente), mas conduzindo a uma alocação de capital pior do que ótima, prejudicando, em decorrência disso, os padrões de vida em todo lugar. [2]

Ademais, os sindicatos – e, hoje em dia, os ambientalistas – tradicio-

---

[1] *Ceteris paribus* é uma expressão latina que significa "tudo o mais constante" ou "mantidas inalteradas todas as outras coisas". (N. do T.)
[2] "A lei da migração e da localização", explica Ludwig von Mises,
> Faz com que seja possível formar um conceito exato de superpopulação relativa. O mundo – ou um país isolado para o qual a emigração é impossível – deve ser considerado superpovoado no sentido absoluto quando o tamanho ótimo de população – o ponto a partir do qual um aumento do número de pessoas significaria não uma elevação, mas sim uma diminuição do bem-estar – é excedido. Considera-se relativamente superpovoado o país em que, devido ao grande tamanho da população, a mão-de-obra esteja em condições menos favoráveis de produção do que em outros países, de modo que, *ceteris paribus*, o mesmo investimento de capital e de trabalho rende uma menor produção. Com total mobilidade de pessoas e de mercadorias, territórios relativamente superpovoados veriam esse excedente populacional migrar para outros territórios até que tal desproporção desaparecesse. (*Nation, State and Economy* [New York: New York University Press, 1983], p. 58)

Ver também: *Human Action: A Treatise on Economics*, Scholar's Edition (Auburn, Alabama: Ludwig von Mises Institute, 1998), pp. 620–624; e Murray N. Rothbard, *Power and Market: Government and the Economy* (Kansas City: Sheed Andrews and McMeel, 1997), pp. 52–55.

nalmente se opõem à imigração livre; e isso deveria *prima facie* contar como outro argumento *em favor* de uma política de imigração livre. ³

II

Da maneira como foi explicitado, o argumento acima em favor da imigração livre é incontestável. Seria insensato atacá-lo – assim como seria absurdo negar que o livre comércio conduz a padrões de vida mais elevados do que o protecionismo. ⁴

Também seria errado atacar essa defesa da imigração livre ao apontar que, em virtude da existência de um estado de bem-estar social (assistencialista), a imigração tornou-se, em uma extensão significativa, a imigração de vagabundos dependentes do assistencialismo, os quais, ao invés de aumentarem, diminuem o padrão médio de vida – mesmo que os Estados Unidos, por exemplo, estejam com a sua população abaixo do tamanho ótimo. Pois este não é um argumento contra a imigração, mas sim um argumento contra o estado de bem-estar social. É certo que o estado assistencialista deve ser abolido em sua totalidade. No entanto, os problemas da imigração e do assistencialismo são problemas analiticamente distintos, devendo ser considerados dessa forma.

O problema com esse argumento é que ele possui duas deficiências inter-relacionadas que (1) invalidam a sua conclusão incondicional pró-imigração e/ou que (2) tornam o argumento aplicável apenas a uma situação extremamente irrealista – e muito antiga – na história humana.

A primeira deficiência será abordada apenas rapidamente. Para os libertários da Escola Austríaca, está claro que aquilo que constitui "riqueza" e "bem-estar" é *subjetivo*. A riqueza material não é a única coisa que tem valor. Então, mesmo que os rendimentos reais aumentem devido à imigração, não se deve inferir que a imigração deva ser considerada "boa", pois é possível preferir padrões de vida mais baixos e uma distância maior de outras pessoas a padrões de vida mais elevados e uma distância menor

---

³ Sobre os efeitos contraprodutivos dos sindicatos trabalhistas, ver William H. Hutt, *A Theory of Collective Bargaining* (Washington, D. C.: Cato Institute, 1980); idem, "Trade Unions: The Private Use of Coercive Power", em *Review of Austrian Economics*, 3 (1989); e Morgan O. Reynolds, *Making America Poorer: The Cost of Labor Law* (Washington, D. C.: Cato Institute, 1987); sobre o movimento ambientalista, ver Llewellyn H. Rockwell Jr., *The Anti-Environmentalist Manifesto* (Burlingame, California: Center for Libertarian Studies, 1993); e Larry Abraham, *The Greening: The Environmentalists' Drive for Global Power* (Phoenix, Arizona: Double A Publications, 1993).

⁴ Sobre esse tópico, consultar o capítulo 8 deste livro.

de outros indivíduos. ⁵

Em vez da primeira, a segunda deficiência acima relacionada será o foco aqui. Em relação a um determinado território para o qual as pessoas imigram, deixa-se de analisar quem – caso realmente haja alguém – é o *proprietário* (o controlador) desse território. De fato, para que se torne aplicável o argumento acima referido, supõe-se implicitamente que o território em questão não tem dono e que os imigrantes adentram um território virgem (fronteiras abertas). Isso, obviamente, não mais pode ser admitido nos dias atuais. Porém, se essa hipótese for levada em consideração, o problema da imigração assume um significado totalmente novo, exigindo um completo repensar.

III

Para fins de ilustração, vamos supor, em primeiro lugar, uma sociedade anarcocapitalista. Embora eu esteja convicto de que essa sociedade é a única ordem social que pode ser defendida como tal, não quero explicar aqui o motivo. ⁶ Em vez disso, eu a empregarei como uma referência conceitual, uma vez que isso ajudará a explicar o equívoco fundamental da maioria dos defensores contemporâneos da imigração livre.

Todos os territórios são propriedade privada, incluindo todas as ruas, todos os rios, todos os aeroportos, todos os portos (e assim por diante). Em relação a alguns pedaços de terra, o título de propriedade pode ser ilimitado (irrestrito); i.e., o proprietário está autorizado a fazer com a sua propriedade tudo quanto lhe aprouver, desde que não danifique fisicamente a propriedade dos outros. Em relação a outros territórios, o título de propriedade pode ser mais ou menos severamente restringido (restrito ou limitado). Como é atualmente o caso em alguns loteamentos, o proprietário pode estar vinculado a limitações contratuais sobre o que ele pode fazer com a sua propriedade (zoneamento voluntário), as quais podem incluir temas como: uso residencial *versus* utilização comercial; proibição de edifícios com mais de quatro andares; proibição de venda ou de aluguel a judeus, a alemães, a católicos, a homossexuais, a haitianos, a fumantes ou a famílias com ou sem filhos.

---

[5] Sobre esse assunto em particular, consultar Ludwig von Mises, *Human Action: A Treatise on Economics*, Scholar's Edition (Auburn, Alabama: Ludwig von Mises Institute, 1998), pp. 241–244; e Murray N. Rothbard, *Man, Economy and State*, 2 vols. (Auburn, Alabama: Ludwig von Mises Institute, 1993), pp. 183–200.

[6] Ver Murray N. Rothbard, *A Ética da Liberdade* (São Paulo: Instituto Ludwig von Mises Brasil, 2010); Hans-Hermann Hoppe, *The Economics and Ethics of Private Property* (Boston: Kluwer, 1993); ver também a nota de rodapé n. 16 do capítulo 9 deste livro.

É claro que, nesse cenário, não há liberdade de imigração. Em vez disso, muitos donos independentes de propriedades privadas têm a liberdade de admitir ou de excluir os demais das suas propriedades de acordo com os seus próprios títulos (irrestritos ou restritos) de propriedade. A admissão a alguns territórios pode ser facilmente obtida, ao passo que a admissão a outros territórios pode ser quase impossível de ser adquirida. Em qualquer caso, contudo, o acesso à propriedade de uma pessoa que o admite não implica a existência de uma "plena liberdade de ir e vir" – a menos que os demais proprietários autorizem essa movimentação. Haverá tanta imigração ou não imigração, tanta inclusão ou exclusão, tanta dessegregação ou segregação, tanta discriminação ou não discriminação (baseada em critérios raciais, étnicos, linguísticos, religiosos, culturais, entre outros) quanto os proprietários ou as associações de proprietários permitirem.

Note-se que nada disso – nem mesmo a mais exclusiva forma de segregacionismo – implica a rejeição do livre comércio e a adoção do protecionismo. O fato de que alguns não queiram se associar com – ou viver no bairro de – negros, turcos, católicos ou hindus (e assim por diante) não implica que eles não desejem negociar à distância com esses indivíduos. [7] Pelo contrário: é exatamente pela voluntariedade absoluta da associação humana *e* pela separação – i.e., pela ausência de qualquer forma de integração forçada – que se concretiza a possibilidade de relações pacíficas – i.e., de livre comércio – entre indivíduos cultural, racial, étnica e religiosamente diferentes. [8]

---

[7] Como Ludwig von Mises nos recorda,
>Mesmo que existisse algo como um ódio natural e inato entre as várias raças, nem por isso a cooperação social seria inútil. (...) A cooperação social nada tem a ver com amor pessoal e com um mandamento que nos diga para amarmos uns aos outros. As pessoas não cooperam sob a divisão do trabalho porque amam ou devem amar umas às outras. Elas cooperam entre si porque, dessa maneira, servem melhor aos seus próprios interesses. Não se encontra no amor, na caridade ou em qualquer outro sentimento afetuoso, mas sim no egoísmo, corretamente entendido, o incentivo que originalmente impeliu o homem a se ajustar às exigências da sociedade, a respeitar as liberdades e os direitos dos seus semelhantes e a substituir a inimizade e o conflito pela cooperação pacífica. (Ludwig von Mises, *Human Action: A Treatise on Economics*, Scholar's Edition [Auburn, Alabama: Ludwig von Mises Institute, 1998], p. 168)

[8] Ao contrário do multiculturalismo atualmente em voga, pode ser aqui salientado que nenhuma sociedade multicultural – e, sobretudo, nenhuma sociedade democrática – funcionou pacificamente por muito tempo. Peter Brimelow, *Alien Nation: Common Sense About America's Immigration Disaster* (New York: Random House, 1995), pp. 124–127, forneceu algumas evidências recentes sobre esse assunto. Verificando o passado até o presente, temos o seguinte registro: a *Eritreia*, governada pela Etiópia desde o ano de 1952, separou-se em 1993; a *Tchecoslováquia*, fundada em 1918, dividiu-se em República Tcheca e Eslováquia (os seus respectivos componentes étnicos) em 1993; a *União Soviética* rachou-se em vários componentes étnicos em 1991 – e muitos desses componentes estão ameaçados por uma futura fragmentação étnica; a *Iugoslávia*, fundada em 1918, dividiu-se em vários componentes étnicos em 1991, e o seu esfacelamento ainda se encontra em andamento; o *Líbano*, fundado em 1920, sofre de uma cisão efetiva entre cristãos e muçulmanos (sob domínio sírio) desde o ano de 1975; o *Chipre*, independente desde o ano de 1960, dividiu-se em territórios gregos e territórios turcos

IV

Em uma sociedade anarcocapitalista, não há governo; em virtude disso, não há uma distinção clara entre "nativos" (cidadãos domésticos) e estrangeiros. Essa distinção só surge com o estabelecimento de um governo, i.e., de uma instituição que possui o monopólio territorial da agressão (tributação). O território sobre o qual o poder de tributação governamental se estende torna-se uma "nação"; e todas as pessoas que residam fora desse território são consideradas estrangeiras. As fronteiras estatais (bem como os passaportes) são uma instituição "*não* natural" (i.e., coercitiva). De fato, a existência delas (bem como a de um governo nacional) implica uma dupla distorção na inclinação natural das pessoas a se associarem umas com as outras. Em primeiro lugar, os nativos não podem excluir o governo (o fisco) das suas próprias propriedades e estão sujeitos ao que se poderia chamar de "integração forçada", a qual é perpetrada pelos agentes governamentais. Em segundo lugar, a fim de ser capaz tanto de se intrometer nas propriedades privadas dos seus súditos quanto de tributá-los, o governo deve sempre deter o controle das estradas e das ruas existentes; e ele empregará as suas receitas tributárias na produção de ainda mais estradas e mais ruas para obter ainda mais acesso a todas as propriedades privadas *qua* potenciais fontes fiscais. Esse excesso de produção de estradas e de ruas não resulta meramente na inocente facilitação do comér-

---

em 1974; o *Paquistão*, independente desde o ano de 1947, viu Bangladesh, tendo grupos etnicamente distintos, separar-se em 1971; a *Malásia*, independente desde o ano de 1963, viu Cingapura, com influência chinesa, separar-se em 1965. A lista continua com casos que ainda não foram resolvidos: a *Índia*, com os conflitos entre sikhs e caxemires; o *Sri Lanka*, com o seu problema com a minoria tâmil; a *Turquia*, o *Iraque* e o *Irã*, com o seu problema em relação aos curdos; o *Sudão* e o *Chade*, com o conflito entre árabes e negros; a *Nigéria*, com a questão referente aos ibos; a *Irlanda*, com o conflito entre católicos e protestantes; a *Bélgica*, com o conflito entre flamengos e valões; a *Itália*, com o seu problema referente aos habitantes de língua alemã do Tirol do Sul (Alto Ádige ou Bolzano); o *Canadá*, com o conflito entre francófonos e anglófonos.
Mas não seria a Suíça, com um conjunto de alemães, franceses, italianos e romanches, uma exceção? De maneira resumida, a resposta é não. Todos os poderes essenciais na Suíça – em particular, aqueles que determinam questões culturais e educacionais (escolas) – estão concentrados nas mãos dos *cantões* em vez de nas mãos do governo central. E quase todos os 26 cantões e "semicantões" são etnicamente homogêneos. Dezessete cantões são, na prática, exclusivamente alemães; quatro cantões são, na prática, exclusivamente franceses; e um cantão é predominantemente italiano. Apenas três cantões são bilíngues. O equilíbrio étnico suíço tem se revelado praticamente estável, e existe apenas uma quantidade limitada de migração intercantonal. Mesmo nessas circunstâncias favoráveis, a Suíça, *sim*, teve a experiência de uma guerra de secessão malsucedida e violentamente reprimida – a *Sonderbundskrieg* de 1847. Além disso, a criação do cantão de língua francesa de Jura, separando-se do cantão predominantemente alemão de Berna em 1979, foi precedida por anos de atividades terroristas.
Sobre a mais provável base genética da tendência humana a associar-se com os "semelhantes" e a separar-se dos "não semelhantes", ver J. Philippe Rushton, "Gene Culture, Coevolution and Genetic Similarity Theory: Implications for Ideology, Ethnic Nepotism and Geopolitics", em *Politics and the Life Sciences*, 4 (1986); e idem, *Race, Evolution and Behavior* (New Brunswick, N. J.: Transaction Publishers, 1995).

cio inter-regional – i.e., na redução dos custos de transação –, como economistas deslumbrados querem fazer-nos acreditar, mas conduz à integração forçada interna (dessegregação artificial de localidades separadas). [9]

Além disso, com o estabelecimento de um governo e de fronteiras estatais, a imigração passa a ter um significado bem diferente. A imigração se torna a imigração de estrangeiros através das fronteiras dos estados; e a decisão quanto à hipótese de uma pessoa ser ou não admitida não mais cabe aos donos das propriedades privadas ou às associações de proprietários, mas sim ao governo, na condição de supremo soberano de todos os residentes domésticos e de supremo dono de todas as propriedades deles. Agora, se o governo exclui uma pessoa mesmo que um residente nacional deseje admiti-la em sua propriedade, o resultado é a *exclusão forçada* (um fenômeno que não existe sob o anarquismo de propriedade privada). Ademais, se o governo admite um indivíduo mesmo que não haja um único residente doméstico que deseje admiti-lo em sua propriedade, o resultado é a *integração forçada* (um fenômeno também inexistente sob o anarquismo de propriedade privada).

V

É hora, agora, de enriquecer a análise através da introdução de alguns pressupostos empíricos "realistas". Vamos supor que o governo é de propriedade privada. O governante detém a propriedade de todo o país dentro das fronteiras do estado. Ele possui uma parte do território de forma absoluta (o seu título de propriedade é ilimitado); e ele é proprietário parcial do resto (na condição de senhorio ou requerente residual de todas as propriedades dos seus cidadãos-inquilinos, ainda que restringido por alguns contratos de arrendamento preexistentes). Ele pode vender e legar a sua propriedade; e ele pode calcular e embolsar o valor monetário do seu capital (o seu país).

As monarquias tradicionais – e os reis – são os exemplos históricos mais próximos dessa forma de governo. [10]

Como será a típica política de imigração e de emigração de um *rei*? Já que possui todo o valor de capital do país, ele tenderá a escolher

---

[9] De fato, como observado por Max Weber, *Soziologie, Weltgeschichtliche Analyzen, Politik* (Stuttgart: Kroener, 1964), p. 4, as famosas estradas da Roma Antiga eram geralmente consideradas uma *praga* ao invés de uma *vantagem*, pois elas eram, em essência, rotas militares ao invés de rotas de comércio.

[10] Sobre isso, ver também os capítulos 1-3 deste livro.

políticas de migração que preservem ou aumentem – em vez de diminuírem – o valor do seu reino, pressupondo-se não mais que do que o seu próprio interesse.

No tocante à *emigração*, o rei desejará impedir a emigração de súditos produtivos – em especial, a emigração dos seus melhores e mais produtivos súditos –, porque a perda deles diminuiria o valor do seu reino. [11] Assim, por exemplo, a partir de 1782 até 1824, houve uma lei que proibia a emigração de operários especializados da Grã-Bretanha. Por outro lado, o rei desejará expulsar os seus súditos não produtivos e destrutivos (criminosos, pedintes, ciganos, vagabundos, entre outros), pois a remoção deles do seu território aumentaria o valor do seu domínio. A Grã-Bretanha, por esse motivo, expulsou dezenas de milhares de criminosos comuns para a América do Norte e para a Austrália. [12]

Por outro lado, no tocante à política de *imigração*, o rei desejará manter fora do país o populacho e todas as pessoas com capacidade produtiva inferior. As pessoas da última categoria só seriam temporariamente admitidas – na condição de trabalhadores sazonais sem cidadania –, sendo impedidas de obterem propriedades permanentes. Assim, por exemplo, após o ano de 1880, um grande número de poloneses foi contratado na Alemanha na condição de trabalhadores sazonais. [13] O rei só permitirá a imigração permanente de pessoas de capacidades superiores ou, pelo menos, acima da média; i.e., daqueles indivíduos cuja residência em seu reino aumente o seu valor patrimonial. Assim, por exemplo, após o ano de 1685 (com a revogação do Édito de Nantes), permitiu-se que dezenas de milhares de huguenotes se estabelecessem na Prússia; da mesma forma, os regentes Pedro, o Grande, Frederico, o Grande, e Maria Teresa promoveram mais tarde a imigração e a colonização de um grande número de alemães na Rússia, na Prússia Oriental e nas províncias orientais da Áustria-Hungria. [14]

---

[11] Ver A. M. Carr-Saunders, *World Population: Past Growth and Present Trends* (Oxford: Clarendon Press, 1936), p. 182.
[12] Ibid., p. 47, estima em 50.000 o número de criminosos então transportados para a América do Norte entre 1717 e 1776.
[13] Ver ibid., páginas 57 e 145.
[14] Ver ibid., pp. 56–57. A colonização da Europa Oriental pelos alemães começou de fato no século XI, sendo em geral incentivada por vários reis e príncipes eslavos da região, os quais, dessa forma, pretendiam promover o desenvolvimento econômico dos seus reinos. Ver Peter Brimelow, *Alien Nation: Common Sense About America's Immigration Disaster* (New York: Random House, 1995), p. 131. Um relato extremamente esclarecedor sobre os efeitos sociais e as repercussões dessas políticas de migração no multicultural Império dos Habsburgos é fornecido por Ludwig von Mises, *Nation, State and Economy: Contributions to the Politics and History of Our Time* (New York: New York University Press, 1983), pp. 112–113:

> Como resultado de séculos de colonização, a burguesia e a intelectualidade urbanas eram

VI

As políticas de migração tornam-se previsivelmente diferentes quando o governo é de propriedade pública. O governante já não detém o valor de capital do país; ele apenas possui o seu uso atual. Ele não pode vender ou legar a sua posição de governante; ele é apenas um zelador temporário. Adicionalmente, existe a "livre entrada" nessa posição de zelador. Em princípio, qualquer pessoa pode se tornar o governante do país.

Visto que elas passaram a existir em escala mundial após a Primeira Guerra Mundial, as democracias oferecem exemplos históricos do governo de propriedade pública. [15]

Como são as políticas de migração de uma *democracia*? Pressupondo-se, mais uma vez, não mais do que o autointeresse (a busca da maximização dos lucros monetários e psíquicos: o dinheiro e o poder), os governantes democráticos tenderão a maximizar as receitas *correntes*, as quais podem ser apropriadas privadamente, em detrimento do valor de capital, o qual *não* pode ser embolsado privadamente. Assim, de acordo com o igualitarismo intrínseco da democracia – "um homem, um voto" –, eles tenderão a seguir políticas de emigração e de imigração igualitaristas – i.e., não discriminatórias.

---

alemãs em todo lugar na Áustria e na Hungria; as grandes propriedades latifundiárias eram, em sua maioria, alemãs; e em toda parte, mesmo no meio de territórios de língua estrangeira, os camponeses dos assentamentos eram alemães. A Áustria inteira, em sua face exterior, mostrava uma marca alemã; encontravam-se, em todo lugar, educação e literatura alemãs. Em todo o Império, os alemães também estavam representados entre a pequena burguesia, entre os trabalhadores e entre os camponeses, embora em muitos distritos – especialmente na Galícia, em muitas partes da Hungria e nos territórios costeiros – fosse muito pequena a minoria alemã entre os membros dos estratos mais baixos da população. Mas no Império inteiro (exceto na parte superior da Itália) era muito grande a percentagem de alemães entre os cultos e entre os membros dos estratos mais altos da população; e todos esses prósperos burgueses e todos esses indivíduos cultos que não eram eles próprios alemães e que não desejavam reconhecer que pertenciam à nação alemã eram alemães pela sua educação, falavam alemão, liam em alemão e demonstravam, pelo menos exteriormente, serem alemães. (...) Assim, a Áustria, sem dúvida, não era alemã, mas politicamente usava uma máscara alemã. Todo austríaco que tivesse algum interesse em ingressar na vida pública tinha de dominar a língua alemã. Para os membros dos povos tcheco e esloveno, contudo, a educação e a ascensão social só podiam ser alcançadas mediante o germanismo. Eles ainda não possuíam a sua própria literatura – o que faria com que lhes fosse possível prescindir dos tesouros da cultura alemã. Quem ascendia tornava-se alemão precisamente porque os membros dos estratos mais elevados da população eram alemães. Os alemães perceberam isso, passando a acreditar que as coisas tinham de ser assim. Eles estavam muito longe de desejar germanizar compulsoriamente todos os não alemães; mas eles pensavam que isso aconteceria naturalmente. Eles acreditavam que todos os tchecos e todos os eslavos do sul tentariam, até mesmo movidos pelo seu próprio interesse, adotar a cultura alemã.

[15] Sobre isso, ver também os capítulos 1–3 deste livro.

No tocante à política de emigração, para um governante democrático faz pouca – ou nenhuma – diferença se indivíduos produtivos ou improdutivos, gênios ou vagabundos deixam o país. Todos eles possuem um poder igual de voto. De fato, os governantes democráticos podem muito bem ficar mais preocupados com a perda de um vagabundo do que com a de um gênio produtivo. Conquanto a perda deste obviamente diminua o valor de capital do país e a perda daquele realmente o aumente, o governante democrático não possui a *propriedade* do país. No curto prazo – que é o que importa para o governante democrático –, o vagabundo, que tem uma probabilidade maior de votar *em favor* das medidas igualitaristas, pode ser mais valioso do que o gênio produtivo, o qual, sendo a principal vítima do igualitarismo, tem uma probabilidade maior de votar *contra* os planos igualitaristas do governante democrático. [16] Pela mesma razão, em nítido contraste com um rei, o governante democrático não se esforçará para ativamente *expulsar* as pessoas cuja presença dentro do país constitui uma externalidade negativa (i.e., que constituem um lixo humano que diminui o valor das propriedades individuais). Na verdade, tais externalidades negativas – os parasitas improdutivos, os vagabundos e os criminosos – são provavelmente os sustentáculos mais confiáveis do governante democrático.

No tocante às políticas de imigração, os incentivos e os desincentivos são igualmente distorcidos, e os resultados se mostram igualmente perversos. Para o governante democrático, também pouco importa se imigram para o país vagabundos ou gênios, pessoas produtivas e civilizadas abaixo ou acima da média. Tampouco está ele muito preocupado com a distinção entre trabalhadores temporários (proprietários de licenças de trabalho) e trabalhadores permanentes e imigrantes donos de propriedades (cidadãos naturalizados). [17] Na verdade, os vagabundos e as pessoas improdutivas podem muito bem receber preferência para se tornarem residentes e cidadãos, pois criam mais daquilo que se chama de "problemas sociais"; os

---

[16] Para evitar qualquer mal-entendido, deve ser aqui ressaltado que a diferença entre o governo monárquico e o governo republicano-democrático em relação à política de emigração *não* é uma diferença entre emigração restritiva e emigração livre. Na verdade, as mais severas restrições à emigração foram instituídas no século XX pelas chamadas repúblicas socialistas populares do Leste Europeu. Em vez disso, a diferença é relativa ao *tipo* de restrições – respectivamente, à *motivação* subjacente a tais restrições.
Assim, ao passo que as restrições monárquicas à emigração eram normalmente motivadas por questões de natureza econômica, as restrições republicano-democráticas são normalmente motivadas por questões de natureza política, sendo a restrição mais frequente não poder emigrar até o término do cumprimento do serviço militar obrigatório. Sobre isso, consultar A. M. Carr-Saunders, *World Population: Past Growth and Present Trends* (Oxford: Clarendon Press, 1936), p. 148.
[17] De todos os principais estados europeus, a França, o país com a mais longa tradição republicano-democrática, ostentou as políticas de imigração e de naturalização mais "progressistas" – i.e., menos restritivas. Sobre isso, consultar ibid., páginas 57, 145 e 154.

governantes democráticos vicejam e prosperam graças à existência de tais problemas. Ademais, os vagabundos e os indivíduos de capacidades inferiores provavelmente apoiarão as suas políticas igualitaristas; e os indivíduos de capacidades superiores e os gênios não as apoiarão. O resultado dessa política de não discriminação é a integração forçada: os proprietários domésticos são obrigados a conviver com massas de imigrantes de capacidades inferiores; se pudessem decidir, eles praticariam uma forte discriminação, escolhendo para si próprios vizinhanças muito *diferentes*. Assim, como o melhor exemplo da democracia em funcionamento, as leis americanas de imigração, do ano de 1965, eliminaram todos os requisitos anteriores de "qualidade" e todas as preferências explícitas por imigrantes *europeus*, impondo, em substituição, uma política de não discriminação praticamente absoluta (multiculturalismo). [18]

---

[18] Ver *The Path to National Suicide: An Essay on Immigration and Multiculturalism* (Monterey, California: AICEF, 1990); *Immigration and the American Identity*, editado por Thomas Fleming (Rockford, Illinois: Rockford Institute, 1995); George J. Borjas, *Friends or Strangers: The Impact of Immigrants on the U.S. Economy* (New York: Basic Books, 1990); idem, *Heaven's Door: Immigration Policy and the American Economy* (Princeton, N. J.: Princeton University Press, 1999); e Peter Brimelow, *Alien Nation: Common Sense About America's Immigration Disaster* (New York: Random House, 1995).

Para colocar as coisas em perspectiva, Brimelow documenta que, de 1820 a 1967, quando as novas leis de imigração entraram em vigor, cerca de 90% de todos os imigrantes eram descendentes de europeus. Em contrapartida, a partir de 1967 até o ano de 1993, cerca de 85% dos aproximadamente 17 milhões de imigrantes legais que chegaram aos Estados Unidos provieram do Terceiro Mundo, principalmente da América Latina e da Ásia (pp. 77, 281–285). Em vez de seleção por competência e qualificação de trabalho (como antes de 1967), os principais critérios de seleção são atualmente "reagrupamento familiar", "asilo" e "loteria da diversidade" (pp. 78–84). Consequentemente, o nível médio de escolaridade e o salário médio dos imigrantes têm continuamente caído, quando comparado com os seus congêneres americanos nativos. Ademais, a taxa de participação no sistema assistencialista estatal das famílias dos imigrantes excede significativamente - e cada vez mais – as taxas da população nativa (o que inclui os negros e os porto-riquenhos, os quais já ostentam uma taxa extremamente alta de participação no sistema assistencialista estatal). Por exemplo, a taxa de participação no sistema assistencialista estatal dos imigrantes cambojanos e laosianos é de quase 50%; a dos imigrantes vietnamitas está acima de 25%; a dos imigrantes oriundos da República Dominicana é de 28%; a dos imigrantes oriundos de Cuba, 16%; a dos imigrantes oriundos da antiga União Soviética, 16%; a dos imigrantes oriundos da China, 10%. Assim, os imigrantes continuam a receber seguro-desemprego por períodos cada vez mais longos (pp. 141–153, 287–288). Por último – mas não por isso menos importante –, Brimelow estima que, se as tendências atuais de imigração legal (bem como de imigração ilegal) continuarem, a população de ascendência europeia, que tradicionalmente tem composto por volta de 90% da população dos EUA, estará à beira de se tornar uma minoria no ano de 2050 (p. 63). Mas todos os imigrantes serão assimilados, tornando-se americanos? Provavelmente não, porque, para ser assimilado, o influxo de imigrantes precisa ser pequeno em comparação com a população que o acolhe. Entretanto, o atual influxo de cerca de um milhão de imigrantes legais (e de duzentos a trezentos mil imigrantes ilegais) por ano está concentrado em apenas algumas regiões: Califórnia, Texas, Illinois, Flórida, Nova York e Nova Jersey – e a maior parte dos imigrantes realmente se desloca para apenas seis regiões metropolitanas: Los Angeles, Anaheim, Chicago, Miami, Nova York e Washington, D. C. (p. 36). Nessas regiões, o número de imigrantes é proporcionalmente tão grande que qualquer assimilação encontra-se essencialmente fora de questão. Então, em vez de estarem sendo gradualmente americanizados, os imigrantes estrangeiros têm estabelecido nessas áreas "países" de Terceiro Mundo naquilo que antes era solo americano.
Ainda assinala George Borjas:

Na verdade, a política de imigração de uma democracia é o perfeito reflexo da sua política referente aos movimentos *internos* da população – em relação à associação e à dissociação voluntárias, à segregação e à dessegregação e ao distanciamento físico e à aproximação física de diversas propriedades privadas. Assim como um rei, o governante democrático promove a integração espacial através da superprodução do "bem público" que são as estradas e as ruas. O governante democrático, entretanto, ao contrário de um rei, sentirá que não é suficiente que todos possam se aproximar dos demais através das estradas e das ruas governamentais. Preocupado com o seu rendimento e o seu poder *atuais* – em vez de com o valor de capital do país – e impelido por sentimentos igualitaristas, o governante democrático tenderá a ir ainda mais longe. Por meio de leis de não discriminação – "não pode haver discriminação contra alemães, judeus, negros, católicos, hindus, homossexuais (e assim por diante)" –, o governo desejará aumentar o acesso físico e a entrada em todas as propriedades para todos os outros. Assim, não é de estranhar que a chamada legislação de "direitos civis" dos Estados Unidos – a qual proíbe, dentro do país, a discriminação em razão de cor, raça, nacionalidade, religião, sexo, idade, orientação sexual, deficiência (e outros critérios), implementando, portanto, a integração forçada [19] – coincidiu com a adoção de uma política de imigração não discriminatória – i.e., com a implementação da dessegregação internacional (integração forçada).

Quase um quarto das famílias de imigrantes recebeu algum tipo de ajuda, em comparação com 15% de famílias nativas. (...) Ademais, o uso da assistência pública por imigrantes aumenta ao longo do tempo. Ao que parece, a assimilação envolve aprender não apenas sobre as oportunidades no mercado de trabalho, mas também sobre as oportunidades oferecidas pelo estado de bem-estar social. (...) Um estudo da Academia Nacional de Ciências concluiu que a imigração, com efeito, aumentou os impostos da típica família nativa da Califórnia para cerca de US$ 1.200,00 por ano. (...) [Como para os refugiados em particular], a evidência indica que (...), depois de dez anos, nos Estados Unidos, 16% dos refugiados do Vietnã, 24% dos refugiados do Camboja e 34% dos refugiados do Laos ainda estavam recebendo ajuda pública. (George Borjas, "Heaven's Door: Immigration Policy and the American Economy", em *Milken Institute Review*, I, n. 3 [1999]: 64–65, 79)

Além disso, salienta Borjas que "questões étnicas têm impacto na vida econômica – e por um tempo muito longo" (p. 66). Ou seja, a diferença (cada vez maior) de capacidades (habilidades) entre os nativos e os imigrantes não desaparece rapidamente, como resultado da assimilação cultural. Em vez disso, os imigrantes geralmente vão para "guetos étnicos" que "incubam as diferenças étnicas"; portanto, "as diferenças étnicas de habilidades podem persistir por três gerações" (p. 66).

[19] Sobre o direito e a economia da "ação afirmativa" e da discriminação, ver Richard A. Epstein, *Forbidden Grounds* (Chicago: University of Chicago Press, 1992); *Discrimination, Affirmative Action and Equal Opportunity*, editado por Walter Block e Michael Walker (Vancouver: Frazer Institute, 1982); e Hugh Murray, "White Male Privilege? A Social Construct for Political Oppression", em *Journal of Libertarian Studies*, 14, n. 1 (1999).

VII

A situação atual nos Estados Unidos e na Europa Ocidental nada tem a ver com a imigração *"livre"*. Trata-se, pura e simplesmente, de integração forçada; e a integração forçada é o resultado previsível da regra democrática de "um homem, um voto". A supressão da integração forçada requer a desdemocratização da sociedade – e, em última instância, a abolição da democracia. Mais especificamente: o poder de admitir ou de excluir deve ser retirado das mãos do governo central [20] e ser devolvido para os estados, as províncias, as cidades, as vilas, as aldeias e os distritos residenciais – e, em última instância, para os donos das propriedades privadas e para as suas associações voluntárias. Os meios para atingir essa meta são a descentralização e a secessão (ambos intrinsecamente antidemocráticos e antimaiorias). [21] Estaríamos em melhor situação com o restabelecimento da liberdade de associação e de exclusão – como está implícito na ideia e na instituição da propriedade privada –, e a vasta maioria dos conflitos sociais atualmente causados pela integração forçada desapareceria se as cidades e as aldeias apenas pudessem fazer e fizessem o que elas rotineiramente realizaram até o século XIX na Europa e nos EUA: (1) colocar sinais acerca de requisitos para a entrada na cidade; (2) e, uma vez com o imigrante na cidade, inserir elementos específicos das propriedades (sem mendigos, sem vagabundos ou sem moradores de rua; mas também: sem muçulmanos, sem hindus, sem judeus, sem católicos – e assim por diante); (3) expulsar como invasores aqueles que não preenchem os requisitos; (4) e, ao mesmo tempo, solucionar a questão da "naturalização" conforme, de certa maneira, o modelo suíço (de acordo com o qual são as assembleias locais – e não o governo central – que determinam quem pode e quem não pode se tornar um cidadão suíço).

No entanto, como é possível defender uma política relativamente correta de imigração enquanto o estado democrático central ainda está de pé e consegue, com sucesso, reivindicar o poder de determinar uma política de imigração *nacional* uniforme? O que de melhor se pode esperar, mesmo que isso vá contra a "natureza" da democracia – portanto, não é muito provável que isso aconteça –, é que os governantes democráticos ajam *como se* fossem os proprietários do país e *como se* tivessem de decidir quem incluir e quem excluir em relação aos seus próprios bens pessoais (em sua própria casa). Isso significa seguir uma política mais rigorosa de discriminação *em favor das qualidades humanas referentes à compatibilidade de capacidades (habilidades), de características e de culturas.*

---

[20] Até a prolação de uma decisão de 1875 da Suprema Corte dos Estados Unidos, a regulação das questões de imigração nos EUA era considerada matéria estadual ao invés de federal.
[21] Ver mais sobre isso no capítulo 5 deste livro.

Mais especificamente: isso significa realizar uma distinção rigorosa entre "cidadãos" (imigrantes naturalizados) e "estrangeiros", excluindo esses últimos de todos os direitos sociais. Isso significa requerer, tanto para a obtenção do *status* de residente estrangeiro quanto para a obtenção da cidadania, o apoio financeiro pessoal de um cidadão residente e a responsabilidade desse último por todos os danos patrimoniais causados pelo imigrante sob o seu cuidado financeiro. Isso implica exigir um contrato de trabalho com um cidadão residente; ademais, para as duas categorias – mas especialmente para a da cidadania –, isso implica que todos os imigrantes têm de comprovar, por meio de testes, não só a sua proficiência na língua nativa (no caso, o inglês), mas também, em todos os aspectos, um desempenho intelectual superior (acima da média) e uma firme estrutura de caráter, bem como demonstrar um sistema compatível de valores – o que engendrará, como resultado previsível, um viés sistemático pró-imigração europeia. [22]

---

[22] Atualmente, cerca de metade dos cidadãos americanos nascidos de pais estrangeiros, depois de mais de cinco anos morando nos Estados Unidos, ainda não fala praticamente nada de inglês. Do maior grupo de imigrantes (o dos hispânicos), um número bem acima dos dois terços não fala praticamente nada de inglês. Ver Peter Brimelow, *Alien Nation: Common Sense About America's Immigration Disaster* (New York: Random House, 1995), pp. 88–89. O seu nível de desempenho intelectual encontra-se significativamente abaixo da média dos EUA (ibid., p. 56); e as evidências crescentes indicam que a taxa de criminalidade da população imigrante ultrapassa sistematicamente a da população nativa (pp. 182–186).

Capítulo VIII
Sobre o Livre Comércio e a Imigração Restrita

I

Alega-se com frequência que o "livre comércio" está associado à "imigração livre" – assim como se argumenta que o "protecionismo" está relacionado com a "imigração restrita". Ou seja, a alegação que se faz é que, embora não seja impossível que se combine o protecionismo com a imigração livre (ou o livre comércio com a imigração restrita), essas posições são intelectualmente inconsistentes e, portanto, erradas. Assim, na medida em que as pessoas procuram evitar erros, tais posições deveriam ser a exceção – e não a regra. Os fatos, na medida em que eles se relacionam com o problema, parecem ser coerentes com essa afirmação. Por exemplo, como foi indicado pelas mais recentes primárias presidenciais republicanas, a maior parte dos defensores do livre comércio são defensores de políticas de imigração relativamente livres e não discriminatórias, ao passo que a maioria dos protecionistas são defensores de políticas de imigração altamente restritivas e seletivas.

Não obstante as aparências em contrário, argumentarei aqui que essa tese – bem como a sua alegação implícita – encontra-se fundamentalmente errada. Em especial, demonstrarei que o livre comércio e a imigração restrita não são apenas perfeitamente coerentes entre si, mas também são até mesmo políticas que mutuamente se reforçam. Ou seja, não são os defensores do livre comércio e da imigração restrita que estão errados, mas sim os defensores do livre comércio e da imigração livre. Ao tirar a "culpa intelectual" do posicionamento em prol do livre comércio e da imigração restrita, colocando essa culpa no lugar a que ela realmente pertence, espero promover uma mudança na opinião pública atual e facilitar importantes realinhamentos políticos.

II

Desde os dias de Ricardo, a posição em defesa do livre comércio tem se mostrado logicamente inatacável. Em prol da seriedade argumentativa, seria útil resumi-la brevemente. A sua reformulação será feita sob a forma de uma *reductio ad absurdum* da tese protecionista tal como recentemente proposta por Patrick Buchanan. [1]

O principal argumento desenvolvido em favor do protecionismo é a proteção dos empregos domésticos. Como os produtores americanos, que pagam aos seus trabalhadores US$ 10,00 por hora, podem competir com os produtores mexicanos, que pagam aos seus trabalhadores US$ 1,00 (ou até menos do que isso) por hora? Eles simplesmente não podem; e os empregos americanos serão perdidos a menos que tarifas estatais de importação sejam impostas para proteger os salários americanos da concorrência mexicana. O livre comércio só é possível entre países que possuam o mesmo nível salarial e que, assim, compitam em "condições iguais, no mesmo nível". Na medida em que este não é o caso no tocante à relação entre os Estados Unidos e o México, essas condições devem ser niveladas através de impostos (tarifas) de importação. Em relação às consequências de tal política de proteção dos empregos domésticos, Buchanan e os seus colegas protecionistas alegam que ela conduzirá ao fortalecimento e à prosperidade domésticos – e, para sustentar essa alegação, são citados exemplos de países de livre comércio que perderam a sua proeminente posição econômica internacional – como a Inglaterra do século XIX – e de países protecionistas que obtiveram essa proeminência – como os EUA do século XIX.

---

[1] Essa discussão de David Ricardo pode ser encontrada em sua obra *Principles of Political Economy and Taxation* (New York: E. P. Dutton, 1948), cap. 7; a defesa mais brilhante do livre comércio no século XIX e a demolição intelectual de todas as formas de políticas protecionistas podem ser encontradas em Frédéric Bastiat, *Economic Sophisms* (Irvington-on-Hudson, N. Y.: Foundation for Economic Education, 1975); e em idem, *Selected Essays on Political Economy* (Irvington-on-Hudson, N.Y.: Foundation for Economic Education, 1975); para consultar uma análise moderna, abstrata e rigorosa do tema do livre comércio, ver Ludwig von Mises, *Human Action: A Treatise on Economics*, Scholar's Edition (Auburn, Alabama: Ludwig von Mises Institute, 1998), cap. 8, especialmente as páginas 158 e seguintes); os pronunciamentos de Patrick J. Buchanan contra o livre comércio são apresentados em seu livro *The Great Betrayal: How American Sovereignty and Social Justice are Sacrificed to the Gods of the Global Economy* (Boston: Little Brown, 1998). Para que não se pense que as visões protecionistas se restringem aos círculos políticos ou jornalísticos, ver David S. Landes, *The Wealth and Poverty of Nations* (New York: Norton, 1998), especialmente as páginas 265 e seguintes, 452 e seguintes e 521 e seguintes, o qual exibe pontos de vista bastante semelhantes aos de Buchanan. A doutrina do livre comércio, de acordo com Landes, é uma "religião" (p. 452); e os seus defensores, como William Stanley Jevons, são "genuínos crentes cegos" (p. 523). Landes cita Jevons, o qual afirmou (em 1883) que
> A liberdade de comércio pode ser considerada um axioma fundamental da economia política. (...) Podemos acolher de boa fé as investigações sobre o estado do comércio e as causas da nossa depressão, mas não podemos esperar que as nossas opiniões sobre o livre comércio sejam alteradas por esse inquérito, assim como a sociedade matemática não poderia esperar que os axiomas de Euclides fossem abalados durante a investigação de um problema complexo. (p. 453)

Embora obviamente discorde dessa citação, Landes (assim como Buchanan) não tenta oferecer algo que se assemelhe a uma refutação à posição de Jevons.

Esta – bem como qualquer outra suposta "comprovação empírica" da tese protecionista – deve ser rejeitada porque contém a falácia *post hoc, ergo propter hoc*. A inferência obtida de dados históricos não é mais convincente do que a conclusão de que, a partir da constatação de que os ricos consomem mais do que os pobres, o consumo deve então ser a causa que torna uma pessoa rica. Na verdade, os protecionistas da estirpe de Buchanan caracteristicamente fracassam em compreender o que está realmente envolvido na defesa da sua tese. Qualquer argumento em favor do protecionismo internacional – ao invés de em favor do livre comércio – é, simultaneamente, um argumento em prol dos protecionismos inter-regional e interlocal. Assim como existem diferentes taxas salariais entre, por exemplo, os Estados Unidos e o México, o Haiti ou a China, também existem diferenças salariais entre Nova York e o Alabama ou entre Manhattan, o Bronx e o Harlem. Portanto, se fosse verdadeira a ideia de que o protecionismo internacional pudesse tornar uma nação inteira mais próspera e mais forte, então também deveria ser verdadeira a concepção de que os protecionismos inter-regional e interlocal pudessem tornar mais prósperas e mais fortes as regiões e as localidades. Com efeito, pode-se até mesmo ir ainda mais longe. Se o argumento protecionista estivesse correto, isso equivaleria à crítica da totalidade das trocas comerciais e à defesa da tese de que todos seriam mais prósperos e mais fortes caso nunca comercializassem com ninguém e se mantivessem em isolamento autossuficiente. É certo que, nesse caso, ninguém jamais perderia o seu emprego; e o desemprego decorrente da concorrência "desleal" desapareceria, sendo reduzido a zero. Portanto, com a dedução da máxima implicação do argumento protecionista, revela-se o seu completo absurdo, pois tal "sociedade com pleno emprego" não seria mais próspera e mais forte; ela seria composta por pessoas que, apesar de trabalharem do amanhecer ao anoitecer, estariam condenadas à pobreza e à miséria ou à morte por inanição. [2]

---

[2] Murray N. Rothbard, em *Power and Market: Government and the Economy* (Kansas City: Sheed Andrews and McMeel, 1977), p. 48, ofereceu esta *reductio ad absurdum* da tese do protecionismo:
Suponha-se que Jones tenha uma fazenda – a "Jones' Acres" – e que Smith trabalhe para ele. Ao se impregnar de ideias em prol das tarifas, Jones estimula Smith a "comprar" a "Jones' Acres". "Mantenha o dinheiro na Jones' Acres"; "não seja explorado pela enxurrada de produtos feitos com mão-de-obra estrangeira que estão fora da Jones' Acres"; e outras máximas semelhantes se tornam o lema dos dois homens. Para certificar-se de que o propósito deles seja alcançado, Jones cobra uma tarifa de 1.000% sobre as importações de todos os bens (produtos e serviços) vindos "de fora", i.e., de outro lugar que não seja a fazenda. Como resultado, Jones e Smith veem o tempo livre – ou o "problema do desemprego" – desaparecer à medida que trabalham noite e dia para suprir a produção de todos os bens que desejam. Muitos bens eles não conseguem suprir de jeito nenhum; outros bens eles conseguem depois de séculos de esforços. É verdade que Jones e Smith colhem a promessa dos protecionistas, a "autossuficiência" – embora a "suficiência" seja uma mera subsistência ao invés de um padrão de vida confortável. O dinheiro é "mantido em casa", e eles podem pagar um ao outro preços e salários nominais muito altos; mas os dois descobrem que o valor real dos seus salários, em termos de bens, cai drasticamente.

O protecionismo internacional – embora seja, obviamente, menos destrutivo do que uma política de protecionismo interpessoal e inter-regional – engendraria exatamente o mesmo efeito, sendo uma receita perfeita para um futuro declínio econômico dos Estados Unidos. É certo que alguns empregos e algumas indústrias americanos seriam protegidos e salvos, mas tal "proteção" impõe um preço. O padrão de vida e os rendimentos reais dos consumidores americanos de produtos estrangeiros seriam coercitivamente reduzidos. Seria aumentado o custo de todos os produtores americanos que utilizam os produtos das indústrias protegidas como insumos (*inputs*) em seus processos produtivos; e eles passariam a ser menos competitivos em nível internacional. Além disso, o que os estrangeiros poderiam fazer com o dinheiro que ganharam com a venda das importações para os EUA? Eles poderiam comprar mercadorias americanas; ou poderiam deixar esse dinheiro nos EUA e investi-lo; e, se a sua venda de importações fosse sustada ou reduzida, eles comprariam menos mercadorias americanas ou investiriam nos EUA apenas pequenas quantias. Assim, como resultado da proteção de alguns poucos empregos americanos ineficientes, um número muito maior de empregos americanos eficientes seria destruído ou jamais floresceria. [3]

---

[3] Para conhecer mais sobre isso, ver Murray N. Rothbard, *The Dangerous Nonsense of Protectionism* (Auburn, Alabama: Ludwig von Mises Institute, 1988). O que os defensores do comércio "justo" normalmente deixam sem resposta, apontou Rothbard, é *por que* os salários nos Estados Unidos são mais elevados do que em Taiwan ou no México em primeiro lugar.

Se o salário dos americanos é o dobro do salário dos taiwaneses, então isso ocorre porque o trabalhador americano é mais fortemente capitalizado, encontra-se equipado com mais e melhores ferramentas e, portanto, mostra-se em média duas vezes mais produtivo. Em um certo sentido, suponho eu, não é "justo" que o trabalhador americano produza mais do que o taiwanês não porque possua qualidades pessoais superiores, mas sim porque os poupadores e os investidores lhe fornecem mais e melhores ferramentas. Mas o salário não é determinado apenas pela qualidade pessoal, mas também pela escassez relativa; e, nos Estados Unidos, os trabalhadores são muito mais escassos em relação ao capital do que os trabalhadores o são em Taiwan. (...) Colocando de outra forma, o fato de que as taxas de salários americanas são em média duas vezes maiores do que as taxas de salários taiwanesas não torna o custo da mão-de-obra nos EUA duas vezes maior do que o custo da mão-de-obra em Taiwan. Uma vez que a mão-de-obra americana é duas vezes mais produtiva, isso significa que a taxa salarial duas vezes maior nos EUA é compensada pelo dobro da produtividade – de forma que o custo da mão-de-obra por unidade produzida nos EUA e em Taiwan tende, em média, a ser o mesmo.

Uma das principais falácias protecionistas é confundir o preço da mão-de-obra (os salários) com o seu custo, o que também depende da sua produtividade relativa. (...) Assim, o problema enfrentado pelos empresários americanos não é exatamente a "mão-de-obra barata" de Taiwan, pois "a mão-de-obra cara" nos Estados Unidos é precisamente o resultado da competição por mão-de-obra escassa entre os empregadores americanos. O problema enfrentado pelas empresas têxteis ou automotivas americanas menos eficientes não é tanto a mão-de-obra barata em Taiwan e no Japão, mas o fato de que outras indústrias dos EUA são suficientemente eficientes para pagar por ela, porque os salários que eles ofertam, em primeiro lugar, são bem altos. (...) Portanto, ao imporem tarifas e quotas protecionistas com a finalidade de salvar, socorrer e manter operantes empresas têxteis, automotivas ou informáticas americanas menos eficientes, os protecionistas não

Portanto, trata-se de um disparate afirmar que a Inglaterra perdeu a sua antiga proeminência econômica em consequência das suas políticas de livre comércio. Ela perdeu essa posição *apesar* da sua política de livre comércio e *em decorrência* das políticas socialistas que predominaram nesse país durante o último terço do século XIX. [4] Da mesma forma, é um absurdo alegar que a ascensão dos Estados Unidos à proeminência econômica no decorrer do século XIX deveu-se às suas políticas protecionistas. Os EUA atingiram essa posição *apesar* do seu protecionismo e *em decorrência* das suas incomparáveis políticas domésticas de *laissez-faire*. Na verdade, o atual declínio econômico dos EUA – o qual Buchanan pretende sustar e inverter – não é o resultado das suas alegadas políticas de livre comércio, mas sim da circunstância de que os EUA, durante o século XX, gradualmente adotaram as mesmas políticas socialistas que anteriormente arruinaram a Inglaterra. [5]

III

Tendo em conta a defesa do livre comércio, vamos agora desenvolver a defesa da ideia de que restrições imigratórias sejam combinadas com políticas de livre comércio. Mais especificamente, vamos construir, em passos sucessivos, uma defesa mais forte em prol de restrições à imigração: partiremos da fraca alegação inicial de que o livre comércio e as restrições imigratórias podem ser combinados e de que não se excluem mutuamente e, por fim, chegaremos à forte alegação final de que o princípio subjacente ao livre comércio efetivamente exige tais restrições.

Desde o começo, deve-se salientar que nem mesmo a política mais restritiva de imigração ou a forma mais exclusiva de segregacionismo impli-

---

apenas prejudicam o consumidor americano. Eles também estão prejudicando indústrias e empresas americanas eficientes, que são impedidas de empregar recursos agora estagnados em empresas incompetentes e que, de outra forma, seriam capazes de se expandirem e de venderem os seus produtos com eficiência tanto na pátria quanto no estrangeiro. (pp. 6–7) Ver também: Henry Hazlitt, *Economia Numa Única Lição* (São Paulo: Instituto Ludwig von Mises Brasil, 2010), cap. 11.

[4] Consultar William H. Greenleaf, *The British Political Tradition*, 3 vols. (London: Methuen, 1983–1987), especialmente o vol. 1: *The Rise of Collectivism*; ver também: Albert V. O. Dicey, *Lectures on the Relation Between Law and Public Opinion During the Nineteenth Century* (London: Macmillan, 1914).

[5] Ver Murray N. Rothbard, "Origins of the Welfare State in America", em *Journal of Libertarian Studies*, 12, n. 2 (1996); Robert Higgs, *Crisis and Leviathan: Critical Episodes in the Growth of American Government* (New York: Oxford University Press, 1987); *A New History of Leviathan*, editado por Ronald Radosh e Murray N. Rothbard (New York: E. P. Dutton, 1972); James Weinstein, *The Corporate Ideal in the Liberal State* (Boston: Beacon Press, 1968); Arthur A. Ekirch, *The Decline of American Liberalism* (New York: Atheneum, 1967); Gabriel Kolko, *Railroads and Regulation* (Princeton, N. J.: Princeton University Press, 1965); e idem, *The Triumph of Conservatism* (New York: Free Press, 1963).

cam a rejeição do livre comércio e a adoção do protecionismo. O fato de que alguns não queiram se associar com – ou viver no bairro de – alemães, haitianos, chineses, coreanos, mexicanos, muçulmanos, hindus, católicos (e assim por diante) não implica que eles não desejem negociar à distância com esses indivíduos. Adicionalmente, mesmo que os rendimentos reais aumentem devido à imigração, não se deve inferir que a imigração deva ser considerada "boa", pois a riqueza material não é a única coisa que tem valor. Em vez disso, aquilo que constitui "riqueza" e "bem-estar" é *subjetivo*; portanto, é possível preferir padrões de vida mais baixos e uma distância maior de outras pessoas a padrões de vida mais elevados e uma distância menor de outros indivíduos. É exatamente pela voluntariedade absoluta da associação humana *e* pela separação – i.e., pela ausência de qualquer forma de integração forçada – que se concretiza a possibilidade de relações pacíficas – i.e., de livre comércio – entre indivíduos cultural, racial, étnica e religiosamente diferentes.

A relação entre o comércio e a migração é uma relação de substituibilidade elástica (ao invés de uma relação de exclusividade rígida): quanto mais (menos) bens você tem, menos (mais) você precisa dos outros. *Ceteris paribus* [6], as empresas se deslocam para regiões com salários mais baixos, e a mão-de-obra se move para áreas com salários mais altos, afetando assim a tendência à equalização das taxas de salários (para o mesmo tipo de trabalho), bem como a melhor localização do capital. Com fronteiras políticas separando áreas com salários baixos e áreas com salários altos – e com políticas nacionais (em nível nacional) de comércio e de imigração estando em vigor –, essas tendências normais – à imigração e à exportação de capital – são enfraquecidas com o livre comércio e reforçadas com o protecionismo. Na medida em que os produtos mexicanos – os produtos de uma área com baixos salários – podem livremente adentrar uma área com altos salários (como os Estados Unidos), é reduzido o incentivo para o povo mexicano migrar em direção aos EUA. Em contraste, se os produtos mexicanos são impedidos de entrar no mercado americano, é aumentado o incentivo para os trabalhadores mexicanos migrarem em direção aos EUA. Da mesma forma, quando os produtores dos EUA são livres para efetuar negócios – compra e venda – entre os produtores e os consumidores mexicanos, serão reduzidas as exportações de capitais dos EUA para o México; no entanto, quando os produtores dos EUA são impedidos de fazê-lo, é aumentado o incentivo para eles transferirem a sua produção dos EUA para o México. [7]

---

[6] *Ceteris paribus* é uma expressão latina que significa "tudo o mais constante" ou "mantidas inalteradas todas as outras coisas". (N. do T.)
[7] Para saber mais sobre isso, ver Ludwig von Mises, *Nation, State and Economy* (New York: New York University Press, 1983), especialmente as páginas 52 e seguintes; e Murray N. Rothbard, *Governo e*

Similarmente, assim como a política de comércio *exterior* dos Estados Unidos afeta a imigração, a sua política de comércio *doméstico* (interno) também a afeta. O livre comércio doméstico é aquilo que normalmente se chama de capitalismo *laissez-faire*. Em outras palavras, o governo nacional segue uma política de não interferência (não ingerência) nas transações voluntárias entre entidades domésticas (os cidadãos) em relação às suas propriedades privadas. A política governamental é ajudar a proteger os cidadãos e as suas propriedades privadas de danos, agressões ou fraudes domésticos (exatamente como no caso do comércio externo e da agressão externa). Se os EUA seguissem rigorosas políticas domésticas de livre comércio, seria reduzida a imigração de pessoas que vivem nas áreas com baixos salários (como o México), ao passo que, enquanto os EUA continuarem implementando políticas "assistencialistas" (de "bem-estar social"), torna-se mais atraente a imigração de indivíduos que vivem nas áreas com baixos salários.

IV

Na medida em que uma área com altos salários (como os Estados Unidos) se engaja em um livre comércio sem restrições – tanto em nível internacional (externo) quanto em nível nacional (interno; doméstico) –, a pressão migratória dos países com baixos salários se manterá baixa ou se reduzirá; portanto, menos urgente será a questão sobre o que fazer em relação à imigração. Por outro lado, na medida em que os EUA se engajam em políticas protecionistas contra os produtos das áreas com baixos salários e em políticas assistencialistas (de bem-estar social) no âmbito interno (doméstico), a pressão migratória se manterá elevada ou até mesmo aumentará; e a questão da imigração assumirá grande importância no debate público.

Obviamente, as maiores regiões com altos salários do mundo – a América do Norte e a Europa Ocidental – encontram-se atualmente nessa última situação. A imigração tornou-se uma preocupação pública cada vez mais urgente.[8] À luz da constante pressão imigratória cada vez maior das

---

Mercado (São Paulo: Instituto Ludwig von Mises Brasil, 2012).
[8] A fim de colocar as coisas na perspectiva correta, pode ser útil fornecer alguns breves comentários sobre os registros acerca do livre comércio e do assistencialismo doméstico dessas regiões.
Estas observações se referem especialmente à situação nos Estados Unidos, mas elas se aplicam, de forma geral, também à situação na Europa Ocidental. O livre comércio significa abster-se de impor tarifas ou quotas de importação e de subsidiar a exportação de bens ou de se engajar em qualquer outro programa de promoção da exportação. Em particular, o livre comércio não requer quaisquer acordos (bilaterais ou multilaterais) ou tratados. Em vez disso, as políticas de livre comércio podem

regiões com baixos salários, têm sido propostas três estratégias gerais para lidar com a imigração: (1) a imigração livre incondicional; (2) a imigração livre condicional; e (3) a imigração restritiva. Ao mesmo tempo em que a nossa principal preocupação será com as duas últimas alternativas, são pertinentes algumas observações sobre a posição em prol da imigração livre incondicional, a fim de apenas ilustrar a dimensão da sua falência intelectual e da sua irresponsabilidade.

Segundo os defensores da imigração livre incondicional, os Estados Unidos *qua* área com altos salários invariavelmente se beneficiaria da imigração livre; tal país, portanto, deveria adotar uma política de fronteiras abertas, independentemente das condições atuais – i.e., mesmo que os EUA estivessem emaranhados no protecionismo e no assistencialismo. [9]

---

ser implementadas de maneira instantânea e unilateral; e acordos comerciais intergovernamentais, independentemente de como são rotulados, devem sempre ser considerados indicadores de *restrições* ao comércio internacional ao invés de indicadores de livre comércio. À luz disso, o registro do livre comércio dos Estados Unidos deve ser considerado desanimador. (Sobre isso, ver, por exemplo, James Gwartney, Robert Lawson e Walter Block, *Economic Freedom of the World, 1975-1995* [Vancouver: Frazer Institute, 1996], páginas 35 e seguintes, 299 e 302.) Um sistema labiríntico de tarifas e de regulações restringe a importação livre de literalmente milhares de bens de origem estrangeira, desde matérias-primas (insumos) até produtos agrícolas, maquinário e produtos de alta tecnologia. Ao mesmo tempo, o governo dos EUA se engaja em uma grande variedade de programas de promoção da exportação – desde simples subsídios à exportação e ajuda externa que exija a compra de certos bens americanos até enormes socorros financeiros para investidores americanos em países estrangeiros e pressões e ameaças militares escancaradas ou veladas. Além disso, com o chamado "Acordo de Livre Comércio da América do Norte" (*North America Free Trade Agreement* – NAFTA), um documento de cerca de 2.400 páginas (quando as prescrições de livre comércio podem ser resumidas em duas frases!), o governo dos EUA, em colaboração com os governos do Canadá e do México, aprovou recentemente outro labirinto de restrições e de regulações em relação ao comércio internacional. Com efeito, o NAFTA promove a harmonização da estrutura tributária e regulatória em toda a América do Norte (muito similar àquilo que a chamada União Europeia [EU] realiza na maioria dos países da Europa Ocidental). Preceitos semelhantes foram aplicados à criação da OMC (*World Trade Organization [WTO]* – "Organização Mundial do Comércio"), a qual resultou da recente "Rodada do Uruguai" promovida pelo GATT (*General Agreement on Tariffs and Trade* – "Acordo Geral sobre Tarifas e Comércio"). Sobre isso, consultar estes escritos: *The Nafta Reader: Free-Market Critiques of the North American "Free Trade" Agreement* (Auburn, Alabama: Ludwig von Mises Institute, 1993); e *The WTO Reader: Free Market Critiques of the World Trade Organization* (Auburn, Alabama: Ludwig von Mises Institute, 1994). Claramente, ainda mais impressionante é o registro do assistencialismo doméstico nos EUA (e, da mesma forma, na Europa Ocidental). O registro acerca disso não é uniforme ao longo da totalidade dos EUA. O assistencialismo público, por exemplo, é maior na Califórnia do que no Alabama – o que explica a considerável migração, dentro dos EUA, em busca da obtenção de benefícios assistencialistas. No entanto, é suficiente dizer que o assistencialismo nos EUA, incluindo as doações em dinheiro e os numerosos benefícios assistencialistas em espécie (tais como vales-refeição, subsídios habitacionais, auxílio médico, auxílio para filhos dependentes e educação pública – entre tantos outros), pode facilmente chegar a uma renda familiar líquida de US$ 20.000,00 por ano e facilmente atingir a elevada quantia de US$ 40.000,00 por ano.

[9] Essa posição, por exemplo, foi repetidamente defendida pelos responsáveis pela página editorial do altamente influente *Wall Street Journal* liderado pelo neoconservador Robert Bartley. Veja-se, a título de exemplo, *Wall Street Journal*, 03 de julho de 1990, em que se propõe uma emenda constitucional: "Não deve haver fronteiras." Da mesma forma, políticas de fronteiras abertas foram propostas por Stephen Moore, do *Cato Institute*; por Donald Boudreaux da *Foundation for Economic*

Uma proposta assim certamente pareceria fantástica a uma pessoa razoável. Suponham que os EUA – ou, ainda melhor, a Suíça – declarasse que não mais haveria qualquer controle fronteiriço; que esse país declarasse que quem pudesse pagar a tarifa poderia entrar no país e que qualquer pessoa que passasse a ser residente teria direito a todas as provisões assistencialistas domésticas "normais". Há alguma dúvida sobre o desastroso resultado dessa experiência no mundo atual? Os EUA – e até mesmo mais rapidamente a Suíça –, já enfraquecidos pelo protecionismo e pelo assistencialismo, seriam invadidos por milhões de imigrantes do Terceiro Mundo. [10] Os custos do assistencialismo subiriam vertiginosamente com espantosa velocidade, e a economia estrangulada se desintegraria e desmoronaria, já que o fundo de reserva – o estoque de capital acumulado no passado e herdado dos antepassados (pais e avós) – foi saqueado e exaurido. Assim como uma vez desapareceu da Grécia e de Roma, a civilização desapareceria dos EUA e da Suíça. [11]

Education; e por Jacob Hornberger, da *Future of Freedom Foundation*. Embora esses indivíduos e essas instituições geralmente se refiram a Julian L. Simon como o seu santo padroeiro nesse sentido, Simon, de fato, *não* defende uma política de fronteiras abertas – ver a sua obra *The Economic Consequences of Immigration* (Cambridge, Massachussets: Blackwell, 1987), p. 309. Muito mais modestamente, Simon recomenda, ao invés disso, "aumentar as quotas de imigração em uma série de incrementos de tamanho significativo – talvez 0,5% ou 1% do total da população em cada etapa – para efetuar a verificação de quaisquer consequências negativas inesperadas" (ibid., p. 348; ver também a página 310). Mais importante ainda: Simon sugere excluir aqueles potenciais imigrantes que se tornarão "encargos sociais" (p. 319). Ele recomenda a discriminação em favor de imigrantes "educados" e daqueles indivíduos que demonstrarem proficiência na língua inglesa (p. 327); ele sugere "dar preferência a candidatos com ativos financeiros", os quais são capazes de realizar "investimentos diretos" no país de acolhimento (p. 328); e ele é particularmente adepto da ideia de "vender o direito de imigração para os Estados Unidos aos maiores arrematadores" (páginas 329 e 335). Em seu último artigo publicado, Simon distancia-se ainda mais da posição em defesa da política de portas abertas. Ver Julian L. Simon, "Are there Grounds for Limiting Immigration?", em *Journal of Libertarian Studies*, 13, n. 2 (1998).
[10] Duas ilustrações úteis podem indicar a magnitude desse problema em potencial. Por um lado, de acordo com as pesquisas realizadas no início da década de 1990 na antiga União Soviética, mais de 30% da população – i.e., cerca de 100 milhões de indivíduos – expressou o desejo de emigrar. Por outro lado, durante a década de 1990, os Estados Unidos mantiveram anualmente uma loteria da "diversidade", oferecendo vistos a pessoas originárias de "países com baixas taxas de imigração para os EUA". A loteria do ano de 1997 atraiu aproximadamente 3,4 milhões de requerentes de 50.000 vistos disponíveis.
[11] Uma posição verdadeiramente notável é sustentada por Walter Block, "A Libertarian Case for Free Immigration", em *Journal of Libertarian Studies*, 13, n. 2 (1998). Block não nega as consequências acima previstas de uma "política de fronteiras abertas". Pelo contrário. Escreve ele:
> Vamos supor que uma política de imigração irrestrita seja implementada, ao passo que o salário mínimo, os sindicatos, o assistencialismo e um código penal suave para com os criminosos continuem existindo no país anfitrião. Então, pode-se muito bem argumentar, o país anfitrião se submeteria a taxas de criminalidade, de assistencialismo e de desemprego cada vez maiores. Uma política de portas abertas, ao invés de liberdade econômica, significaria, na verdade, uma integração forçada a todos os indivíduos desprezíveis do mundo que detêm recursos suficientes para chegar ao nosso litoral. (p. 179)

Block, entretanto, em seguida passa a defender uma política de portas abertas, *independentemente* dessas consequências previsíveis, afirmando que essa posição é exigida pelos princípios da filosofia política libertária. Dadas as inegáveis credenciais de Block como um dos principais teóricos contemporâneos do libertarianismo, vale a pena explicar onde o seu argumento se perde e a razão por que o

Visto que a imigração livre incondicional deve ser reconhecida como uma receita para o suicídio social, a típica posição normal entre os defensores do livre comércio é a alternativa da imigração livre condicional. Conforme esse ponto de vista, os Estados Unidos e a Suíça, em primeiro lugar, teriam de retornar a um irrestrito livre comércio e abolir todos os programas assistencialistas (de bem-estar social) financiados por impostos; só então eles poderiam abrir as suas fronteiras para todos aqueles indivíduos que desejassem imigrar. Provisoriamente, enquanto o estado assistencialista ainda estivesse operante, a imigração seria permitida sob a condição de que os imigrantes fossem excluídos dos benefícios assistencialistas domésticos.

Embora o erro envolvido nesse ponto de vista seja menos óbvio – e embora as suas consequências sejam menos dramáticas do que aquelas associadas à posição em prol da imigração livre incondicional –, tal visão, contudo, é equivocada e prejudicial. Com certeza, caso essa proposta fosse seguida, seria reduzida a pressão migratória sobre os Estados Unidos e a Suíça; mas ela não desapareceria. Na verdade, com políticas (externas e internas) de livre comércio, as taxas de salários dentro dos EUA e da Suíça podem aumentar ainda mais em relação às taxas de salários de outros locais (os quais promovem políticas econômicas menos esclarecidas). Portanto, a atração de ambos os países pode até mesmo aumentar. Em todo caso, alguma pressão migratória permaneceria; assim, alguma forma de política imigratória teria de existir. Mas os princípios subjacentes ao livre

---

libertarianismo não necessita de uma política de portas abertas. A posição pró-imigração de Block se baseia em uma analogia. "É o caso do vagabundo na biblioteca", diz ele.

    O que – caso realmente haja algo – deve ser feito com ele? Se esta é uma biblioteca privada (...), a lei deve *permitir* que o proprietário da biblioteca despeje essa pessoa, se necessário, à sua própria discrição. (...) Porém, como se deve proceder quando se trata de uma biblioteca pública? (...) Nessa condição, [as bibliotecas públicas] se assemelham a um bem sem dono. Cada ocupante tem tanto direito a elas como qualquer outro. Caso nós nos encontremos em um estado revolucionário de guerra, então o primeiro apropriador original (*homesteader*) pode tomar o seu controle. Todavia, caso não haja – como se vê no presente momento – essa situação, dadas as considerações sobre "guerra justa", qualquer interferência razoável na propriedade pública seria legítima. (...) Seria possível fazer a biblioteca "cheirar mal" por meio do odor corporal de gente fedida, deixá-la cheia de lixo espalhado ou "libertar" alguns livros; mas não seria possível colocar minas terrestres sobre as suas instalações para explodir os inocentes usuários da biblioteca. (pp. 180–181)

O erro fundamental desse argumento – segundo o qual todos, incluindo os imigrantes estrangeiros e os vagabundos domésticos, têm o mesmo direito de serem donos de propriedades públicas – é a alegação de Block de que a propriedade pública "se assemelha a um bem sem dono". Na verdade, existe uma diferença essencial entre os bens sem dono e os bens públicos. Os últimos, com efeito, pertencem aos pagadores domésticos de impostos. Eles financiaram a construção dessas propriedades públicas; eles, portanto, de acordo com o montante de impostos pago individualmente, devem ser considerados os seus legítimos proprietários. Nem o vagabundo – que, provavelmente, não pagou impostos – nem qualquer estrangeiro – que, definitivamente, não paga quaisquer impostos internos – podem, assim, ser admitidos como titulares de quaisquer direitos sobre propriedades públicas. Para saber mais sobre isso, ver o capítulo 6 deste livro, especialmente o *Post Script* (seção IV).

comércio implicam que essa política imigratória deve ser uma de "imigração livre" condicional? Não, não é isso o que acontece. Não há nenhuma analogia entre o livre comércio e a imigração livre e entre o comércio restrito (protecionismo) e a imigração restrita. Os fenômenos do comércio e da imigração são diferentes em um aspecto fundamental – e o significado de "livre" e de "restrito" em conjunto com ambos os termos é categoricamente diferente. As pessoas podem deslocar-se e migrar; os bens (produtos e serviços), por sua vez, não podem fazer isso por si mesmos.

Dizendo de outra forma: ao passo que alguém pode migrar de um lugar para outro sem que ninguém deseje que o faça, os produtos e os serviços não podem ser enviados de um lugar para outro sem que o emissor e o receptor concordem. Essa distinção pode parecer trivial, mas ela tem consequências monumentais, pois "livre" em conjunto com "comércio" significa comércio apenas com a aceitação (o convite) das famílias (lares familiares) e das empresas; e "comércio restrito" significa não a proteção das famílias e das empresas de produtos ou de serviços que não foram aceitos (convidados), mas sim a invasão e a revogação do direito das famílias e das empresas de estender ou negar aceitação (convite) no tocante aos seus próprios bens. Em contraste, "livre" em conjunto com "imigração" significa não a imigração por meio do convite das famílias individuais e das empresas, mas sim a invasão indesejada ou a integração forçada; e "imigração restrita" significa (ou, pelo menos, pode significar), na verdade, a proteção das famílias privadas e das empresas da invasão indesejada e da integração forçada. Assim, ao advogar o livre comércio e a imigração restrita, segue-se o mesmo princípio de requerer um convite (uma aceitação) tanto em relação a seres humanos quanto em relação a produtos e serviços.

O defensor do livre comércio e do livre mercado que adota a posição em favor da imigração livre condicional encontra-se envolvido numa incoerência intelectual. O livre comércio e os mercados significam que os donos de propriedades podem receber mercadorias de – ou enviá-las para – outros proprietários sem interferência governamental. O governo permanece inativo *vis-à-vis* o processo de comércio externo e interno, pois existe um receptor pagante para cada produto ou serviço enviado; assim, toda mudança de localização de bens, sendo o resultado de um acordo entre um emissor e um receptor, deve ser considerada mutuamente benéfica. A única função do governo é a de preservar o próprio processo comercial – i.e., proteger os cidadãos domésticos e as suas propriedades. Entretanto, no tocante à circulação de pessoas, o mesmo governo, para cumprir a sua função de protetor, terá de fazer muito mais do que apenas permitir que os acontecimentos sigam naturalmente os seus caminhos, pois as pessoas, ao contrário dos bens, possuem vontade própria e podem migrar. Nesse sentido, os movimentos populacionais, ao contrário das remessas de bens, não são por si sós eventos mutuamente benéficos, pois eles não são sempre – necessariamente e invariavelmente – o resultado de um acordo entre um receptor e um emissor específicos. Pode haver remessas (imigrantes) sem que haja destinatários domésticos que as desejem. Nesse caso, os imigrantes são invasores estrangeiros, e a imigração representa um ato de invasão. Certamente, a função protetora básica de um governo incluiria o impedimento de invasões estrangeiras e a expulsão dos invasores estrangeiros. Então, com a mesma certeza, a fim de cumprir a sua função e a fim de submeter os imigrantes ao mesmo requisito das importações (terem de ser convidados ou aceitos por residentes domésticos), o governo não pode legitimamente permitir o tipo de imigração livre patrocinado pela maioria dos defensores do livre comércio. Apenas imaginem novamente que os Estados Unidos e a Suíça abrissem as suas fronteiras para quem desejasse vir, sob a condição de que os imigrantes seriam excluídos de todos os benefícios assistencialistas (os quais estariam reservados, respectivamente, para os cidadãos americanos e suíços). À parte do problema sociológico de criar duas classes distintas de residentes domésticos – causando, portanto, graves tensões sociais –, há poucas dúvidas sobre o resultado desse experimento no mundo atual. [12] O resultado seria menos drástico e menos imediato do que os efeitos engendrados no âmbito do cenário da imigração livre incondicional, mas ele também implicaria uma enorme invasão estrangeira, conduzindo, em última análise, à destruição das civilizações americana e suíça. Mesmo que não houvesse nenhuma esmola assistencialista estatal disponível para os imigrantes, isso não significa que eles realmente teriam de trabalhar, uma vez que até mesmo a vida dentro e fora dos parques e das ruas públicos nos EUA e na Suíça é confortável em comparação com a vida "real" em muitas outras áreas do mundo. Assim, a fim de cumprir a sua principal função de protetor dos cidadãos e das suas propriedades, o governo de uma área com altos salários não pode seguir uma política imigratória *laissez-passer*, mas deve, na realidade, engajar-se em medidas restritivas. [13]

---

[12] Observe-se que, mesmo que os imigrantes fossem excluídos de todos os benefícios assistencialistas financiados por impostos – bem como do democrático "direito" de voto –, eles ainda assim estariam "protegidos" e cobertos por todas as atuais leis de ação afirmativa (antidiscriminação) – o que impediria os residentes domésticos de "arbitrariamente" excluí-los de empregos, de habitações e de qualquer outra forma de acomodação "pública".
[13] Para conhecer uma brilhante análise literária do tema da imigração "livre", ver Jean Raspail, *The Camp of the Saints* (New York: Charles Scribner's Sons, 1975).

V

O reconhecimento de que os defensores do livre comércio e dos mercados livres não podem defender a imigração livre sem serem incoerentes e se contradizerem – e de que a imigração, portanto, deve, logicamente, ser restrita – é apenas um pequeno passo para chegar-se ao reconhecimento de como ela deve ser restringida. De fato, todos os governos das áreas com altos salários atualmente restringem a imigração de um modo ou de outro. Em lugar algum existe a imigração "livre" (tanto a condicional quanto a incondicional). Contudo, as restrições impostas à imigração nos Estados Unidos e na Suíça, por exemplo, são bastante diferentes. Que restrições devem existir? Mais precisamente: Quais restrições imigratórias um ferrenho defensor do livre comércio e do livre mercado está logicamente obrigado a defender e a promover?

O princípio norteador da política imigratória nacional de uma área com altos salários deriva do *insight* de que, para ser livre no mesmo sentido em que o comércio é livre, a imigração deve ser convidada (aceita, autorizada, solicitada). Os detalhes derivam da elucidação e da exemplificação dos conceitos de "convite", de "invasão" e de "integração forçada".

Para esse efeito, é necessário pressupor, como uma referência conceitual, a existência daquilo que os filósofos políticos descreveram como "anarquia de propriedade privada", "anarcocapitalismo" ou "anarquia ordenada".[14] Todos os territórios são propriedade privada, incluindo todas as ruas, todos os rios, todos os aeroportos e todos os portos. Em relação a alguns pedaços de terra, o título de propriedade pode ser irrestrito (ilimitado); i.e., o proprietário está autorizado a fazer com a sua propriedade tudo quanto lhe aprouver, desde que não danifique fisicamente a propriedade dos outros. Em relação a outros territórios, o título de propriedade pode ser mais ou menos restringido (restrito ou limitado). Como é atualmente o caso em alguns loteamentos, o proprietário pode estar vinculado a limitações contratuais sobre o que ele pode fazer com a sua propriedade (contratos restritivos; zoneamento voluntário), as quais podem incluir temas como: uso residencial *versus* utilização comercial; proibição de edifícios com mais de quatro andares; proibição de venda ou de aluguel a alemães, a fumantes ou a casais que ainda não formalizaram o seu matrimônio.

---

[14] Sobre a teoria do anarcocapitalismo, ver Murray N. Rothbard, *A Ética da Liberdade* (São Paulo: Instituto Ludwig von Mises Brasil, 2010); idem, *Por Uma Nova Liberdade – O Manifesto Libertário* (São Paulo: Instituto Ludwig von Mises Brasil, 2013); Hans-Hermann Hoppe, *The Economics and Ethics of Private Property* (Boston: Kluwer, 1993); David Friedman, *The Machinery of Freedom: Guide to Radical Capitalism* (La Salle, Illinois: Open Court, 1989); Morris Tannehill e Linda Tannehill, *The Market for Liberty* (New York: Laissez Faire Books, 1984); e Anthony de Jasay, *Against Politics: On Government, Anarchy and Order* (London: Routledge, 1997).

É claro que, nesse tipo de sociedade, não há liberdade de imigração ou direito de passagem para os imigrantes. Em vez disso, existe a liberdade dos donos independentes de propriedades privadas de admitir ou de excluir os demais das suas propriedades de acordo com os seus próprios títulos (irrestritos ou restritos) de propriedade. A admissão a alguns territórios pode ser facilmente obtida, ao passo que a admissão a outros territórios pode ser quase impossível de ser adquirida. Em qualquer caso, contudo, o acesso à propriedade de uma pessoa que admite um imigrante não implica a existência de uma "plena liberdade de ir e vir" – a menos que os demais proprietários autorizem essa movimentação. Haverá tanta imigração ou não imigração, tanta inclusão ou exclusão, tanta dessegregação ou segregação, tanta discriminação ou não discriminação (baseada em critérios raciais, étnicos, linguísticos, religiosos, culturais, entre outros) quanto os proprietários ou as associações de proprietários permitirem. [15]

O motivo de descrever o modelo da sociedade anarcocapitalista é mostrar que é impossível (i.e., proibido) existir dentro do seu âmbito algo como a integração forçada (migração não convidada). Nesse cenário, não há diferença entre o movimento físico de bens e a migração de pessoas. Assim como toda circulação de bens reflete um acordo subjacente entre um emissor e um receptor, todos os movimentos imigratórios para – e dentro de – uma sociedade anarcocapitalista são o resultado de um acor-

---

[15] "Se cada pedaço de terra de um determinado país fosse propriedade de alguma pessoa, de algum grupo ou de alguma corporação", analisa Rothbard,
    Isso significaria que nenhum imigrante poderia nele entrar a menos que fosse convidado a adentrar e a menos que obtivesse autorização para alugar ou adquirir propriedades. Um país totalmente privatizado seria tão fechado quanto os moradores e os proprietários o desejassem. Parece claro, então, que o regime de fronteiras abertas que existe *de facto* nos EUA realmente equivale a uma abertura coercitiva promovida pelo estado central (o estado que detém todas as ruas e todos os terrenos públicos), não refletindo verdadeiramente os desejos dos proprietários. (...) Sob condições de privatização total, muitos conflitos locais e muitos problemas de externalidade – e não apenas o problema da imigração – seriam facilmente resolvidos. Em cada bairro e em cada localidade pertencentes a empresas privadas, a corporações ou a comunidades voluntárias (contratuais), reinaria uma genuína diversidade, conforme as preferências de cada comunidade. Alguns bairros seriam étnica ou economicamente diversificados, ao passo que outros bairros seriam étnica ou economicamente homogêneos. Algumas localidades permitiriam pornografia, prostituição, drogas ou abortos, ao passo que outras proibiriam alguma dessas coisas ou todas elas. As proibições não seriam impostas pelo estado, mas na verdade constituiriam simples requisitos para a residência ou para o uso, por algumas pessoas ou pela comunidade, de uma específica superfície terrestre. Ao passo que os estatistas – os quais, por sinal, possuem o ardente desejo de impor os seus valores a todos os demais – ficariam decepcionados, todos os grupos ou todos os interesses teriam pelo menos a satisfação de viver em bairros que contêm indivíduos que compartilham dos seus valores e das suas preferências. Ainda que a propriedade privada de bairros não forneça um paraíso utópico ou uma panaceia para todos os conflitos, ela no mínimo ofereceria uma "melhor" solução, a qual a maioria dos indivíduos estaria disposta a aceitar. (Murray N. Rothbard, "Nations by Consent: Decomposing the Nation-State", em *Journal of Libertarian Studies*, 11, n. 1 [1994]: 7)

do entre um imigrante e um (ou vários) dono doméstico de propriedade. Assim, mesmo que o modelo anarcocapitalista seja, em última análise, rejeitado – e mesmo que, em prol do "realismo", admita-se a existência de um governo e de propriedades e bens "públicos" (em adição à existência de bens e propriedades privados) –, ele esclarece como teria de ser a política governamental de imigração se – e na medida em que – esse governo derivasse a sua legitimidade da soberania do "povo" e fosse visto como a consequência de um acordo ou um "contrato social" (como é presumivelmente o caso de todos os governos modernos pós-monárquicos, é claro). Certamente, tal governo "popular", tendo assumido como a sua principal tarefa a proteção dos cidadãos e das suas propriedades (i.e., a produção de segurança interna), desejaria preservar em vez de abolir a integração voluntária (não forçada) apresentada pelo anarcocapitalismo.

Para esclarecer o que isso implica, é necessário explicar como uma sociedade anarcocapitalista é modificada pela introdução de um governo e como esse acontecimento afeta o problema da imigração. Uma vez que não há nenhum governo em uma sociedade anarcocapitalista, não há distinção clara entre habitantes nativos (cidadãos nacionais) e estrangeiros. Essa distinção surge apenas com o estabelecimento de um governo. O território sobre o qual se estende o poder governamental torna-se uma "nação"; e todas as pessoas que residam fora desse território são consideradas estrangeiras. As fronteiras estatais (bem como os passaportes), distintas das fronteiras das propriedades privadas (bem como os títulos de propriedade), passam a existir, e a imigração assume um novo significado. A imigração se torna a imigração de estrangeiros através das fronteiras dos estados; e a decisão quanto à hipótese de uma pessoa ser ou não admitida não mais cabe exclusivamente aos donos das propriedades privadas ou às associações de proprietários, mas sim, em última análise, ao governo, na condição de monopolista doméstico da produção de segurança. Agora, se o governo exclui uma pessoa mesmo que um residente nacional deseje admiti-la em sua propriedade, o resultado é a exclusão forçada; se o governo admite um indivíduo mesmo que não haja um único residente doméstico que deseje admiti-lo em sua propriedade, o resultado é a integração forçada.

Adicionalmente, em concomitância à instituição de um governo, surge a instituição de bens e propriedades públicos; i.e., de bens e propriedades possuídos coletivamente por todos os residentes domésticos e controlados e administrados pelo governo. Quanto maior (menor) for a quantidade de propriedade pública governamental, maior (menor) será o potencial problema da integração forçada. Considere-se uma sociedade socialista – como, por exemplo, a antiga União Soviética e a antiga Alemanha Oriental. Todos os fatores de produção (bens de capital), incluindo todas as terras e todos os recursos naturais, são de propriedade pública. Portanto, se o governo admite um imigrante que não foi convidado, ele o admite em qualquer lugar dentro do país; pois, sem propriedade privada da terra, não há limitações às suas migrações internas além daquelas decretadas pelo governo. Sob o socialismo, portanto, a integração forçada pode ser espalhada para todos os lugares e, assim, ser imensamente intensificada. (Na verdade, na União Soviética e na Alemanha Oriental, por exemplo, o governo podia colocar um completo estranho na casa ou no apartamento de alguém. Essa medida – e a consequente integração forçada intensificada – era justificada em razão do "fato" de que todos os lares privados repousavam sobre terras públicas. [16])

Países socialistas não são áreas com altos salários, é claro. Ou, caso o sejam, eles não permanecerão assim por muito tempo. O problema não é a pressão imigratória, mas sim a pressão emigratória. A União Soviética e a Alemanha Oriental proibiram a emigração e mataram pessoas que tentaram deixar o país. [17] No entanto, o problema da extensão e da intensificação da integração forçada persiste fora do socialismo. Com certeza, em países não socialistas como os Estados Unidos, a Suíça e a antiga República Federal da Alemanha (Alemanha Ocidental) – os quais são os destinos preferidos dos movimentos imigratórios –, um imigrante admitido pelo governo não poderia deslocar-se para qualquer lugar. A sua liberdade de circulação seria severamente restringida pela extensão das propriedades privadas (em especial, pela extensão das propriedades privadas de terra). Todavia, ao usar as ruas e estradas públicas ou os meios de transporte públicos e ao ficar em terras públicas, parques públicos e edifícios públicos, um imigrante pode atravessar o caminho de todos os residentes domésticos e mover-se para praticamente qualquer bairro. Quanto menor for a quantidade de propriedade pública, menos provável será que isso ocorra – porém, na medida em que exista qualquer propriedade pública, isso não pode ser totalmente evitado.

VI

Um governo popular que pretende salvaguardar os cidadãos e as suas propriedades da integração forçada e de invasores estrangeiros tem dois métodos de fazê-lo: um método corretivo e um método preventivo. O mé-

---

[16] Da mesma forma, sob o socialismo toda forma de migração interna estava submetida ao controle do governo. Sobre esse assunto, ver Victor Zaslavsky e Yuri Lury, "The Passport System in the USSR and Changes in the Soviet Union", em *Soviet Union*, 8, n. 2 (1979).

[17] Sobre isso, consultar Hans-Hermann Hoppe, *Uma Teoria do Socialismo e do Capitalismo* (São Paulo: Instituto Ludwig von Mises Brasil, 2010), cap. 3; idem, "Desocialization in a United Germany", em *Review of Austrian Economics*, 5, n. 2 (1991); e idem, "The Economic and Political Rationale for European Secessionism", em *Secession, State and Liberty*, editado por David Gordon (New Brunswick, N. J.: Transaction Publishers, 1998).

todo corretivo é concebido para amenizar os efeitos da integração forçada, visto que o evento já ocorreu e os invasores estão por aí. Como anteriormente indicado, para atingir esse objetivo, o governo deve reduzir a quantidade de propriedades públicas e expandir a quantidade de propriedades privadas tanto quanto possível; seja qual for a proporção entre as propriedades públicas e as propriedades privadas, o governo deve auxiliar – em vez de impedir – a aplicação do direito do dono de uma propriedade privada de admitir e de excluir outros indivíduos da sua propriedade. Se praticamente todos os bens forem de propriedade privada – e se o governo auxiliar na aplicação dos direitos de propriedade privada –, os imigrantes não convidados, mesmo que obtenham êxito em cruzar a fronteira e em entrar no país, provavelmente não conseguiriam ir muito longe.

Quanto mais plenamente essa medida corretiva for realizada (i.e., quanto maior for o grau de propriedade privada), menor será a necessidade de medidas de proteção (como, por exemplo, a defesa das fronteiras). O custo de proteção contra invasores estrangeiros ao longo da fronteira entre os Estados Unidos e o México, por exemplo, é relativamente alto porque em longos trechos não existem propriedades privadas no lado americano. Porém, mesmo que o custo da proteção das fronteiras diminua graças ao processo de privatização, a invasão estrangeira não desaparecerá enquanto houver diferenças substanciais de renda entre territórios com altos salários e territórios com baixos salários. Assim, a fim de cumprir a sua função protetora básica, o governo de uma área com altos salários deve também engajar-se em ações de prevenção. Em todos os portos de entrada e ao longo das suas fronteiras, o governo, na condição de depositário dos seus cidadãos, deve verificar se todos os indivíduos recém-chegados possuem um bilhete de entrada, i.e., um convite feito por um dono doméstico de propriedade; e quem não estiver na posse de tal bilhete deverá ser expulso à sua própria custa.

Os convites válidos são os contratos entre um (ou mais) anfitrião doméstico privado (residencial ou comercial) e os indivíduos que chegam. Na condição de admissão contratual, a parte anfitriã (convidadora) só pode dispor da sua própria propriedade privada. Assim, semelhante ao cenário da imigração livre condicional, a admissão implica que o imigrante será excluído de todos os benefícios assistencialistas (de bem-estar social) financiados com dinheiro público. Por outro lado, isso significa que a parte anfitriã deve assumir a responsabilidade jurídica pelas ações do seu convidado durante a sua estadia. O convidador é responsabilizado em toda a extensão da sua propriedade por quaisquer crimes que o seu convidado cometa contra a pessoa ou a propriedade de terceiros (assim como os pais são responsabilizados por crimes cometidos pelos seus filhos enquanto estes fazem parte do lar familiar). Essa obrigação – a qual implica que os convidadores terão de contratar seguro (responsabilidade civil) no tocante a todos os seus convidados – termina assim que o convidado tenha deixado o país ou assim que outro dono doméstico de propriedade tenha assumido a responsabilidade pela pessoa em questão (com a admissão desse indivíduo em sua propriedade).

O convite pode ser privado (pessoal) ou comercial, a título temporário ou permanente, dizendo respeito só a alojamento (hospedagem, residência) ou a alojamento e emprego; mas não pode ser válido um contrato que se refira apenas a emprego, não contendo referência a alojamento. [18] Em todo caso, contudo, como uma relação contratual, qualquer convite pode ser revogado ou encerrado pelo anfitrião; em caso de rescisão, o convidado – seja ele um turista, um empresário visitante ou um residente estrangeiro – será obrigado a sair do país (a menos que outro cidadão residente o convide ou negocie um contrato com ele).

O convidado – o qual, o tempo todo, encontra-se sob o risco potencial de expulsão imediata – pode perder o seu *status* jurídico como não residente ou como residente estrangeiro somente mediante a aquisição da cidadania. De acordo com o objetivo de tornar toda imigração (tal como o comércio) convidada e contratual, o requisito fundamental para a cidadania é a aquisição de propriedade – ou, mais precisamente, a aquisição da propriedade de bens imóveis e de imóveis residenciais. Em contrapartida, seria incoerente com a própria ideia de migração convidada conceder a cidadania conforme o princípio da territorialidade – como é o caso dos EUA, em que uma criança nascida de um não residente ou de um residente estrangeiro automaticamente adquire a cidadania americana. De fato, como a maioria dos governos das demais áreas com altos salários reconhece, uma criança em tal situação deve adquirir a cidadania dos seus pais. A concessão de cidadania a essa criança implica o não cumprimento da função protetora básica do governo do país de acolhimento, significando, com efeito, um ato de invasão perpetrado pelo governo contra os seus próprios cidadãos. Tornar-se um cidadão significa adquirir o direito de permanecer no país de forma duradoura; e um convite permanente não pode

---

[18] No atual ambiente jurídico – no qual os donos domésticos de propriedades estão essencialmente proibidos de efetuarem qualquer forma de ação discriminatória –, a presença de trabalhadores estrangeiros inevitavelmente conduziria a uma ampla integração forçada. Uma vez admitidos, com base em um contrato de trabalho existente, esses trabalhadores então estariam autorizados a recorrer aos tribunais para obter o direito de usufruir as habitações, as escolas e os demais estabelecimentos ou acomodações "públicos". Assim, a fim de superar esse problema, deve-se exigir dos empregadores que ofereçam aos seus trabalhadores estrangeiros não apenas emprego, mas também alojamento e coisas como, por exemplo, instalações médicas e locais para compras, para treinamento ou para entretenimento – i.e., todas as amenidades de uma cidade industrial praticamente autossuficiente. Para ver uma discussão sobre a tão criticada instituição das cidades industriais, consultar James B. Allen, *The Company Town in the American West* (Norman: Oklahoma University Press, 1966).

ser garantido por qualquer outro meio que não seja a aquisição de imóveis residenciais de um cidadão residente. Apenas pela venda de imóveis a um estrangeiro um cidadão residente indica que concorda com a sua estadia permanente; e apenas se o imigrante tiver comprado e pago pelo imóvel residencial no país de acolhimento ele assume um interesse duradouro na prosperidade e no bem-estar do seu novo país. Além disso, encontrar um cidadão que está disposto a vender imóveis residenciais e que está disposto e é capaz de pagar, embora seja um requisito necessário para a aquisição da cidadania, pode também não ser suficiente. Se – e na medida em que – os imóveis residenciais em questão estiverem submetidos a cláusulas restritivas, os obstáculos a serem enfrentados por um potencial cidadão podem ser significativamente maiores. [19] Na Suíça, por exemplo, a cidadania pode exigir que a venda de propriedades residenciais para estrangeiros seja ratificada pela maioria dos donos locais de propriedades diretamente afetados (ou até mesmo por todos eles).

VII

Analisando-se com base na política imigratória exigida pelo objetivo de proteger os próprios cidadãos da invasão estrangeira e da integração forçada e pelo objetivo de tornar todos os movimentos populacionais internacionais de migração convidados e contratuais, o governo suíço faz um trabalho consideravelmente melhor do que o governo dos Estados Unidos. É relativamente mais difícil entrar na Suíça na condição de pessoa não convidada; e é mais difícil permanecer nesse país na condição de estrangeiro não convidado. Em especial, é muito mais difícil para um estrangeiro adquirir a cidadania; e a distinção jurídica entre os cidadãos residentes e os estrangeiros residentes é mais nitidamente preservada. Não obstante essas diferenças, tanto o governo da Suíça quanto o governo dos EUA estão implementando políticas de imigração que devem ser consideradas demasiado permissivas.

Ademais, a excessiva permissividade das suas políticas imigratórias e a consequente exposição da população suíça e da população americana à integração forçada por estrangeiros é ainda agravada pelo fato de que a extensão da propriedade pública em ambos os países (bem como em outras áreas com altos salários) é substancial; de que os benefícios assistencialistas (de bem-estar social) financiados por impostos são elevados e crescentes e os estrangeiros não são deles excluídos; e de que, ao con-

---

[19] Ver também: o capítulo 10 deste livro (seção VI); e Spencer H. MacCallum, *The Art of Community* (Menlo Park, California: Institute for Humane Studies, 1970).

trário dos pronunciamentos oficiais, até mesmo a adesão às políticas de livre comércio não é nada perfeita. Portanto, na Suíça, nos Estados Unidos e na maioria das demais áreas com altos salários, os protestos populares contra essas políticas imigratórias permissivas têm se tornado cada vez maiores. O propósito deste capítulo não foi apenas a defesa da privatização das propriedades públicas, do *laissez-faire* doméstico e do livre comércio internacional, mas também – e em especial – a defesa da adoção de uma política imigratória restritiva. Com a demonstração de que o livre comércio é incompatível com a imigração livre (tanto com a condicional quanto com a incondicional) e de que ele exige, pelo contrário, que a migração se submeta à condição de haver convite e de existir contrato, temos a esperança de que isso contribua para a promoção de políticas futuras mais iluminadas e esclarecidas nesse campo.

Capítulo IX
Sobre a Cooperação, a Tribo, a Cidade e o Estado

I

Ludwig von Mises explicou a evolução da sociedade – da cooperação humana sob a divisão do trabalho – como sendo o resultado de um conjunto de dois fatores: em primeiro lugar, da existência das diferenças entre os homens (trabalho) e/ou das desigualdades da distribuição geográfica dos fatores de produção ofertados pela natureza (terra); em segundo lugar, do reconhecimento do fato de que o trabalho realizado no âmbito da divisão do trabalho é mais produtivo do que o trabalho realizado em isolamento autossuficiente. Escreve ele:

> Se – e na medida em que –, por meio da divisão do trabalho, obtém-se uma maior produtividade do que aquela obtida por meio do trabalho isolado; se – e na medida em que – o homem é capaz de perceber esse fato, a ação humana tende, naturalmente, à cooperação e à associação; o homem torna-se um ser social não porque sacrifica os seus interesses em favor de um mítico Moloch, a sociedade, mas sim porque pretende melhorar o seu próprio bem-estar.
>
> A experiência ensina que essa condição – uma maior produtividade alcançada pela divisão do trabalho – torna-se efetiva porque a sua causa – a desigualdade inata entre os homens e a desigual distribuição geográfica dos fatores naturais de produção – é real. É este o fato que nos permite compreender o curso da evolução social. [1]

Há vários pontos importantes a serem aqui ressaltados para que se obtenha uma compreensão adequada desse *insight* fundamental de Mises sobre a natureza da sociedade – detalhes esses que também nos auxiliarão a compreender algumas conclusões iniciais e preliminares acerca do papel que o sexo e a raça desempenham na evolução social. Em primeiro lugar, é importante reconhecer que as desigualdades em relação ao trabalho e/ou à terra são uma condição necessária – porém insuficiente – para o surgimento da cooperação humana. Se todos os seres

---

[1] Ludwig von Mises, *Human Action: A Treatise on Economics*, Scholar's Edition (Auburn, Alabama: Ludwig von Mises Institute, 1998), p. 160.

humanos fossem idênticos e se todos estivessem equipados com recursos naturais idênticos, todos produziriam a mesma qualidade e a mesma quantidade de bens, e a ideia de intercâmbio (troca) e de cooperação jamais ocorreria na mente dos indivíduos. No entanto, a existência de desigualdades não é suficiente para desencadear a cooperação. Há também diferenças no reino animal – mais notadamente, as diferenças de sexo (gênero) entre os membros de uma mesma espécie animal, bem como as diferenças entre as várias espécies e subespécies (raças) –, mas não existe, entre os animais, algo que se assemelhe à cooperação. Com certeza, existem as abelhas e as formigas, cujos agrupamentos são considerados "sociedades animais". Elas, contudo, formam sociedades apenas em um sentido metafórico. [2] A cooperação entre as abelhas e as formigas é estimulada e assegurada tão-somente por fatores biológicos – i.e., por instintos inatos. Elas não podem cooperar de maneira diferente daquela como o fazem; e, não havendo mudanças fundamentais em sua composição biológica, a divisão do trabalho entre elas não se encontra exposta ao perigo de dissolução. Em distinto contraste, a cooperação entre os seres humanos é o efeito de ações individuais propositadas, de objetivos conscientes que visam à concretização de fins individuais. Em decorrência disso, a divisão do trabalho entre os homens encontra-se constantemente ameaçada pela possibilidade de desintegração.

No reino animal, portanto, as diferenças entre os sexos apenas podem ser consideradas um fator de atração (de reprodução e de proliferação), ao passo que as diferenças entre as espécies e as subespécies podem ser consideradas um fator de repulsão (de separação ou até mesmo de antagonismo mortal, de evasão, de luta e de aniquilamento). Além disso, dentro do reino animal, não faz qualquer sentido descrever o comportamento resultante da atração sexual como consensual (amor) ou não consensual (estupro); é também insensato qualificar a relação entre os membros de diferentes espécies ou subespécies como uma relação de hostilidade e ódio ou entre criminosos e vítimas. No reino animal, só existe interação, a qual não é nem um comportamento cooperativo (social) nem um comportamento criminoso (antissocial). Como discorre Mises:

> Há interação – influência recíproca – entre todas as partes do universo: entre o lobo e o carneiro devorado; entre o micróbio e o homem que ele mata; entre a pedra que cai e o objeto sobre o qual ela cai. A sociedade, pelo contrário, implica sempre a cooperação de homens com outros homens, de forma a permitir que todos os participantes atinjam os seus próprios fins. [3]

---

[2] Sobre esse tema, ver Jonathan Bennett, *Rationality: An Essay Toward an Analysis* (London: Routledge and Kegan Paul, 1964).
[3] Mises, *Human Action: A Treatise on Economics*, Scholar's Edition (Auburn, Alabama: Ludwig von

Em adição à desigualdade de trabalho e/ou de terra, para que aconteça a evolução da cooperação humana, deverá ser cumprido o segundo requisito. Os homens – pelo menos, dois deles – devem ser capazes de reconhecer a maior produtividade da divisão do trabalho baseada no reconhecimento mútuo da propriedade privada (i.e., do controle exclusivo de todo indivíduo sobre o seu próprio corpo e sobre as suas apropriações e posses físicas) em comparação tanto com o isolamento autossuficiente quanto com a agressão, a depredação e a dominação. Ou seja, é necessário que haja um mínimo de inteligência ou de racionalidade; e os homens – no mínimo, dois deles – devem possuir suficiente força moral para agir de acordo com essa visão e devem estar dispostos a renunciar a satisfações imediatas em prol de satisfações futuras ainda maiores. Entretanto, para a inteligência e a vontade consciente, escreve Mises,

> Os homens permaneceriam sempre inimigos mortais uns dos outros, rivais irreconciliáveis nos seus esforços para assegurar uma parte dos escassos recursos que a natureza fornece como meio de subsistência. Cada homem seria forçado a ver todos os outros como os seus inimigos; o seu intenso desejo de satisfazer os seus próprios apetites o conduziria a um conflito implacável com os seus vizinhos. Nenhum sentimento de simpatia poderia florescer em tais condições. [4]

O membro da raça humana que é completamente incapaz de compreender a maior produtividade do trabalho realizado no âmbito da divisão do trabalho baseada na propriedade privada não é propriamente uma pessoa (uma *persona*): ele encontra-se na mesma categoria moral dos animais – ou na categoria dos animais inofensivos (sendo domesticado e utilizado como um bem de produção ou como um bem de consumo; ou sendo desfrutado como um "bem livre") ou na categoria dos animais selvagens e perigosos (sendo combatido como uma praga). Por outro lado, existem aqueles membros da espécie humana que são capazes de compreender essa visão, mas que não possuem a força moral necessária para agir de acordo com ela. Tais pessoas são ou brutos inofensivos que vivem separados (fora) da sociedade humana ou criminosos mais ou menos perigosos. Trata-se de pessoas que conscientemente agem de forma errada e que, além de terem de ser domadas ou até mesmo fisicamente derrotadas, devem ser punidas proporcionalmente à gravidade dos seus crimes, a fim de que compreendam a natureza das suas transgressões e aprendam uma lição para o futuro. A cooperação humana (i.e., a sociedade) só pode prevalecer e evoluir na medida em

---

Mises Institute, 1998), p. 169.
[4] Ibid., p. 144.

que o homem for capaz de subjugar, domesticar, apropriar e cultivar o seu ambiente físico e animalesco e na medida em que ele for bem-sucedido na repressão do crime, reduzindo-o a ocorrências raras por meio da autodefesa, da proteção dos direitos de propriedade e da punição. [5]

II

Entretanto, logo que esses requisitos forem cumpridos – e na medida em que o homem, motivado pelo conhecimento da maior produtividade física da divisão do trabalho baseada na propriedade privada, estiver engajado e envolvido em trocas mutuamente benéficas –, as forças "naturais" de atração decorrentes das diferenças entre os sexos e as forças "naturais" de repulsão (ou de inimizade) decorrentes das diferenças entre as raças (e até mesmo dentro delas) podem ser transformadas em relações verdadeiramente "sociais". A atração sexual pode evoluir da simples cópula para as relações consensuais, os vínculos mútuos, as famílias (os lares familiares), o amor e a afeição (o carinho). [6] (Comprova-se a enorme

---

[5] Praticamente ninguém ressaltou com tanta ênfase a importância do conhecimento e da racionalidade para o surgimento e a manutenção da sociedade do que Mises. Explica ele:
> Pode-se admitir que, no homem primitivo, a propensão a matar e a destruir e a disposição para a crueldade fossem inatas. Pode-se também supor que, nas condições daqueles tempos, as tendências agressivas e homicidas favorecessem a preservação da vida. Houve um tempo em que o homem era uma besta brutal. (...) Mas não se deve esquecer que ele, fisicamente, era um animal fraco; não lhe teria sido possível enfrentar os grandes predadores se ele não estivesse equipado com uma arma especial: a razão. O fato de que o homem é um ser racional – e de que, portanto, não cede, sem inibições, a qualquer impulso e determina a sua conduta segundo uma deliberação racional – não deve ser considerado como não natural de um ponto de vista zoológico. Falar de conduta racional significa dizer que o homem, diante do fato de não poder satisfazer todos os seus impulsos, todos os seus desejos e todos os seus apetites, renuncia àqueles que considera menos urgentes. Para não comprometer o funcionamento da cooperação social, o homem é forçado a se abster de satisfazer aqueles desejos cuja satisfação possa perturbar o estabelecimento de instituições sociais. Não há dúvida de que tal renúncia seja penosa. Não obstante, o homem fez a sua escolha. Renunciou à satisfação de alguns desejos incompatíveis com a vida social e deu prioridade à satisfação daqueles desejos que só podem ser realizados – pelo menos de forma plena – mediante um sistema de divisão do trabalho. (...) Essa decisão não é irreversível e definitiva. A escolha dos pais não elimina a liberdade de escolha dos filhos. Estes podem reverter a decisão anterior; podem, diariamente, proceder a uma inversão de valores e preferir o barbarismo à civilização – ou, como colocam alguns autores, preferir a alma ao intelecto, o mito à razão, a violência à paz. Mas eles terão de escolher. Não é possível possuir ao mesmo tempo coisas incompatíveis. (*Human Action: A Treatise on Economics*, Scholar's Edition [Auburn, Alabama: Ludwig von Mises Institute, 1998], pp. 171–172)

Ver também: Joseph T. Salerno, "Ludwig von Mises as Social Rationalist", em *Review 01 Austrian Economics*, 4 (1990).

[6] "No quadro da cooperação social", escreve Mises,
> Podem emergir, entre os membros da sociedade, sentimentos de simpatia e de amizade e uma sensação de comunidade. Esses sentimentos são, para o homem, a fonte das mais agradáveis e

produtividade das famílias pelo fato de que nenhuma outra instituição demonstrou-se mais durável ou capaz de produzir tais emoções!) E a repulsão intrarracial e inter-racial pode evoluir de sentimentos de inimizade ou hostilidade para o desejo de efetuar cooperação (comércio) uns com os outros apenas indiretamente – i.e., com separação física e segregação espacial – em vez de diretamente (i.e., na condição de vizinhos, colegas de trabalho e associados). [7]

A cooperação humana (a divisão do trabalho), baseada, por um lado, em lares familiares integrados e, por outro lado, em lares familiares, aldeias, tribos, nações, raças (e assim por diante) separados – por meio da qual as atrações e as repulsões naturais (biológicas) do homem evoluem para um sistema mutuamente reconhecido de alocação espacial ou geográfica (de aproximação física e integração ou de separação e segregação; de contato direto [intercâmbio] ou de contato indireto [comércio]) –, conduz (1) a melhores e maiores padrões de vida, (2) a um crescimento da população, (3) à extensão e à intensificação da divisão do trabalho e (4) ao aumento da diversidade e da diferenciação. [8]

---

sublimes experiências. Eles são o mais precioso adorno da vida; eles elevam a espécie animal "homem" às alturas de uma existência realmente humana. Entretanto, esses sentimentos não são – como tem sido afirmado – os agentes que engendraram as relações sociais. Eles são fruto da cooperação social e só vicejam em seu quadro; eles não precederam o estabelecimento das relações sociais e não são a semente de onde estas germinam. (Ibid., p. 144)

"A mútua atração sexual entre macho e fêmea", ainda explica Mises,

É inerente à natureza animal do ser humano e independe de qualquer raciocínio ou teorização. É possível qualificá-la como original, vegetativa, instintiva ou misteriosa; não há inconveniente em afirmar metaforicamente que ela faz com que dois seres se sintam um só. É possível considerá-la uma comunhão mística de dois corpos, uma comunidade. Todavia, nem a coabitação nem aquilo que a precede ou a sucede suscitam a cooperação social e os modos de vida em sociedade. Os animais também se juntam para cruzar, mas não desenvolvem relações sociais. A vida em família não é apenas um produto da relação sexual. Não é, de modo algum, nem natural nem necessário que pais e filhos vivam juntos (como se faz em uma família). A relação sexual não resulta necessariamente na formação da família. A família humana é resultado do pensamento, do planejamento e da ação. É este o fato que a distingue radicalmente daqueles grupos animais que, por analogia, são chamados de famílias animais. (Ibid., p. 167)

[7] Sobre o significado de raça e etnia – e, especialmente, sobre "a semelhança e a não semelhança genéticas" como fontes de atração e de repulsão mútuas –, ver J. Philippe Rushton, *Race, Evolution and Behavior* (New Brunswick, N. J.: Transaction Publishers, 1995); idem, "Gene Culture, Co-Evolution and Genetic Similarity Theory: Implications for Ideology, Ethnic Nepotism and Geopolitics", em *Politics and the Life Sciences*, 4 (1986); idem, "Genetic Similarity, Human Altruism and Group Selection", em *Behavioral and Brain Sciences*, 12 (1989); idem, "Genetic Similarity in Male Friendships", em *Ethology and Sociobiology*, 10 (1989); ver também: Michael Levin, *Why Race Matters* (Westport, Connecticut: Praeger, 1997); idem, "Why Race Matters: A Preview", em *Journal of Libertarian Studies*, 12, n. 2 (1996).

[8] Ver Murray N. Rothbard, "Freedom, Inequality, Primitivism and the Division of Labor", em idem, *Egalitarianism as a Revolt Against Nature and Other Essays* (Auburn, Alabama: Ludwig von Mises Institute, 2000).

Em consequência desse desenvolvimento e desse aumento cada vez mais veloz da quantidade de bens e de desejos que podem ser adquiridos e satisfeitos apenas indiretamente, surgirão negociantes profissionais, comerciantes e centros comerciais. Os mercadores e as cidades funcionam como mediadores das trocas indiretas entre famílias e associações comuns territorialmente separadas, tornando-se, assim, o lócus e o foco sociológicos e geográficos das associações intertribais ou inter-raciais. Será dentro da classe dos comerciantes que os casamentos racial, étnica ou tribalmente mistos se mostrarão relativamente mais comuns; e, já que a maioria das pessoas de ambos os grupos de referência geralmente desaprova tais alianças matrimoniais, quem poderá pagar por tal extravagância serão os membros mais ricos da classe mercante. Todavia, até mesmo os membros mais ricos das famílias de comerciantes serão bastante cautelosos em tais esforços. A fim de não colocarem em perigo as suas próprias posições de mercadores, eles tomarão muito cuidado para que cada matrimônio misto seja um casamento entre "iguais" (ou, pelo menos, aparente sê-lo para as etnias mais importantes). Portanto, é bem provável que a mistura racial promovida pela classe mercante contribua mais para o "enriquecimento" genético do que para o "empobrecimento" genético. [9] Assim, será nas grandes cidades – na condição de centros do comércio internacional, onde casais mistos e os seus descendentes normalmente residem – que os membros das diferentes etnias, tribos e raças, mesmo que não se casem entre si, ainda efetuarão contatos pessoais diretos regulares uns com os outros (na verdade, fazê-lo é necessário pelo fato de que os seus respectivos membros nos locais de origem não precisam lidar diretamente com estranhos mais ou menos desagradáveis); será nas grandes cidades que surgirão os mais elaborados e mais desenvolvidos sistemas físicos e operacionais de integração e de segregação. [10] Também será nas grandes

---

[9] Ver Wilhelm Mühlmann, *Rassen, Ethnien, Kulturen. Moderne Ethnologie* (Neuwied: Luchterhand, 1964), pp. 93–97. Em geral, com a exceção do estrato superior da classe dos mercadores, a pacífica mistura racial ou étnica era normalmente restrita a membros da alta classe social, i.e., aos nobres e aristocratas. Assim, as famílias menos puras em termos raciais ou étnicos eram, caracteristicamente, as principais dinastias reais.

[10] Por exemplo, Fernand Braudel forneceu a seguinte descrição do complexo padrão de separação espacial e de integração funcional e da correspondente multiplicidade de jurisdições separadas e concorrentes desenvolvido nos grandes centros comerciais (como Antióquia) durante o auge da civilização islâmica (desde o século VIII até o século XII): No centro da cidade

> Encontrava-se a Grande Mesquita para o sermão semanal. (...) Nas proximidades, situava-se o bazar, i.e., o quarteirão (ou bairro) dos mercadores com as suas ruas e as suas lojas (o *souk*), os seus armazéns, as suas estalagens (as caravançarais) e os seus banhos públicos. (...) Os artesãos se agrupavam, a partir da Grande Mesquita, em uma disposição concêntrica: em primeiro lugar, os fabricantes e vendedores de perfumes e de incenso; em seguida, as lojas de tecidos e de tapetes, de joias e de comida; por último, os mais humildes ofícios (...), como curtidores, sapateiros, ferreiros, oleiros, seleiros, tintureiros. As suas lojas delimitavam as fronteiras da cidade. (...) Em princípio, cada um desses ofícios tinha o seu local estabelecido para todos os tempos. Da mesma forma, o *maghzen* (o quarteirão do Príncipe) encontrava-se, em princípio, situado na periferia da cidade, bem longe dos

cidades que, como resultado subjetivo desse complexo sistema de alocação espacial e funcional, os cidadãos desenvolverão as mais refinadas formas de conduta pessoal e profissional, de etiqueta e de estilo. É a cidade que gera a civilização e a vida civilizada. [11]

Para manter a lei e a ordem dentro de uma cidade grande, com os seus intrincados padrões físicos e funcionais de integração e de separação, uma grande variedade de jurisdições, juízes, árbitros e forças policiais – em aditamento à autodefesa e à proteção dos direitos de propriedade privada – passará a existir. Será aquilo que poderá chamar-se de governação da cidade, mas não haverá um governo (um estado). [12] Para que surja um governo, é necessário que um desses juízes, árbitros ou empreendimentos de aplicação da lei seja bem-sucedido em estabelecer-se como um monopolista. Ou seja, ele deve ser capaz de insistir que nenhum cidadão possa escolher alguém além dele como o juiz ou o árbitro de última instância; e ele deve conseguir reprimir qualquer outro juiz ou árbitro de tentar assumir o mesmo papel (competindo, então, com ele). Porém, mais interessantes do que a questão de saber o que é o governo são as seguintes perguntas: (1) Como é possível que um juiz possa estabelecer um sistema judicial monopolista, visto que os outros juízes naturalmente se oporão a qualquer tentativa nesse sentido? (2) O que, especificamente, faz com que seja possível – bem como o que isso implica – estabelecer um monopólio da lei e da ordem em uma cidade grande, i.e., sobre um território com populações étnica, tribal e/ou racialmente mistas?

---

tumultos e das revoltas populares. Próximo a ele – e sob a sua proteção –, encontrava-se o *mellah* (quarteirão judeu). O mosaico era preenchido por uma grande variedade de distritos residenciais, divididos por raça e por religião: havia quarenta e cinco desses distritos somente em Antióquia. "A cidade consistia em um conjunto de diferentes quarteirões, e todos viviam sob o temor de massacres." Portanto, os colonizadores ocidentais não deram início à segregação racial – embora eles nunca a tenham reprimido. (Fernand Braudel, *A History of Civilizations* [New York: Penguin Books, 1995], p. 66)

[11] Em latim, *civitas* significa "cidade". (N. do T.)

[12] Ver Otto Brunner, *Sozialgeschichte Europas im Mittelalter* (Göttingen: Vandenhoeck und Ruprecht, 1984), cap. 8; Henri Pirenne, *Medieval Cities* (Princeton, N. J.: Princeton University Press, 1969); *Cities and the Rise of States in Europe, 1000–1800* (Boulder, Colorado: Westview Press, 1994), editado por Charles Tilly e Wim P. Blockmans; e Boudewijn Bouckaert, "Between the Market and the State: The World of Medieval Cities", em *Values and the Social Order*, vol. 3, *Voluntary versus Coercive Orders*, editado por Gerard Radnitzky (Aldershot, U. K.: Avebury, 1997). Aliás, os muito mal falados e criticados guetos judeus, os quais foram característicos das cidades europeias ao longo da Idade Média, não eram indicativos de *status* jurídico inferior outorgado aos judeus ou de discriminação contra eles. Pelo contrário: os guetos eram lugares onde os judeus gozavam de pleno autogoverno e onde se aplicava a lei rabínica. Sobre isso, consultar Guido Kisch, *The Jews in Medieval Germany* (Chicago: University of Chicago Press, 1942); ver também: Erik von Kuehnelt-Leddihn, "Hebrews and Christians", em *Rothbard–Rockwell Report*, 9, n. 4 (abril de 1998).

Em primeiro lugar, quase por definição, conclui-se que, com o estabelecimento de um governo municipal, as tensões entre raças, tribos, etnias e clãs familiares aumentarão, pois o monopolista, seja ele quem for, deve pertencer a uma determinada origem étnica; assim, em razão de ele ser o detentor do monopólio, isso será considerado pelos cidadãos das demais origens étnicas como um insulto, i.e., como um ato de discriminação arbitrária contra os povos de outra raça, outra tribo ou outro clã. O delicado equilíbrio dessa pacífica cooperação inter-racial, interétnica e interfamiliar – obtida por meio de um complexo sistema funcional e espacial de integração (associação) e de segregação (separação) – será perturbado. Em segundo lugar, esse *insight* conduz diretamente à resposta sobre como um único juiz pode desbancar e sobrepujar todos os outros. Em síntese, para que seja superada a resistência dos juízes concorrentes, um aspirante a monopolista deve obter e assegurar um apoio maior da opinião pública. Em um ambiente etnicamente misto, isso normalmente significa colocar em jogo a "carta da raça". O potencial monopolista deve fomentar a consciência racial, tribal ou nacional entre os cidadãos da sua própria raça, da sua própria tribo, do seu próprio clã (e assim por diante) e prometer, em troca do seu apoio, ser um juiz parcial em questões relacionadas à sua própria raça, à sua própria tribo ou ao seu próprio clã (ou seja, trata-se exatamente daquilo de que os cidadãos das demais origens étnicas têm medo – i.e., eles querem evitar serem tratados com parcialidade). [13]

Neste estágio da presente reconstrução sociológica, vamos apresentar resumidamente, sem explicações mais profundas, alguns passos adicionais necessários para chegar-se a um cenário contemporâneo realista sobre raça, sexo, sociedade e estado. Naturalmente, um monopolista tentará manter a sua posição e, possivelmente, até mesmo transformá-la em um título hereditário (i.e., ele tentará tornar-se um rei). Contudo, realizar isso em uma cidade cuja população seja étnica ou tribalmente mista é muito mais difícil do que em uma comunidade rural homogênea. Ao invés disso, nas grandes cidades é muito mais provável que os governos assumam a forma de uma república democrática – com "livre entrada" na posição de soberano supremo, partidos políticos concorrentes e elei-

---

[13] Para conhecer uma análise sociológica da primeira fase do desenvolvimento das cidades-estado (fase pré-democrática), caracterizada pelos governos de aristocratas/patrícios baseados em – e divididos por – famílias (clãs) e conflitos familiares, ver Max Weber, *The City* (New York: Free Press, 1958), cap. 3. Ver também a nota de rodapé n. 17.

ções populares.[14] No decorrer do processo de centralização política [15] – de expansão territorial de um governo à custa de outro –, esse modelo de governo das grandes cidades, então, tomará essencialmente esta única forma: um estado democrático que exerce um monopólio judicial sobre um território com populações racial e/ou etnicamente muito diversas.

III

Embora, hoje em dia, o monopólio judicial dos governos se estenda normalmente para além de uma única cidade – e, em alguns casos, ao longo de quase todo um continente –, os efeitos sobre as relações entre as raças e os sexos e sobre a aproximação e a separação espaciais em relação ao governo (monopólio judicial) ainda podem ser mais bem observadas nas grandes cidades e em seu declínio (de centros de civilização para centros de degeneração e decadência).

Com um governo central se estendendo sobre as cidades e as zonas rurais, passam a existir países, habitantes nativos e estrangeiros. Isso não causa um efeito imediato sobre as áreas rurais, nas quais não há estrangeiros (i.e., membros de diferentes etnias, raças, tribos – e assim por diante). Porém, nos grandes centros comerciais, onde há populações mistas, a distinção jurídica entre habitantes nativos e estrangeiros (ao invés da distinção entre donos de propriedades privadas em termos de raça ou de etnia) conduzirá, quase invariavelmente, a alguma forma de exclusão forçada e a um nível reduzido de cooperação interétnica. Adicionalmente, com a

---

[14] Essa afirmação sobre a típica forma de governo democrático-republicana – em vez de monárquica – em cidades comerciais de grande porte não deve ser interpretada como uma simples proposição empírica/histórica. Na verdade, historicamente, a formação de governos atrasou o desenvolvimento dos grandes centros comerciais. A maioria dos governos consistira de governos monárquicos ou principescos; e, quando as grandes cidades comerciais surgiram, o poder dos reis e dos príncipes normalmente também se estendeu inicialmente para tais novos espaços urbanos. Em vez disso, a afirmação acima deve ser interpretada como uma proposição sociológica relativa à improbabilidade da origem endógena dos governos monárquicos ou principescos em grandes centros comerciais com populações etnicamente mistas – i.e., como uma resposta a uma questão essencialmente hipotética e contrafatual. Sobre isso, consultar Max Weber, *Soziologie, Weltgeschichtliche Analyzen, Politik* (Stuttgart: Kroener, 1964), pp. 41-42, que observa que os reis e os príncipes, mesmo quando residiam em cidades, não eram, decididamente, reis e nobres *das* cidades. Os seus centros de poder residiam fora das cidades (no campo), e o controle que esses reis e esses nobres detinham sobre os grandes centros comerciais era apenas tênue.
Assim, as primeiras experiências com a forma democrático-republicana de governo ocorreram tipicamente nas cidades, as quais se desmembraram (i.e., obtiveram a independência) dos seus arredores predominantemente rurais e monárquicos.

[15] Sobre a competição eliminatória entre os estados e a sua tendência inerente à centralização e à expansão territorial – em última análise, à expansão territorial ao ponto de promover o estabelecimento de um único governo mundial –, ver os capítulos 5, 11 e 12 deste livro.

existência de um estado central, a segregação física e a separação entre a cidade e o campo serão sistematicamente reduzidas. A fim de exercer o seu monopólio judicial, o governo central deve ser capaz de acessar todas as propriedades privadas dos habitantes nativos; e, para fazê-lo, é preciso assumir o controle de todas as estradas e ruas existentes e até mesmo ampliar o sistema existente de estradas e ruas. Diversos lares familiares (famílias) e aldeias, assim, passam a ficar mais próximos entre si do que, em caso contrário, poderiam ter desejado, e a distância física e a separação entre a cidade e o campo serão reduzidas de forma significativa. Portanto, internamente, será promovida a integração forçada.

Naturalmente, essa tendência à integração forçada em função do monopólio das estradas e das ruas será mais pronunciada nas cidades. Essa tendência será ainda mais estimulada se – como é típico – o governo tiver a sua sede em uma cidade específica (a capital). Um governo popularmente eleito não pode evitar usar o seu monopólio judicial para exercer políticas de redistribuição em favor dos eleitores da sua origem étnica ou racial – o que, invariavelmente, atrairá ainda mais membros da sua própria tribo; e, com as mudanças no governo, mais membros de até mesmo mais e diferentes tribos se deslocarão das áreas rurais para a capital a fim de receberem cargos públicos ou esmolas estatais. Em decorrência disso, não só a capital torna-se relativamente "superdimensionada" (ao passo que outras cidades encolhem); ao mesmo tempo, devido ao monopólio das estradas e ruas "públicas" – através das quais todos podem se locomover para onde quiserem –, todas as formas de tensões e de animosidades étnicas, tribais ou raciais serão estimuladas.

Além disso, ao passo que os casamentos inter-raciais, intertribais e interétnicos eram raros e restringiam-se ao estrato superior da classe comerciante, com a chegada à capital de burocratas e vagabundos de várias origens raciais, tribais e étnicas, a frequência do casamento interétnico aumentará, e o foco do sexo interétnico (até mesmo sem casamento) se deslocará cada vez mais da classe superior dos comerciantes para as classes inferiores – até mesmo para a classe mais baixa dos destinatários do assistencialismo estatal. Em vez de enriquecimento genético, a consequência é um empobrecimento genético cada vez maior – uma tendência impulsionada pelo fato de que o assistencialismo governamental naturalmente conduzirá a um aumento da taxa de natalidade dos seus beneficiários em relação à taxa de natalidade dos demais membros da sociedade, em especial dos membros da classe superior da sua tribo ou raça. Graças a esse aumento desproporcional do número de pessoas da classe baixa (e até mesmo do número de pessoas das subclasses) e ao número cada vez maior de descendentes étnica, tribal e racialmente mistos (especialmente nos estratos sociais inferiores e mais baixos), a natureza do governo democrático (popular) gradualmente se modificará. Ao invés de a "carta da raça" ser, essencialmente, o único instrumento da política, a política se tornará cada vez mais uma "política de classes". Os governantes estatais não mais podem depender exclusivamente do apoio dos membros da sua mesma origem étnica, tribal ou racial; eles devem tentar encontrar cada vez mais apoio em linhas tribais ou raciais, recorrendo para os universais (sem tribo ou raça específica) sentimentos da inveja e do igualitarismo, i.e., às classes sociais (os membros das castas mais baixas e os escravos *versus* os mestres; os trabalhadores contra os capitalistas; os pobres *versus* os ricos; e assim por diante). [16] [17]

---

[16] Sobre isso, ver Helmut Schoeck, *Envy: A Theory of Social Behavior* (New York: Harcourt, Brace and World, 1970); e Murray N. Rothbard, *Egalitarianism as a Revolt Against Nature and Other Essays* (Auburn, Alabama: Ludwig von Mises Institute, 2000); consultar especialmente o texto "Freedom, Inequality, Primitivism and the Division of Labor", em ibid.

[17] Para conhecer uma análise sociológica dessa segunda fase (democrática ou "plebeia") do desenvolvimento dos governos das cidades, baseados em – e divididos por – classes e "conflitos de classes" (em vez de clãs e de conflitos familiares, como durante a fase anterior de desenvolvimento – i.e., a dos governos patrícios), ver Max Weber, *The City* (New York: Free Press, 1958), cap. 4. Em contraste com os governos aristocráticos das cidades, os governos plebeus, como notadamente observa Weber, são caracterizados por

> Uma concepção diferente da natureza da lei. (...) O início da legislação ocorreu paralelamente à abolição do governo patrício. A legislação, originalmente, tomou a forma de estatutos carismáticos concebidos pelos *aesymnetes* [governadores que detinham o poder supremo por um período de tempo limitado]. Mas logo foi aceita a criação de leis permanentes. Na verdade, a nova legislação concebida pela *ecclesia* tornou-se habitual, produzindo-se um fluxo contínuo de promulgação de leis. Em breve, a administração da justiça puramente secular submetia-se à legislação; ou, em Roma, às ordens e às instruções dos juízes. A criação de leis atingiu um tal estado fluido que, finalmente, em Atenas, uma questão passou a ser dirigida anualmente ao povo: as leis existentes devem ser mantidas ou alteradas? Assim, tornou-se uma premissa aceita a ideia de que a lei é criada artificialmente e de que ela deve se basear na aprovação daqueles a quem ela se aplica. (Max Weber, *The City* [New York: Free Press, 1958], pp. 170–171)

Da mesma forma, nas cidades medievais da Europa "o estabelecimento de um governo popular engendrou efeitos semelhantes. (...) Isso também promoveu enormes edições de leis municipais e codificou as leis comuns e as normas dos tribunais (i.e., leis do julgamento, do processo), produzindo um excedente de estatutos de todos os tipos e um excesso de funcionários." (Ibid., p. 172) Lado a lado com essa nova noção do direito, surge uma outra conduta política.

> A justiça política do sistema popular – com o seu sistema de espionagem oficial e a sua preferência por acusações anônimas – acelerou os processos inquisitoriais contra os abastados, e a prova simplificada (por meio da "notoriedade") era a contrapartida democrática dos julgamentos do Conselho dos Dez de Veneza [patrício/aristocrático]. Em termos objetivos, o sistema popular identificava-se por excluir dos cargos todos os membros das famílias que ostentavam um estilo de vida aristocrático; por obrigar os nobres (os notáveis) a fazerem promessas de boa conduta; por colocar a família dos nobres sob fiança para todos os seus membros; por estabelecer um direito penal especial referente a delitos políticos dos abastados, especialmente em relação a insultos à honra de membros da população; por proibir os nobres de adquirirem propriedades vizinhas às propriedades de membros da população sem a anuência destes. (...) [No entanto], já que as famílias nobres podiam ser expressamente aceitas como parte da população, até mesmo as burocracias do sistema popular estavam quase sempre ocupadas por nobres. (Ibid., pp. 160–161)

A mistura cada vez maior da política de classes igualitarista com as políticas tribais pré-existentes conduz a tensões e hostilidades raciais e sociais ainda maiores e a uma proliferação até mesmo maior de pessoas das classes inferiores e das subclasses. Em adição ao fato de certos grupos étnicos ou tribais serem expulsos das cidades – em decorrência das políticas tribais –, os membros das classes superiores de todos os grupos étnicos ou tribais se deslocarão cada vez mais das cidades para os subúrbios (apenas para serem acompanhados – através do transporte público [governamental] – por aqueles indivíduos de cujos comportamentos tentaram fugir). [18] No entanto, com a classe superior e os comerciantes partindo em números cada vez maiores, uma das últimas forças civilizadoras remanescentes será enfraquecida; e o que ficará nas cidades representará uma seleção negativa cada vez maior da população: os burocratas governamentais que nelas trabalham, mas que não mais vivem ali; e os membros do submundo e os párias de todas as tribos e raças que nelas vivem, mas que cada vez mais deixam de trabalhar, sobrevivendo com as esmolas assistencialistas estatais. (Apenas pensem em Washington, D. C.)

Quando se pensa que as coisas não poderiam ficar piores, elas, sim, tornam-se piores. Depois de a "carta da raça" e a "carta da classe" terem sido jogadas e terem feito o seu trabalho devastador, o governo volta-se para a "carta do sexo" (do gênero) – e a "justiça racial" e a "justiça social" são complementadas pela "justiça sexual". [19] O estabelecimento de um governo – de um monopólio judicial – não apenas significa que jurisdições anteriormente separadas (como, por exemplo, os distritos étnica ou racialmente segregados) são integradas à força; ele implica, ao mesmo tempo, que jurisdições anteriormente integradas de maneira completa (como, por exemplo, as famílias e os seus lares familiares) são coercitivamente deterioradas ou até mesmo dissolvidas. Ao invés de os assuntos intrafamiliares – incluindo, por exemplo, temas como o aborto – serem considerados questões a serem julgadas e arbitradas no seio das famílias exclusivamente pelos seus chefes ou pelos seus membros [20], uma vez que um monopólio judicial tenha sido estabelecido, os seus agentes – o governo – também se tornam os juízes e os árbitros de última instância em todos os assuntos relacionados com a família, esforçando-se, naturalmente, para expandir esse poder. A fim de obter

---

[18] Sobre essa tendência, consultar Edward Banfield, *The Unheavenly City Revisited* (Boston: Little Brown, 1974).

[19] Sobre isso, consultar Murray N. Rothbard, "The Great Women's Lib Issue: Setting it Straight", em *Egalitarianism as a Revolt Against Nature and Other Essays* (Auburn, Alabama: Ludwig von Mises Institute, 2000); e Michael Levin, *Feminism and Liberty* (New Brunswick, N. J.: Transaction Publishers, 1987).

[20] Ver Robert A. Nisbet, *Prejudices: A Philosophical Dictionary* (Cambridge, Massachusetts: Harvard University Press, 1982), páginas 1–8, 110–117.

apoio popular para conseguir exercer esse papel, o governo (além de jogar uma tribo, uma raça ou uma classe social contra outra) igualmente promoverá a discórdia dentro das famílias: entre os sexos – os maridos e as esposas – e entre as gerações – os pais e os filhos. [21] Mais uma vez, isso se mostrará particularmente visível nas grandes cidades.

Toda forma de assistencialismo governamental – a transferência coercitiva de riqueza e de renda dos "ricos" ("possuidores") para os "pobres" ("não possuidores") – diminui o valor do ato de pertencer a um sistema familiar estendido (na condição de um sistema social de cooperação, de ajuda e de assistência mútuas). O casamento perde valor. Para os pais, o valor e a importância de uma "boa" criação (educação) para os seus próprios filhos são reduzidos. Correspondentemente, no tocante às crianças, menos valor e menos respeito elas atribuirão e mostrarão aos seus próprios pais. Devido à alta concentração de destinatários do assistencialismo, nas grandes cidades a desintegração familiar já se encontra em um estágio bem avançado. Com o fato de o governo recorrer ao sexo (gênero) e à geração (idade) como uma fonte de apoio político e de promover e aplicar a legislação referente ao sexo e à família, invariavelmente a autoridade dos chefes de família (de lares familiares) e a hierarquia "natural" entre as gerações no seio familiar são enfraquecidas, diminuindo-se o valor da família multigeracional como a unidade básica da sociedade humana. Na verdade, conforme já deve estar claro, logo que a legislação governamental prevalece sobre o direito de família (incluindo, aqui, os arranjos familiares em conjunto com os casamentos, os descendentes comuns, a herança – e assim por diante), o valor e a importância da instituição da família só podem ser sistematicamente corroídos – pois o que é uma família se ela não consegue sequer conceber e ofertar a sua própria lei e a sua própria ordem! Ao mesmo tempo, como já deve estar claro – mas não foi suficientemente observado e analisado –, a partir do ponto de vista dos governantes, a sua capacidade de interferir nos assuntos familiares internos deve ser considerada o prêmio máximo e o pináculo do seu próprio poder. Explorar os ressentimentos raciais ou tribais ou a inveja de classes em prol de vantagens pessoais é uma coisa. Mas trata-se de algo completamente diferente utilizar as querelas familiares para concretizar a deterioração de todo o sistema – em geral harmonioso – de famílias autônomas, desenraizando as pessoas das suas famílias (de modo a isolá-las e atomizá-las) e aumentando, portanto, o poder do estado sobre elas. Então, assim que são implementadas as políticas governamentais sobre as questões familiares, aumenta a ocorrência de fenômenos como: divórcio; celibato; família monoparental; ilegitimidade; negligência ou abuso por parte de cônjuges, de pais e de

---

[21] Ver Murray N. Rothbard, "Kid Lib", em *Egalitarianism as a Revolt Against Nature and Other Essays* (Auburn, Alabama: Ludwig von Mises Institute, 2000).

filhos; adoção de modos de vida "não tradicionais" – homossexualidade, lesbianismo, comunismo e ocultismo –, estilos esses que se mostram cada vez mais variados e frequentes. [22]

Paralelamente a essa evolução do estado de coisas, haverá um crescimento gradual – mas constante – da criminalidade e do comportamento criminoso. Sob auspícios monopolísticos, a lei invariavelmente se transformará em legislação. Em consequência de um interminável processo de redistribuição de renda e de riqueza em nome da justiça racial, social e/ou sexual, a própria ideia da justiça como princípios universais e imutáveis de conduta e de cooperação será corroída e finalmente destruída. Ao invés de ser considerada algo pré-existente (algo, portanto, a ser descoberto), a lei é cada vez mais considerada legislação governamental. Assim, não só se agrava a insegurança jurídica, mas também, em resposta a isso, aumenta a taxa social de preferência temporal – i.e., as pessoas, em geral, se tornarão mais orientadas para o presente, promovendo um horizonte de planejamento cada vez mais curto (visão de curto prazo). O relativismo moral também será promovido – pois, se não existe um padrão absoluto (firme, imutável, constante) do que é certo, então, da mesma forma, não há um padrão absoluto do que é errado. Na verdade, o que se considera certo hoje pode ser considerado errado amanhã – e vice-versa. Portanto, as preferências temporais crescentes, em conjunto com o relativismo moral, fornecem o terreno fértil perfeito para os criminosos e os crimes – uma tendência particularmente evidente nas grandes cidades. É nelas que a dissolução familiar encontra-se mais avançada; que existe a maior concentração de destinatários do assistencialismo; que o processo de empobrecimento genético se revela mais adiantado; e que as tensões raciais e tribais em decorrência da integração forçada se mostram mais virulentas. Ao invés de serem centros de civilização, as cidades tornaram-se centros de desintegração social e sarjetas de decadência moral, de corrupção, de brutalidade e de crime. [23]

---

[22] Sobre isso, consultar Allan C. Carlson, "What Has Government Done to Our Families?", em *Essays in Political Economy* (Auburn, Alabama: Ludwig von Mises Institute, 1991); e Bryce J. Christensen, "The Family vs. the State", em *Essays in Political Economy* (Auburn, Alabama: Ludwig von Mises Institute, 1992).

[23] Ver Edward C. Banfield, "Present-Orientedness and Crime", em *Assessing the Criminal*, editado por Randy E. Barnett e John Hagel (Cambridge, Massachussets: Ballinger, 1977); David Walters, "Crime in the Welfare State", em *Criminal Justice? – The Legal System vs. Individual Responsibility*, editado por Robert J. Bidinotta (Irvington-on-Hudson, N. Y.: Foundation for Economic Education, 1994); ver também: James Q. Wilson, *Thinking About Crime* (New York: Vintage Books, 1985).

IV

O que decorre disso tudo? Claramente, a civilização ocidental tem estado em um curso de autodestruição por um bom tempo. Isso pode ser interrompido? E, em caso afirmativo, de que forma? Eu adoraria poder estar otimista, mas eu não estou tão certo de que haja razão suficiente para isso, para o otimismo. Com certeza, a história é, em última instância, determinada pelas ideias; e as ideias podem, pelo menos em princípio, modificar-se quase instantaneamente. Porém, para que as ideias mudem, não é suficiente que as pessoas consigam perceber que alguma coisa está errada. Pelo menos um número significativo de indivíduos também deve ser inteligente o suficiente para conseguir reconhecer e apontar o que está errado. Ou seja, é necessário compreender os princípios básicos em que a sociedade – a cooperação humana – se baseia (os princípios aqui explicados). E os seres humanos devem ter força de vontade suficiente para agir de acordo com esse *insight*. Mas é precisamente sobre isso que há cada vez mais dúvidas. A civilização e a cultura possuem uma base genética (biológica). Entretanto, em consequência do estatismo – da integração forçada, do igualitarismo, das políticas assistencialistas e da destruição familiar –, a qualidade genética da população, sem dúvida, declinou. [24] De fato, como isso poderia *não* acontecer em condições em que o sucesso é sistematicamente punido e em que o fracasso é sistematicamente recompensado? Sendo este o seu propósito ou não, o estado de bem-estar social promove a proliferação de pessoas intelectual e moralmente inferiores; e os resultados seriam ainda piores se não fosse pelo fato de que as taxas de criminalidade são particularmente elevadas entre essas pessoas, as quais tendem a eliminar umas às outras mais frequentemente.

Contudo, mesmo que tudo isso não nos dê muita esperança para o futuro, nem tudo está perdido. Ainda há alguns focos de civilização e de cultura – não nas cidades e nas áreas metropolitanas, mas sim nas áreas rurais centrais (no campo). Para preservá-los, alguns requisitos devem ser preenchidos: o estado – o monopólio da justiça – deve ser reconhecido como a fonte da descivilização: os estados não criam a lei e a ordem; eles as destroem. Os lares familiares e as famílias devem ser reconhecidos como a fonte da civilização. É essencial que os chefes de família (de lares familiares) reafirmem a sua autoridade máxima como juízes de todos os assuntos familiares internos. (Os lares familiares devem ser declarados territórios extraterritoriais – assim como as embaixadas estrangeiras o são.) A segregação espacial e a discriminação voluntárias devem ser reconhecidas não

---

[24] Sobre esse assunto, consultar Seymour W. Itzkoff, *The Decline of Intelligence in America* (Westport, Connecticut: Praeger, 1994); e idem, *The Road to Equality: Evolution and Social Reality* (Westport, Connecticut: Praeger, 1992).

como coisas ruins, mas sim como coisas boas que facilitam a cooperação pacífica entre diferentes grupos étnicos e raciais. O assistencialismo deve ser reconhecido como uma questão exclusiva das famílias e da caridade voluntária; e o estado assistencialista (de bem-estar social) deve ser reconhecido como a subvenção da irresponsabilidade.

Capítulo X
Sobre o Conservadorismo e o Libertarianismo

I

Deixem-me começar analisando dois sentidos possíveis do termo "conservador". O primeiro significado é imputar a característica de conservador a alguém que normalmente apoia o *status quo*; i.e., a uma pessoa que deseja conservar as leis, as regras, as regulações e os códigos morais e comportamentais que existem em um determinado ponto no tempo.

Em virtude de diferentes leis, regras e instituições políticas existirem em tempos diferentes e/ou em locais diferentes, aquilo que um conservador apoia depende do lugar e do tempo, modificando-se de acordo. Ser um conservador, assim, denota nada de específico, exceto gostar da ordem existente, qualquer que seja ela.

O primeiro sentido, então, pode ser descartado.[1] O termo "conservador" deve possuir uma acepção diferente. O que ele significa – e, possivelmente, somente significa – é isto: "conservador" se refere a alguém que acredita na existência de uma ordem natural, de um estado de coisas natural, que corresponde à natureza das coisas; que se harmoniza com a natureza e o homem. Essa ordem natural é e pode ser perturbada por acidentes e anomalias: por terremotos e furacões; por doenças, pragas, monstros e bestas; por seres humanos de duas cabeças ou de quatro pernas; por aleijados e idiotas; e por guerras, conquistas e tiranias. Mas não é difícil distinguir o normal do anormal (anomalias), o essencial do acidental. Um pouco de abstração dissipa todas as confusões e permite que quase todos "vejam" o que é e o que não é natural, o que se encontra e não se encontra de acordo com a natureza das coisas. Além disso, o natural é, ao mesmo

---

[1] Afirmar isso não significa alegar que ninguém jamais adotou esse significado de conservadorismo. De fato, um proeminente exemplo de conservador que chegou bem perto de aceitar a definição aqui rejeitada como inútil é Michael Oakeshott, "On Being Conservative", em idem, *Rationalism in Politics and other Essays*. Para Oakeshott, o conservadorismo

> Não é um credo ou uma doutrina, mas uma disposição. (...) Trata-se de uma propensão a usar e desfrutar o que se encontra disponível em vez de desejar ou procurar algo mais; a deliciar-se com aquilo que se encontra no presente, não com aquilo que foi ou com aquilo que pode ser. (...) Trata-se de preferir o tentado ao inédito, o fato ao mistério, o real ao possível, o limitado ao ilimitado, próximo ao distante, o suficiente ao superabundante, o conveniente ao perfeito, as risadas do presente à felicidade utópica. (pp. 407–408)

tempo, o estado de coisas mais duradouro. A ordem natural das coisas é antiga e sempre a mesma (apenas anomalias e acidentes sofrem mudanças); portanto, ela pode ser reconhecida por nós em todos os lugares e em todos os tempos.

"Conservador" refere-se a alguém que reconhece aquilo que é antigo e natural através do "ruído" das anomalias e dos acidentes; refere-se a alguém que o defende, o apoia e ajuda a preservá-lo contra aquilo que é temporário e o anômalo. No âmbito das ciências humanas – incluindo as ciências sociais –, o conservador reconhece as famílias (pais, mães, filhos, netos) e os lares familiares com base na propriedade privada e em cooperação com uma comunidade de outros lares familiares como as unidades sociais mais fundamentais, mais naturais, mais essenciais, mais antigas e mais indispensáveis. Adicionalmente, a família (o lar familiar) também representa o modelo da ordem social em geral. Assim como existe uma ordem hierárquica no seio de uma família, há uma ordem hierárquica dentro de uma comunidade de famílias – de aprendizes e servos e de mestres, vassalos, cavaleiros, lordes, senhores feudais e até mesmo reis – vinculada por um elaborado e complexo sistema de relações de parentesco; e há uma ordem hierárquica dentro de uma comunidade de crianças, pais, sacerdotes, bispos e cardeais, patriarcas ou papas e, finalmente, um Deus transcendente. Das duas camadas de autoridade, o poder físico terreno de pais, lordes e reis encontra-se naturalmente subordinado e submetido ao controle da máxima autoridade espiritual/intelectual de padres, sacerdotes, bispos e, por fim, Deus.

Os conservadores (ou, mais especificamente, os conservadores ocidentais greco-cristãos), caso eles apoiem alguma coisa, apoiam e desejam preservar a família, as hierarquias sociais e as camadas de autoridade material e espiritual/intelectual baseadas em – e decorrentes de – laços familiares e em relações de parentesco. [2]

---

[2] Ver Robert A. Nisbet, "Conservatism", em *A History of Sociological Analysis*, editado por Tom Bottomore e Robert A. Nisbet (New York: Basic Books, 1978); e Robert A. Nisbet, *Conservatism: Dream and Reality* (Minneapolis: University of Minnesota Press, 1986). "Naturalmente", afirma Nisbet, "os conservadores, em seu apelo à tradição, não apoiavam ou aprovavam toda e qualquer ideia ou coisa transmitida pelo passado. A filosofia do tradicionalismo, assim como todas as filosofias dessa natureza, é seletiva. Uma tradição salutar deve advir do passado, mas ela também deve ser desejável em função da sua substância." (Ibid., p. 26) "Os dois conceitos centrais da filosofia conservadora", Nisbet passa a explicar, são a "propriedade" e a "autoridade" (voluntariamente reconhecida), as quais, por sua vez, implicam a "liberdade" e a "ordem" (pp. 34–35). "A propriedade", na filosofia conservadora, "é mais do que um apêndice externo ao homem; é mais do que uma mera serva inanimada das necessidades humanas. Ela é, acima de todo o resto que há na civilização, a própria condição da humanidade do homem; ela denota a sua superioridade sobre a totalidade do mundo natural." (p. 56)
> Grande parte da veneração conservadora pela instituição da família reside em sua afinidade histórica com a família e com a propriedade. Trata-se de uma norma geral que cada família busque os maiores benefícios possíveis para os seus filhos e os seus outros membros.

II

Deixem-me agora efetuar uma avaliação do conservadorismo contemporâneo e, em seguida, explicar (1) a razão pela qual os conservadores da atualidade devem ser libertários antiestatistas e – o que é igualmente importante – (2) o motivo pelo qual os libertários devem ser conservadores.

O conservadorismo moderno, nos Estados Unidos e na Europa, mostra-se confuso e distorcido. Essa confusão decorre em grande parte da democracia. Sob a influência da democracia representativa – e com a transformação dos EUA e da Europa em democracias de massa após a Primeira Guerra Mundial –, o conservadorismo, que era uma força ideológica anti-igualitarista, aristocrática e antiestatista, passou a ser um movimento de estatistas culturalmente conservadores: i.e., da ala direita dos socialistas e dos social-democratas. A maioria dos autoproclamados conservadores contemporâneos está preocupada – como, na verdade, deveria estar – com a decadência das famílias, com o divórcio, com a ilegitimidade, com a perda da autoridade, com o multiculturalis-

---

(...) Não há um assunto em que os conservadores tenham lutado tão corajosamente contra os progressistas e os socialistas quanto as ameaças, por meio da lei, de livrar as propriedades do controle familiar através da tributação ou de qualquer outra forma de redistribuição. (p. 52)
Praticamente todas as disposições da lei medieval do matrimônio e da família – incluindo a ênfase severa e rigorosa na castidade feminina e a punição terrível que podia ser executada contra a mulher adúltera – decorrem de uma reverência quase absoluta pela propriedade, pela herdabilidade legítima da propriedade. (p. 57)
Da mesma forma, a ênfase conservadora na autoridade e nas camadas de ordens sociais e a sua afinidade com o modelo de organização social da Europa medieval (pré-Reforma) estão enraizadas na supremacia da família e da propriedade. Afirma Nisbet:
O princípio mais básico da filosofia conservadora é a incompatibilidade inerente e absoluta entre a liberdade e a igualdade. Essa incompatibilidade brota dos objetivos opostos ínsitos aos dois valores. A finalidade da liberdade é a proteção da propriedade individual e familiar – sendo a palavra "propriedade" utilizada em seu sentido mais abrangente, de modo a incluir tanto o imaterial quanto o material. O objetivo inerente da igualdade, por outro lado, é algum tipo de redistribuição ou de nivelamento dos valores materiais e imateriais desigualmente repartidos de uma comunidade. Ademais, sendo diferentes as forças individuais tanto em termos de mente quanto em termos de corpo desde o nascimento, todos os esforços no sentido de equilibrar e compensar essa diversidade de forças por meio da lei e do governo só podem enfraquecer e mutilar as liberdades das pessoas envolvidas – especialmente as liberdades dos mais fortes e dos mais brilhantes. (p. 47)
Portanto, para o conservador, a preservação da propriedade e da liberdade requer a existência de uma elite (ou aristocracia) natural; ele, assim, opõe-se vigorosamente à democracia. De fato, constata Nisbet, "para a maioria dos conservadores, o socialismo surgiu como uma consequência quase necessária da democracia, e o totalitarismo, como uma consequência igualmente quase necessária da social-democracia" (p. 92). Sobre a incompatibilidade entre a liberdade e a igualdade (bem como entre a liberdade e a democracia), ver também Erik von Kuehnelt-Leddihn, *Liberty or Equality?* (Front Royal, Virginia: Christendom Press, 1993); sobre a ênfase do pensamento conservador na *nobilitas naturalis* como um pré-requisito sociológico essencial da liberdade, ver também Wilhelm Röpke, *Jenseits von Angebot und Nachfrage* (Berna: Paul Haupt, 1979), cap. 3.3.

mo, com os estilos de vida alternativos, com a desintegração do tecido social, com o sexo e com o crime. Todos esses fenômenos representam anomalias e desvios escandalosos da ordem natural. O conservador deve, de fato, opor-se a todos esses acontecimentos e tentar restabelecer a normalidade. No entanto, a maior parte dos conservadores contemporâneos (pelo menos a maioria dos porta-vozes do *establishment* conservador) ou não reconhece que o seu objetivo de restaurar a normalidade exige mudanças sociais mais drásticas – até mesmo revolucionárias e antiestatistas – ou (caso eles tenham conhecimento disso) pertence à "quinta coluna" empenhada em destruir o conservadorismo a partir de dentro (devendo, portanto, ser considerada maléfica).

O fato de que isso é, em larga medida, verdadeiro para os assim denominados neoconservadores não requer maiores explicações aqui. Na realidade, na medida em que os seus líderes são analisados, há suspeitas de que a maioria deles pertence ao último tipo (maléfico). Eles não estão realmente preocupados com questões culturais, mas reconhecem que devem jogar a "carta do conservadorismo cultural" para não perderem poder e para promoverem o seu objetivo totalmente diferente de estabelecer a social-democracia mundial. [3] Entretanto, isso é igual-

---

[3] Sobre o conservadorismo americano contemporâneo em particular, consultar Paul Gottfried, *The Conservative Movement*, edição revista (New York: Twayne Publishers, 1993); George H. Nash, *The Conservative Intellectual Movement in America* (New York: Basic Books, 1976); Justin Raimondo, *Reclaiming the American Right: The Lost Legacy of the Conservative Movement* (Burlingame, California: Center for Libertarian Studies, 1993); ver também o capítulo 11 deste livro. O caráter fundamentalmente estatista do neoconservadorismo americano encontra-se muito bem resumido em uma declaração de um dos seus principais defensores intelectuais, o antigo trotskista Irving Kristol: "O princípio básico por trás de um estado de bem-estar social (assistencialista) conservador deve ser um princípio simples: sempre que possível, as pessoas devem ter o direito de manter consigo o seu próprio dinheiro – em vez de tê-lo transferido (através dos impostos para o estado) – *sob a condição de que elas o utilizem de determinadas maneiras.*" Irving Kristol, *Two Cheers for Capitalism* (New York: Basic Books, 1978), p. 119 (ênfase adicionada). Esse ponto de vista é essencialmente idêntico à visão defendida pelos social-democratas europeus modernos (pós-marxistas). Assim, o Partido Social-Democrata (PSD) da Alemanha, por exemplo, em seu Programa Godesberg de 1959, adotou como o seu principal lema o *slogan* "tanto mercado quanto possível, tanto estado quanto necessário".
Uma segunda ramificação do conservadorismo americano contemporâneo – um pouco mais velha, mas hoje em dia praticamente indistinguível – é representada pelo novo conservadorismo (após a Segunda Guerra Mundial) lançado e promovido, com o apoio da CIA (*Central Intelligence Agency* – Agência Central de Inteligência), por William Buckley e o seu *National Review*. Considerando que o antigo conservadorismo americano (antes da Segunda Guerra Mundial) se caracterizava pela defesa de uma política externa decididamente anti-intervencionista (isolacionista), a marca registrada do novo conservadorismo de Buckley tem sido o seu militarismo fanático e a sua defesa de uma política externa intervencionista. Em um artigo, "A Young Republican's View", publicado três anos antes do lançamento do seu *National Review in Commonweal*, em 25 de janeiro de 1952, Buckley assim resumia o que, mais tarde, iria se tornar o novo credo conservador: diante da ameaça representada pela União Soviética, "nós [os novos conservadores] temos de aceitar um grande governo pelo tempo que for necessário – pois nem uma guerra ofensiva nem uma guerra defensiva podem ser travadas (...) exceto por meio do instrumento de uma burocracia totalitária em nossas costas litorâneas". Os conservadores, escreveu Buckley, estavam obrigados a promoverem "as abrangentes e produtivas leis tributárias que

mente verdadeiro no tocante a muitos conservadores que estão genuinamente preocupados com a desagregação familiar ou com a disfunção e a podridão cultural. Aqui, em especial, refiro-me ao conservadorismo representado por Patrick Buchanan e pelo seu movimento. [4] O conservadorismo de Buchanan não é, de forma alguma, tão diferente da ideologia do *establishment* conservador do Partido Republicano quanto ele e os seus seguidores fantasiam. Em um aspecto decisivo, o seu tipo de conservadorismo encontra-se totalmente de acordo com aquele da ala conservadora do *establishment*: ambos são estatistas. Eles divergem sobre o que exatamente precisa ser feito para restabelecer a normalidade nos Estados Unidos, mas concordam que isso deve ser feito pelo estado. Não há sequer um vestígio de antiestatismo íntegro (com princípios) em ambos.

Deixem-me ilustrar citando Samuel T. Francis, um dos principais teóricos e estrategistas do movimento buchananista. Após deplorar a propaganda "anti-brancos" e "anti-ocidente", "o secularismo militante, o egoísmo ganancioso, o globalismo político e econômico, a inundação demográfica e a centralização estatal sem limites", ele comenta sobre o

---

são necessárias para sustentar uma vigorosa política externa anticomunista", bem como os "grandes exércitos e as forças aéreas, a energia atômica, a espionagem central, as comissões da produção de guerra e a concomitante centralização do poder em Washington". Não surpreendentemente, desde o colapso da União Soviética no final da década de 1980, essencialmente nada mudou nessa filosofia. Hoje, a manutenção e a preservação do estado assistencialista e belicista americano são simplesmente justificadas e promovidas pelos novos conservadores e pelos neoconservadores através da referência a outros inimigos e perigos estrangeiros: a China, o fundamentalismo islâmico, Saddam Hussein, os "estados perigosos" e/ou a ameaça do "terrorismo global". Em relação ao novo conservadorismo de Buckley, observou Robert Nisbet:
> De todas as deturpações da palavra "conservador" (...), a mais divertida, de acordo com uma perspectiva histórica, é sem dúvida a aplicação do termo "conservador" para essa gente [i.e., os entusiastas da expansão do orçamento governamental para que se concretizem grandes aumentos nos gastos militares]. Pois, nos Estados Unidos, durante todo o século XX – um período que inclui quatro grandes guerras no estrangeiro –, os conservadores foram os defensores mais firmes dos orçamentos militares não inflacionários e enfatizaram o comércio mundial em detrimento do nacionalismo americano. Nas duas guerras mundiais, na guerra da Coreia e na guerra do Vietnã, os líderes que promoveram a entrada dos EUA nesses conflitos foram progressistas famosos como Woodrow Wilson, Franklin Roosevelt, Harry Truman e John F. Kennedy. Em todos esses quatro episódios, os conservadores – tanto aqueles que exercem funções governamentais quanto aqueles que viviam como cidadãos comuns – mostraram-se em grande medida hostis às intervenções; eles, na verdade, defendiam o isolacionismo. (Robert A. Nisbet, *Conservatism: Dream and Reality* [Minneapolis: University of Minnesota Press, 1986], p. 103)

E sobre Ronald Reagan em particular: durante a sua administração, o novo conservadorismo e o movimento neoconservador foram fundidos e amalgamados. Nisbet, no tocante a Reagan, observou que a sua "paixão por cruzadas morais e militares dificilmente pode se enquadrar no conservadorismo americano". (Ibidem, p. 104)

[4] Ver Patrick J. Buchanan, *Right from the Beginning* (Washington, D. C.: Gateway Regnery, 1990); e idem, *The Great Betrayal: How American Sovereignty and Social Justice are Sacrificed to the Gods of the Global Economy* (New York: Little Brown, 1998).

novo espírito da "Liderança Americana", que "implica não apenas colocar os interesses nacionais acima dos interesses de outras nações e acima de abstrações como 'liderança mundial', 'harmonia global' e 'nova ordem mundial', mas também dar prioridade aos interesses nacionais em vez de dar prioridade à gratificação dos interesses individuais e subnacionais". Até aí, tudo bem, mas o que ele propõe como solução para o problema da degradação moral e da podridão cultural? Os órgãos do Leviatã federal responsáveis pela proliferação da poluição moral e cultural – como o Ministério da Educação, a Fundação Nacional das Artes, a Comissão de Oportunidades Iguais de Emprego e a Justiça Federal – devem ser fechados ou diminuídos em tamanho. Mas não existe oposição ao envolvimento do estado no campo educacional. Não há o reconhecimento de que a ordem natural na educação significa que o estado não tem nada a ver com ela. A educação é um assunto totalmente familiar. [5]

Além disso, não há o reconhecimento de que a degeneração moral e a podridão cultural possuem causas mais profundas, não podendo ser simplesmente curadas por modificações no currículo escolar (impostas pelo estado) ou por exortações e declamações. Pelo contrário: Francis propõe que a virada cultural – o restabelecimento (a restauração) da normalidade – pode ser alcançada sem uma mudança fundamental na estrutura do moderno estado de bem-estar social (assistencialista). Na verdade, Buchanan e os seus ideólogos defendem explicitamente as três instituições centrais do estado de bem-estar social: a previdência social (seguridade social), a saúde pública (estatal) e o seguro-desemprego. Eles ainda desejam ampliar as responsabilidades "sociais" do estado, atribuindo-lhe a tarefa de "proteger", por meio de restrições nacionais à importação e à exportação,

---

[5] Buchanan e os seus aliados intelectuais almejam abolir o controle do governo federal sobre as questões relativas à educação e devolver esse controle para os estados ou, melhor ainda, para os governos locais. Contudo, os neoconservadores, a maioria dos líderes da chamada Direita Cristã e a "maioria moral" simplesmente desejam substituir a atual elite esquerdista encarregada da educação nacional por outra elite (i.e., por eles próprios) – o que, de uma genuína perspectiva conservadora, é algo ainda pior. "De Burke em diante", disse Robert A. Nisbet, criticando essa postura, "tem sido um preceito conservador e um princípio sociológico (desde Auguste Comte) a ideia de que a forma mais segura de enfraquecer a família ou qualquer outro grupo social vital é o governo assumir – e, em seguida, monopolizar – as funções históricas da família." Em contraste, a maior parte da direita americana contemporânea "está menos interessada nas imunidades burkeanas contra o poder governamental do que em colocar o máximo de poder governamental nas mãos daqueles em quem pode confiar. É o controle do poder – e não a diminuição do poder – o que ocupa lugar de destaque."

Do ponto de vista dos conservadores tradicionais, é ridículo e estúpido usar a família – como os cruzados evangélicos regularmente o fazem – como justificativa para as suas incansáveis cruzadas para proibir categoricamente o aborto; para chamar o Ministério da Justiça sempre que ocorre um episódio enquadrado na lei *Baby Doe*; para obter permissão constitucional para impor orações "voluntárias" nas escolas públicas – e assim por diante. (Robert A. Nisbet, *Conservatism: Dream and Reality* [Minneapolis: University of Minnesota Press, 1986], pp. 104–105)

os empregos americanos, especialmente em setores de interesse nacional, e de "isolar os salários dos trabalhadores americanos dos trabalhadores estrangeiros, os quais devem trabalhar recebendo US$ 1,00 (ou menos) por hora".

Na verdade, os buchananistas admitem abertamente que são estatistas. Eles detestam e ridicularizam o capitalismo, o *laissez-faire*, o livre mercado e o livre comércio, a riqueza, as elites e a nobreza; e eles defendem um novo conservadorismo populista – na realidade, proletário – que mescle o conservadorismo social e cultural com a economia social ou socialista. Assim, continua Francis,

> Ao passo que a esquerda poderia obter simpatizantes entre os americanos médios através das suas medidas econômicas, ela os perdeu em decorrência do seu radicalismo social e cultural; e, embora pudesse atrair americanos médios através do apelo à lei e à ordem; da defesa da normalidade sexual, das convenções morais e religiosas e das instituições sociais tradicionais; e de invocações do nacionalismo e do patriotismo, ela os perdeu quando ensaiou as suas antigas fórmulas econômicas burguesas. [6]

Assim, é necessário combinar as políticas econômicas da esquerda com o nacionalismo e o conservadorismo cultural da direita, de modo que se crie "uma nova identidade que sintetize os interesses econômicos e as lealdades culturais nacionais da classe média proletarizada em um movimento político separado e unificado". Por razões óbvias, essa doutrina não é chamada desta forma, mas há, sim, um termo para esse tipo de conservadorismo: Ele é denominado "nacionalismo social" ou "nacional-socialismo" (nazismo). [7]

Eu não me ocuparei aqui com a questão de o conservadorismo buchananista agradar ou não as massas e de o seu diagnóstico da política americana ser ou não sociologicamente correto. Tenho dúvidas de que este seja o caso; e, com certeza, o destino de Buchanan durante as primárias presidenciais do Partido Republicano de 1995 e de 2000 não indica o contrário. Em vez disso, eu desejo abordar as questões mais fundamentais: partindo do princípio de que ele possui esse recurso – i.e., supondo que o

---

[6] Samuel T. Francis, "From Household to Nation: The Middle American populism of Pat Buchanan", em *Chronicles* (março de 1996): 12–16; ver também: idem, *Beautiful Losers: Essays on the Failure of American Conservatism* (Columbia: Universidade do Missouri Press, 1993); e idem, *Revolution from the Middle* (Raleigh, North Carolina: Middle American Press, 1997).

[7] Samuel T. Francis, "From Household to Nation: The Middle American populism of Pat Buchanan", em *Chronicles* (março de 1996), pp. 12–16.

conservadorismo cultural e a economia social/socialista podem ser psicologicamente combinados (i.e., admitindo que as pessoas possam manter simultaneamente essas duas visões sem sofrerem dissonância cognitiva) –, eles podem também ser combinados em termos de eficácia e de prática (econômica e praxeologicamente)? É possível manter o nível atual de socialismo econômico (previdência social, entre outras coisas) e alcançar a meta de restaurar a normalidade cultural (as famílias naturais e as regras normais de conduta)?

Buchanan e os seus teóricos não sentem a necessidade de levantar esse tema, pois acreditam que a política é apenas uma questão de vontade e poder. Eles não acreditam em coisas como as leis econômicas. Caso as pessoas desejem alguma coisa e tenham o poder de implementar a sua vontade, tudo pode ser alcançado. O "falecido economista austríaco" Ludwig von Mises, ao qual Buchanan se referia com desprezo durante a sua campanha, caracterizava essa crença como "historicismo", que era a postura intelectual dos *Kathedersozialisten* alemães, os acadêmicos Socialistas de Cátedra, os quais justificavam todas e quaisquer medidas estatistas.

Mas o desprezo historicista e a ignorância da ciência econômica não alteram o fato de que existem inexoráveis leis econômicas. Por exemplo: você não pode, simultaneamente, ter em mãos o seu bolo e comê-lo. Ou: aquilo que você consome agora não pode ser consumido novamente no futuro. Ou: uma produção maior de um bem específico exige que se produza menos de outro bem. Nenhum desejo ou pensamento mágico pode fazer com que tais leis desapareçam. Acreditar no contrário somente pode resultar em fracasso real. "Na verdade", observou Mises, "a história econômica é um longo registro de políticas governamentais que falharam porque foram projetadas e implementadas com um ousado desrespeito às leis da economia." [8] À luz das elementares e imutáveis leis econômicas, o programa buchananista de nacionalismo social é apenas mais um sonho ousado, mas impossível. Nenhum desejo pode alterar o fato de que a manutenção das instituições centrais do atual estado de bem-estar social (assistencialista) e o restabelecimento da família, das normas, da conduta e da cultura tradicionais são metas incompatíveis. Você pode

---

[8] Ludwig von Mises, *Human Action: A Treatise on Economics*, Scholar's Edition (Auburn, Alabama: Ludwig von Mises Institute, 1998), p. 67. "Os príncipes e as maiorias democráticas", escreve Mises, conduzindo diretamente a esse veredicto,

> Embriagam-se com o poder. Ainda que, relutantemente, sejam forçados a admitir que estejam submetidos às leis da natureza, rejeitam a própria noção de lei econômica. Não são eles os legisladores supremos, que legislam como lhes convém? Não são eles que detêm o poder de derrotar os seus adversários? Nenhum senhor guerreiro admite qualquer limite ao seu poder, a não ser aquele que lhe é imposto por uma força militar superior à sua. Sempre existirão penas servis para redigir complacentemente doutrinas adequadas aos detentores do poder. E eles chamam essas deturpações de "economia histórica".

ter um – o socialismo (o bem-estar social) – ou outro – a moral tradicional –, mas você não pode ter ambos simultaneamente, pois a economia nacionalista social (o pilar do atual sistema estatal de bem-estar social que Buchanan pretende deixar intacto) é a própria causa das anomalias culturais e sociais.

A fim de esclarecer esse ponto, é necessário tão-somente recordar uma das leis mais fundamentais da economia que assevera que toda redistribuição compulsória de riqueza ou de renda, independentemente dos critérios em que se baseia, implica tomar à força de alguns – os ricos (os possuidores de algo) – e dar a outros – os pobres (os não possuidores de algo). Assim, o incentivo para ser um possuidor é reduzido, e o incentivo para ser um não possuidor é estimulado. Aquilo que o possuidor tem é, caracteristicamente, algo considerado "bom"; e aquilo que o não possuidor não tem é algo "ruim" ou uma deficiência. Na verdade, esta é a ideia subjacente a qualquer redistribuição: alguns possuem muitas coisas boas, e outros não possuem o suficiente dessas coisas. O resultado de toda redistribuição, portanto, é que serão produzidos menos bens e cada vez mais males, menos perfeição e mais deficiências. Com a prática de subsidiar com fundos públicos (recursos tomados à força de outros) as pessoas que são pobres (um mal), mais pobreza será criada. Com a prática de subsidiar determinados indivíduos porque estes estão desempregados (um mal), mais desemprego será criado. Com a prática de subsidiar as mães solteiras (um mal), haverá mais mães solteiras e mais filhos ilegítimos – e assim por diante. [9]

Obviamente, esse *insight* fundamental se aplica a todo o sistema (assim denominado) de previdência social que foi implementado na Europa Ocidental (a partir da década de 1880) e nos Estados Unidos (a partir da década de 1930): ao sistema de "seguro" governamental compulsório contra a velhice, a doença, os acidentes de trabalho, o desemprego, a indigência (entre tantos outros problemas). Em conjunto com o (até mesmo mais antigo) sistema compulsório de educação pública, essas instituições e essas práticas equivalem a um ataque maciço contra a instituição da família e a responsabilidade pessoal (individual). Com a prática de aliviar os indivíduos da obrigação de prover os seus próprios rendimentos, a sua própria saúde, a sua própria segurança, a sua própria velhice e a educação das suas próprias crianças, são reduzidos o alcance e o horizonte temporal da ação provedora privada, e o valor do casamento, da família, dos filhos e das relações de parentesco é diminuído. A irresponsabilidade, a visão de curto prazo, a negligência, a doença e até mesmo o destructionismo (males) são

---

[9] Sobre a natureza contraproducente de todas as políticas intervencionistas, ver Ludwig von Mises, *Uma Crítica ao Intervencionismo* (São Paulo: Instituto Ludwig von Mises Brasil, 2010); e idem, *Intervencionismo – Uma Análise Econômica* (São Paulo: Instituto Ludwig von Mises Brasil, 2010).

promovidos; e a responsabilidade, a visão de longo prazo, a diligência, a saúde e a conservação (bens) são desencorajadas e punidas. O sistema de previdência social compulsório, com a sua prática de subsidiar os aposentados (os velhos) por meio dos impostos cobrados dos atuais assalariados e criadores de riqueza (os jovens), enfraqueceu sistematicamente o natural vínculo intergeracional entre pais, avós e filhos. Os idosos, caso não tenham feito qualquer poupança para a sua própria velhice, já não mais precisam contar com a ajuda dos seus filhos; e os jovens (os quais, em geral, possuem menos riqueza acumulada) devem sustentar os velhos (os quais, normalmente, detêm mais riqueza acumulada) – em vez de as coisas serem o contrário (como é típico no seio das famílias). Assim, as pessoas não só desejam ter menos filhos – e, de fato, as taxas de natalidade caíram pela metade desde o início das modernas políticas de previdência social (assistencialistas) –, mas também o respeito que os jovens tradicionalmente concediam aos seus anciãos é diminuído, e todos os indicadores de desintegração (e de disfunção) familiar – como as taxas de divórcio, de ilegitimidade, de abuso por parte dos filhos, de abuso por parte dos pais, de maus tratos conjugais, de família monoparental, de celibato, de estilos de vida alternativos e de aborto – aumentaram. [10]

Ademais, com a socialização (estatização) do sistema de saúde através de instituições como o *Medicaid* e o *Medicare* e da regulação estatal do setor de seguros (restringindo o direito de recusa das seguradoras; i.e., o seu direito de excluir qualquer risco individual como impossível e de discriminar livremente, de acordo com métodos atuariais, diferentes grupos de riscos), uma máquina monstruosa de redistribuição de riqueza e de renda – à custa de pessoas responsáveis e de grupos de baixo risco e em favor de indivíduos irresponsáveis e de grupos de alto risco – foi colocada em movimento. Os subsídios para os doentes (os enfermos) e os incapacitados (os inválidos) fomentam a doença (a enfermidade) e a incapacitação (a invalidez) e enfraquecem a vontade de trabalhar para o próprio sustento e de levar uma vida saudável. Não é possível fazer melhor do que citar o "falecido economista austríaco" Ludwig von Mises mais uma vez:

> Estar doente não é um fenômeno independente da vontade consciente. (...) A eficiência do homem não é apenas um efeito da sua condição física; ela depende, em grande medida, da sua mente e da sua vontade. (...) O aspecto destruidor do siste-

---

[10] Ver Allan C. Carlson, *Family Questions: Reflections on the American Social Crisis* (New Brunswick, N. J.: Transaction Publishers, 1988); idem, *The Swedish Experiment in Family Politics* (New Brunswick, N. J.: Transaction Publishers, 1990); idem, *From Cottage to Work Station: The Family's Search for Social Harmony in the Industrial Age* (San Francisco: Ignatius Press, 1993); e Charles Murray, *Losing Ground: American Social Policy, 1950–1980* (New York: Basic Books, 1984).

ma público de seguro contra acidentes e doenças encontra-se, acima de tudo, no fato de que tais instituições promovem os acidentes e a doença, dificultam a recuperação e muitas vezes criam – ou, de qualquer forma, intensificam e prolongam – os distúrbios funcionais que acompanham a doença ou o acidente. (...) Sentir-se saudável é muito diferente de ser saudável no sentido médico. (...) Ao enfraquecer ou destruir completamente a vontade de estar bem e de estar em condições para o trabalho, a previdência social cria a doença e a incapacidade para o trabalho; ela estimula o hábito de reclamar – o qual, por si mesmo, já é uma neurose –, bem como neuroses de outros tipos. (...) *Como* uma instituição social, ela torna o povo física e mentalmente doente – ou pelo menos ajuda as doenças a se multiplicarem, a aumentarem e a se intensificarem. (...) Assim, a previdência social transformou a neurose do segurado em uma perigosa doença pública. Caso a instituição seja ampliada e desenvolvida, a doença se alastrará. Nenhuma reforma pode ser de alguma serventia. Nós simplesmente não podemos enfraquecer ou destruir a vontade de ser saudável sem produzir a doença. [11]

Eu não desejo explicar aqui o absurdo econômico da ideia suplementar de Buchanan e dos seus teóricos de promover políticas protecionistas (cujo propósito seria proteger os salários dos americanos). Se eles estivessem certos, o argumento em favor do protecionismo econômico equivaleria a uma crítica acusatória de todas as trocas comerciais e a uma defesa da tese de que todos (todas as famílias) estariam em melhor situação caso deixassem de comercializar com todos os demais. É certo que, nessa situação, ninguém perderia o seu emprego; é certo que o desemprego em virtude da concorrência "desleal" seria reduzido a zero. Todavia, tal sociedade com pleno emprego não seria próspera e forte; ela seria, na realidade, composta por pessoas (famílias) que, apesar de trabalharem do amanhecer ao anoitecer, estariam condenadas à pobreza e à fome. O protecionismo internacional de Buchanan, embora menos destrutivo do que uma política de protecionismo inter-regional ou de protecionismo interpessoal, engendra exatamente o mesmo efeito. Isso não é conservadorismo (os conservadores desejam famílias prósperas e fortes). Isso é destrucionismo econômico. [12]

Em todo caso, o que deve estar claro agora é que a maior parte – se não

---

[11] Ludwig von Mises, *Socialism: An Economic and Sociological Analysis* (Indianapolis, Indiana: Liberty Fund, 1981), pp. 431–432.
[12] Ver Murray N. Rothbard, *The Dangerous Nonsense of Protectionism* (Auburn, Alabama: Ludwig von Mises Institute, 1988); ver também o capítulo 8 deste livro.

a totalidade – da degradação moral e da podridão cultural – as quais são os sinais de descivilização – que verificamos ao nosso redor são os resultados inevitáveis e inescapáveis do estado de bem-estar social (assistencialista) e das suas principais instituições. Os conservadores clássicos, ao estilo antigo, sabiam disso; e eles se opuseram vigorosamente à educação pública e à previdência social. Eles sabiam que os estados em tudo quanto é lugar intencionavam deteriorar – e, em última análise, destruir – as famílias (bem como as instituições, as camadas e as hierarquias de autoridade que são a consequência natural das comunidades baseadas em famílias) para, então, aumentar e reforçar o seu próprio poder. [13] Eles sabiam que, a fim de fazê-lo, os estados teriam de tirar proveito da revolta natural dos adolescentes (dos jovens) contra a autoridade paterna. E eles sabiam que a educação socializada e a responsabilidade socializada eram os meios de atingir essa meta. A educação pública e a previdência social fornecem uma possibilidade para os jovens rebeldes de escapar da autoridade paterna (de escapar de punições por comportamentos impróprios). Os velhos conservadores sabiam que essas políticas emancipariam o indivíduo da disciplina imposta pela vida familiar e comunitária apenas para submetê-lo, em vez disso, ao controle direto e imediato do estado. [14] Adicionalmente, eles sabiam – ou pelo menos tinham um palpite sobre isso – que tais práticas conduziriam a uma infantilização sistemática da sociedade – a um retrocesso,

---

[13] "Do ponto de vista conservador", escreveu Robert A. Nisbet, "a supressão ou a redução acentuada das associações intermediárias na ordem social conjurou a criação, por um lado, das massas atomizadas e, por outro lado, de formas cada vez mais centralizadas de poder político." (Robert A. Nisbet, *Conservatism: Dream and Reality* [Minneapolis: University of Minnesota Press, 1986], p. 100) Durante a Idade Média, explica Nisbet em outra obra (citando o estudo de Pollard sobre Wolsey),

[O poder] encontrava-se diluído – não porque estava distribuído em muitas mãos, mas sim porque ele se originava de muitas fontes independentes. Havia as liberdades da igreja, baseadas em uma lei superior à lei do rei; havia a lei da natureza (o direito natural), que estava insculpida no coração dos homens e não podia ser apagada pelos decretos reais; e havia as prescrições dos imemoriais costumes locais e feudais que estereotipavam uma variedade de jurisdições e impediam a supremacia de uma única vontade. (Robert A. Nisbet, *Community and Power* [New York: Oxford University Press, 1962], p. 110)

Em distinto contraste,

O estado moderno é monista; a sua autoridade se estende diretamente a todos os indivíduos que se encontram dentro das suas fronteiras. As chamadas imunidades diplomáticas são a última manifestação de um complexo maior de imunidades que uma vez envolveu um número maior de autoridades internas religiosas, econômicas e consanguíneas. Para os efeitos administrativos, o estado pode criar províncias, departamentos, distritos ou "estados" (da mesma forma como o exército se divide em regimentos e batalhões). Porém, assim como o exército, o estado moderno se baseia em uma unidade residual de poder. (...) Essa extraordinária unidade de relações no estado contemporâneo, em conjunto com o seu enorme acúmulo de funções, faz com que o controle do estado seja a meta maior (ou o prêmio maior) das modernas lutas pelo poder. Os objetivos das associações econômicas (e de outros interesses) cada vez mais se deslocam da preservação de imunidades favoráveis contra o estado para a captura ou o direcionamento do poder político propriamente dito. (Ibid, p. 103)

[14] Sobre o papel da educação pública nesse assunto, ver, em especial, Murray N. Rothbard, *Educação: Livre e Obrigatória* (São Paulo: Instituto Ludwig von Mises Brasil, 2013).

tanto em termos emocionais quanto em termos mentais (intelectuais), da idade adulta para a adolescência ou a infância.

Em contraste, o conservadorismo populista/proletário de Buchanan – o seu nacionalismo social – demonstra completa ignorância de tudo isso. A ideia de combinar o conservadorismo cultural com o estatismo de bem--estar social (assistencialista) é impossível, sendo, portanto, um disparatado absurdo econômico. O estatismo de bem-estar social – na prática, não importando a maneira ou a forma, trata-se de previdência social – fomenta a podridão e a degeneração moral e cultural. Assim, se existe genuína preocupação com a decadência moral dos Estados Unidos e se há o desejo de que se restabeleça a normalidade no tocante à sociedade e à cultura, é necessário opor-se a todos os aspectos do moderno estado assistencialista. O retorno à normalidade exige, no mínimo, a completa eliminação do atual sistema de previdência social (do seguro-desemprego, da seguridade social, da saúde pública, da educação pública – e assim por diante) e, então, a dissolução completa do aparato estatal e do poder governamental atual. Se o objetivo é restaurar a normalidade, os recursos e o poder do governo devem diminuir até os níveis apresentados no século XIX ou mesmo ficar abaixo deles. Portanto, os verdadeiros conservadores devem ser libertários de linha dura (antiestatistas). O conservadorismo de Buchanan é falso: ele deseja o retorno à moralidade tradicional, mas ao mesmo tempo defende a manutenção das próprias instituições responsáveis pela perversão e pela destruição da moral tradicional.

III

A maior parte dos conservadores contemporâneos, então – especialmente aqueles que são os queridinhos da mídia –, não são conservadores, mas sim socialistas – ou da variedade internacionalista (os novos e neoconservadores estatistas em prol do assistencialismo e do belicismo e os defensores da social-democracia global) ou da variedade nacionalista (os buchananistas populistas). Os conservadores genuínos devem se opor a ambos os tipos. A fim de restabelecer a normalidade social e cultural, os verdadeiros conservadores só podem ser libertários radicais, e eles devem exigir a demolição de toda a estrutura de previdência social, pois ela é uma perversão moral e econômica. Se os conservadores devem ser libertários, por que os libertários devem ser conservadores? Se os conservadores devem aprender com os libertários, os libertários devem também aprender com os conservadores?

Em primeiro lugar, é necessário esclarecer algumas expressões terminológicas. O termo "libertarianismo", como empregado aqui, é um fenômeno do século XX – ou, mais precisamente, um fenômeno pós-Segunda Guerra Mundial – que possui raízes intelectuais tanto no liberalismo clássico (dos séculos XVIII e XIX) quanto na filosofia do direito natural (a qual é ainda mais antiga). Trata-se de um produto do racionalismo moderno (iluminismo). [15] Culminando na obra de Murray N. Rothbard, a qual é o nascedouro do movimento libertário moderno (em especial, a sua ética da liberdade), o libertarianismo é um sistema racional de ética (de direito). [16] Trabalhando dentro da tradição da filosofia política clássica – de Hobbes, Grotius, Pufendorf, Locke e Spencer – e empregando o mesmo antigo aparato lógico e as mesmas antigas ferramentas analíticas (conceituais), o libertarianismo (o rothbardianismo) é um código legal (jurídico) sistemático, obtido por meio da dedução lógica de um único princípio, cuja validade (e é isso que faz com que ele seja um princípio – i.e., um axioma ético – e com que o código legal libertário seja uma teoria da justiça axiomático-dedutiva) não pode ser contestada sem que se caia em contradições lógicas/práticas (praxeológicas) ou performativas (i.e., sem que se afirme implicitamente o que se nega explicitamente). Esse axioma é o antigo princípio da apropriação original: A propriedade de recursos escassos – o direito de exercer um controle exclusivo sobre recursos escassos (propriedade privada) – é adquirida através de um ato de apropriação original (por meio do qual recursos são retirados de um estado de natureza e transformados para um estado de civilização). Se isso não fosse assim, ninguém jamais poderia começar a agir (fazer ou propor qualquer coisa); portanto, qualquer outro princípio é praxeologicamente impossível (e argumentativamente indefensável). A partir do princípio da apropriação original – o princípio de que "o primeiro usuário é o primeiro proprietário" –, decorrem regras relativas à transformação e à transferência (troca) de recursos originalmente apropriados; e toda a ética (direito), incluindo os princípios da punição, é então reconstruída nos termos de uma teoria dos direitos de propriedade: todos os direitos humanos são direitos de propriedade, e todas as violações de direitos humanos são violações de di-

---

[15] Sobre a história do movimento libertário, ver George H. Nash, *The Conservative Intellectual Movement in America* (New York: Basic Books, 1976); Paul Gottfried, *The Conservative Movement*, edição revista (New York: Twayne Publishers, 1993); Justin Raimondo, *Reclaiming the American Right: The Lost Legacy of the Conservative Movement* (Burlingame, California: Center for Libertarian Studies, 1993); para conhecer um interessante relato "de dentro" das fases iniciais do desenvolvimento do movimento, ver Jerome Tuccille, *It Usually Begins with Ayn Rand* (San Francisco: Fox e Wilkes, [1972] 1997).
[16] Ver Murray N. Rothbard, *A Ética da Liberdade* (São Paulo: Instituto Ludwig von Mises Brasil, 2010); idem, *Por Uma Nova Liberdade – O Manifesto Libertário* (São Paulo: Instituto Ludwig von Mises Brasil, 2013); idem, *Governo e Mercado* (São Paulo: Instituto Ludwig von Mises Brasil, 2012); idem, *Man, Economy and State* (Auburn, Alabama: Ludwig von Mises Institute, [1962] 1993); idem, *Economic Thought Before Adam Smith* (Cheltenham, U. K.: Edward Elgar, 1995); idem, *Classical Economics* (Cheltenham, U. K.: Edward Elgar, 1995).

reitos de propriedade. O resultado dessa teoria libertária da justiça é bem conhecido nesses círculos: o estado, conforme a vertente mais influente da teoria libertária (a vertente rothbardiana), é uma organização fora-da--lei (criminosa), e a única ordem social justa é um sistema de anarquia de propriedade privada.

Não desejo, neste momento, aprofundar a análise ou a defesa da teoria libertária da justiça. Permitam-me apenas confessar que considero tal teoria verdadeira; de fato, irrefutavelmente verdadeira. [17] Ao invés disso, desejo

---

[17] Ver Murray N. Rothbard, *A Ética da Liberdade* (São Paulo: Instituto Ludwig von Mises Brasil, 2010); e Hans-Hermann Hoppe, *The Economics and Ethics of Private Property* (Boston: Kluwer, 1993). De maneira resumida, dois argumentos centrais foram formulados em prol dessa alegação. O primeiro, originalmente esboçado por Rothbard, prossegue através de um *argumentum a contrario*. Se, contrariamente ao princípio da apropriação original (ou da primeira apropriação), uma pessoa A não fosse considerada a proprietária do seu corpo visivelmente apropriado (i.e., verificável demonstrativa e intersubjetivamente), do lugar em que o seu corpo se encontra e dos lugares originalmente (antes de todos os outros) apropriados por ela através do seu corpo, então apenas dois arranjos alternativos existem. Ou uma *outra* pessoa, B, que chega mais tarde, deve ser reconhecida como a proprietária do corpo de A e dos lugares originalmente apropriados por A; ou ambas – a pessoa A e a pessoa B – devem ser consideradas co-proprietárias iguais de todos os corpos e de todos os lugares. (A terceira alternativa concebível – *ninguém* é o dono de qualquer corpo e de qualquer lugar originalmente apropriado – pode ser descartada como uma impossibilidade. A ação *exige* um corpo e um lugar, e é impossível *não* agir; portanto, a adoção dessa alternativa implicaria a morte instantânea da humanidade inteira.) No primeiro caso, a pessoa A seria reduzida à condição de escrava da pessoa B, tornando-se objeto de exploração. A pessoa B é a proprietária do corpo e dos lugares originalmente apropriados pelo indivíduo A; e a pessoa A, por sua vez, não é a proprietária do corpo e dos lugares apropriados pelo indivíduo B. Sob esse arranjo, duas classes categoricamente distintas de pessoas são constituídas: escravos (ou *Untermenschen*) – o caso do indivíduo A – e senhores/mestres (ou *Ubermenschen*) – o caso do indivíduo B –, às quais diferentes "leis" são aplicadas. Assim, embora esse arranjo seja certamente possível, ele deve ser descartado desde o início porque não é uma ética humana, aplicável de maneira igual e universal a todos na condição de seres humanos (animais racionais). Para que um arranjo (regra) seja uma lei – i.e., um arranjo *justo* –, é necessário que ele se aplique igual e universalmente a todos. O arranjo em questão manifestamente não preenche esse requisito de universalização. Em alternativa, no segundo caso – a co-propriedade universal e igual –, o requisito de universalização é aparentemente satisfeito. Entretanto, essa alternativa padece de uma outra (e ainda mais grave) deficiência, porque, se ela fosse adotada, a humanidade inteira imediatamente pereceria – pois toda ação de um indivíduo requer a utilização de recursos (meios) escassos (pelo menos o seu corpo e o lugar em que o seu corpo se encontra). No entanto, se todos os bens pertencessem a todos (co-propriedade), então ninguém – em qualquer momento ou em qualquer lugar – teria a permissão de fazer alguma coisa a não ser que assegurasse anteriormente o consentimento de todos os outros para fazê-la. Porém, como alguém poderia conceder tal consentimento se não fosse o proprietário exclusivo do seu próprio corpo (incluindo as suas cordas vocais) por meio do qual esse consentimento seria expressado? De fato, esse indivíduo, em primeiro lugar, precisaria do consentimento dos outros para poder expressar o seu próprio consentimento, mas esses outros não poderiam expressar o seu consentimento sem terem, em primeiro lugar, recebido o consentimento dele – e assim por diante. Portanto, sobra somente a primeira alternativa – o princípio da apropriação original. Ele preenche o requisito da universalização e é praxeologicamente possível.
O segundo argumento, originalmente elaborado pelo autor deste livro – o qual alcança essencialmente a mesma conclusão –, tem a forma de um teorema da impossibilidade. O teorema procede a partir de uma reconstrução lógica das condições necessárias – *Bedingungen der Moglichkeit* – dos problemas *éticos* e de uma definição e uma delimitação exatas da finalidade da ética. Em primeiro lugar, para que surjam problemas éticos deve haver *conflito* entre agentes separados e independentes (ou, no mínimo, deve existir a possibilidade de existir conflito); e um conflito só pode surgir em relação

voltar à questão da relação entre o libertarianismo e o conservadorismo (a crença em uma ordem social natural baseada e centrada nas famílias). Alguns comentaristas superficiais – principalmente do lado conservador –, como Russell Kirk, caracterizaram o libertarianismo e o conservadorismo como ideologias incompatíveis, hostis ou até mesmo antagônicas. [18] Na verdade, esse ponto de vista está completamente errado. A relação entre o libertarianismo e o conservadorismo é uma relação de compatibilidade praxeológica, de complementaridade sociológica e de reforço recíproco.

---

a *recursos (meios) escassos* (ou bens "econômicos"). Nenhum conflito é possível em relação a bens superabundantes ou "livres" (como, em circunstâncias normais, o ar que respiramos) e em relação a bens escassos, mas não apropriáveis (como o sol ou as nuvens) – i.e., em relação às "condições" (ao invés dos "meios") da ação humana. O conflito somente é possível em relação aos meios controláveis ("apropriáveis"), como um determinado pedaço de terra, uma árvore ou uma caverna situados em uma relação espacial-temporal específica e singular *vis-à-vis* o sol e/ou as nuvens de chuva. Portanto, a tarefa da ética é propor arranjos (normas; regras) relativos à "adequada" utilização de meios escassos (em contraste com a sua utilização "imprópria"). Ou seja, a ética diz respeito à atribuição de direitos de controle exclusivo sobre bens escassos – i.e., de *direitos de propriedade* –, de modo que o conflito seja evitado. O conflito, todavia, não é uma condição suficiente para os problemas éticos, pois é possível entrar em conflito também com um gorila ou com um mosquito, por exemplo; mas esses conflitos não originam problemas *éticos*. Os gorilas e os mosquitos representam apenas um problema *técnico*. É preciso aprender a gerenciar e a controlar com êxito os movimentos dos gorilas e dos mosquitos (assim como é necessário aprender a gerenciar e a controlar os objetos inanimados do meio ambiente). Somente se ambas as partes de um conflito são capazes de trocar proposições (i.e., de argumentar) é que se pode falar de um problema ético; ou seja, somente se o gorila e/ou o mosquito pudessem, em princípio, fazer uma pausa em sua atividade conflituosa e dizer "sim" ou "não" (i.e., apresentar um argumento), uma resposta lhes seria devida. O teorema da impossibilidade procede a partir dessa proposição de esclarecer, em primeiro lugar, o seu *status* axiomático. Ninguém pode negar, sem cair em contradição performativa, que a racionalidade comum que é demonstrada pela capacidade de engajar-se em uma troca de proposições constitui uma condição necessária para os problemas éticos porque essa negação teria de ser ela própria demonstrada na forma de uma proposição. Até mesmo um relativista ético que admite a existência de questões de ordem ética, mas que nega a existência de quaisquer respostas válidas, não pode negar a validade dessa afirmação (a qual, de acordo com isso, também é referida como o "*a priori* da argumentação"). Em segundo lugar, ressalta-se que tudo que deve ser pressuposto pela argumentação não pode, por sua vez, ser argumentativamente contestado sem que se envolva em uma contradição performativa; e enfatiza-se que, entre esses pressupostos, não apenas existem pressupostos lógicos – como as leis da lógica proposicional (p. ex., a lei da identidade) –, mas também pressupostos praxeológicos. A argumentação não consiste apenas em proposições em livre flutuação, mas também envolve sempre pelo menos dois distintos argumentadores, um proponente e um oponente – i.e., a argumentação é uma subcategoria da ação humana. Em terceiro lugar, mostra-se, portanto, que o reconhecimento mútuo do princípio da apropriação original, tanto pelo proponente quanto pelo oponente, constitui o pressuposto praxeológico da argumentação. Ninguém pode propor alguma coisa e esperar que o seu adversário se convença da validade dessa proposição ou negue e proponha alguma outra coisa a menos que o seu direito de controle exclusivo sobre o seu "próprio" corpo originalmente apropriado (cérebro, cordas vocais, entre outras partes) e sobre o lugar em que o seu corpo se encontra e esse mesmo direito do seu adversário já estejam pressupostos e sejam admitidos como válidos. Por último, se o reconhecimento do princípio da apropriação inicial constitui o pressuposto praxeológico da argumentação, então é impossível fornecer uma justificativa proposicional para qualquer outro princípio ético sem que se caia, assim, em contradição performativa.

[18] Ver Russell Kirk, *The Conservative Mind* (Chicago: Regnery, 1953); e idem, *A Program for Conservatives* (Chicago: Regnery, 1955).

Para explicar isso, deixem-me enfatizar, em primeiro lugar, que a maioria – mas não a totalidade – dos principais pensadores libertários, como uma questão de dado empírico, era formada por conservadores sociais e culturais: por defensores dos costumes e da moralidade burgueses tradicionais. Mais notadamente, Murray Rothbard – o pensador libertário mais importante e mais influente – era um assumido conservador cultural. Também o era o professor mais importante de Rothbard, Ludwig von Mises. (Ayn Rand, uma outra grande influência sobre o libertarianismo contemporâneo, é um caso diferente, é claro.) [19] Embora isso não revele muito (prova-se apenas que o libertarianismo e o conservadorismo podem ser psicologicamente reconciliados), trata-se de um indicativo de uma afinidade substancial entre as duas doutrinas. Não é difícil reconhecer que a visão conservadora e a visão libertária da sociedade são perfeitamente compatíveis (congruentes). Com certeza, os seus métodos são nitidamente diferentes. Uma corrente é (ou parece ser) empirista, sociológica e descritiva, ao passo que a outra corrente é racionalista, filosófica, lógica e construtivista. Não obstante essa diferença, ambas concordam em um aspecto fundamental. Os conservadores estão convencidos de que o "natural" e o "normal" é antigo e generalizado (e assim podem ser discernidos em todos os tempos e em todos os lugares). Do mesmo modo, os libertários estão convencidos de que os princípios da justiça são eterna e universalmente válidos (e, portanto, devem ter sido essencialmente conhecidos pela humanidade desde os seus primórdios). Ou seja, a ética libertária não é nova nem revolucionária; ela é antiga e conservadora. Até mesmo os indivíduos primitivos e as crianças são capazes de compreender a validade do princípio da apropriação original, e a maioria das pessoas normalmente costuma reconhecê-lo como uma realidade indiscutível.

Além disso, na medida em que se analisa o objeto sobre o qual os conservadores e os libertários se focam – por um lado, as famílias, as relações de parentesco, as comunidades, a autoridade e a hierarquia social; por outro lado, a propriedade, bem como a sua apropriação, a sua transformação e a sua transferência –, deve estar claro que, ao passo que não se referem às mesmas entidades, eles ainda falam sobre os diferentes aspectos do mesmo objeto: os agentes humanos e a cooperação social. Extensivamente, i.e., no tocante à sua área de investigação (o seu quadro de referência),

---

[19] Sobre Murray N. Rothbard, ver os tributos a Rothbard: *In Memoriam*, editado por Llewellyn H. Rockwell Jr. (Auburn, Alabama: Ludwig von Mises Institute, 1995), especialmente o tributo de Joseph T. Salerno; sobre Ludwig von Mises, ver: Murray N. Rothbard, *Ludwig von Mises: Scholar, Creator, Hero* (Auburn, Alabama: Ludwig von Mises Institute, 1988); Jeffrey A. Tucker e Llewellyn H. Rockwell Jr., "The Cultural Thought of Ludwig von Mises", em *Journal of Libertarian Studies*, 10, n. 1 (1991); sobre Ayn Rand, ver: Tuccille, *It Usually Begins with Ayn Rand*; Murray N. Rothbard, *The Sociology of the Ayn Rand Cult* (Burlingame, California: Center for Libertarian Studies, [1972] 1990); e, da perspectiva dos prosélitos de Rand ("randianos"), ver Barbara Branden, *The Passion of Ayn Rand* (Garden City, N. Y.: Doubleday, 1986).

o seu objeto é idêntico. As famílias, a autoridade, as comunidades e as classes sociais são a concretização empírica/sociológica dos conceitos e categorias abstratos filosóficos/praxeológicos de propriedade, de produção, de troca e de contrato. A propriedade e as relações de propriedade não existem fora da família e das relações de parentesco. As últimas moldam e determinam a forma específica e a configuração da propriedade e das relações de propriedade, embora ao mesmo tempo estejam limitadas pelas leis universais e perenes da escassez e da propriedade. De fato, como já foi visto, as famílias consideradas normais pelos padrões conservadores são aquelas dos lares familiares; e a desintegração familiar e a decadência moral e cultural que os conservadores contemporâneos lamentam são, em grande medida, o resultado da erosão e da destruição dos lares familiares (propriedades) – na condição de base econômica das famílias – pelo moderno estado de bem-estar social (assistencialista). Assim, a teoria libertária da justiça pode realmente fornecer ao conservadorismo uma definição mais precisa e uma defesa moral mais rigorosa do seu próprio objetivo (o retorno à civilização sob a forma de normalidade moral e cultural) do que o próprio conservadorismo jamais conseguiria elaborar. Ao fazê-lo, ela pode afiar e fortalecer a tradicional visão de mundo antiestatista do conservadorismo. [20]

IV

Ainda que os criadores intelectuais do libertarianismo moderno fossem conservadores culturais – e ainda que a doutrina libertária seja totalmente compatível (congruente) com a visão de mundo conservadora (não implicando, como alegam alguns críticos conservadores, um "individualismo atomístico" e um "egoísmo ganancioso") –, corrompido pelo moderno estado de bem-estar social (assistencialista), o movimento libertário sofreu uma transformação significativa. Em larga medida (e de forma completa aos olhos da mídia e do público), ele se tornou um movimento que combina o antiestatismo radical e a economia de mercado com o esquerdismo cultural, com o multiculturalismo e o contramulticulturalismo e com o hedonismo pessoal; ou seja, ele é exatamente o contrário do programa buchananista de socialismo culturalmente conservador: trata-se de um capitalismo contracultural.

---

[20] Sobre a relação entre o conservadorismo (tradicionalista) e o libertarianismo (racionalista), ver Ralph Raico, "The Fusionists on Liberalism and Tradition", em *New Individualist Review*, 3, n. 3 (1964); M. Stanton Evans, "Raico on Liberalism and Religion", em *New Individualist Review*, 4, n. 2 (1966); Ralph Raico, "Reply to Mr. Evans", em ibidem; ver também: *Freedom and Virtue: The Conservative–Libertarian Debate*, editado por George W. Carey (Lanham, Maryland: University Press of America, 1984).

Anteriormente, foi observado que o programa buchananista de nacionalismo social(ista) não parece ser do agrado das massas; pelo menos, não nos Estados Unidos. Isso é verdadeiro em uma amplitude ainda maior em relação à tentativa libertária de combinar a economia de mercado com o multiculturalismo e o contramulticulturalismo. Contudo, como no tocante ao conservadorismo, também nesse caso a minha preocupação principal não é sobre a hipótese de agradarem ou não às massas e sobre a hipótese de certas ideias poderem ou não ser psicologicamente combinadas e integradas, mas sim sobre a hipótese de essas ideias poderem ou não ser combinadas de modo prático e eficiente. É o meu plano demonstrar que elas não podem ser sintetizadas e que muito do libertarianismo contemporâneo é falso, sendo, na verdade, um libertarianismo contraproducente (assim como o conservadorismo de Buchanan é falso e contraproducente).

O fato de que grande parte do libertarianismo moderno é culturalmente esquerdista não se deve a inclinações dessa natureza entre os principais teóricos libertários. Conforme foi observado, eles eram, em sua maioria, conservadores culturais. Ao invés disso, trata-se do resultado de uma compreensão superficial da doutrina libertária por muitos dos seus fãs e seguidores; e essa ignorância encontra a sua explicação em uma coincidência histórica e na mencionada tendência (inerente e ínsita) do estado social-democrático assistencialista (de bem-estar social) a promover um processo de infantilização intelectual e emocional (processo de descivilização da sociedade).

Os primórdios do movimento libertário moderno nos Estados Unidos se localizam na metade da década de 1960. Em 1971, o Partido Libertário foi fundado; e, em 1972, o filósofo John Hospers foi nomeado o seu primeiro candidato presidencial. Era o tempo da Guerra do Vietnã. Ao mesmo tempo, promovido pelos grandes "avanços" no crescimento do estado de bem-estar social (assistencialista) a partir do início e da metade da década de 1960 nos Estados Unidos e, da mesma forma, na Europa Ocidental (a chamada legislação dos direitos civis e a guerra contra a pobreza), surgiu um novo fenômeno de massa. Emergiu um novo "lumpenproletariado" de intelectuais e de jovens intelectualizados – os produtos de um sistema em constante expansão de educação socialista (pública) – "alienados" da moralidade e da cultura do *mainstream* "burguês" (mesmo vivendo com muito mais conforto do que o lumpenproletariado de antigamente graças à riqueza criada por essa cultura dominante). O multiculturalismo e o relativismo cultural ("viva e deixe viver") e o antiautoritarismo igualitarista ("não respeite nenhuma autoridade") foram elevados da condição de fases temporárias e transitórias de desenvolvimento mental (adolescência) para o *status* de atitudes permanentes entre intelectuais adultos e os seus alunos.

A oposição íntegra (com princípios) dos libertários à guerra do Vietnã coincidiu com uma oposição pouco difusa da nova esquerda a essa guerra. Adicionalmente, a conclusão anarquista da doutrina libertária atraiu e agradou a esquerda contracultural. [21] Pois a ilegitimidade do estado e o axioma da não agressão (segundo o qual não se permite a iniciação – ou a ameaça da iniciação – do uso da força física contra outras pessoas e os seus bens) não implicavam que todos tivessem a liberdade de escolher o seu próprio estilo de vida não agressivo? Isso não implicava que a vulgaridade, a obscenidade, a grosseria, o uso de drogas, a promiscuidade, a pornografia, a prostituição, o homossexualismo, a poligamia, a pedofilia ou qualquer outra perversidade ou anormalidade imaginável, na medida em que constituíam crimes sem vítimas, fossem estilos de vida e atividades perfeitamente normais e legítimos? Portanto, não é de surpreender que, a partir do seu início, o movimento libertário atraiu um número anormalmente elevado de seguidores desequilibrados e perversos. Subsequentemente, o ambiente contracultural e a "tolerância" multicultural e relativista do movimento libertário atraiu um número ainda maior de desajustados, de fracassados (tanto em termos pessoais quanto em termos profissionais) ou de simples perdedores. Murray Rothbard, em nojo, chamou-os de "liber-

---

[21] Embora tenha sido, em última análise, considerada um fracasso pela maioria dos seus antigos protagonistas, a aliança entre o nascente movimento libertário e a Nova Esquerda durante a segunda metade da década de 1960 pode ser compreendida como tendo sido motivada por duas considerações. Por um lado, em meados da década de 1960, o conservadorismo americano foi quase totalmente dominado por William Buckley e o seu *National Review*. Em contraste com o conservadorismo decididamente anti-intervencionista (isolacionista) da Velha Direita, o "novo conservadorismo" defendido por Buckley e pelo *National Review* – e representado mais visivelmente por Barry Goldwater, o candidato presidencial do Partido Republicano de 1964 – era um movimento fervorosamente pró-guerra, pró-militarismo e até mesmo pró-imperialismo. Com isso, qualquer tipo de aliança entre os libertários e os conservadores estava simplesmente fora de questão. Por outro lado, quando a Nova Esquerda começou a surgir por volta do ano de 1965, ela aparentou ser muito mais libertária em temas fundamentais do que os conservadores por duas razões posteriormente resumidas por Rothbard:
    (1) A oposição cada vez mais profunda e extrema [da Nova Esquerda] à guerra do Vietnã, ao imperialismo americano e ao alistamento militar obrigatório (as principais questões políticas desse período), em contraste com o apoio dos conservadores a essas políticas. (2) A sua renegação do estatismo antiquado e da social-democracia da Velha Esquerda conduziu a Nova Esquerda a posições semi-anarquistas, o que parecia ser uma oposição extrema e profunda ao estado corporativista assistencialista e belicista pós-*New Deal* e ao sistema universitário burocrático dominado pelo estado.
Escrevendo quase uma década mais tarde, Rothbard reconheceu o erro estratégico duplo da sua tentativa de outrora de forjar uma aliança entre os libertários e a Nova Esquerda:
    (a) Houve grave superestimação da estabilidade emocional e do conhecimento de economia desses libertários incipientes; e, como corolário, (b) houve grave subestimação da importância do fato de que esse núcleo [libertário] encontrava-se fraco e isolado e de que não havia nenhum movimento libertário do qual falar; portanto, o expediente de empurrar os jovens para uma aliança com um grupo muito mais numeroso e poderoso estava fadado a concretizar uma alta incidência de deserção (...) para o esquerdismo verdadeiro da variedade anarquista/maoísta/sindicalista. (Murray N. Rothbard, *Toward a Strategy of Libertarian Social Change* [Manuscrito não publicado, 1977], pp. 159, 160–161)

tários vazios" e os identificou como libertários "modais" (típicos e representantes). Eles fantasiavam uma sociedade em que todos estariam livres para escolher e cultivar quaisquer estilos de vida, carreiras ou características que não fossem agressivos e em que, graças à economia de livre mercado, todos poderiam fazê-lo em um nível elevado de prosperidade geral. Ironicamente, o movimento que estabeleceu o objetivo de desmantelar o estado e de restaurar a propriedade privada e a economia de mercado foi, em larga medida, apropriado e moldado em sua face externa pelos produtos mentais e emocionais do estado de bem-estar social (assistencialista): a nova classe de adolescentes permanentes. [22]

---

[22] Murray N. Rothbard forneceu o seguinte retrato do "libertário modal" (LM):
Na verdade, o LM é homem. (...) O LM se encontrava na faixa dos seus vinte anos há vinte anos e, agora, encontra-se na faixa dos seus quarenta anos. Isso não é nem tão banal nem tão benigno como parece, pois significa que o movimento realmente não cresceu nos últimos vinte anos. (...) O LM é bastante promissor e bastante versado na teoria libertária. Mas ele não sabe nada e não se interessa pela história, pela cultura, pelo contexto da realidade ou pelos assuntos mundiais. A sua única leitura ou o seu único conhecimento cultural é a ficção científica. (...) O LM, infelizmente, não odeia o estado por vê-lo como o instrumento social exclusivo da agressão organizada contra a pessoa e a propriedade. Em vez disso, o LM é um adolescente que se rebela contra todos ao seu redor: em primeiro lugar, contra os seus pais; em segundo lugar, contra a sua família; em terceiro lugar, contra os seus vizinhos; e, por fim, contra a própria sociedade. Ele se opõe especialmente às instituições da autoridade social e cultural: em particular, à burguesia da qual ele proveio, às normas e às convenções burguesas e às instituições da autoridade social (como as igrejas). Para o LM, então, o estado não é o único problema; ele é apenas a parte mais visível e mais detestável das várias instituições burguesas odiadas: vem daí o entusiasmo com que o LM aperta o botão do "questione a autoridade". E daí se origina também a fanática hostilidade do LM ao cristianismo. Eu costumava pensar que esse ateísmo militante era apenas uma função do randianismo do qual a maioria dos libertários modernos surgiu há duas décadas. Mas o ateísmo não é a chave – pois aquele(a) que anunciasse, em uma reunião libertária, que era um(a) brux(a) ou um(a) adorador(a) do cristal de energia ou de alguma besteira da Nova Era seria tratado(a) com grande tolerância e respeito. Somente os cristãos eram os alvos dos abusos; e, claramente, a razão dessa diferença de tratamento não tinha nada a ver com o ateísmo. Isso tinha tudo a ver com a rejeição (e o desprezo) da cultura burguesa americana; e todo tipo de causa cultural maluca seria promovido a fim de torcer o nariz da odiada burguesia. (...) Na verdade, a atração original do LM para o randianismo era parte integrante da sua revolta adolescente: que maneira de racionalizar e sistematizar a rejeição aos pais, familiares e vizinhos seria melhor do que aderir a um culto que denunciava a religião e que proclamava a superioridade absoluta de si mesmo (do ego) e dos seus cultuados líderes, em contraste com os robóticos "second-handers" que supostamente povoavam o mundo burguês? Um culto que, além disso, conclama os seus prosélitos a desprezar os pais, a família e os associados burgueses e a cultivar a suposta grandeza do próprio ego individual (convenientemente orientado, é claro, pela liderança randiana). (...) O LM, caso tenha uma ocupação no mundo real (como a contabilidade ou a advocacia), é, de um modo geral, um advogado sem casos e um contador sem trabalho. A profissão habitual do LM é a de programador de computador. (...) Os computadores, na realidade, atraem a inclinação científica e teórica do LM; mas eles atraem o seu nomadismo acentuado, a sua necessidade de não ter uma folha de pagamento regular ou uma moradia fixa. (...) O LM também possui o "olhar longínquo" dos fanáticos. Ele está apto a agarrar você pela força na primeira oportunidade e a discorrer extensamente sobre as suas próprias "grandes descobertas" contidas em seu poderoso manuscrito que está chorando para ser publicado – e ele diz que isso é uma conspiração do poder constituído. (...) Mas, acima

V

Essa combinação intelectual dificilmente poderia ter terminado de maneira feliz. O capitalismo de propriedade privada e o multiculturalismo igualitarista formam uma combinação tão improvável quanto o socialismo e o conservadorismo cultural. E, na tentativa de combinar o que não pode ser combinado, muitos do movimento libertário moderno contribuíram efetivamente para a continuação da deterioração dos direitos de propriedade privada (assim como muitos do conservadorismo contemporâneo contribuíram para a erosão das famílias e da moralidade tradicional). O que os libertários contraculturais falharam em reconhecer – e o que os verdadeiros libertários não podem deixar de enfatizar – é que a restauração dos direitos de propriedade privada e da economia *laissez-faire* implica um aumento forte e drástico da "discriminação" social, eliminando rapidamente a maior parte – se não a totalidade – das experiências de estilos de vida multiculturais e igualitaristas tão caras aos libertários de esquerda. Em outras palavras, os libertários devem ser conservadores radicais e intransigentes.

Em contraste com os libertários de esquerda reunidos em instituições como, por exemplo, o *Cato Institute* e o *Institute for Justice* – os quais buscam o apoio do governo central para a aplicação de diversas políticas de não discriminação e clamam por uma política imigratória não discriminatória ou "livre" [23] –, os verdadeiros libertários devem abraçar a discriminação,

---

de tudo, o LM é um vadio, um vigarista e, muitas vezes, um verdadeiro bandido. A sua atitude básica em relação aos outros libertários é "a sua casa é a minha casa". (...) Em suma, articulem eles ou não essa "filosofia", os [LMs] são comunistas libertários: alguém que possua propriedade automaticamente tem de "compartilhá-la" com os demais membros da sua "família" libertária ampliada. (Murray N. Rothbard, "Why Paleo?", em *Rothbard–Rockwell Report*, 1, n. 2 [maio de 1990]: 4–5; ver também: idem, "Diversity, Death and Reason", em *Rothbard–Rockwell Report*, 2, n. 5 [maio de 1991].)

Consultar também: Llewellyn H. Rockwell Jr., *The Case for Paleolibertarianism and Realignment on the Right* (Burlingame, Califórnia: Center for Libertarian Studies, 1990).

[23] Mais especificamente, os libertários de esquerda (LEs) utilizam – e promovem a sua utilização – o governo federal e os seus tribunais para impingir leis e regulações estaduais e/ou locais discriminatórias e presumivelmente antilibertárias; eles, assim, independentemente da sua *intenção*, contribuem para o objetivo antilibertário de reforçar o poder do estado central. Correspondentemente, os LEs normalmente veem com bons olhos o presidente Lincoln e o governo da União porque a vitória da União sobre os Confederados secessionistas resultou na abolição da escravatura; mas eles falham em reconhecer que (1) *essa* forma de alcançar o objetivo libertário da abolição da escravatura deve conduzir a um aumento drástico do poder do governo central (federal) e que (2) a vitória da União na Guerra da Secessão do Sul de fato representa um dos grandes saltos em direção ao crescimento do Leviatã federal moderno – representando, portanto, um episódio profundamente antilibertário da história americana. Ademais, ao passo que os LEs criticam as práticas atuais de "ação afirmativa", denunciando-as como um sistema cotista, eles não rejeitam a legislação dos chamados direitos civis – da qual essas práticas decorrem–, denunciando-a como plena e fundamentalmente incompatível com a pedra angular da filosofia política libertária (i.e., com o direito de propriedade privada). Pelo contrário: os LEs estão muito preocupados com os "direitos civis", principalmente com o "direito"

seja ela interna (em relação a nativos domésticos), seja ela externa (em relação a estrangeiros). Na verdade, a propriedade privada significa discriminação. Eu – e não você – sou o dono disso e daquilo. Eu tenho o direito de excluir você da minha propriedade. Eu posso estipular condições para o seu uso da minha propriedade; e eu posso expulsar você da minha propriedade. Ademais, você e eu, que somos donos de propriedades privadas,

---

de gays e de outros adeptos de estilos de vida alternativos de não serem vítimas de discriminação em matéria de emprego e de habitação. Assim, eles veem com bons olhos a decisão da Suprema Corte (Supremo Tribunal) dos Estados Unidos no caso *Brown vs. Board of Education* de proibir a segregação e os "direitos civis" protossocialistas do líder Martin Luther King. Com certeza, os LEs normalmente reconhecem a diferença categórica entre a propriedade privada (o setor privado) e a propriedade pública (o governo); e eles, pelo menos em teoria, admitem que os donos de propriedades privadas devem ter o direito de discriminar como bem entenderem em suas próprias propriedades. Mas os LEs notadamente expressam uma preocupação igualitarista com a concepção nobre – mas ilusória e enganosa – da "extensão progressiva da *dignidade*" (em vez de *direitos de propriedade*) para "as mulheres e as pessoas de religiões diferentes e de raças diferentes" (David Boaz, p. 16, referência abaixo; a ênfase é minha), o que os induz a aceitar o *princípio* da "não discriminação", mesmo que esteja restrito e seja aplicado apenas aos bens públicos e ao setor público da economia. (Por esse motivo, os LEs defendem uma política de imigração "livre" ou não discriminatória.) No plano da teoria, os LEs, assim, cometem o erro de considerar os bens públicos como "terras" sem dono liberadas à apropriação original (*homesteading*) universal e irrestrita (embora, na realidade, todos os bens públicos tenham sido financiados por pagadores de impostos domésticos) ou como propriedades "comunais" abertas a todos os cidadãos nacionais em igualdade de condições (embora, na verdade, alguns cidadãos tenham pago mais impostos do que outros – e embora alguns cidadãos, i.e., aqueles cujos salários ou vencimentos foram pagos com os recursos dos impostos [fundos públicos], não tenham pago imposto algum). Pior ainda: ao aceitar o princípio da não discriminação no âmbito da propriedade pública, os LEs, na prática, contribuem para a ampliação do poder estatal e para a diminuição e o enfraquecimento dos direitos de propriedade privada – pois, no atual mundo dominado pelo estado, a linha divisória entre o setor privado e o setor público tornou-se cada vez mais confusa. Todas as propriedades privadas são delimitadas e rodeadas por estradas e ruas públicas; praticamente todos os negócios vendem alguns dos seus produtos para alguma agência do governo ou ao longo das fronteiras dos estados; e inúmeras empresas e organizações privadas (como, por exemplo, as universidades privadas) recebem regularmente financiamento governamental. Dessa forma, a partir da perspectiva dos agentes estatais, não há mais nada que seja genuinamente "privado" e que, portanto, não esteja dentro do alcance do governo. Com base nessa confusão difusa entre o estado e a propriedade pública e as empresas privadas e a propriedade privada – e dado o exclusivo (coercitivo) poder de negociação do governo –, pode-se prever com segurança que a política da "não discriminação" não continuará por muito tempo sendo um mero princípio de política pública; ela se tornará cada vez mais um princípio geral (e, em última análise, universal), estendendo-se a – e englobando – tudo e todos, o público *e* o privado. (Caracteristicamente, os LEs normalmente são também defensores da proposta de *vouchers* escolares de Milton Friedman, ignorando, portanto, ao que parece, que a execução desse programa de *vouchers* invariavelmente conduziria à expansão do controle governamental da educação – além das escolas públicas, o governo controlaria as escolas privadas e destruiria todos os direitos de efetuar decisões autônomas que essas escolas atualmente ainda possuem.)

Para conhecer exemplos representativos de pensamento libertário de esquerda, consultar, por exemplo, Clint Bolick, *Grassroots Tyranny: The Limits of Federalism* (Washington, D. C.: Cato Institute, 1993); idem, *The Affirmative Action Fraud: Can We Restore the American Civil Rights Vision?* (Washington, D. C.: Cato Institute, 1996); e David Boaz, *Libertarianism: A Primer* (New York: Free Press, 1997); para conhecer uma refutação das visões esquerdistas libertárias de Bolick e de Boaz a partir da perspectiva direitista ou "paleo-libertária", ver Murray N. Rothbard, "The Big Government Libertarians: The Anti-Left-Libertarian Manifesto", em *Rothbard–Rockwell Report*, 4, n. 12 (dezembro de 1993); idem, "Big Government Libertarians", em *Rothbard–Rockwell Report*, 5, n. 11 (novembro de 1994); e a análise de Jeffrey A. Tucker do livro de Boaz em *Journal of Libertarian Studies*, 13, n. 1 (1997).

podemos negociar e submeter os nossos bens a um contrato restritivo (ou protetor). Nós e os outros podemos, se ambas as partes entenderem que é isso benéfico, impor limites ao uso futuro que cada um de nós pode fazer com os respectivos bens.

O estado de bem-estar social moderno, em larga medida, retirou dos proprietários privados o direito de exclusão implícito no conceito de propriedade privada. A discriminação é proibida. Os empregadores não podem contratar quem eles desejam. Os proprietários não podem alugar a quem eles queiram. Os vendedores não podem vender para quem desejarem; os compradores não podem adquirir de quem eles queiram comprar. E os grupos de donos de propriedades privadas não estão autorizados a pactuar qualquer contrato restritivo que acreditem ser mutuamente benéfico. O estado, portanto, privou os indivíduos de uma grande parte da sua proteção pessoal e física. Não ter o direito de excluir outras pessoas significa não ter o direito de se defender de outros indivíduos. O resultado da erosão dos direitos de propriedade privada no âmbito do estado democrático de bem-estar social é a integração forçada. Ela, a integração forçada, é onipresente. Os americanos devem aceitar imigrantes que não desejam. Os professores não podem se livrar de alunos bagunceiros ou mal-comportados; os empregadores têm de ficar com funcionários ineficientes ou destrutivos; os proprietários são obrigados a conviver com maus inquilinos; os bancos e as companhias de seguros não têm o direito de evitar maus riscos; os restaurantes e os bares devem acomodar clientes indesejados; e os clubes privados e os convênios são compelidos a aceitar membros e ações que violam as suas próprias regras e restrições. Por outro lado, na propriedade pública (i.e., nos bens governamentais) em especial, a integração forçada tomou uma forma perigosa: a anomia (a pura ausência de lei e de ordem). [24]

---

[24] "Todo proprietário", elaborou Murray N. Rothbard,
> Deve ter o direito absoluto de vender, alugar ou arrendar (*leasing*) o seu dinheiro ou os seus outros bens a qualquer pessoa que ele escolha – o que significa que ele possui o direito absoluto de "discriminar" tudo aquilo que não o agrada. Se eu tenho uma fábrica, se eu desejo contratar apenas albinos de 1,80 metro de altura e se eu consigo encontrar funcionários dispostos, eu devo ter o direito de fazer isso, mesmo que eu possa muito bem perder todas as minhas posses em razão disso. (...) Se eu possuo um complexo de apartamentos e desejo alugá-lo apenas para suecos sem filhos, eu devo ter o direito de fazê-lo. E assim por diante. A proibição de tal discriminação – bem como as cláusulas restritivas que a confirmavam – foi o pecado original do qual todos os outros problemas decorreram. Uma vez adotado esse princípio, todo o resto segue – assim como a noite segue o dia. (...) Pois, se é certo e justo proibir a minha discriminação contra os negros, então é igualmente certo e justo, para o governo, descobrir se eu estou discriminando ou não; e, nesse caso, é perfeitamente legítimo que ele imponha quotas para testar a proposição. (...) Então, qual é o remédio para tudo isso? (...) O que tem de ser feito é: (1) repudiar totalmente os "direitos civis" e as leis anti-discriminação; e, enquanto isso, de forma separada, mas paralela, (2) tentar privatizar tudo aquilo que for possível. (Murray N. Rothbard, "Marshall, Civil Rights and the Court", em *Rothbard–Rockwell Report*, 2, n. 8 [agosto de 1991]: 4 e 6)

Excluir outras pessoas da sua própria propriedade é o único meio pelo qual o proprietário pode evitar que "males" aconteçam (i.e., os eventos que provocarão a diminuição do valor da propriedade). Inexistindo o direito de excluir livremente, aumentará a incidência de males – alunos, funcionários e clientes mal-comportados, preguiçosos, podres e pouco confiáveis –, e cairá o valor das propriedades. Na verdade, a integração forçada (o resultado de todas as políticas de não discriminação) fomenta o mau comportamento e a má índole. Em uma sociedade civilizada, a punição máxima para o mau comportamento é a expulsão, e os indivíduos de mau comportamento ou de má índole (mesmo que eles não cometam crimes) se verão rapidamente expulsos de todos os lugares e por todas as pessoas e se tornarão párias e desterrados, sendo removidos fisicamente da civilização. Trata-se de um duro preço a pagar; portanto, é reduzida a frequência de tal comportamento. Em contrapartida, se há a proibição de expulsar outros da propriedade sempre que a sua presença for considerada indesejável, o mau comportamento, a má conduta e a má índole são incentivados (esses comportamentos se tornam menos dispendiosos, menos custosos). Em vez de serem isolados e, em última instância, completamente excluídos da sociedade, os "vagabundos" – em toda área imaginável de incompetência – têm a permissão de perpetrarem os seus aborrecimentos em todos os lugares; assim, os vagabundos – bem como esse tipo de comportamento – se multiplicarão. Os resultados da integração forçada são bastante visíveis. Todas as relações sociais – tanto na vida privada quanto na vida profissional – tornaram-se cada vez mais igualitárias (todos estão muito próximos a todos os outros) e incivilizadas.

Em nítido contraste, uma sociedade em que o direito de exclusão é totalmente restabelecido para os donos de propriedades privadas seria profundamente não igualitária, intolerante e discriminatória. Haveria pouca ou nenhuma "tolerância" e "mente aberta", as quais são tão caras aos libertários de esquerda. Em vez disso, estar-se-ia no caminho certo no sentido de restabelecer a liberdade de associação e de exclusão implícita na instituição da propriedade privada; as cidades e as aldeias, dessa maneira, poderiam fazer – e o fariam – o que eles fizeram rotineiramente até bem dentro do século XIX na Europa e nos Estados Unidos. Haveria sinais sobre requisitos para a entrada na cidade; e, uma vez na cidade, haveria requisitos para a entrada em partes específicas de propriedades (proibindo, por exemplo, mendigos, vagabundos ou moradores de rua; mas também: homossexuais, hindus, usuários de drogas, judeus, muçulmanos, alemães, zulus – e assim por diante); e aqueles que não atendessem a esses requisitos seriam expulsos como invasores. Quase instantaneamente, seria reafirmada (restaurada) a normalidade cultural e moral.

Os libertários de esquerda e os experimentadores de estilos de vida multiculturais ou contramulticulturais, mesmo que não estivessem envolvidos em algum crime, mais uma vez teriam de pagar um preço pela sua conduta. Se continuassem com o seu comportamento ou o seu estilo de vida, eles seriam barrados da sociedade civilizada e viveriam separados fisicamente dela, em guetos ou em lugares distantes, e muitos cargos ou profissões lhes seriam inatingíveis. Em contraste, se eles quisessem viver e progredir no seio da sociedade, eles teriam de se adaptar e de assimilar as normas morais e culturais da sociedade em que desejassem entrar. Essa assimilação não implicaria necessariamente que seria preciso renunciar completamente a um comportamento ou estilo de vida anormal ou diferente. Isso significaria, porém, que não mais seria possível "sair por aí" exibindo em público um comportamento ou estilo de vida alternativo. Esse comportamento teria de ficar "no armário", estando escondido dos olhos do público e ficando fisicamente restrito à total privacidade das quatro paredes. A sua propaganda ou a sua demonstração em público engendrariam a expulsão. [25]

Por outro lado, os verdadeiros conservadores libertários – em contraste com os libertários de esquerda – devem não apenas reconhecer e ressaltar o fato de que haverá um forte aumento da discriminação (ex-

---

[25] Para evitar qualquer mal-entendido, pode ser útil salientar que o aumento previsto na discriminação em um mundo puramente libertário não implica que a forma e a dimensão da discriminação serão as mesmas ou similares em todo o globo. Pelo contrário: um mundo libertário poderia ser – e provavelmente o seria – um mundo com uma grande variedade de comunidades localmente separadas que se engajariam em práticas de discriminação nitidamente diferentes (e de alcances diversos). Explica Murray N. Rothbard:
> Em um país (ou um mundo) totalmente de propriedades privadas – incluindo as ruas – e de bairros contratuais privados constituídos de donos de propriedades privadas, esses proprietários podem fazer qualquer tipo de contrato de vizinhança que desejarem. Na prática, então, o país seria um verdadeiro "mosaico belíssimo" (...), variando de bairros contratuais de arruaceiros do tipo "Greenwich Village" a bairros conservadores socialmente homogêneos do tipo "WASP" (*White, Anglo-Saxon and Protestant* – "Branco, Anglo-Saxão e Protestante"). Lembre-se de que quaisquer obras e quaisquer convênios seriam mais uma vez plenamente legais e aplicáveis, sem as restrições que a ingerência governamental lhes impõe. Portanto, considerando a questão das drogas, se um bairro proprietário acordasse que ninguém poderia usar drogas e Jones violasse o contrato e as usasse, os seus companheiros contratantes da comunidade poderiam simplesmente executar o contrato e expulsá-lo. Ou, já que nenhum contrato realizado com antecedência pode permitir todas as possíveis circunstâncias, suponha-se que Smith tenha se tornado tão pessoalmente odioso, insolente e detestável que os seus companheiros proprietários do bairro desejem expulsá-lo. Eles, então, teriam de pagar-lhe pela renúncia ao direito de comportar-se assim – provavelmente em termos definidos contratualmente com antecedência de acordo com alguma cláusula de "detestabilidade". (Murray N. Rothbard, "The 'New Fusionism': A Movement For Our Tune", em *Rothbard–Rockwell Report*, 2, n. 1, [janeiro de 1991]: 9–10)

Não obstante a variedade de políticas discriminatórias promovidas por diversas comunidades proprietárias, conforme será argumentado mais adiante no texto acima, em prol da autopreservação cada uma dessas comunidades terá de reconhecer e aplicar algumas limitações rigorosas e até mesmo inflexíveis em relação à sua tolerância interna; ou seja, nenhuma comunidade proprietária pode ser tão "tolerante" e "indiscriminatória" quanto os libertários de esquerda desejam que cada lugar o seja.

clusão e expulsão) em uma sociedade libertária (em que os direitos de propriedade privada são plenamente restabelecidos para os donos de residências particulares e de propriedades privadas); mais importante ainda: eles terão de reconhecer – e os conservadores e os seus *insights* podem ser úteis para concretizar esse objetivo – que isso realmente deveria ser assim; ou seja, terão de reconhecer que deve haver discriminação rigorosa caso se pretenda atingir a meta de uma anarquia de propriedade privada (ou uma pura e genuína sociedade de leis privadas). Sem discriminação constante e implacável, uma sociedade libertária rapidamente erodiria e degeneraria no socialismo assistencialista estatal. Toda ordem social, incluindo uma ordem social libertária ou conservadora, exige um mecanismo de autoexecução. Mais precisamente: as ordens sociais (ao contrário dos sistemas mecânico ou biológico) não são mantidas automaticamente; elas exigem o esforço consciente e a ação propositada por parte dos membros da sociedade para impedi-la de se desintegrar. [26]

VI

O modelo libertário padrão de uma comunidade é aquela de indivíduos que, ao invés de viverem fisicamente separados e isolados uns dos outros, associam-se uns com os outros na condição de vizinhos que vivem em pedaços de terra adjacentes, mas separados. Todavia, esse modelo é muito simplista. Provavelmente, a razão para preferir uma relação com os seus vizinhos ao isolamento físico é o fato de que, no tocante a indivíduos que participam dos benefícios da divisão do trabalho, o bairro oferece a vantagem adicional da redução dos custos de transação; i.e., o bairro facilita o intercâmbio (a troca). Em consequência disso, o valor de um pedaço de terra de propriedade individual será reforçado pela existência de pedaços de terras vizinhos pertencentes a outras pessoas. Entretanto, embora isso possa ser verdade e constitua uma razão válida para preferir um bairro ao isolamento físico, isso de forma alguma é sempre verdadeiro. Um bairro também envolve riscos e pode conduzir à queda – ao invés de ao aumento – do valor das propriedades, pois, mesmo que se presuma, de acordo com o modelo em questão, que o estabelecimento inicial da propriedade vizinha tenha sido mutuamente benéfico – e mesmo que se suponha que todos os membros de uma comunidade (bairro) se abstenham de perpetrar atividades criminosas –, pode ainda acontecer que um antigo vizinho "bom" se torne odioso, detestável e insolente; que ele não cuide da sua propriedade ou a modifique de modo a afetar negativamente o valor das propriedades

---

[26] Sobre isso, consultar, em particular, Ludwig von Mises, *Ação Humana – Um Tratado de Economia* (São Paulo: Instituto Ludwig von Mises Brasil, 2010), especialmente o capítulo 9; e Joseph T. Salerno, "Ludwig von Mises as Social Rationalist", em *Review 01 Austrian Economics*, 4 (1990).

dos outros membros da comunidade; ou que ele simplesmente se recuse a participar de qualquer esforço de cooperação dirigido a aumentar o valor da comunidade como um todo. [27] Portanto, a fim de superar as dificuldades inerentes ao desenvolvimento da comunidade quando a terra é controlada por propriedades divididas, a formação de bairros e de comunidades de fato procedeu segundo linhas diferentes daquelas sugeridas nesse referido modelo.

Então, em vez de serem compostos por pedaços de terra adjacentes (vizinhos) pertencentes a vários proprietários, os bairros foram geralmente comunidades proprietárias ou contratuais, sendo fundados e pertencendo a um único titular (proprietário) que "arrendaria" (*leasing*) parcelas separadas da terra sob condições especificadas a indivíduos selecionados. [28] Originalmente, tais acordos se baseavam em relações de parentesco, com o papel do titular (proprietário) sendo executado pelo chefe de uma família ou de um clã. Em outras palavras, assim como as ações dos membros familiares próximos são orientadas e coordenadas pelo chefe e proprietário do lar familiar (dentro de um único seio famíliar), a função de orientar e de coordenar a utilização das terras por grupos de lares familiares vizinhos

---

[27] Sobre esse tema, ver Spencer H. MacCallum, *The Art of Community* (Menlo Park, California: Institute for Humane Studies, 1970). "Na medida em que os indivíduos possuem propriedade em partes em vez de em totalidades", observa MacCallum,
> Os seus interesses colidirão com os interesses dos outros e com o interesse comum em qualquer proposta, afetando os valores da terra de forma desigual. No entanto, evitar tais medidas significaria abandonar completamente o planejamento e a coordenação dos usos da terra e, em última análise, destruir todos os valores da terra. (...) O que agrava ainda mais a situação é a ausência de liderança eficaz para arbitrar os conflitos ou para assegurar o melhor do pior. Falta alguém que, embora não se identifique com qualquer interesse especial na comunidade, nutra ao mesmo tempo um forte interesse pelo sucesso da comunidade como um todo. (p. 57)
> A propriedade da terra não pode ser deslocada para um ambiente mais favorável à sua utilização. O seu valor como um bem econômico decorre dos seus entornos. A sua melhor utilização, portanto, depende da reorganização do ambiente, para que este esteja em conformidade com ela. (...) Uma vez que os usos possíveis de uma localidade dependem dos usos do terreno circundante (em última análise, todas as ações humanas implicam, de uma forma ou de outra, o uso da terra), é essencial, para a sua utilização mais produtiva, que o uso das terras circundantes acessíveis seja coordenado. Isso raramente pode ser feito com eficiência sob uma multiplicidade de autoridades distintas. Se os terrenos circundantes pertencem a muitos indivíduos, o representante dos vários proprietários pode não ser capaz de acomodar as suas diferentes utilizações em um plano abrangente, ficando à mercê de muitos fatores (em geral fortuitos) que afetam a capacidade e a vontade de cada um. Eles são vizinhos de circunstância, não de conveniência. (p. 78)

[28] Para evitar qualquer mal-entendido, o termo "arrendar" (*leasing*) é usado aqui para incluir a venda de tudo, menos do título pleno (completo) de propriedade sobre essa coisa. Assim, por exemplo, o empresário pode vender todos os direitos de uma casa e de um pedaço de terra, exceto o direito de construir uma edificação acima de uma certa altura, de erigir outra conforme um determinado projeto ou de usar a terra para fins que não sejam residenciais (e assim por diante); tais direitos são retidos pelo proprietário vendedor. Sobre isso, consultar Murray N. Rothbard, *The Ethics of Liberty* (New York: New York University Press, 1998), p. 146.

era tradicionalmente realizada pelo chefe de um grupo ampliado de relações de parentesco.[29] Nos tempos modernos, os quais se caracterizam por um forte crescimento populacional e por uma diminuição significativa da importância das relações de parentesco, esse modelo libertário original de uma comunidade proprietária foi substituído por novos e conhecidos desenvolvimentos, como *shopping centers* e "condomínios fechados". Os *shopping centers* e os condomínios fechados residenciais pertencem a uma única entidade (um indivíduo ou uma empresa privada); e a relação entre a comunidade titular e os seus inquilinos e residentes é puramente contratual. O titular é um empresário que busca obter lucros com o desenvolvimento e o gerenciamento de comunidades residenciais e/ou comerciais, atraindo pessoas a lugares onde elas desejem residir e/ou tocar os seus negócios. "O proprietário", explica Spencer H. MacCallum,

> Cria valor no inventário das terras da comunidade principalmente satisfazendo três requisitos funcionais de uma comunidade que só ele, na condição de proprietário, pode cumprir adequadamente: a seleção dos membros, o planejamento do território e a liderança. (...) As duas primeiras funções – a seleção dos membros e o planejamento do território – são realizadas automaticamente por ele durante a determinação sobre o uso da terra (para quem e para qual finalidade ele será estabelecido). A terceira função – a liderança – é a sua responsabilidade natural e também a sua oportunidade especial, uma vez que o seu interesse é o sucesso de toda a comunidade (em vez do sucesso de qualquer interesse especial dentro dela). A atribuição de terras estabelece automaticamente os tipos de inquilinos e a sua justaposição espacial uns em relação aos

---

[29] "A comunidade proprietária não é uma exclusividade da nossa época e da nossa cultura", explica MacCallum.

> As suas raízes, na história humana, são profundas. (...) No mundo primitivo, no âmbito das famílias (lares familiares), a terra é comumente administrada pelo homem mais velho na linha de sucessão patrimonial. No âmbito dos grupos de famílias, ela pode ser administrada pelo chefe de um clã, de uma linhagem ou de um outro grupo, o qual é tipicamente o homem mais velho do grupo de parentesco de maior envergadura. E, do mesmo modo, encontramos isso no nível da aldeia. Nas palavras do antropólogo Melville Herskovits, este é "o padrão familiar de propriedade da terra da aldeia confiada ao – e administrada pelo – chefe da aldeia em nome dos seus membros, nativos ou adotados, e de propriedade familiar, cujo administrador é o chefe da família". Esse sistema é às vezes chamado de senhorialismo, pois a autoridade distributiva é exercida por um determinado membro sênior do grupo de parentesco (cuja envergadura e cujo nível moldam a organização em questão). (Spencer H. MacCallum, *The Art of Community* [Menlo Park, California: Institute for Humane Studies, 1970], p. 69)

outros (e, portanto, a estrutura econômica da comunidade). (...) A liderança também inclui a arbitragem das diferenças entre os inquilinos, bem como a orientação e a participação em esforços conjuntos. (...) [Na verdade], em um sentido fundamental, a segurança da comunidade faz parte da função do titular. No planejamento do território, ele supervisiona o projeto de todas as construções do ponto de vista da segurança. Ele também escolhe os inquilinos tendo em vista a sua compatibilidade e a sua complementaridade com os demais membros da comunidade; e ele aprende a antecipar as locações e a fornecer outras formas de soluções contra litígios que se desenvolvem entre os inquilinos. Pela sua arbitragem informal, ele resolve diferenças que, de outra forma, poderiam se tornar graves. Dessas muitas maneiras, ele garante e assegura a "posse mansa e pacífica" – como foi tão admiravelmente redigido na língua do direito comum – para os seus inquilinos. [30]

É evidente, então, que a tarefa de manter o pacto (o contrato) vivo em uma comunidade libertária (proprietária) é, em primeiro lugar e acima de tudo, do titular. No entanto, ele não é mais do que um homem; é impossível que ele obtenha sucesso nessa tarefa a menos que seja apoiado em seus esforços por uma maioria dos membros da comunidade em questão. Em particular, o proprietário necessita do apoio da elite comunitária, i.e., dos chefes de famílias e de empresas mais fortemente estabelecidos na comunidade. A fim de protegerem e possivelmente aumentarem o valor das suas propriedades e dos seus investimentos, tanto o titular quanto a elite comunitária devem estar dispostos e preparados para assumir duas formas de medidas de proteção. Em primeiro lugar, eles devem estar dispostos a se defenderem, por meio da força física e da punição, de invasores externos e de criminosos internos. Porém, em segundo lugar – e igualmente importante –, eles também devem estar dispostos a se defenderem, por meio do ostracismo, da exclusão e, em última análise, da expulsão, daqueles membros da comunidade que advogam, anunciam ou difundem ações incompatíveis com a finalidade do pacto, que é a proteção das proprieda-

---

[30] Spencer H. MacCallum, *The Art of Community* (Menlo Park, California: Institute for Humane Studies, 1970), páginas 63, 66 e 67. Além disso,

Uma vez que as titularidades são organizadas como participações em uma única propriedade, torna-se o interesse comum dos proprietários redesenvolver e gerir o conjunto como um todo da forma mais produtiva, até mesmo replanejando do antigo padrão fixo de ruas e de áreas comuns. Torna-se o seu único interesse fornecer não apenas o melhor ambiente físico, mas também o melhor ambiente social – por meio de um gerente eficaz que possa trabalhar e servir discretamente na condição de facilitador, pacificador e catalisador ativo, promovendo as condições mais livres possíveis para os seus ocupantes perseguirem os seus respectivos interesses. (p. 59)

des e das famílias. [31]

Nesse sentido, uma comunidade sempre enfrenta as ameaças (relacionadas entre si) do igualitarismo e do relativismo cultural. O igualitarismo, qualquer que seja a sua forma, é incompatível com a ideia de propriedade privada. A propriedade privada significa exclusividade, desigualdade e diferença. E o relativismo cultural é incompatível com o fato fundamental – na realidade, basilar – das famílias e das relações de parentesco intergeracionais. As famílias e as relações de parentesco implicam o absolutismo cultural. Como uma questão de fato sócio-psicológico, os sentimentos igualitaristas e relativistas encontram apoio constante nas gerações cada vez mais novas de adolescentes. Devido ao seu desenvolvimento mental ainda incompleto, os jovens – especialmente os do sexo masculino – estão sempre suscetíveis a ambas as ideias. A adolescência é caracterizada por explosões regulares (e, para essa fase, normais) de rebelião (revolta) contra a disciplina imposta pela vida familiar e pela autoridade paterna. [32] O relativismo cultural e o multiculturalismo fornecem o instrumento ideológico para a emancipação de tais limitações. E o igualitarismo – baseado na visão infantil de que a propriedade é "dada" (sendo, portanto, distribuída de maneira arbitrária) e não individualmente apropriada e produzida (sendo, portanto, distribuída de maneira justa, i.e., de acordo com a produtividade pessoal) – fornece os meios intelectuais através dos quais os jovens rebeldes podem reivindicar os recursos econômicos necessários para uma vida livre e fora do quadro disciplinar das famílias. [33]

---

[31] "Em todos os níveis da sociedade, tanto nas primitivas quanto nas modernas", observa MacCallum sobre a importância da exclusão para a manutenção da ordem social, "o exílio é o remédio natural e automático para o inadimplemento e a fraude".

    Com a tomada das suas posses (a desapropriação), ele [o chefe da aldeia] exila os indivíduos que se tornaram intoleráveis (assim como o gerente de um *shopping center* deixa de renovar o arrendamento de um inquilino incompatível). Não obstante a rara ocorrência disso nessa aldeia, em comparação com as modernas comunidades proprietárias, o controle dos membros é ainda um requisito funcional da vida comunitária, devendo ser feito de maneira regular. (p. 70)

E, em uma nota de rodapé a esse trecho, acrescenta ele:

    O antropólogo Raymond Firth registra uma expressão de exílio da sociedade de Tikopia (ilha do Pacífico), a qual evoca em sua simplicidade o *pathos* do poema anglo-saxão *The Wanderer [O Peregrino]*. Na medida em que todo o território pertencia aos chefes, o exilado não tinha outra opção que não fosse colocar a sua canoa no mar e seguir rumo ao suicídio ou à vida em outras ilhas na condição de estrangeiro. A expressão que denota a pessoa que está exilada traduz-se desta forma: o indivíduo que "não tem lugar para ficar". (Spencer H. MacCallum, *The Art of Community* [Menlo Park, California: Institute for Humane Studies, 1970], p. 77)

[32] Ver Konrad Lorenz, *Civilized Man's Eight Deadly Sins* (New York: Harcourt Brace Jovanovich, 1974), cap. 7; ver também: Sigmund Freud, *Civilization and its Discontents [O Mal-Estar Na Civilização]*.

[33] Ver também Helmut Schelsky, *Die Arbeit tun die anderen. Klassenbmpj und Priesterherrschaft der Intellektuellen* (Munique: Deutscher Taschenbuch Verlag, 1977).

A execução do pacto é, em grande medida, uma questão de prudência, obviamente. Como e quando reagir e que medidas de proteção adotar são temas que requerem julgamento por parte dos membros da comunidade e, em especial, do titular e da elite comunitária. Assim, por exemplo, na medida em que as ameaças do relativismo moral e do igualitarismo estão restritas a uma pequena proporção de adolescentes e de jovens adultos durante apenas um breve período das suas vidas (até que estabeleçam uma família na idade adulta), pode muito bem ser suficiente simplesmente não fazer nada. Os defensores do relativismo cultural e do igualitarismo representariam pouco mais do que aborrecimentos ou irritações temporários, e a punição (sob a forma de ostracismo) pode ser bem leve e branda. Uma pequena dose de ridicularização e de desprezo pode ser tudo quanto seja necessário para conter a ameaça relativista e igualitarista. Quando o espírito de relativismo moral e de igualitarismo se consolida entre os membros adultos da sociedade (entre as mães, os pais e os chefes de famílias e de empresas), a situação, contudo, torna-se muito diferente; e medidas mais drásticas podem ser necessárias.

Assim que os membros maduros da sociedade habitualmente expressam aceitação dos sentimentos igualitaristas ou até mesmo os defendem – seja na forma de democracia (governo da maioria), seja na forma de comunismo –, torna-se essencial que outros membros – em especial, as elites sociais naturais – estejam preparados para agir de forma decisiva; e, no caso de a inconformidade continuar, eles devem excluir e, em última instância, expulsar esses membros da sociedade. Em um pacto celebrado entre o titular e os inquilinos da comunidade com a finalidade de proteger as suas propriedades privadas, não há algo como um direito de livre (ilimitada) expressão, nem mesmo um direito de expressão ilimitada na própria propriedade de um inquilino. É possível dizer inúmeras coisas e promover qualquer ideia sob este sol; mas, naturalmente, não é lícito a ninguém defender ideias contrárias à própria finalidade do pacto de preservação e de proteção da propriedade privada (ideias como a democracia e o comunismo). Não pode haver tolerância para com os democratas e os comunistas em uma ordem social libertária. Eles terão de ser fisicamente separados e expulsos da sociedade. Da mesma forma, em uma aliança fundada com a finalidade de proteger a família e os clãs, não pode haver tolerância para com aqueles que habitualmente promovem estilos de vida incompatíveis com esse objetivo. Eles – os defensores de estilos de vida alternativos, avessos à família e a tudo que é centrado no parentesco (como, por exemplo, o hedonismo, o parasitismo, o culto da natureza e do meio ambiente, a homossexualidade ou o comunismo) – terão de ser também removidos fisicamente da sociedade para que se preserve a ordem libertária.

VII

Deve estar bem claro, então, o motivo pelo qual os libertários devem ser conservadores morais e culturais da mais intransigente natureza. O estado atual de degradação moral, de desintegração social e de podridão cultural é precisamente o resultado de uma tolerância demasiada e, acima de tudo, errônea e equivocada. Ao invés de todos os habituais democratas, comunistas e adeptos de estilos de vida alternativos serem rapidamente isolados, excluídos e expulsos da civilização (de acordo com os princípios dos contratos), eles são tolerados pela sociedade. No entanto, essa tolerância apenas incentivou e promoveu ainda mais sentimentos e atitudes igualitaristas e relativistas – até que, finalmente, atingiu-se o ponto em que o direito (a autoridade) de excluir alguém de alguma coisa foi efetivamente extinto (ao passo que o poder do estado, que se manifesta nas políticas estatais de integração forçada, aumentou proporcionalmente).

Os libertários, em sua tentativa de estabelecer uma ordem social natural livre, devem esforçar-se para recuperar do estado o direito de exclusão inerente e ínsito à propriedade privada. Porém, mesmo antes de fazerem isso – e a fim de tornarem essa conquista até mesmo possível –, os libertários devem imediatamente começar a reafirmar e a exercitar – na medida em que a situação ainda lhes permita fazê-lo – o seu direito de exclusão nas suas vidas cotidianas. Os libertários devem se distinguir dos outros praticando (bem como defendendo) a forma mais extrema de intolerância e de discriminação contra os igualitaristas, os democratas, os socialistas, os comunistas, os multiculturalistas e os ambientalistas; contra os maus costumes, a má conduta, a incompetência, a grosseria, a vulgaridade e a obscenidade. Assim como os verdadeiros conservadores – que terão de se desvencilhar do falso conservadorismo social(ista) dos buchananistas e dos neoconservadores –, os verdadeiros libertários devem visível e ostensivamente se dissociar dos falsos, igualitaristas e impostores libertários de esquerda contramulticulturalistas e anti-autoridade.

Capítulo XI

Sobre os Erros do Liberalismo Clássico e o Futuro da Liberdade

I

Por mais de um século o liberalismo clássico tem registrado um declínio. Desde a segunda metade do século XIX, tanto nos Estados Unidos quanto na Europa Ocidental os assuntos públicos têm sido cada vez mais moldados por ideias socialistas. Na verdade, o século XX pode muito bem ser descrito como o século por excelência (*par excellence*) do socialismo, do comunismo, do fascismo, do nacional-socialismo (nazismo) e, mais perenemente, da social-democracia (o "liberalismo" – i.e., o progressismo – e o neoconservadorismo americanos modernos). [1]

Esse declínio, com certeza, não foi contínuo. As coisas nem sempre foram piorando de acordo com a perspectiva liberal. Houve também algumas suavizações. Por exemplo, em decorrência da Segunda Guerra Mundial, a Alemanha Ocidental e a Itália experimentaram uma considerável liberalização em comparação com o *status quo ante* do nacional--socialismo (nazismo) e do fascismo. Da mesma forma, o colapso do Império Soviético comunista no final da década de 1980 conduziu a uma notável liberalização em todo o Leste Europeu. No entanto, em-

---

[1] O termo "liberalismo" é usado neste capítulo e nos capítulos seguintes em seu sentido clássico ou original – como definido, por exemplo, por Ludwig von Mises, o seu maior defensor no século XX, em seu tratado de 1927, *Liberalism: In the Classical Tradition* (Irvington-on-Hudson, N. Y.: Foundation for Economic Education, 1985), mais precisamente na página 19:

> O programa do liberalismo (...), se fosse condensado em uma única palavra, esta seria: *propriedade*, i.e., propriedade privada dos meios de produção (pois, no tocante aos bens de consumo, a propriedade privada é algo óbvio, não sendo questionada até mesmo por socialistas e comunistas). Todas as outras exigências do liberalismo decorrem dessa exigência fundamental.

Em contrapartida, o moderno "liberalismo" americano significa praticamente o oposto, podendo ser rastreado até John Stuart Mill e o seu livro de 1859, *On Liberty [Da Liberdade]*, o qual se revela como a nascente do moderno socialismo democrático moderado. Mill, salienta Mises (conferir ibid., p. 195),

> É o iniciador da irrefletida confusão entre ideias liberais e ideias socialistas que resultou no declínio do liberalismo inglês e no solapamento do padrão de vida do povo britânico. (...) Sem um estudo aprofundado dos escritos de Mill, é impossível entender os acontecimentos das duas últimas gerações [1927!], pois Mill é o grande defensor do socialismo. Todos os argumentos que podem ser arrazoados em favor do socialismo foram por ele elaborados com afetuosa atenção. Em comparação com Mill, todos os demais autores socialistas – até mesmo Marx, Engels e Lassalle – são praticamente de nula importância.

Para conhecer uma crítica detalhada e devastadora de John Stuart Mill sob a perspectiva liberal/libertária, ver Murray N. Rothbard, *Classical Economics: An Austrian Perspective on the History of Economic Thought* (Cheltenham, U. K.: Edward Elgan, 1995), vol. 2, cap. 8.

bora os liberais tenham se congratulado com esses acontecimentos, tais eventos não foram indicativos de um renascimento do liberalismo. Ao invés disso, a liberalização na Alemanha e na Itália no rescaldo da Segunda Guerra Mundial e a atual liberalização na Europa Oriental pós-comunista foram o resultado de eventos acidentais e externos: da derrota militar e/ou da pura falência econômica. Em ambos os casos, a liberalização ocorreu em razão do fracasso dos antigos sistemas; e a opção padrão posteriormente adotada foi simplesmente uma variante do socialismo: a social-democracia, como exemplificada pelos Estados Unidos na condição de única superpotência sobrevivente – i.e., ainda não derrotada militarmente e falida economicamente.

Assim, mesmo que os liberais tenham desfrutado alguns poucos períodos de atenuação, completou-se, em última análise, a substituição do liberalismo pelo socialismo. Na verdade, tão plena foi a vitória socialista que ainda hoje, no início do século XXI, alguns neoconservadores triunfalmente se regozijam com o "Fim da História" e a chegada do "Último Homem" – i.e., com o milênio da social-democracia global supervisionada pelos Estados Unidos e do novo *homo sociodemocraticus*. [2]

---

[2] Ver Francis Fukuyama, "The End of History?", em *The National Interest*, 16 (verão de 1989); e idem, *The End of History and the Last Man* (New York: Avon Books, 1993). Resumindo a sua própria tese, escreve Fukuyama:
> Defendi que surgira em todo o mundo, nos últimos anos, um consenso notável sobre a legitimidade da democracia liberal [i.e., da social-democracia] como um sistema de governo, sendo derrotadas ideologias rivais como a monarquia hereditária, o fascismo e, mais recentemente, o comunismo. Mais do que isso, contudo, argumentei que a democracia liberal pode constituir o "ponto final da evolução ideológica da humanidade" e a "forma final de governo humano", representando, como tal, "o fim da história". Ou seja, ao passo que as formas anteriores de governo se caracterizavam por graves defeitos e irracionalidades que conduziriam ao seu colapso final, a democracia liberal demonstrou-se indiscutivelmente livre de tais contradições internas fundamentais. (...) Isso não significou que desapareceria o ciclo natural de nascimento, vida e morte; que não mais aconteceriam eventos importantes; ou que os jornais que os relatassem deixariam de ser publicados. Isso significou, na verdade, que não haveria mais progresso no que diz respeito ao desenvolvimento de princípios e instituições subjacentes, pois todas as questões realmente importantes já foram resolvidas. (p. xi–xii)

O movimento neoconservador a que Fukuyama pertence surgiu no final da década de 1960 e no início da década de 1970, quando a esquerda americana passou a se envolver cada vez mais com a política do *Black Power*, com a ação afirmativa, com o pró-arabismo e com a "contracultura". Em oposição a essas tendências, muitos intelectuais da esquerda tradicional (vários antigos trotskistas) e muitos "liberais" da Guerra Fria, liderados por Irving Kristol e Norman Podhoretz, romperam com os seus antigos aliados, frequentemente deslocando-se do refúgio de longa data da política esquerdista, o Partido Democrata, para o grupo dos republicanos. Desde então, os neoconservadores, embora insignificantes em número absoluto, obtiveram influência inigualável na política americana, promovendo, em geral, um estado de bem-estar social (assistencialista) "moderado" (o "capitalismo democrático"), o "conservadorismo cultural" e os "valores familiares" e, por fim, uma política externa intervencionista ("ativista") e em especial sionista ("pró-Israel"). Representados por figuras como Irving Kristol, a sua esposa Gertrude Himmelfarb e o seu filho William Kristol; como Norman Podhoretz, a sua esposa Midge Deeter, o seu filho John Podhoretz e os seus genros Steven Munson e Elliott Abrams; por indivíduos como Daniel Bell, Peter Berger, Nathan Glazer, Seymour Martin

II

Ainda que se considerem absurdas as aspirações hegelianas dessa interpretação – segundo a qual o liberalismo significa apenas uma fase transitória da evolução em direção ao homem social-democrático completamente desenvolvido [3] –, os liberais ainda devem sentir-se desconfortáveis com a mera *aparência* de verdade da filosofia neoconservadora. Nem podem eles sentir-se consolados com o conhecimento de que a social-democracia também está fadada ao colapso econômico. Eles sabiam que o comunismo naufragaria; porém, quando isso ocorreu, não se inaugurou um renascimento liberal. Não há uma razão *a priori* para supor que o futuro colapso da social-democracia desencadeará algum efeito mais favorável.

Partindo-se do princípio de que o curso da história humana é determinado por ideias (ao invés de por "forças cegas") – e entendendo-se que as mudanças históricas são a consequência de mudanças ideológicas no seio da opinião pública –, conclui-se que a transformação socialista dos últimos cem anos deve ser compreendida como o resultado da derrota intelectual (filosófica e teórica) do liberalismo – i.e., da rejeição cada vez maior, por parte da opinião pública, da doutrina liberal, em razão de considerá-la defeituosa. [4] Nessa situação, os liberais podem reagir de duas maneiras.

Lipset, Michael Novak, Aaron Wddavsky, James Q. Wilson; e por jornalistas como David Frum, Paul Gigot, Morton Kondracke, Charles Krauthammer, Michael Lind, Joshua Muravchik, Emmett Tyrrell e Ben Wattenberg, os neoconservadores agora exercem controle acionário sobre diversas publicações, como *National Interest*, *Public Interest*, *Commentary*, *New Republic*, *American Spectator*, *Weekly Standard*, *Washington Post* e *Wall Street Journal* – e eles possuem laços estreitos com várias grandes fundações, como Bradley, Olin, Pew, Scaife e SmithRichardson. Sobre isso, consultar Paul Gottfried, *The Conservative Movement*, edição revista (New York: Twayne Publishers, 1993); ver também: George H. Nash, *The Conservative Intellectual Movement in America* (New York: Basic Books, 1976).

[3] Assim, escreve Fukuyama,
> Para uma grande parte do mundo, não há agora nenhuma ideologia com pretensões de universalidade que esteja em condições de desafiar a democracia liberal (a social-democracia); e não há nenhum outro princípio universal de legitimidade que não seja o da soberania popular. (...) Nós não conseguimos imaginar um mundo que seja radicalmente melhor do que o nosso próprio ou um futuro que não seja essencialmente democrático e capitalista. (...) Nós podemos imaginar um mundo que seja *essencialmente* diferente do atual e, ao mesmo tempo, melhor. (...) É justamente quando olhamos não apenas para os recentes quinze anos passados, mas também para a *totalidade do âmbito da história* que a democracia liberal passa a ocupar um tipo especial de lugar. (...) Há em funcionamento um processo fundamental que dita um padrão evolutivo comum a todas as sociedades humanas – em suma, algo como uma História Universal da Humanidade em direção à democracia liberal. (...) Se hoje nós nos encontramos em um ponto em que não podemos imaginar um mundo substancialmente diferente do nosso, em que não há um caminho visível ou óbvio através do qual o futuro representará uma melhoria fundamental da nossa ordem atual, então devemos também levar em consideração a possibilidade de que a própria História esteja em seu fim. (*The End of History and the Last Man* [New York: Avon Books, 1993], pp. 45–51)

[4] Sobre isso, consultar Ludwig von Mises, *Theory and History: An Interpretation of Social and Economic*

Por um lado, eles podem ainda desejar argumentar que o liberalismo é uma doutrina correta, arrazoando que a opinião pública o rejeita apesar da sua verdade. Nesse caso, é preciso explicar a razão pela qual as pessoas, ainda que estejam cientes das corretas ideias liberais, apegam-se a crenças falsas. [5] A verdade, afinal, não possui atração própria e recompensas próprias? Além disso, é preciso explicar o motivo pelo qual a verdade liberal é *cada vez mais* rejeitada em favor das falsidades socialistas. Será que a população se tornou mais indolente ou mais degenerada? Em caso afirmativo, de que forma isso pode ser explicado? [6] Por outro lado, pode-se considerar a rejeição como um indicativo de que há erro na doutrina. Nesse caso, é preciso rever os seus fundamentos teóricos e identificar esse erro que não apenas concretiza a rejeição da doutrina (em consequência de ela ser reputada falsa), mas que também – e muito mais importante – põe em marcha a atual evolução dos acontecimentos. Em outras palavras, deve-se explicar a transformação socialista como sendo uma desconstrução e uma degeneração progressivas, inteligíveis, previsíveis e sistemáticas da teoria política liberal originária e logicamente decorrentes desse erro, o qual é a fonte última de todas as subsequentes confusões socialistas.

III

Esse grave erro central do liberalismo encontra-se em sua teoria do governo. [7]

A filosofia política liberal clássica – como personificada por Locke e mais proeminentemente externada pela *Declaração de Independência* de Thomas Jefferson – era, em primeiro lugar (e acima de tudo), uma doutrina moral. Baseando-se na filosofia dos estoicos e nos escritos dos escolásticos tardios, ela se centrou em torno das noções de autopropriedade, de apropriação original dos recursos ofertados pela natureza (i.e., dos recursos sem dono), de propriedade e de contrato na condição de direitos humanos universais implícitos e ínsitos na natureza do homem *qua* animal racional.

Evolution (Auburn, Alabama: Ludwig von Mises Instituto, 1985), especialmente a parte 4.
[5] Para conhecer uma tentativa nesse sentido, ver Ludwig von Mises, *A Mentalidade Anticapitalista* (São Paulo: Instituto Ludwig von Mises Brasil, 2010).
[6] Para conhecer uma tentativa nesse sentido, ver Seymour Itzkoff, *The Decline of Intelligence in America* (Westport, Connecticut: Praeger, 1994). Itzkoff, aqui, compromete-se a explicar a degeneração social – observável especialmente nos Estados Unidos – em decorrência dos efeitos disgênicos promovidos pelas políticas públicas de bem-estar social (assistencialistas).
[7] Sobre esse assunto, consultar, em especial, Murray N. Rothbard, *A Ética da Liberdade* (São Paulo: Instituto Ludwig von Mises Brasil, 2010); e Hans-Hermann Hoppe, *The Economics and Ethics of Private Property* (Boston: Kluwer, 1993).

⁸ No ambiente de governantes monárquicos (reis e príncipes), essa ênfase na universalidade dos direitos humanos, naturalmente, colocou a filosofia liberal em oposição radical a todos os governos estabelecidos. ⁹ Conforme a perspectiva liberal, cada homem – sendo ele um rei ou um camponês – estava submetido aos mesmos princípios universais e eternos da justiça; e a existência do governo podia (1) ser justificada por um contrato privado entre os donos de propriedades ou (2) simplesmente não podia ser justificada. ¹⁰ Mas *qualquer* governo podia ser assim justificado?

A resposta liberal afirmativa é bem conhecida. Trata-se de uma proposição verdadeira e inegável a afirmação de que, sendo a humanidade o que ela é, sempre existirão assassinos, ladrões, agressores, trapaceiros e embusteiros e de que a vida em sociedade será impossível a menos que eles sejam ameaçados com punições físicas. A fim de manter uma ordem social liberal, insistiram os liberais, é necessário que os seus membros estejam em posição de pressionarem (através da ameaça do uso da coerção ou através da aplicação da violência) aqueles indivíduos que não respeitam as vidas e as propriedades dos demais a se submeterem às regras da sociedade. A partir dessa correta premissa, os liberais concluíram que essa indispensável tarefa de manutenção da lei e da ordem é a função exclusiva do governo. ¹¹

---

⁸ Ver também Ernst Cassirer, *O Mito do Estado* (São Paulo: CONEX, 2003), especialmente os capítulos 8 e 13; Richard Tuck, *Natural Rights: Their Origin and Development* (Cambridge: Cambridge University Press, 1979); Murray N. Rothbard, *Economic Thought Before Adam Smith: An Austrian Perspective on the History of Economic Thought* (Cheltenham, U. K.: Edward Elgan, 1995), vol. 1, especialmente o capítulo 4; e Hans-Hermann Hoppe, "The Western State as a Paradigm: Learning from History", em *Politics and Regimes: Religion and Public Life*, 30 (1997).
⁹ Assim, Ludwig von Mises, em *Nation, State and Economy: Contributions to the Politics and History of Our Time* (New York: New York University Press, 1983), caracteriza o liberalismo como "hostil aos príncipes" (p. 33). A fim de evitar qualquer mal-entendido, deve-se observar, no entanto, que essa afirmação abrangente se aplica – e é, de fato, usada por Mises nesse sentido – apenas aos governantes europeus "absolutos" dos séculos XVII e XVIII. Não se trata de uma referência aos monarcas (reis e príncipes) medievais anteriores, os quais em geral eram tão-somente *primus inter pares*, i.e., autoridades voluntariamente reconhecidas que encontravam-se submetidas ao mesmo direito natural universal a que todos os outros estavam submetidos. Ver Fritz Kern, *Kingship and Law in the Middle Ages* (Oxford: Blackwell, 1948).
¹⁰ Assim, escreve Ernst Cassirer,
> No século XVII, a doutrina do estado contratual tornou-se um axioma autoevidente do pensamento político. (...) Esse fato significa um passo grande e decisivo. Pois, se nós adotamos esse ponto de vista – se nós reduzimos a ordem social e jurídica a atos individuais livres, a uma submissão contratual voluntária dos governados –, todo o mistério é solucionado. Não há nada menos misterioso do que um contrato. Um contrato deve ser realizado com plena consciência do seu significado e das suas consequências; ele pressupõe o livre consentimento de todas as partes interessadas. Se nós podemos rastrear o nascimento do estado até essa origem, ele torna-se uma realidade perfeitamente compreensível e clara.
> (*The Myth of the State* [New Haven, Connecticut: Yale University Press, 1946], pp. 172–173)

¹¹ Ver Ludwig von Mises, *Liberalism: In the Classical Tradition* (Irvington-on-Hudson, N. Y.: Foundation for Economic Education, 1985), p. 37.

A hipótese de essa conclusão estar ou não correta depende da definição de governo. Ela está correta no caso de o governo simplesmente significar qualquer indivíduo ou qualquer organização (empresa, firma ou agência) que forneça serviços de proteção e de segurança a uma clientela voluntária pagante composta por donos de propriedades privadas. Entretanto, esta não foi a definição de governo adotada pelos liberais. Do ponto de vista liberal, o governo não é simplesmente uma agência especializada. Em vez disso, o governo possui duas características únicas, exclusivas. Ao contrário de uma empresa normal, ele detém o monopólio territorial compulsório da jurisdição (o monopólio da decisão final) e o direito de impor tributos (cobrar impostos). Contudo, caso se admita *essa* definição de governo, então a conclusão liberal está errada. Da premissa de que há o direito e a necessidade da proteção das pessoas e das suas propriedades *não* decorre a ideia de que a proteção deve e pode ser legítima e efetivamente fornecida por uma agência monopolista da jurisdição e da tributação. Pelo contrário: é possível demonstrar que tal instituição é incompatível com a proteção justa e eficaz da propriedade.

De acordo com a doutrina liberal, os direitos de propriedade privada precedem lógica e temporalmente qualquer governo. Eles são o resultado de atos de apropriação original, de produção e/ou de troca (entre um proprietário anterior e um proprietário posterior) e se referem ao direito do proprietário de exercer jurisdição exclusiva sobre determinados recursos físicos. Na verdade, é o próprio objetivo da propriedade privada estabelecer domínios fisicamente separados de jurisdição exclusiva, de modo que se evitem possíveis conflitos sobre o uso de recursos escassos.[12] Nenhum dono de propriedade privada pode renunciar ao seu direito de exercer jurisdição suprema sobre o seu bem e à proteção física desse bem em favor de outra pessoa – a menos que ele venda ou de alguma forma transfira a sua propriedade (nesse caso, um outro indivíduo obtém o direito de exercer jurisdição exclusiva sobre ela). Todavia, todo proprietário pode participar das vantagens da divisão do trabalho e buscar mais ou melhor proteção para a sua propriedade através da cooperação com outros proprietários

---

[12] A posição liberal foi bem resumida pelo fisiocrata francês do século XVIII Mercier de la Rivière – o qual foi uma vez governador da Martinica e, por um breve período, conselheiro de Catarina, a Grande, da Rússia – em sua obra *L'Ordre Naturel [A Ordem Natural]*. Em virtude da sua razão, explicou ele, o homem é capaz de reconhecer as leis que conduzem à sua maior felicidade, e todos os males sociais decorrem do desrespeito dessas leis da natureza humana. Na natureza humana, o direito de autopreservação implica o direito de propriedade, e qualquer propriedade individual de bens retirados do solo pelo homem exige a propriedade do próprio terreno. Mas o direito de propriedade seria inútil sem a liberdade de usá-lo; a liberdade, portanto, decorre do direito de propriedade. As pessoas florescem como animais sociais, e através do comércio e do intercâmbio (troca) de propriedades (bens) elas maximizam a felicidade de todos. Ver Murray N. Rothbard, *Economic Thought Before Adam Smith: An Austrian Perspective on the History of Economic Thought* (Cheltenham, U. K.: Edward Elgan, 1995), vol. 1, p. 370.

e as suas respectivas propriedades. Todo proprietário pode efetuar uma compra, uma venda ou de qualquer outra forma um contrato com um outro proprietário com o propósito de efetivar mais ou melhor proteção dos direitos de propriedade; e todo proprietário pode a qualquer momento cessar unilateralmente qualquer cooperação com outros proprietários ou modificar as suas respectivas associações. Portanto, a fim de atender à demanda por proteção, seria legitimamente possível – e é economicamente provável – que surgissem indivíduos ou organizações especializados que fornecessem proteção, seguro e serviços de arbitragem para clientes voluntários por um preço determinado. [13]

Ao mesmo tempo em que é fácil imaginar a origem contratual de um sistema de fornecedores concorrenciais (competitivos) de segurança, é inconcebível imaginar donos de propriedades privadas assinando um contrato que outorgue a outro agente o direito de obrigar qualquer pessoa dentro de um determinado território a recorrer exclusivamente a ele por proteção e decisões judiciais, impedindo quaisquer outros agentes de oferecer tais serviços. Esse tipo de monopólio contratual implicaria que todos os donos de propriedades privadas entregassem permanentemente para outra pessoa o seu direito de exercer jurisdição (de prolatar decisão final) e a proteção das suas pessoas e dos seus bens. Com efeito, ao transferir esse direito para outro indivíduo, tal pessoa se submeteria à escravidão permanente. Segundo a doutrina liberal, esse tipo de contrato (tal acordo de submissão), desde a sua origem, não é permissível – sendo, portanto, nulo e sem efeito (írrito) –, pois ele se encontra em contradição com a base praxeológica de todos os contratos; i.e., com a propriedade privada e a autopropriedade. [14] Ninguém pode legitimamente – ou provavelmente

---

[13] Sobre esse tema, ver Murray N. Rothbard, *Governo e Mercado* (São Paulo: Instituto Ludwig von Mises Brasil, 2012), cap. 1.

[14] A teoria contratual do estado aqui criticada se originou com Thomas Hobbes e as suas obras *De Cive [Do Cidadão]* (caps. 5–7) e *Leviathan [Leviatã]* (caps. 17–19). Nesses escritos, Hobbes alegou que o vínculo jurídico entre o governante e os súditos, uma vez que estabelecido, é indissolúvel. Entretanto, assinala Ernst Cassirer,
> Os mais influentes escritores políticos do século XVII rejeitaram as conclusões elaboradas por Hobbes. Eles acusaram o grande lógico de efetuar uma contradição em termos. Se um homem pudesse renunciar à sua personalidade [i.e., ao seu direito de autopropriedade], ele deixaria de ser um ente moral. Ele se tornaria uma coisa morta – então, como uma coisa dessas poderia obrigar-se, fazer uma promessa ou assinar um contrato social? Esse direito fundamental, o direito de personalidade, inclui, nesse sentido, todos os outros. Manter e desenvolver a sua personalidade é um direito universal do homem. Tal direito não pode ser submetido às loucuras e às fantasias de determinados indivíduos e, portanto, não pode ser transferido de uma pessoa para outra. O contrato do governo – o qual é a base jurídica de todos os poderes civis –, assim, possui os seus inerentes limites. Não há nenhum *pactum subjectionis*, nenhum ato de submissão pelo qual o homem pode renunciar à sua condição de agente livre e escravizar-se, pois através desse ato de renúncia ele abriria mão da própria característica que constitui a sua natureza e a sua essência: ele perderia a sua humanidade. (*The Myth of the State* [New Haven, Connecticut: Yale University Press, 1946], p. 195)

o fará – concordar em deixar tanto a sua pessoa quanto os seus bens permanentemente indefesos contra as ações de outrem. Da mesma forma, é inconcebível a noção de que alguém investiria o seu protetor monopolista com o direito permanente de impor tributos (cobrar impostos). Ninguém pode – ou o fará – assinar um contrato que outorgue a um protetor o direito de determinar unilateralmente, sem consentimento do protegido, a quantia que este deve pagar pela sua proteção.

Desde Locke, os liberais tentaram solucionar essa contradição interna através do expediente de acordos, contratos ou constituições "tácitos", "implícitos" ou "conceituais". No entanto, todas essas tentativas caracteristicamente tortuosas e confusas somente contribuíram para uma única conclusão inevitável: É impossível obter uma justificativa para a existência do governo a partir de contratos explícitos entre donos de propriedades privadas. [15]

---

[15] Sobre as visões de John Locke a respeito do "consentimento", ver a sua obra *Two Treatises on Government [Dois Tratados sobre o Governo]*, Livro II, seções 119–122. Reconhecendo que o governo não está baseado em consentimento "expresso", escreve ele:

> A dificuldade é saber em que caso é preciso admitir a existência de um consentimento tácito e até que ponto ele obriga – i.e., em que medida se pode considerar que um indivíduo consentiu com um governo qualquer e assim está a ele submetido, se ele não prestou qualquer declaração nesse sentido. A isso eu respondo que qualquer homem que tenha alguma posse ou desfrute de qualquer parte dos domínios de qualquer governo manifesta assim o seu consentimento tácito; ele, enquanto permanecer nessa situação, está obrigado a obedecer às leis daquele governo como todos os outros que lhe estão submetidos; pouco importa se ele possui terras em plena propriedade, transmissíveis para sempre aos seus herdeiros; ou se ele ocupa somente um alojamento por uma semana; ou se ele desfruta simplesmente da liberdade de ir e vir nas estradas; e, na verdade, isso acontece ainda que ele seja apenas qualquer um dentro dos territórios daquele governo. (seção 119)

Com efeito, de acordo com Locke, uma vez que o governo passe a existir, independentemente da hipótese de alguém ter ou não consentido expressamente com ele em primeiro lugar – e não importando o que esse governo faça posteriormente –, o indivíduo "tacitamente" consente com o governo e com quaisquer coisas que ele faça enquanto continuar a viver em "seu" território. Ou seja, todo governo tem sempre o consentimento unânime de todas as pessoas que residam sob a sua jurisdição; segundo Locke (seção 121), apenas a emigração – a "saída" – significa um voto "negativo" e a retirada do consentimento.

Para conhecer uma tentativa moderna e ainda menos convincente (ou ainda mais absurda) na mesma linha, ver James M. Buchanan e Gordon Tullock, *The Calculus of Consent* (Ann Arbor: University of Michigan Press, 1962); e James M. Buchanan, *The Limits of Liberty: Between Anarchy and Leviathan* (Chicago: University of Chicago Press, 1975).

Assim como Locke antes deles, Buchanan e Tullock reconhecem que nenhum governo, em lugar algum, baseia-se em consentimento expresso ou em contratos explícitos. Mas não se preocupem, eles nos garantem, pois isso não significa que os governos não se apoiam em consentimento unânime. Mesmo que existam desacordos reais e indivíduos negadores, esse fato apenas pode obscurecer um acordo subjacente e mais profundo e um consenso unanimemente compartilhado no nível da "escolha constitucional" e da tomada de decisão. Entretanto, esse acordo subjacente e mais profundo sobre as "regras do jogo", dizem então Buchanan e Tullock, também não é um acordo real – na verdade, nenhuma constituição jamais foi expressamente acordada por todos os interessados. Em vez disso, trata-se daquilo que eles chamam de acordo "conceitual", de unanimidade "conceitual". Transformando um "não" real e verdadeiro em um "sim" conceitual, Buchanan e Tullock, portanto, chegam ao diagnóstico de que o estado é uma instituição voluntária, da mesma natureza das empresas privadas:

IV

A aceitação errônea e equivocada, pelo liberalismo, da instituição do governo – declarando que ela é coerente com os princípios liberais básicos de autopropriedade, de apropriação original, de propriedade e de contrato – consequentemente o conduziu à sua própria destruição.

Em primeiro lugar (e acima de tudo), do erro inicial sobre o *status* moral do governo decorre que a solução liberal para o eterno problema humano da segurança – o governo constitucionalmente limitado – é um ideal contraditório e praxeologicamente impossível. Em contraste com a intenção original dos liberais de preservar a liberdade e a propriedade, todo governo mínimo possui uma tendência inerente a se transformar em um governo máximo.

Uma vez que o princípio do governo – o monopólio judicial e o poder de tributar – é incorretamente aceito como tal, é ilusória qualquer noção de restrição do poder governamental e de garantia da liberdade individual e da propriedade. Previsivelmente, sob auspícios monopolísticos, o preço da justiça e da proteção continuamente aumentará, e a qualidade da justiça e da proteção constantemente diminuirá. Uma agência de proteção financiada por impostos é uma contradição em termos, pois se trata de uma expropriadora protetora de propriedades, a qual inevitavelmente conduzirá a mais impostos e a menos proteção. Mesmo que – como propõem os liberais – um governo limite as suas atividades exclusivamente à proteção dos direitos de propriedade pré-existentes, surge a questão de *quanta* pro-

---

O mercado e o estado são ambos dispositivos através dos quais a cooperação é organizada e tornada possível. Os seres humanos cooperam através da troca de bens (produtos e serviços) em mercados organizados, e essa cooperação implica benefícios mútuos. A pessoa entra em uma relação de troca em que ela promove o seu interesse próprio, oferecendo algum produto ou serviço que beneficia diretamente o indivíduo do outro lado da transação. No fundo, a ação política e a ação coletiva, conforme a visão individualista do estado, são praticamente o mesmo do mercado. Duas ou mais pessoas pensam que é mutuamente vantajoso unir forças para concretizar determinados objetivos comuns. Em um sentido real, elas "trocam" insumos (*inputs*) para garantir bens finais (*outputs*) a serem partilhados em comum. (*The Calculus of Consent* [Ann Arbor: University of Michigan Press, 1962], p. 19)

Adicionalmente, da mesma forma, Buchanan afirma ter descoberto uma justificativa para o *status quo*, seja ele qual for. "As instituições do *status quo*" sempre corporificam e descrevem um "contrato social implícito em vigor". Mesmo

Quando um contrato original talvez nunca tenha sido feito; mesmo quando os membros atuais da comunidade não sintam nenhuma obrigação moral ou ética de aderir aos termos que são definidos pelo *status quo*; mesmo (...) quando tal contrato (...) possa ter sido violado várias vezes. (...) O *status quo* define que ele existe. Assim, independentemente da sua história, ele deve ser avaliado como se fosse contratualmente legítimo. (James M. Buchanan, *The Limits of Liberty: Between Anarchy and Leviathan* [Chicago: University of Chicago Press, 1975], páginas 96 e 84–85)

teção deve ser produzida. Motivados (como todos nós) pelo autointeresse e pela desutilidade do trabalho – mas detendo o exclusivo poder de tributação –, o objetivo dos agentes governamentais invariavelmente será (1) *maximizar os gastos* com serviços de proteção (e, em teoria, praticamente toda a riqueza de uma nação pode ser consumida pelo custo da proteção) e, ao mesmo tempo, (2) *minimizar a produção efetiva* de proteção. Quanto mais dinheiro se pode gastar e quanto menos se deve trabalhar para produzir, melhor a situação será.[16]

Adicionalmente, o monopólio da jurisdição inevitavelmente conduzirá a uma deterioração constante e progressiva da qualidade da proteção. Se é possível recorrer somente (exclusivamente) ao governo por justiça, então ela (a justiça) será distorcida em prol do governo, não obstante as constituições e os supremos tribunais. As constituições e os supremos tribunais são constituições e agências governamentais; e quaisquer limitações à ação governamental que possam fornecer são invariavelmente decididas pelos agentes da mesma instituição. Previsivelmente, as definições de propriedade e de proteção serão continuamente modificadas, e o alcance da jurisdição, constantemente ampliado em benefício do governo.[17]

---

[16] Explica Murray N. Rothbard, *For A New Liberty: The Libertarian Manifesto* (New York: Collier, 1978), pp. 215–216:
> Existe uma falácia comum, sustentada até mesmo pela maioria dos defensores do *laissez-faire*, de que o governo deve fornecer "proteção policial" – como se a proteção policial fosse uma entidade única e absoluta, uma quantidade fixa de algo que o governo fornece a todos. (...) Na realidade, existe uma quantidade quase infinita de graus de todos os tipos de proteção. Para uma determinada pessoa ou uma empresa específica, a polícia pode fornecer qualquer coisa – desde um policial que patrulha as ruas uma só vez durante a noite, dois policiais patrulhando o tempo todo cada quarteirão e carros de patrulha em constante deslocamento até um (ou mais) guarda-costas pessoal trabalhando 24 horas por dia. Adicionalmente, existem muitas outras decisões que a polícia deve tomar, cuja complexidade se torna evidente assim que olhamos por trás do véu do mito da "proteção absoluta". Como deveria a polícia alocar os seus fundos, os quais, obviamente, são limitados – da mesma maneira como são limitados os fundos de todos os outros indivíduos, de todas as outras organizações e de todas as outras agências? Quanto a polícia deve investir em equipamentos eletrônicos? Quanto ela deve investir em equipamentos para a identificação de impressões digitais? Quanto deve ser alocado para investigadores? Quanto deve ser alocado para policiais uniformizados? Quanto deve ser alocado para carros de patrulha ou para policiais a pé – e assim por diante?
> O ponto é que o governo não possui uma maneira racional de alocar esses recursos. O governo somente sabe que ele tem um orçamento limitado.

[17] Explana Murray N. Rothbard, *For A New Liberty: The Libertarian Manifesto* (New York: Collier, 1978), p. 48:
> Nenhuma constituição pode se interpretar ou se aplicar sozinha, por si mesma; ela precisa ser interpretada e aplicada pelos *homens*. E, se o poder de última instância da interpretação de uma constituição é concedido ao Supremo Tribunal daquele próprio governo, então a tendência inevitável é que essa corte continue a dar a sua aprovação a poderes cada vez mais amplos para o seu próprio governo. Além disso, os tão louvados "pesos e contrapesos" e "separação de poderes" do governo americano são, na realidade, frágeis, já que em uma análise final todas essas divisões fazem parte do mesmo governo e são regidas pelo mesmo conjunto de regras.

Em segundo lugar, da mesma forma, do erro inicial sobre o *status* moral do governo decorre que a tradicional preferência liberal por governos locais (descentralizados e territorialmente pequenos) é incoerente e contraditória. [18] Em contraste com a intenção original dos liberais, todos os governos – incluindo os governos locais – possuem uma tendência inata a promover a centralização e, finalmente, a transformar-se em um governo mundial.

Uma vez que é incorretamente aceito que, a fim de proteger e reforçar a cooperação pacífica entre dois indivíduos, A e B, é justificável e necessário haver um monopolista judicial, X, segue-se uma conclusão de duas partes. Se houver mais de um monopolista territorial da compulsão – X, Y, Z –, então, assim como presumivelmente não pode haver paz entre A e B sem X, não poderá haver paz entre os monopolistas X, Y e Z enquanto eles permanecerem em um "estado de anarquia" uns em relação aos outros. Portanto, para que seja cumprido o *desideratum* liberal de paz eterna e universal, é justificável e necessário estabelecer a centralização política, a unificação e, por fim, um único governo mundial. [19]

Por último, do erro de aceitar a existência do governo decorre que a antiga ideia da universalidade dos direitos humanos e da unidade da lei é jogada num mar de confusão, sendo, sob a rubrica da "igualdade perante

---

[18] Sobre a característica preferência liberal por governos descentralizados, ver Wilhelm Röpke, *Jenseits von Angebot und Nachfrage* (Berna: Paul Haupt, 1979), cap. 5.

[19] O interessante é que, ao passo que os socialistas de todas as correntes – marxistas tradicionais, social-democratas, progressistas e neoconservadores – normalmente mostraram pouca dificuldade em aceitar a ideia do governo mundial (sendo, assim, pelo menos coerentes), os liberais clássicos raramente – caso alguma vez o tenham feito – reconheceram o fato de que, conforme a lógica da sua própria doutrina, eles também estão obrigados a defenderem um único governo mundial unificado; eles, ao invés disso, aderiram, de forma incoerente, à ideia do governo descentralizado. Nessa situação, a coerência (consistência) teórica não é necessariamente uma coisa boa; caso uma teoria seja coerente, mas falsa, é admissível dizer que é preferível ser incoerente. Todavia, uma teoria incoerente jamais pode ser verdadeira; ao não enfrentarem e corrigirem a incoerência da sua posição teórica, os liberais geralmente deixaram de prestar atenção a dois fenômenos importantes (os quais, de acordo com o seu próprio ponto de vista, são "anômalos"). Por um lado, se a lei e a ordem exigem um único juiz/aplicador monopolista (o governo), tal como eles dizem, por que a relação entre, digamos, os empresários alemães e os empresários americanos parece ser tão pacífica quanto a relação entre, digamos, os empresários de Nova York e os empresários da Califórnia, apesar do fato de que os alemães e os americanos vivem em um "estado de anarquia" uns em relação aos outros? Isso não é uma prova positiva de que não é necessário existir um governo para que possa haver paz?! Por outro lado, ao passo que a relação entre os cidadãos e as empresas de países diferentes não é nem mais nem menos pacífica do que a relação entre os cidadãos e as empresas de um mesmo país, parece ser bastante óbvio que a relação entre qualquer governo (digamos, o dos Estados Unidos) e os seus próprios cidadãos (bem como a relação entre o governo dos EUA e os governos estrangeiros e os cidadãos desses últimos) é tudo, menos pacífica. Com efeito, em seu conhecido livro *Death by Government* (New Brunswick, N. J.: Transaction Publishers, 1995), Rudolph Joseph Rummel estimou que, durante apenas o século XX, os governos foram responsáveis pela morte de aproximadamente 170 milhões de pessoas. Isso não é prova positiva, então, de que a concepção liberal do "estado de anarquia" como gerador de conflitos e do "estatismo" como a condição *sine qua non* da segurança e da paz é tão-somente o exato oposto da verdade?

a lei", transformada em um instrumento do igualitarismo. Em oposição ao sentimento anti-igualitarista ou até mesmo aristocrático dos antigos liberais [20], uma vez que o conceito dos direitos humanos universais é combinado com o governo, o resultado será o igualitarismo e a destruição dos direitos humanos.

Uma vez que o governo é incorretamente admitido como tal – e uma vez que os monarcas hereditários (os reis e os príncipes) são descartados como incompatíveis com a ideia dos direitos humanos universais –, surge a questão de como combinar o governo com a ideia da universalidade e da igualdade dos direitos humanos. A resposta liberal é permitir para todos, através da democracia, a participação e a entrada no governo em igualdade de condições. Todo indivíduo – não apenas a classe dos nobres hereditários – pode se tornar um funcionário governamental e exercer uma função pública. Essa igualdade democrática perante a lei, contudo, é algo totalmente diferente e incompatível com a ideia de um direito universal, igualmente aplicável a todos, em todos os lugares e em todos os tempos. De fato, o antigo cisma – a questionável desigualdade – entre a lei superior dos monarcas e a lei inferior (subordinada) dos súditos ordinários encontra-se preservado no regime democrático por meio da separação entre o direito público e o direito privado e por meio da supremacia do primeiro sobre o último. [21] Sob a democracia, todos são iguais na medida em que a entrada no governo está liberada para todos nas mesmas condições. Sob a democracia, não há privilégios *pessoais* ou indivíduos privilegiados.

Entretanto, existem privilégios *funcionais* e funções privilegiadas. Na medida em que atuam como funcionários públicos, os agentes do governo democrático são regidos e protegidos pelo direito público e, assim, ocupam uma posição privilegiada *vis-à-vis* os indivíduos que atuam no âmbito da mera autoridade do direito privado (essencialmente, podendo sustentar as suas próprias atividades através dos impostos impingidos sobre indivíduos submetidos ao direito privado). [22] Os privilégios e a discriminação jurídica

---

[20] Sobre as raízes aristocráticas do liberalismo, ver Bertrand de Jouvenel, *O Poder – A História Natural do Seu Crescimento* (São Paulo: Peixoto Neto, 2010), cap. 17; e Erik von Kuehnelt-Leddihn, *Liberty or Equality* (Front Royal, Virgínia: Christendom Press, 1993).

[21] Sobre a distinção entre o direito público e o direito privado, ver Bruno Leoni, *Liberdade e a Lei* (São Paulo: Instituto Ludwig von Mises Brasil, 2010); e Friedrich A. von Hayek, *Law, Legislation and Liberty* (Chicago: University of Chicago Press, 1973), vol. 1, especialmente o capítulo 6.

[22] A incompatibilidade entre o direito público e o direito privado foi sucintamente resumida por Randy E. Barnett, "Fuller, Law and Anarchism", em *The Libertarian Forum* (fevereiro de 1976), p. 7:

> Por exemplo, o estado diz que os cidadãos não podem tomar dos outros pela força – contra a vontade deles – aquilo que lhes pertence. No entanto, o estado, através do seu poder de impor tributos (cobrar impostos), "legitimamente" realiza exatamente isso. (...) Mais

não desapareçam. Pelo contrário: ao invés de ficarem restritos apenas aos príncipes e aos nobres, os privilégios, a discriminação jurídica e o protecionismo podem ser exercidos por – e concedidos a – todos.

Como era previsível, sob a democracia é reforçada a tendência de todo monopólio compulsório a aumentar os preços e a diminuir a qualidade. Na condição de monopolista hereditário, o monarca (o rei ou o príncipe) considera o território e a população sob a sua jurisdição como a sua propriedade pessoal e se engaja na exploração monopolística da sua "propriedade". No tocante ao governo democrático, o monopólio e a exploração monopolística não desaparecem. Embora qualquer pessoa tenha o direito de obter ingresso no governo, isso não elimina a distinção entre os governantes e os governados. O governo e o povo governado não são a mesma entidade. Em vez de um príncipe que considera o país como a sua propriedade privada, quem comanda o país é um zelador (administrador) temporário e intercambiável. O zelador não detém a propriedade do país; porém, enquanto ele estiver no cargo, ele está autorizado a usá-lo para o seu proveito e para a vantagem dos seus protegidos. Ele possui o seu uso corrente – i.e., o *usufruto* –, mas não o seu estoque de capital. Isso não elimina a exploração; ao invés disso, faz com que ela se torne menos calculada e se realize com pouca ou nenhuma consideração para com o estoque de capital. Em outras palavras, a exploração adere a uma visão de curto prazo. [23] Ademais, com a liberdade de entrada e de participação no governo, a perversão da justiça avançará ainda mais velozmente. Ao invés de proteger

---

essencialmente, o estado diz que a pessoa somente pode usar a força contra as demais em autodefesa, i.e., ela apenas pode usá-la como um meio de defesa contra alguém que iniciou o uso da força. Ir além do direito de autodefesa significaria agredir os direitos dos outros; significaria concretizar uma violação de um dever jurídico. Contudo, o estado, através do seu alegado monopólio da força, impõe a sua jurisdição sobre indivíduos que podem não ter feito nada de errado. Ao fazê-lo, o estado agride os direitos dos seus cidadãos – algo que, de acordo com as suas regras, os cidadãos estão proibidos de fazer.

A esse trecho, é possível adicionar apenas mais duas observações pertinentes: O estado diz aos seus cidadãos que "não sequestrem ou escravizem outro homem". Porém, o próprio estado faz exatamente isso ao recrutar compulsoriamente os seus cidadãos para os seus exércitos. E o estado diz aos seus cidadãos que "não matem ou assassinem os seus semelhantes". Todavia, o estado pratica exatamente isso uma vez que ele tenha declarado a existência de um "estado de guerra". Ver também: Murray N. Rothbard, *A Ética da Liberdade* (São Paulo: Instituto Ludwig von Mises Brasil, 2010), capítulos 22 e 23.

[23] Nesse sentido, observa Rothbard:

É curioso que praticamente todos os escritores papagueiam a noção de que os proprietários privados, que possuem preferência temporal, devem seguir uma "visão de curto prazo" (orientada para o presente), ao passo que somente os funcionários governamentais podem seguir uma "visão de longo prazo" e alocar as propriedades para promover e aumentar o "bem comum", o "bem-estar geral". A verdade é exatamente o oposto disso. O indivíduo privado, seguro e garantido em sua propriedade e em seu recurso de capital, pode ter uma visão de longo prazo, já que ele deseja manter o valor de capital do seu recurso. É o funcionário do governo que deve pegar e ir embora; que deve saquear a propriedade enquanto ele ainda estiver no comando. (Murray N. Rothbard, *Power and Market: Government and the Economy* [Kansas City: Sheed Andrews and McMeel, 1977], p. 189)

os direitos de propriedade privada pré-existentes, o governo democrático se transformará em uma máquina a serviço de uma contínua redistribuição dos direitos de propriedade privada pré-existentes em nome de uma falsa "segurança social" – até que a noção dos direitos humanos universais e imutáveis desapareça, sendo substituída pela concepção da lei como legislação governamental (direito positivo).

V

À luz de tudo isso, pode-se buscar a resposta à questão sobre o futuro do liberalismo.

Graças ao seu próprio erro fundamental sobre o *status* moral do governo, o liberalismo, na verdade, contribuiu para a destruição de tudo aquilo que originalmente desejava preservar e proteger: a liberdade e a propriedade. Uma vez que o princípio do governo fora incorretamente aceito, era apenas uma questão de tempo até que ocorresse a vitória triunfal do socialismo sobre o liberalismo. O atual "Fim da História" neoconservador de uma social-democracia global impingida pelos Estados Unidos é o resultado de dois séculos de confusão liberal. Portanto, o liberalismo, em sua forma atual, não tem futuro. Em vez disso, o seu futuro é a social-democracia; e esse futuro, aliás, já chegou – e nós sabemos que ele não funciona.

Uma vez que a premissa do governo é aceita, os liberais encontram-se desprovidos de argumentos quando os socialistas levam tal premissa às suas últimas consequências lógicas. Se o monopólio é justo, então a centralização também é justa. Se a tributação é justa, então uma tributação maior também é justa. E, se a igualdade democrática é justa, então a expropriação dos donos de propriedades privadas também é justa (ao passo que a propriedade privada não é reputada justa). Com efeito, o que um liberal pode dizer em prol de *menos* tributação e de *menos* redistribuição?

Se é admitido que o monopólio e a tributação são justos, então o liberal não tem nenhum princípio moral para defender. [24] Diminuir os impostos

---

[24] Assim, escreve Rothbard,
> Se é legítimo que o governo imponha tributos (cobre impostos), por que ele não poderia cobrar impostos dos seus súditos para prover outros bens (produtos e serviços) que podem ser úteis para os consumidores? Por que o governo não poderia, por exemplo, construir siderúrgicas, fornecer calçados, erguer represas, ofertar serviço postal – e assim por diante? Pois cada um desses bens é útil para os consumidores. Se os defensores do *laissez-faire* argumentam que o governo não deveria construir siderúrgicas ou fábricas de sapatos e ofertá-los aos consumidores (dando de graça ou vendendo) porque a coerção da tributação foi utilizada na construção desses estabelecimentos, bem, então a mesma objeção pode

não é um imperativo moral. Ao invés disso, a defesa dos liberais é, exclusivamente, um problema econômico. Por exemplo, a redução dos impostos produzirá determinados benefícios econômicos de longo prazo. Porém – pelo menos no curto prazo e em relação a algumas pessoas (os atuais beneficiários dos impostos) –, a diminuição da tributação também implica custos econômicos. Sem um argumento moral à sua disposição, os liberais têm em mãos apenas a ferramenta da análise de custos e benefícios – mas esse tipo de análise deve envolver uma comparação interpessoal de utilidade, e tal comparação é impossível (cientificamente não permissível).[25]

Assim, é arbitrário o resultado das análises de custos e benefícios; e toda proposta justificada com referência a eles é uma simples opinião. Nessa situação, os socialistas democráticos se mostram mais à frente, coerentes e consequentes, ao passo que os liberais dão a impressão de serem sujeitos sonhadores, confusos, imorais (sem princípios) ou até mesmo oportunistas. Eles aceitam a premissa básica da ordem atual – o governo democrático –, mas depois sempre lamentam o seu desfecho antiliberal.

Caso o liberalismo deseje ter algum futuro, é necessário, portanto, que ele repare o seu erro fundamental. Os liberais terão de reconhecer que (1) nenhum governo pode ser contratualmente justificado; que (2) todo governo destrói aquilo que eles desejam preservar; e que (3) a proteção e a produção de segurança somente podem ser legítima e efetivamente ofertadas por um sistema de fornecedores concorrentes (competitivos) de segurança. Ou seja, o liberalismo terá de se transformar na teoria do anarquismo de propriedade privada (ou da sociedade de leis privadas), a qual foi esboçada pela primeira vez, há quase cento e cinquenta anos, por Gustave de Molinari e, em nosso próprio tempo, completa e plenamente elaborada por Murray N. Rothbard.[26]

---

logicamente ser feita em relação aos serviços governamentais de polícia e de justiça. Do ponto de vista do *laissez-faire*, o governo não estaria agindo de forma mais imoral quando ofertasse moradia ou aço do que quando fornecesse proteção policial. O governo limitado à proteção, portanto, não pode ser arrazoado nem dentro do próprio ideal *laissez-faire*, muito menos a partir de qualquer outra consideração. É verdade que o ideal *laissez-faire* ainda poderia ser empregado para impedir as atividades coercitivas governamentais de "segundo grau" (i.e., a coerção além da coerção inicial da tributação), como o controle de preços ou a proibição da pornografia; mas os "limites", nessas circunstâncias, tornaram-se de fato inconsistentes, podendo ser expandidos praticamente até o completo coletivismo, no qual o governo não faz nada além de fornecer produtos e serviços, mas os oferta todos. (Murray N. Rothbard, *The Ethics of Liberty* [New York: New York University Press, 1998], p. 182)

[25] Ver Lionel Robbins, *Um Ensaio sobre a Natureza e a Importância da Ciência Econômica* (São Paulo: Saraiva, 2012); e Murray N. Rothbard, "Toward a Reconstruction of Utility and Welfare Economics", em idem, *The Logic of Action One* (Cheltenham, U. K.: Edward Elgar, 1997).

[26] Sobre Gustave de Molinari, ver: a sua obra *Da Produção de Segurança* (São Paulo: Instituto Ludwig von Mises Brasil, 2014); e Davi M. Hart, "Gustave de Molinari and the Anti-Statist Liberal Tradition", partes I, II e III, em *Journal of Libertarian Studies*, 5, n. 3 (1981), 5, n. 4 (1981), e 6, n. 1 (1982); sobre Murray N. Rothbard, além das obras citadas acima, ver também *Man, Economy and State*, 2 vols.

Tal transformação teórica engendraria um imediato efeito duplo. Por um lado, isso conduziria a uma purificação do movimento liberal contemporâneo. Os adeptos da social-democracia que vestem adornos liberais e muitos funcionários governamentais de alto escalão adeptos do liberalismo rapidamente se dissociariam desse novo movimento liberal. Por outro lado, essa transformação conduziria à radicalização sistemática do movimento liberal. Para aqueles membros do movimento que ainda mantêm a noção clássica dos direitos humanos universais e a ideia de que a autopropriedade e o direito de propriedade privada precedem todos os governos e todas as suas legislações, a transição do liberalismo para o anarquismo de propriedade privada é apenas um pequeno passo intelectual, especialmente à luz da falha evidente e óbvia do governo democrático em ofertar o único serviço que ele alguma vez esteve destinado a fornecer (o serviço de proteção). O anarquismo de propriedade privada significa, simplesmente, o liberalismo coerente e consistente; o pensamento liberal levado às suas últimas consequências lógicas (i.e., às suas conclusões últimas); ou o liberalismo restaurado à sua intenção original.[27] Todavia, esse pequeno passo teórico possui importantes implicações práticas.

Realizando esse passo, os liberais renunciariam à sua lealdade ao regime atual, denunciariam o governo democrático como ilegítimo e recuperariam o seu direito à autodefesa. Em termos políticos, com esse passo eles retornariam aos primórdios do liberalismo, que se apresentava na condição de credo revolucionário. Negando a validade de todos os privilégios hereditários, os liberais clássicos se colocariam em radical oposição a todos os governos. Caracteristicamente, o maior triunfo do liberalismo político – a Revolução Americana – foi o resultado de uma guerra secessio-

---

(Auburn, Alabama: Ludwig von Mises Institute, 1993).

[27] Um exemplo instrutivo da afinidade lógica e teórica entre o liberalismo clássico e o anarquismo de propriedade privada (i.e., o liberalismo radical) é fornecido por Ludwig von Mises e pela sua influência. Os alunos mais conhecidos de Mises na atualidade são Friedrich A. von Hayek e Murray N. Rothbard. O primeiro se tornou aluno de Mises na década de 1920 (antes de Mises ter desenvolvido por completo o seu sistema intelectual) e mais tarde se constituiria essencialmente em um social-democrata moderado (de direita). (Sobre essa avaliação de Hayek, ver Hans-Hermann Hoppe, "F. A. von Hayek on Government and Social Evolution: A Critique", em *Review of Austrian Economics*, 7, n. 1 [1994].) Rothbard, por outro lado, tornou-se aluno de Mises na década de 1950 (após Mises ter desenvolvido por completo o seu sistema em sua obra magna *Ação Humana – Um Tratado de Economia*) e mais tarde se constituiria no teórico do anarcocapitalismo. Inabalável, Mises manteria a sua posição teórica original em prol de um estado mínimo liberal. No entanto, embora ele se distancie tanto da posição de Hayek quanto da posição de Rothbard, é evidente, a partir da revisão de Mises da primeira obra magna de Rothbard, *Man, Economy and State* (em *The New Individualist Review*, 2, n. 3 [1962]), que era com Rothbard que ele sentia maior afinidade teórica. Mais importante ainda: desde as gerações seguintes de intelectuais até o presente momento, poucos daqueles que absorveram de forma plena o trabalho de Mises, de Hayek e de Rothbard mantiveram-se fiéis ao Mises "original" – e um número ainda menor tornou-se hayekiano –, ao passo que a maioria esmagadora adotou as revisões de Rothbard do sistema misesiano, as quais são, na verdade, a execução das consequências lógicas da própria intenção teórica original de Mises. Ver também a nota de rodapé n. 29.

nista.²⁸ E na *Declaração de Independência,* ao justificar as ações dos colonos americanos, Thomas Jefferson afirmou que "os governos são instituídos entre os homens, decorrendo os seus justos poderes do consentimento dos governados", a fim de garantir o direito "à vida, à liberdade e à busca da felicidade"; e

> Que, sempre que qualquer forma de governo se tornar destrutiva de tais fins, trata-se do direito do povo modificá-lo ou suprimi-lo e instituir um novo governo, o qual será fundamentado e terá os seus poderes organizados nos princípios e nas formas que sejam os mais prováveis de garantir a segurança e a felicidade das pessoas.

Os anarquistas de propriedade privada só reafirmam o direito liberal clássico "de livrar-se desse governo e de fornecer novos guardas para a sua segurança no futuro".

Naturalmente, o renovado radicalismo do movimento liberal, por si só, não engendraria efeitos significativos (embora, como a Revolução Americana nos ensinou, o radicalismo possa muito bem ser popular). Em vez disso, é a visão inspiradora de uma alternativa fundamental para o sistema atual – a qual brota desse novo radicalismo – que finalmente solapará a máquina social-democrática. Em vez de integração política supranacional, governo mundial, constituições, tribunais, bancos centrais, moeda estatal, social-democracia global e multiculturalismo universal e onipresente, os liberais anarquistas propõem a decomposição do estado-nação em suas partes constituintes heterogêneas. Assim como os seus antepassados clássicos, os novos liberais não buscam tomar o controle de algum governo. Eles ignoram o governo. Eles apenas desejam ser deixados em paz, separando-se da jurisdição governamental para organizarem a sua própria proteção. Entretanto, ao contrário dos seus predecessores – os quais tão-somente buscaram substituir um governo maior por um governo menor –, os novos liberais perseguem a lógica da secessão às suas últimas consequências. Eles propõem a secessão ilimitada – i.e., a proliferação irrestrita de territórios livres e independentes – até que o alcance da jurisdição estatal finalmente definhe por completo.²⁹ Para esse fim – e em total contras-

---

²⁸ Sobre as fontes ideológicas liberais/libertárias radicais da Revolução Americana, consultar Bernard Bailyn, *The Ideological Origins of the American Revolution* (Cambridge, Massachusetts: Harvard University Press, 1967); e Murray N. Rothbard, *Conceived in Liberty,* 4 vols. (New Rochelle, N. Y.: Arlington House, 1975–1979).
²⁹ O interessante é que, assim como Thomas Jefferson e a *Declaração de Independência* consideram a secessão da jurisdição governamental um direito humano básico, Ludwig von Mises, o maior campeão do liberalismo no século XX, foi um defensor assumido do direito de secessão implícito e ínsito no direito humano básico ainda mais fundamental de autodeterminação. Assim escreve ele:

te com os projetos estatistas de "integração europeia" e de "nova ordem mundial" –, eles promovem a visão de um mundo de dezenas de milhares de países, regiões e cantões livres; de centenas de milhares de cidades livres independentes, como as atuais "esquisitices" de Mônaco, Andorra, San Marino, Liechtenstein, Hong Kong (antes de integrar-se à China) e Cingapura; e até mesmo de milhões de distritos e bairros livres cada vez mais numerosos – sendo tudo isso economicamente integrado através do livre comércio (quanto menor for o território, maior será a pressão econômica pela adoção do livre comércio!) e de um padrão de moeda-mercadoria internacional (como o ouro).

Se e quando essa visão liberal alternativa obtiver destaque na opinião pública, o ocaso do "Fim da História" social-democrático dará origem a um renascimento liberal.

O direito de autodeterminação no tocante à questão da adesão a um estado então significa: sempre que os habitantes de um determinado território – trate-se de uma única aldeia, de toda uma zona ou de uma série de distritos adjacentes – demonstrarem, através de plebiscito livremente realizado, que não desejam permanecer unidos ao estado (...), os seus desejos devem ser respeitados e cumpridos. Este é o único modo viável e eficaz de evitar revoluções, guerras civis e guerras internacionais. (...) Se fosse possível, de alguma forma, conceder esse direito de autodeterminação a cada indivíduo, isso teria de ser feito. (Ludwig von Mises, *Liberalism: In the Classical Tradition* [Irvington-on-Hudson, N. Y.: Foundation for Economic Education, 1985], pp. 109–10)

No fundo, com essa declaração Mises demonstrou já ter cruzado a linha que separa o liberalismo clássico do anarquismo de propriedade privada de Rothbard; pois o governo que permite a secessão ilimitada, evidentemente, não é mais um monopolista compulsório da lei e da ordem, sendo, na realidade, uma associação voluntária. Assim, em relação a essa afirmação de Mises, observa Rothbard que, "uma vez admitido *algum* direito de secessão, seja ele qual for, não há nenhum obstáculo lógico em direção ao direito de secessão individual – o que logicamente implica o anarquismo, já que os indivíduos podem se separar (efetuar secessão) e contratar as suas próprias agências de defesa; e o estado, em decorrência disso, simplesmente se desintegra." (Murray N. Rothbard, *The Ethics of Liberty* [New York: New York University Press, 1998], p. 182); ver também: idem, *Power and Market: Government and the Economy* (Kansas City: Sheed Andrews and McMeel, 1977), pp. 4–5; e idem, "The Laissez-Faire Radical: A Quest for the Historical Mises", em *Journal of Libertarian Studies*, 5, n. 3 (1981).

Capítulo XII

Sobre o Governo e a Produção Privada de Segurança

"É o direito do povo modificá-lo ou suprimi-lo e instituir um novo governo, o qual será fundamentado e terá os seus poderes organizados nos princípios e nas formas que sejam os mais prováveis de garantir a segurança e a felicidade das pessoas." (Declaração de Independência)

I

Entre as crenças mais populares e impactantes dos nossos tempos, encontra-se a crença na segurança coletiva. Nada menos do que a legitimidade do estado moderno se baseia nessa crença.

Demonstrarei que (1) a ideia de segurança coletiva é um mito que não oferece qualquer justificativa para o estado moderno e que (2) toda segurança é – e deve ser – privada. No entanto, antes de chegar a essa conclusão, eu começo com o problema. Em primeiro lugar, apresentarei uma reconstrução em dois passos do mito da segurança coletiva; e, a cada passo, suscitarei algumas preocupações teóricas.

O mito da segurança coletiva também pode ser chamado de mito hobbesiano. Thomas Hobbes – e incontáveis filósofos políticos e economistas depois dele – sustentava que, no estado de natureza, os homens viveriam em pé de guerra. *Homo homini lupus est*.[1] Formulado no jargão moderno: prevaleceria, no estado de natureza, uma subprodução permanente de segurança. Cada indivíduo, entregue aos seus próprios recursos e aos seus próprios suprimentos, investiria "muito pouco" em sua defesa, o que resultaria em conflitos interpessoais permanentes. A solução para essa situação presumivelmente intolerável, de acordo com Hobbes e os seus seguidores, é a instituição de um estado. Com a finalidade de estabelecerem uma cooperação pacífica entre si, dois indivíduos, A e B, exigem que uma terceira parte independente, E, atue como juiz de última instância e mediador. Contudo, essa terceira parte, E, não é apenas mais um indivíduo, e o serviço oferecido por E – i.e., o de segurança – não é apenas mais

---
[1] Trata-se da famosa expressão "o homem é o lobo do próprio homem". (N. do T.)

um serviço "privado". Na verdade, E é um *soberano*, gozando, como tal, de dois poderes únicos, singulares. Por um lado, E pode insistir que os seus *súditos*, A e B, não busquem proteção de ninguém, exceto dele; i.e., E é um monopolista territorial compulsório de proteção. Por outro lado, E pode determinar unilateralmente quanto A e B têm de investir em sua própria segurança; i.e., E tem o poder de impor tributos (cobrar impostos) a fim de oferecer segurança "coletivamente".

Ao comentar esse argumento, não é de grande ajuda discutir se o homem é tão mau e tão parecido com um lobo como Hobbes supõe, mas sim notar que a tese de Hobbes obviamente não pode significar que o homem é movido por – e apenas por – instintos agressivos. Se este fosse o caso, a humanidade teria desaparecido há muito tempo. O fato de ela não ter desaparecido demonstra que o homem também possui a razão e que ele é capaz de refrear os seus impulsos naturais. O debate deve se fixar apenas na solução hobbesiana. Dada a natureza do homem como animal racional, a solução proposta ao problema da insegurança é um avanço? A instituição do estado pode reduzir o comportamento agressivo e promover a cooperação pacífica, oferecendo, assim, melhores segurança e proteção privadas? Os problemas do argumento de Hobbes são óbvios. Primeiro: não importando quão maus sejam os homens, E – um rei, um ditador ou um presidente eleito – continua sendo um homem. A natureza do homem não é transformada ao tornar-se E. De qualquer modo, como pode haver melhor proteção para A e B se E tem de cobrar impostos deles para oferecê-la? Não haveria uma contradição na própria visão de E como um protetor que expropria propriedades? Na verdade, isso não seria exatamente aquilo a que se refere – e mais apropriadamente – como uma *máfia da proteção*? E, certamente, promoverá a paz entre A e B, mas apenas para que ele possa, em seguida, roubá-los mais lucrativamente. E encontra-se, sem dúvida, mais bem protegido; porém, quanto mais protegido ele está, menos protegidos estão A e B dos ataques de E. Pareceria, assim, que a segurança coletiva não é melhor do que a segurança privada. Na realidade, ela é a segurança privada do estado, E, obtida por meio da expropriação – i.e., do desarmamento econômico – dos seus súditos. Ademais, os estatistas – de Thomas Hobbes a James M. Buchanan – sustentam que um estado protetor E surgiria como o resultado de algum tipo de contrato "constitucional". [2] Entretanto, quem em seu juízo perfeito assinaria um contrato que permitisse a um protetor determinar unilateralmente – e

---

[2] James M. Buchanan e Gordon Tullock, *The Calculus of Consent* (Ann Arbor: University of Michigan Press, 1962); e James M. Buchanan, *The Limits of Liberty* (Chicago: University of Chicago Press, 1975); para conhecer uma crítica a Buchanan e Tullock, ver Murray N. Rothbard, "Buchanan and Tullock's Calculus of Consent", em idem, *The Logic of Action Two* (Cheltenham, U. K.: Edward Elgar, 1995); idem, "The Myth of Neutral Taxation", em ibid.; e Hans-Hermann Hoppe, *The Economics and Ethics of Private Property* (Boston: Kluwer, 1993), cap. 1.

inapelavelmente – a quantia que os protegidos têm de pagar pela sua proteção? E o fato é que ninguém jamais o assinou! [3]

Permitam-me interromper aqui a minha discussão e retornar à reconstrução do mito hobbesiano. Ao supor-se que, para estabelecer uma cooperação pacífica entre A e B, é necessário haver um estado – E –, segue-se uma conclusão de duas partes. Se houver mais de um estado – $E1, E2, E3$ –, então, assim como presumivelmente não pode haver paz entre A e B sem E, não poderá haver paz entre os estados $E1$, $E2$ e $E3$ enquanto eles permanecerem em um estado de natureza (i.e., em um estado de anarquia) uns em relação aos outros. Portanto, para que seja alcançada a paz *universal*, é necessário estabelecer a centralização política, a unificação e, por fim, um único governo mundial.

Ao comentar esse argumento, é útil, em primeiro lugar, indicar o que pode ser considerado incontroverso. Para começar, o argumento, como tal, é válido. Se a premissa está correta, então segue-se a conclusão apresentada. Os pressupostos empíricos envolvidos no relato hobbesiano parecem, à primeira vista, ser também confirmados pelos fatos. É verdade que os estados estão constantemente em guerra uns contra os outros; e uma tendência histórica em direção à centralização política e a um governo mundial parece, de fato, estar em operação. Discussões surgem apenas quanto à explicação desse fato e dessa tendência e quanto à classificação desse estado mundial unificado como um progresso na oferta de segurança e proteção privadas. Em primeiro lugar, parece haver uma anomalia empírica que o argumento hobbesiano não consegue explicar. A razão para as guerras entre os diferentes estados $E1$, $E2$ e $E3$, de acordo com Hobbes, é que eles estão em um estado de anarquia uns *vis-à-vis* os outros. Todavia, antes do surgimento de um único estado mundial, não apenas os estados $E1, E2$ e $E3$ estão em um estado de anarquia uns em relação aos outros, mas na verdade cada um dos súditos de um estado está em um estado de anarquia *vis-à-vis* cada um dos súditos de qualquer outro estado. Ora, deveria haver tantas guerras e agressões entre os cidadãos dos vários estados quantas entre os diferentes estados. Empiricamente, no entanto, isso não ocorre. As relações privadas entre estrangeiros parecem ser significativamente menos conflituosas do que as relações entre governos diferentes. Isso tampouco parece ser surpreendente. Afinal, o agente estatal E, ao contrário de cada um dos seus súditos, pode contar com impostos domésticos na condução das suas "relações externas". Dada a sua natural agressividade humana, não importando quão pronunciada ela seja de início, não é óbvio que E será mais ousado e agressivo em sua conduta peran-

---

[3] Sobre esse ponto específico, ver Lysander Spooner, *No Treason: The Constitution of No Authority* (Larkspur, Colorado: Pine Tree Press, 1996).

te estrangeiros se puder externalizar o custo de tal comportamento sobre terceiros? Certamente, fico disposto a me envolver em mais provocações e agressões e a correr riscos maiores se puder fazer terceiros pagarem por eles. E, com certeza, há uma tendência a um estado – uma máfia de proteção – desejar expandir o seu monopólio territorial de proteção à custa de outros estados, trazendo à tona, assim, como o resultado final da competição interestatal, um governo mundial. [4] Mas como isso poderia ser um progresso na oferta de segurança e proteção privadas? Parece que ocorre o contrário. O estado mundial é o vencedor de todas as guerras – ele é a última máfia de proteção sobrevivente. Isso não o torna especialmente perigoso? E o poderio físico de um governo mundial não será esmagador em comparação ao de qualquer um dos seus súditos individuais?

II

Permitam-me interromper aqui as minhas considerações teóricas abstratas para examinar brevemente as evidências empíricas envolvidas no tema em questão. Como afirmado no início, o mito da segurança coletiva se mostra tão disseminado quanto impactante. Não tenho conhecimento de qualquer pesquisa sobre o assunto, mas arriscaria prever que o mito hobbesiano é aceito mais ou menos incondicionalmente por bem mais de 90% da população adulta. Contudo, acreditar em algo não o torna verdadeiro. Na realidade, se aquilo em que alguém acredita é falso, as suas ações o levarão ao fracasso. E quanto às evidências? Elas apoiam Hobbes e os seus seguidores ou confirmam os medos e as alegações dos seus adversários anarquistas?

Os Estados Unidos foram explicitamente fundados como um estado "protetor" *à la* Hobbes. Cito, nesse sentido, a Declaração de Independência de Jefferson:

> Consideramos estas verdades como autoevidentes: que todos os homens são criados iguais; que são dotados, pelo seu Criador, de direitos inalienáveis; que, dentre esses direitos, estão a vida, a liberdade e a busca da felicidade; que, para assegurar esses direitos, os governos são instituídos entre os homens, decorrendo os seus justos poderes do consentimento dos governados.

---

[4] Ver Hans-Hermann Hoppe, "The Trouble with Classical Liberalism", em *Rothbard–Rockwell Report*, 9, n. 4 (1998).

Assim, o governo americano foi instituído para cumprir uma – e apenas uma – tarefa: proteger a vida e a propriedade. Dessa forma, ele oferece o exemplo perfeito para analisarmos a validade do argumento hobbesiano a respeito da condição dos estados como protetores. Após mais de dois séculos de estatismo protetor, em que situação se encontram a nossa proteção e a cooperação humana pacífica? A experiência americana com o estatismo protetor foi um sucesso?

Conforme as declarações dos nossos governantes e dos seus guarda-costas intelectuais (que nunca foram tantos quanto hoje), estamos mais protegidos e mais seguros do que nunca. Estamos supostamente protegidos do aquecimento e do resfriamento global; da extinção dos animais e das plantas; dos maus tratos de maridos contra as esposas; de pais e de empregadores; da pobreza, das doenças, dos desastres, da ignorância, do preconceito, do racismo, do sexismo, da homofobia; e de outros incontáveis inimigos e perigos públicos. Na verdade, entretanto, as coisas são incrivelmente diferentes. Para nos proporcionar toda essa "proteção", os governantes estatais expropriam – entra ano, sai ano – mais de 40% da renda dos produtores privados. A dívida e o passivo governamentais crescem sem parar, aumentando, assim, a necessidade de expropriações futuras. Devido à substituição do ouro pelo papel-moeda estatal, a insegurança financeira ampliou-se gravemente; e somos continuamente roubados pela depreciação da moeda. Cada detalhe da vida privada, das propriedades, do comércio e dos contratos é regulado por montanhas cada vez mais altas de leis (legislação), gerando, assim, insegurança jurídica e risco moral. Em especial, fomos gradualmente privados do direito de exclusão implícito no próprio conceito de propriedade privada. Como vendedores, não podemos vender a quem desejamos; como compradores, não podemos comprar de quem queremos. E, como membros de associações, não temos o direito de assinar qualquer contrato restritivo que acreditemos ser mutuamente proveitoso. Como americanos, precisamos aceitar imigrantes que não desejamos como nossos vizinhos. Como professores, não podemos nos livrar de estudantes pífios ou de mau comportamento. Como empregadores, ficamos presos a empregados incompetentes ou destrutivos. Como locadores, somos forçados a aturar locatários ruins. Como banqueiros e seguradores, não nos permitem evitar riscos ruins. Como donos de restaurantes ou de bares, temos de acomodar fregueses indesejados. E, como membros de associações privadas, somos obrigados a aceitar indivíduos e atos que violam as nossas próprias regras e restrições. Em suma: quanto mais o estado aumentou os seus gastos em "previdência social" e em "segurança pública", mais os nossos direitos de propriedade privada foram corroídos; mais a nossa propriedade foi expropriada, confiscada, destruída ou depreciada; e mais fomos privados da própria base de toda proteção: a independência econômica, a solidez financeira e a riqueza pessoal.⁵ O trajeto de qualquer presidente e de praticamente todos os membros do Congresso está coberto de centenas de milhares – se não de milhões – de vítimas desconhecidas da desgraça econômica pessoal, da falência financeira, do empobrecimento, do desespero, da penúria e da frustração.

O retrato parece ainda mais sombrio quando consideramos as relações externas. Durante toda a sua história, a porção continental dos Estados Unidos nunca foi atacada territorialmente por quaisquer forças armadas estrangeiras. (O ataque a Pearl Harbor foi o resultado de uma provocação americana anterior.) Os Estados Unidos, porém, gozam da distinção de terem um governo que declarou guerra contra uma grande parte da sua própria população e empreendeu o assassinato cruel de centenas de milhares dos seus próprios cidadãos. Além disso, embora as relações entre cidadãos americanos e estrangeiros não pareçam ser anormalmente conflituosas, o governo americano, praticamente desde a sua origem, levou adiante um expansionismo agressivo e incansável. Começando na Guerra Hispano-Americana, culminando na Primeira e na Segunda Guerras Mundiais e prosseguindo até o presente, o governo americano se meteu em centenas de conflitos externos e se elevou à posição de potência imperialista dominante no mundo. Assim, quase todos os presidentes desde a virada do século também foram responsáveis pelo assassinato, pela morte e pela fome de incontáveis estrangeiros inocentes pelo mundo inteiro. Em síntese: enquanto ficávamos mais indefesos, pobres, ameaçados e inseguros, o governo americano ficava cada vez mais ousado e agressivo. Em nome da "segurança nacional", ele nos "defende", equipado com reservas enormes de armas de agressão e de destruição em massa, através da intimidação de novos "Hitlers", grandes ou pequenos, e de todos os suspeitos de simpatizarem com os "Hitlers" em todo e qualquer lugar fora do território americano.⁶

As evidências empíricas, portanto, parecem claras. A crença em um estado protetor parece ser um erro evidente, e a experiência americana

---

⁵ Ver Hans-Hermann Hoppe, "Where the Right Goes Wrong", em *Rothbard–Rockwell Report*, 8, n. 4 (1997).
⁶ Ver *The Costs of War: America's Pyrrhic Victories*, editado por John V. Denson (New Brunswick, N. J.: Transaction Publishers, 1997); e idem, *A Century of War: Studies in Classical Liberalism* (Auburn, Alabama: Ludwig von Mises Institute, 1999). Desde o fim da Segunda Guerra Mundial, por exemplo, o governo dos Estados Unidos praticou intervenções militares nos seguintes países: China (1945–46); Coreia (1950–53); China (1950–53); Irã (1953); Guatemala (1954); Indonésia (1958); Cuba (1959–60); Guatemala (1960); Congo (1964); Peru (1965); Laos (1964–73); Vietnã (1961–73); Camboja (1969–70); Guatemala (1967–69); Granada [Caribe] (1983); Líbano (1983); Líbia (1986); El Salvador (década de 1980); Nicarágua (década de 1980); Panamá (1989); Iraque (1991–99); Bósnia (1995); Sudão (1998); Afeganistão (1998); e Iugoslávia (1999). Além disso, o governo dos EUA mantém tropas estacionadas no mundo inteiro, em aproximadamente 150 países.

com o estatismo protetor, um fracasso completo. O governo americano não nos protege. Pelo contrário: não existe perigo maior à nossa vida, à nossa propriedade e à nossa prosperidade do que o governo americano; e o presidente americano, em especial, é o perigo mais ameaçador e mais armado do mundo, capaz de arruinar qualquer pessoa que se oponha a ele e de destruir o mundo inteiro.

III

Os estatistas reagem de maneira muito parecida com a dos socialistas quando são confrontados com o desempenho econômico lastimável da União Soviética e dos seus estados-satélites. Eles não negam necessariamente os fatos decepcionantes, mas tentam afastá-los alegando que eles são o resultado de uma discrepância (desvio) sistemática entre o estatismo "real" e o estatismo "ideal" ou "verdadeiro" (o socialismo). Até hoje, os socialistas afirmam que o "verdadeiro" socialismo não foi refutado pelas evidências empíricas; e que tudo teria dado certo – e que uma prosperidade sem igual teria sido concretizada – se tivesse sido implementada a versão do socialismo de Trotsky, a de Bukharin ou, melhor ainda, a deles próprios. Do mesmo modo, os estatistas interpretam todas as evidências aparentemente contrárias como apenas acidentais. Se outro presidente tivesse chegado ao poder nesse ou naquele momento da história; ou se essa ou aquela mudança ou emenda constitucional tivesse sido aprovada, tudo teria se saído maravilhosamente bem – e uma paz e uma segurança sem paralelos seriam o resultado. Na verdade, isso ainda pode ocorrer no futuro, caso as suas políticas forem empregadas.

Aprendemos com Ludwig von Mises como responder à estratégia evasiva (de imunização) dos socialistas. [7] Enquanto a característica definidora (a essência) do socialismo – i.e., a inexistência de propriedade privada dos fatores de produção – continuar de pé, nenhuma reforma será de alguma serventia. A ideia de uma economia socialista é uma *contradictio in adjecto*; e a afirmação de que o socialismo representa um modo "mais elevado" e mais eficiente de produção social é absurda. Para que seja possível alcançar os seus fins com eficiência e sem desperdício no âmbito de uma economia de trocas baseada na divisão do trabalho, é necessário realizar cálculos monetários (contabilidade dos custos). Com a exceção de um sistema econômico formado por um único lar autossuficiente pri-

---

[7] Ludwig von Mises, *Socialism: An Economic and Sociological Analysis* (Indianapolis, Indiana: Liberty Classics, 1981); e Hans-Hermann Hoppe, *Uma Teoria do Socialismo e do Capitalismo* (São Paulo: Instituto Ludwig von Mises Brasil, 2010), cap. 6.

mitivo, o cálculo monetário é, em qualquer situação, o único instrumento disponível para a execução de ações racionais e eficientes. Apenas ao ser capaz de comparar aritmeticamente insumos (*inputs*) e produtos (*outputs*) em termos de um meio de troca comum (a moeda) é que uma pessoa pode avaliar se as suas ações são ou não bem-sucedidas. Em distinto contraste, o socialismo significa que não há economia ou poupança, porque, sob essas condições, o cálculo monetário e a contabilidade de custos são, por definição, impossíveis. Se não existe propriedade privada de fatores de produção, então não existem preços para esses fatores; logo, é impossível avaliar se eles estão sendo empregados economicamente. Portanto, o socialismo não é um modo de produção mais elevado, mas sim um caos econômico e um retorno ao primitivismo.

Murray N. Rothbard explicou como responder à estratégia evasiva dos estatistas.[8] Mas a lição de Rothbard, embora igualmente simples e clara e com implicações ainda mais relevantes, permanece até hoje muito menos conhecida e valorizada. Enquanto a característica definidora – a essência – de um estado continuar de pé, explicou ele, nenhuma reforma, seja no âmbito do pessoal, seja no âmbito constitucional, terá utilidade. Dado o princípio do governo – o monopólio judicial e o poder de tributar –, é ilusória qualquer noção de limitação dos seus poderes e de proteção da vida e da propriedade individuais. Sob os auspícios monopolísticos, o preço da justiça e da proteção deve subir, e a sua qualidade deve cair. Uma agência de proteção financiada por impostos é uma contradição em termos, conduzindo a impostos cada vez mais elevados e a uma proteção cada vez menor. Ainda que um governo limitasse as suas atividades exclusivamente à proteção de direitos de propriedade preexistentes (como todos os estados "protetores" deveriam fazer), surgiria a questão mais profunda de *quanta* segurança oferecer. Motivados (como quase todos os indivíduos) pelo interesse próprio e pela desutilidade do trabalho, mas possuindo o poder único, singular de impor tributos (cobrar impostos), a resposta do governo será invariavelmente a mesma: *maximizar o gasto* em proteção – e quase toda a renda de um país pode concebivelmente ser consumida pelo custo da proteção – e, ao mesmo tempo, *minimizar a produção* de proteção. Ademais, um monopólio judicial tem de conduzir à deterioração da qualidade da justiça e da proteção. Se só se pode apelar ao governo por justiça e proteção, então a justiça e a proteção serão distorcidas em favor do governo, não obstante a existência de constituições e de supremos tribunais. Afinal, constituições e supremos tribunais são constituições e supremos tribunais *estatais*, e quaisquer limitações à ação governamental que possam representar são determinadas por agentes da própria institui-

---

[8] Murray N. Rothbard, *A Ética da Liberdade* (São Paulo: Instituto Ludwig von Mises Brasil, 2010), especialmente os capítulos 22 e 23.

ção sob análise. Portanto, a definição de propriedade e de proteção será continuamente alterada, e a abrangência jurisdicional será ampliada em benefício do governo.

Desse modo, salienta Rothbard, segue-se que, assim como o socialismo não pode ser reformado, mas deve ser abolido para alcançarmos a prosperidade, a instituição do estado não pode ser reformada, mas deve ser abolida para alcançarmos a justiça e a proteção. "A defesa na sociedade livre (incluindo serviços de defesa das pessoas e das propriedades tais como serviços de proteção policial e de decisões judiciais)", conclui Rothbard,

> Teria, assim, de ser ofertada por pessoas ou empresas que (a) obtivessem a sua renda voluntariamente – e não pela coerção – e (b) que não arrogassem para si – como o estado faz – o monopólio compulsório da proteção policial e judicial. (...) As empresas de defesa teriam de ser tão livremente competitivas e não coercitivas perante inocentes quanto quaisquer outros fornecedores de bens e serviços no livre mercado. Os serviços de defesa, como todos os outros serviços, seriam comercializáveis – e apenas comercializáveis. [9]

Isto é, todos os proprietários privados poderiam tomar parte das vantagens da divisão do trabalho e buscar, por meio da cooperação com outros proprietários e as suas propriedades, uma proteção melhor da sua propriedade do que aquela proporcionada pela autodefesa. Todos poderiam comprar de, vender para ou celebrar contratos com qualquer pessoa no tocante a serviços de resolução de conflitos e de proteção; e seria possível, a qualquer momento, suspender unilateralmente qualquer cooperação com outros e retornar à defesa autossuficiente ou modificar as suas associações protetoras.

IV

Tendo reconstruído o mito da segurança coletiva – o mito do estado – e tendo criticado tal mito com fundamentos teóricos e empíricos, dedico-me, agora, à tarefa de construir uma defesa positiva da segurança e da proteção privadas. Para afastar o mito da segurança coletiva, não é suficiente compreender o *erro* implicado na ideia de um estado protetor. Tão importante quanto – se não mais importante – é obter uma compreensão

---

[9] Murray N. Rothbard, *Power and Market: Government and the Economy* (Kansas City: Sheed Andrews and McMeel, 1977), p. 2.

clara de como a alternativa de segurança não estatista funcionaria na prática. Rothbard – baseando-se na análise pioneira do economista franco-belga Gustave de Molinari [10] – nos ofereceu um esboço do funcionamento de um sistema de proteção e de defesa de livre mercado. [11] Devemos também a Morris e Linda Tannehill observações e análises brilhantes a esse respeito.[12] Seguindo a sua trilha, irei mais fundo em minha análise e apresentarei uma visão *abrangente* do sistema alternativo não estatista de produção de segurança e da sua capacidade de lidar com ataques não apenas de indivíduos e gangues, mas também – e em especial – de *estados*.

Existe um entendimento muito disseminado – tanto entre libertários e liberais, como Molinari, Rothbard e o casal Tannehill, quanto entre a maioria dos outros debatedores da questão – de que a defesa é uma forma de seguro e de que os gastos em defesa representam uma espécie de apólice (ou prêmio) de seguro (o preço do serviço). Nesse sentido, como Rothbard e, em especial, o casal Tannehill enfatizavam, no âmbito de uma economia moderna complexa baseada em uma divisão de trabalho mundial, os candidatos com maior probabilidade de oferecerem serviços de proteção e defesa são as agências seguradoras. Quanto melhor for a proteção da propriedade segurada, menos pedidos de indenização serão apresentados; e menores, portanto, serão os custos da seguradora. Assim, oferecer proteção com eficiência parece ser do interesse financeiro de toda seguradora; e, de fato, mesmo hoje em dia, embora restringidas e tolhidas pelo estado, as agências seguradoras oferecem serviços muito diversificados de proteção e de indenização (compensação) a entidades privadas prejudicadas. As empresas seguradoras atendem a um segundo requisito essencial. Obviamente, quem oferece serviços de proteção deve mostrar-se capaz de cumprir as suas promessas para conquistar clientes. Ou seja, é necessário possuir os meios econômicos – recursos tanto humanos quanto físicos – imprescindíveis para a realização da tarefa de lidar com os perigos, reais ou potenciais, do mundo real. Segundo esse quesito, as agências seguradoras parecem ser também candidatos perfeitos. Elas operam em escala nacional e até internacional e possuem bens de monta espalhados por amplos territórios e além das fronteiras de um único estado. Dessa maneira, elas possuem um evidente e óbvio interesse próprio na proteção efetiva; e elas são "grandes" e economicamente poderosas. Ademais, todas as companhias de seguros estão conectadas por uma complexa rede

---

[10] Gustave de Molinari, *Da Produção de Segurança* (São Paulo: Instituto Ludwig von Mises Brasil, 2014).

[11] Murray N. Rothbard, *Governo e Mercado* (São Paulo: Instituto Ludwig von Mises Brasil, 2012), cap. 1; e idem, *Por Uma Nova Liberdade – O Manifesto Libertário* (São Paulo: Instituto Ludwig von Mises Brasil, 2013), capítulos 12 e 14.

[12] Morris Tannehill e Linda Tannehill, *The Market for Liberty* (New York: Laissez Faire Books, 1984), especialmente a parte II.

de acordos contratuais de assistência mútua e de arbitragem, bem como por um sistema de agências internacionais de resseguro, representando, assim, uma combinação de poder econômico que apequena – se não todos – a maioria dos governos contemporâneos.

Eu gostaria de analisar mais a fundo – e de esclarecer de forma sistemática – esta sugestão: proteção e defesa são um seguro, podendo ser oferecidas por agências seguradoras. Para chegar a esse objetivo, duas questões precisam ser abordadas. Em primeiro lugar, não é possível fazer um seguro contra todos os riscos da vida. Não posso fazer um seguro contra cometer suicídio, por exemplo; ou contra queimar a minha própria casa; ou contra ficar desempregado; ou contra não sentir vontade de sair da cama de manhã; ou contra sofrer perdas empreendedoriais; pois nesses casos tenho controle completo ou parcial sobre a probabilidade de ocorrer o respectivo sinistro. Riscos tais como os mencionados têm de ser arcados individualmente. Ninguém além de mim tem qualquer possibilidade de administrá-los. Assim, a primeira pergunta a ser feita é: o que torna a proteção e a defesa um risco segurável ao invés de um risco não segurável? Afinal, como acabamos de ver, isso não é evidente por si mesmo. Na verdade, as pessoas não exercem um controle considerável sobre a probabilidade de um ataque ou de uma agressão à sua pessoa ou à sua propriedade? Agredindo ou provocando alguém, por exemplo, eu não suscito deliberadamente um ataque? E não seria assim a proteção de um risco não segurável, como o suicídio ou o desemprego, pelo qual cada um deve assumir total responsabilidade?

A resposta é um "sim" e um "não" com ressalvas. Ela é um "sim" na medida em que ninguém pode oferecer proteção incondicional, i.e., seguro contra qualquer tipo de agressão. Ou seja, a proteção incondicional só pode ser oferecida – se é que o pode – por um indivíduo por sua própria conta e para si mesmo. Mas a resposta é um "não" na medida em que se trate de proteção condicional. Apenas ataques e agressões provocados pela vítima não podem ser segurados. Entretanto, pode-se fazer seguro contra ataques não provocados – e, portanto, "acidentais".[13] Isto é, a proteção se torna um bem segurável apenas se – e na medida em que – um agente segurador restringir contratualmente as ações do segurado, de modo a excluir qualquer possível "provocação" por parte dele. Várias empresas

---

[13] Sobre a "lógica" do seguro, ver Ludwig von Mises, *Ação Humana – Um Tratado de Economia* (São Paulo: Instituto Ludwig von Mises Brasil, 2010), cap. 6; Murray N. Rothbard, *Man, Economy and State*, 2 vols. (Auburn, Alabama: Ludwig von Mises Institute, 1993), páginas 498 e seguintes; Hans-Hermann Hoppe, "On Certainty and Uncertainty – Or: How Rational Can Our Expectations Be?", em *Review of Austrian Economics*, 10, n. 1 (1997); ver também: Richard von Mises, *Probability, Statistics and Truth* (New York: Dover, 1957); e Frank H. Knight, *Risk, Uncertainty and Profit* (Chicago: University of Chicago Press, 1971).

seguradoras podem discordar a respeito da definição específica de provocação, mas não pode haver discordâncias entre as seguradoras a respeito do princípio de que todas devem excluir (proibir) sistematicamente todas as ações provocadoras e agressivas entre os seus próprios clientes.

Por mais elementar que possa parecer essa primeira consideração sobre a natureza essencialmente defensiva – não agressiva e não provocativa – do seguro-proteção, ela é de fundamental importância. Em primeiro lugar, ela implica que qualquer agressor ou provocador conhecido não conseguiria contratar uma seguradora, ficando, portanto, economicamente isolado, frágil e vulnerável. Por outro lado, ela implica que quem desejasse mais proteção do que aquela fornecida pela defesa autossuficiente (autodefesa) só a conseguiria caso – e na medida em que – se sujeitasse às normas específicas de não agressão e de conduta civilizada. Além disso, quanto maior fosse o número de pessoas seguradas – e, em uma moderna economia de trocas, a maioria das pessoas deseja mais do que autodefesa para a sua proteção –, maior seria a pressão econômica sobre os não segurados remanescentes para que adotassem padrões idênticos ou semelhantes de conduta social não agressiva. Ademais, como resultado da competição entre seguradoras por clientes voluntários, adviria uma tendência à queda de preços por valor de propriedade segurada.

Ao mesmo tempo, um sistema de seguradoras concorrentes acarretaria um duplo impacto sobre o desenvolvimento da lei, contribuindo ainda mais para reduzir os conflitos. Por um lado, esse sistema permitiria o sistemático surgimento de maior variedade e maior flexibilidade da lei. Ao invés de imporem um conjunto uniforme de normas jurídicas sobre todos (tal como ocorre em condições estatistas), as agências de seguros poderiam – e iriam – concorrer umas com as outras não apenas através dos preços, mas também – e especialmente – através da diferenciação e do desenvolvimento dos produtos. As seguradoras poderiam – e iriam – ser diferentes e distintas entre si em relação ao código comportamental imposto sobre (e deles esperado) os seus clientes; em relação às regras de procedimento e de prova; e/ou em relação ao tipo e à atribuição de recompensas e castigos. Por exemplo, poderia – e iria – haver, lado a lado, seguradoras católicas aplicando o direito canônico, seguradoras judaicas aplicando a lei mosaica, seguradoras muçulmanas aplicando a lei islâmica e seguradoras laicas (não crentes) aplicando o direito secular de uma variante ou de outra – todas elas sendo sustentadas por uma clientela voluntária pagante, a qual seria disputada por elas. Os consumidores poderiam – e iriam – escolher e, às vezes, modificar a lei a ser aplicada a eles e à sua propriedade. Ou seja, ninguém seria forçado a viver sob lei "estrangeira"; portanto, uma grande fonte de conflito seria eliminada.

Por outro lado, um sistema de seguradoras oferecendo códigos legais concorrentes promoveria uma tendência à unificação da lei. O direito "doméstico" – católico, judeu, romano, germânico, entre outros – seria aplicado e considerado obrigatório apenas no âmbito das pessoas e das propriedades do segurado, da seguradora e todos os outros segurados pela mesma seguradora sob a mesma lei. O direito canônico, por exemplo, seria aplicado somente aos católicos devotos, ocupando-se exclusivamente com os conflitos intracatólicos. No entanto, também é possível que um católico interaja, entre em conflito com e deseje estar protegido dos prosélitos de outros códigos legais – por exemplo, um muçulmano. Nenhuma dificuldade surgiria se o direito católico e o direito islâmico alcançassem a mesma conclusão (ou uma conclusão similar) sobre o caso e as partes em questão. Porém, se os códigos legais concorrentes chegam a conclusões nitidamente diferentes (o que ocorreria pelo menos em alguns casos devido ao fato de eles representarem diversos códigos jurídicos), surge um problema. O segurado desejaria estar protegido dos imprevistos do conflito intergrupo, mas a lei "doméstica" (intragrupo) não teria serventia alguma para tanto. Na verdade, pelo menos dois distintos códigos legais "domésticos" estariam envolvidos, e eles poderiam chegar a conclusões diferentes. Em tal situação, não se pode esperar que uma seguradora e os prosélitos do seu código legal – o católico – simplesmente subordinem a sua decisão àquela de outra seguradora e do seu código jurídico – o muçulmano; ou vice-versa. Em vez disso, cada seguradora – tanto a católica quanto a muçulmana – têm de contribuir para o desenvolvimento da lei intergrupo, i.e., da lei aplicável aos casos de divergência entre seguradoras e códigos legais concorrentes. E, já que as disposições legais intergrupo que uma seguradora oferece a todos os seus clientes podem lhes parecer críveis – e, em consequência, viáveis – somente se e na medida em que as mesmas disposições também forem aceitas por outras seguradoras (quanto maior o número delas, melhor), a concorrência promoveria o desenvolvimento e o refinamento de um corpo legal que incorpore os mais amplos consensos e acordos legais/morais intergrupo e intercultura, representando, dessa forma, o maior denominador comum entre vários códigos jurídicos concorrentes. [14]

Mais especificamente: uma vez que seguradoras e códigos legais concorrentes poderiam – e iriam – divergir sobre o mérito de pelo menos alguns dos casos trazidos em conjunto diante deles, todas as agências de seguro seriam obrigadas, nessas situações, a submeter os seus clientes (bem como a si próprias) desde o início à arbitragem de uma terceira parte independente. Essa terceira parte, entretanto, não somente seria indepen-

---

[14] Sobre isso, ver Hans-Hermann Hoppe, *Eigentum, Anarchie und Staat. Studien zur Theorie des Kapitalismus* (Opladen: Westdeutscher Verlag, 1987), pp. 122–126.

dente das duas partes em conflito. Ela seria, ao mesmo tempo, a escolha unânime de ambas as partes. E, sendo o objeto de escolhas unânimes, os árbitros, então, representariam ou até mesmo personificariam o "consenso" e a "aceitação".

As decisões dos árbitros seriam aceitas por causa da sua capacidade – percebida em comum – de encontrarem e formularem soluções mutuamente aceitáveis – i.e., "justas" – em casos de divergência e conflito. Além disso, se um árbitro falha nessa tarefa e chega a conclusões que sejam consideradas "injustas" ou "parciais" por qualquer uma das seguradoras e por qualquer um dos seus clientes, tal pessoa provavelmente não será escolhida novamente para trabalhar como árbitro.

Consequentemente, seriam concretizadas a proteção e a segurança dos contratos – sendo elas o primeiro e fundamental resultado advindo da concorrência entre as agências de seguro por clientes pagantes voluntários. As seguradoras (em contraste com os estados) ofereceriam aos seus clientes contratos com descrições bem especificadas de propriedades e de produtos e com deveres e obrigações claramente definidos e delineados. Da mesma forma, a relação entre as seguradoras e os árbitros seria definida e regida por contrato. Cada uma das partes de um contrato, durante ou até o fim do cumprimento do contrato, estará vinculada aos seus termos e às suas condições; e toda mudança nos termos e nas condições de um contrato exigiria o consentimento unânime de todas as partes interessadas. Ou seja, sob condições concorrenciais (em contraste com as condições estatistas), nenhuma "legislação" poderia – ou iria – existir. Nenhuma seguradora poderia (como um estado pode fazer) "prometer" uma vaga "proteção" aos seus clientes, não os deixando saber como ou a que preço, e insistir que ela poderia, caso assim o desejasse, alterar unilateralmente os termos e as condições do relacionamento entre protetor e cliente. Os clientes de seguro procurariam algo significativamente "melhor"; e as seguradoras cumpririam os contratos e forneceriam leis fixas e estáveis em vez de meras promessas e de legislações em mudança e alteração constantes. Ademais, como resultado da cooperação contínua entre várias seguradoras e vários árbitros, seria engendrada uma tendência à unificação do direito referente à propriedade e aos contratos (respectivamente, o real e o contratual) e à harmonização (padronização) das regras de procedimento, de provas e de resolução de conflitos (incluindo questões como responsabilidade civil, ato ilícito, compensação e punição). Através da aquisição de serviços de seguro e de proteção, todos passariam, assim, a estar entrelaçados em um esforço competitivo global a fim de minimizar conflitos e agressões e de aperfeiçoar a segurança. Adicionalmente, toda alegação de conflitos e de danos, independentemente de onde, por quem ou contra quem, cairia sob a jurisdição de exatamente uma – ou de mais de uma – específica agência de seguros e seria resolvida pela lei "doméstica" dessa específica seguradora ou pelas disposições e pelos procedimentos da lei "internacional" acordada com antecedência por um grupo de seguradoras, garantindo-se, *ex ante*, plena certeza e perfeita segurança jurídica.

V

Neste momento, uma segunda questão tem de ser abordada. Ainda que seja aceita a condição da proteção defensiva como um bem segurável, existem modalidades notavelmente diferentes de seguro. Consideremos apenas dois exemplos característicos: seguro contra desastres naturais – como terremotos, enchentes e furacões – e seguro contra acidentes ou desastres industriais – como mau funcionamento, explosões ou produtos defeituosos. O primeiro tipo pode servir como um exemplo de seguro de grupo (seguro mútuo). Algumas regiões são mais propensas a sofrerem desastres naturais do que outras; em consequência, a demanda por – e o preço do – seguro será maior em algumas áreas do que em outras. No entanto, todos os lugares *dentro* de certos limites territoriais são considerados pela seguradora como homogêneos quanto ao risco envolvido. A seguradora presumivelmente conhece a frequência e o alcance do evento em questão para a região como um todo, mas nada sabe a respeito do risco específico de qualquer localidade determinada dentro da região. Nesse caso, todas as pessoas seguradas pagarão a mesma apólice por valor segurado, e as apólices acumuladas em um dado período são presumivelmente suficientes para cobrir todos os pedidos de reparação feitos ao longo do mesmo período (do contrário, a indústria de seguros terá prejuízo). Assim, os riscos individuais específicos são reunidos e segurados mutuamente.

Em contraste, o seguro industrial pode servir como exemplo de seguro individual. Ao contrário dos desastres naturais, o risco segurado é o resultado da ação humana, i.e., de esforços produtivos. Todo processo produtivo está sob o controle de um produtor individual. Nenhum produtor *deseja* o fracasso ou o desastre; e, como vimos, apenas desastres acidentais – não desejados – são seguráveis. Todavia, ainda que em grande medida controlados e em geral bem-sucedidos, todos os produtores e todas as tecnologias de produção estão sujeitos a percalços e acidentes ocasionais fora do seu controle – a uma margem de erro. Contudo, na condição de resultado, ainda que não desejado, de esforços individuais de produção e de técnicas de produção, o risco de acidentes industriais é essencialmente diferente de um produtor e um processo de produção para outro produtor e outro processo de produção. Portanto, os riscos de diferentes produtores e de diferentes tecnologias de produção não podem ser reunidos; cada produtor tem de ser segurado individualmente. Nesse caso, a seguradora presumivelmente precisará conhecer a frequência do evento controverso ao longo do tempo, mas ela nada sabe acerca da probabilidade de o evento ocorrer em qualquer momento específico, exceto sobre o fato de que sempre estarão em operação a mesma tecnologia de produção e o mesmo produtor. Não há nenhuma suposição de que as apólices acumuladas ao longo de qualquer período determinado serão suficientes para cobrir todos os pedidos de reparação apresentados naquele período. Na verdade, a suposição que sustenta os lucros é que as apólices acumuladas ao longo de vários períodos de tempo serão suficientes para cobrir as reparações durante o mesmo múltiplo intervalo de tempo. Consequentemente, nessa situação, a seguradora deve manter reservas de capital para cumprir as suas obrigações contratuais e, ao calcular as suas apólices, deve levar em conta o valor atual dessas reservas.

Assim, a segunda pergunta é: que tipo de seguro pode oferecer proteção contra ataques e agressões por terceiros? Ela pode ser fornecida como um seguro de grupo, como aquele para desastres naturais, ou terá de ser oferecida na modalidade de seguro individual, como no caso de acidentes industriais?

Permitam-me registrar, de início, que ambas as modalidades de seguro representam apenas os dois extremos possíveis de um *continuum* e que a posição de qualquer risco específico nesse *continuum* não é estabelecida definitivamente. Devido aos progressos científicos e tecnológicos na meteorologia, geologia e engenharia, por exemplo, os riscos que eram antes considerados homogêneos (permitindo seguro mútuo) podem ficar cada vez menos homogêneos. Essa tendência é notável no campo do seguro médico e de saúde. Com os avanços da genética e da engenharia genética – impressão digital genética –, os riscos médicos e de saúde anteriormente considerados como homogêneos (não específicos) relativos a grandes conjuntos de pessoas se tornaram cada vez mais específicos e heterogêneos.

Com isso em mente, algo específico poderia ser dito a respeito do seguro de proteção em especial? Creio que sim. Afinal, embora todo seguro exija que o risco seja acidental sob o ponto de vista da seguradora e do segurado, o acidente de um ataque agressivo é distintamente diferente do acidente de um desastre natural ou industrial. Enquanto os desastres naturais e os acidentes industriais são o resultado de forças naturais e da operação das leis da natureza, a agressão é o resultado de ações humanas; e, ao passo que a natureza é cega e não faz discriminações entre indivíduos, seja em um determinado momento, seja ao longo do tempo, um agressor pode praticar discriminações e alvejar deliberadamente vítimas específicas e escolher o momento do seu ataque.

VI

Permitam-me, em primeiro lugar, traçar uma diferenciação entre o seguro de proteção defensiva e o seguro contra desastres naturais. Com frequência, faz-se uma analogia entre os dois, e é instrutivo investigar se – ou em que medida – ela procede. A analogia é que, assim como todo indivíduo dentro de certas regiões geográficas é ameaçado pelo mesmo risco de terremotos, enchentes ou furacões, todo habitante dos Estados Unidos ou da Alemanha, por exemplo, enfrenta o mesmo risco de ser vitimado por um ataque estrangeiro. Apesar da superficial similaridade– que abordarei logo em seguida –, é fácil reconhecer duas falhas fundamentais nessa analogia. Em primeiro lugar, as fronteiras de regiões assoladas por terremotos, enchentes ou furacões são estabelecidas e traçadas de acordo com critérios físicos objetivos, podendo, assim, ser classificadas como "naturais". Em flagrante contraste, as fronteiras políticas são fronteiras artificiais. As fronteiras dos Estados Unidos mudaram durante todo o século XIX; e a Alemanha não existia como tal até 1871, sendo antes composta por quase 50 países distintos. Certamente, ninguém alegaria que essa remarcação das fronteiras americanas e alemãs é o resultado da descoberta de que o risco de segurança dos americanos e dos alemães dentro dos Estados Unidos e da Alemanha ampliados era, contrariamente à crença oposta antes prevalecente, homogêneo (idêntico).

Há uma segunda falha óbvia. A natureza – terremotos, enchentes, furações – é cega em sua destruição. Ela não faz discriminações entre lugares e objetos mais ou menos valiosos, mas sim ataca indiscriminadamente. Em nítido contraste, um agressor pode praticar – e, com efeito, pratica – discriminações. Ele não ataca ou agride lugares e coisas sem valor, como o deserto do Saara, mas atinge lugares e coisas que são valiosas. *Ceteris paribus* [15], quanto mais valioso for um lugar ou um objeto, maior será a probabilidade de que seja alvo de uma agressão.

Isso suscita uma pergunta crucial: se as fronteiras políticas são arbitrárias e os ataques de qualquer tipo nunca são indiscriminados – mas, sim, dirigidos especificamente a lugares e coisas valiosas –, haveria fronteiras não arbitrárias separando diferentes zonas de risco de segurança (de ataque)? A resposta é "sim". Essas fronteiras não arbitrárias são aquelas das propriedades privadas. A propriedade privada é o resultado da apropriação e/ou produção de objetos ou efeitos físicos específicos por determinados indivíduos em determinados lugares. Todo apropriador/produtor original (dono) demonstra, por meio das suas ações, que ele reputa as coisas

---

[15] *Ceteris paribus* é uma expressão latina que significa "tudo o mais constante" ou "mantidas inalteradas todas as outras coisas". (N. do T.)

apropriadas e produzidas como valiosas (bens); caso contrário, ele não as teria apropriado ou produzido. As fronteiras das propriedades de todos são objetivas e estabelecidas intersubjetivamente. Elas são determinadas simplesmente pela extensão e pela dimensão das coisas apropriadas e/ou produzidas por qualquer indivíduo específico. E as fronteiras de todos os lugares e de tudo o que é valioso são coextensivas às fronteiras das propriedades. Em qualquer momento específico, toda coisa ou todo lugar de valor pertence a alguém; apenas lugares e coisas sem valor não têm dono.

Rodeados por outros homens, todo apropriador e todo produtor também podem se tornar o objeto de um ataque ou de uma agressão. Toda propriedade – em contraste a coisas (matéria) – é necessariamente valiosa; assim, todo dono de propriedade se torna um possível alvo dos ímpetos agressivos de outros homens. Em consequência, a escolha de todo proprietário em relação ao lugar e à forma da sua propriedade também será influenciada, entre outras incontáveis considerações, por preocupações com a segurança. *Ceteris paribus*, todos preferirão lugares e formas mais seguros para as suas propriedades a lugares e formas menos seguros. Entretanto, não importando onde um dono e os seus bens estejam localizados e qual seja a forma física da sua propriedade, todo proprietário, ao não abandonar a sua propriedade mesmo diante de uma possível agressão, demonstra a sua disposição pessoal de proteger e de defender essas posses.

Porém, se as fronteiras das propriedades privadas são as únicas fronteiras não arbitrárias que possuem uma relação sistemática com o risco de agressão, então se segue que existem tantas zonas de segurança diferentes quantos bens possuídos como propriedades; e que essas zonas não são maiores do que a extensão desses bens. Isto é, ainda mais do que no caso de acidentes industriais, o seguro de propriedades contra a agressão parece ser um exemplo de proteção individual – e não de proteção de grupo (proteção mútua).

Enquanto o risco de acidentes de um processo de produção individual é, em geral, independente da sua localização – de modo que, se o processo fosse replicado pelo mesmo produtor em lugares diferentes, a sua margem de erro permaneceria a mesma –, o risco de agressão contra a propriedade privada – a fábrica – é diferente de um lugar para o outro. Pela sua própria natureza de bens apropriados e produzidos privadamente, as propriedades são sempre independentes e distintas. Toda propriedade está situada em um local diferente e encontra-se sob o controle de um indivíduo diferente; e cada lugar enfrenta um risco de segurança singular, único. Pode fazer diferença para a minha segurança, por exemplo, se eu resido no campo ou na cidade; em uma encosta ou em um vale; perto ou longe de um rio, de um oceano, de um porto, de uma rodovia ou de uma rua. Na verdade, até mesmo localidades contíguas não enfrentam um risco igual. Pode fazer diferença, por exemplo, se eu resido mais acima ou mais abaixo em uma montanha do que o meu vizinho; rio acima ou rio abaixo em relação a ele; mais perto ou mais longe do oceano em relação a ele; ou simplesmente ao norte, ao sul, a oeste ou a leste em relação a ele. Ademais, toda propriedade, não importando onde esteja situada, pode ser moldada e transformada pelo seu dono de maneira a aumentar a sua segurança e a reduzir a probabilidade de uma agressão. Posso adquirir um revólver ou um cofre, por exemplo; posso ser capaz de derrubar um avião que esteja atacando o meu quintal; ou posso possuir uma arma a *laser* que pode matar um agressor a milhares de quilômetros de distância. Portanto, todos os lugares e todas as propriedades não são iguais e equivalentes. Cada proprietário terá de ser segurado individualmente; e, para isso, toda seguradora contra agressões precisa manter suficientes reservas de capital.

VII

A analogia tipicamente traçada entre o seguro contra desastres naturais e a agressão externa é fundamentalmente falha e equivocada. Assim como a agressão nunca é indiscriminada, mas sim seletiva e direcionada, a defesa também o é. Todos têm lugares e coisas diferentes a defender; e o risco da segurança de ninguém é igual ao de outra pessoa. A analogia, entretanto, também possui um fundo de verdade. Todavia, qualquer semelhança entre desastres naturais e agressão externa se deve *não* à natureza da agressão e da defesa, mas à natureza um tanto específica da agressão e da defesa *estatais* (conflito interestatal). Como explicado acima, um estado é uma agência que exerce um monopólio territorial compulsório da proteção e do poder de impor tributos (cobrar impostos); e qualquer agência com essa característica será comparativamente mais agressiva porque pode externalizar os custos de tal comportamento sobre os seus súditos. No entanto, a existência de um estado não aumenta apenas a frequência da agressão; ela modifica totalmente o caráter da agressão. A existência de estados – e, sobretudo, de estados democráticos – implica que a agressão e a defesa – a guerra – tenderão a ser transformadas em guerras totais, indiscriminadas.[16]

---

[16] Sobre a relação entre o estado e a guerra, bem como sobre a transformação histórica da guerra limitada (monárquica) para a guerra total (democrática), ver Ekkehard Krippendorff, *Staat und Krieg* (Frankfurt am Main: Suhrkamp, 1985); Charles Tilly, "War Making and State Making as Organized Crime", em *Bringing the State Back In*, editado por Peter B. Evans, Dietrich Rueschemeyer e Theda Skocpol (Cambridge: Cambridge University Press, 1985); John F. C. Fuller, *The Conduct of War* (New York: Da Capo Press, 1992); Michael Howard, *War in European History* (New York: Oxford University Press, 1976); Hans-Hermann Hoppe, "Time Preference, Government and the Process of

Considere-se, por um momento, um mundo completamente livre de estados. A maioria dos proprietários seria segurada individualmente por grandes empresas seguradoras, com frequência multinacionais, dotadas de enormes reservas de capital. A maioria dos agressores – se não todos –, comportando riscos ruins, ficaria sem qualquer tipo de seguro. Nessa situação, todo agressor ou todo grupo de agressores desejaria restringir os seus alvos – preferencialmente, a propriedades não seguradas – e evitar todos os "danos colaterais", já que, caso contrário, eles se veriam confrontados com uma (ou mais) poderosa agência profissional de defesa. Do mesmo modo, a violência defensiva seria altamente seletiva e direcionada. Os agressores seriam indivíduos ou grupos específicos, situados em lugares específicos e providos de recursos específicos. Em reação a ataques aos seus clientes, as agências seguradoras alvejariam, em retaliação, esses lugares e esses recursos, desejando evitar danos colaterais, pois, caso contrário, elas se envolveriam com – e seriam responsáveis perante – outras seguradoras.

Tudo isso muda totalmente em um mundo estatista com conflitos interestatais. Em primeiro lugar, se um estado – os Estados Unidos – atacar outro – por exemplo, o Iraque –, este não é um ataque apenas de um número limitado de pessoas, dotadas de recursos limitados e situadas em um lugar claramente identificável. Pelo contrário: é um ataque de todos os americanos, com o uso de todos os seus recursos. Todos os americanos supostamente pagam impostos ao governo; e eles, assim, estão *de fato* – querendo ou não – envolvidos em todas as agressões governamentais. Portanto, embora seja obviamente falso sustentar que todo americano encara o mesmo risco de ser atacado pelo Iraque (por menor ou inexistente que esse risco seja, ele é certamente mais alto na cidade de Nova York do que, por exemplo, em Wichita, Kansas), todo americano torna-se igual em relação à sua participação ativa – ainda que nem sempre voluntária – em cada uma das agressões do seu governo.

Em segundo lugar, assim como o agressor é um estado, o agredido também o é: o Iraque. Assim como a sua contraparte, os Estados Unidos, o governo iraquiano tem o poder de tributar o seu povo ou de alistá-lo em suas forças armadas. Como pagador de impostos ou recruta, todo iraquiano está envolvido na defesa do seu governo do mesmo modo como todo americano é arrastado para o ataque do governo dos EUA. Portanto, a guerra se torna uma guerra de todos os americanos contra todos os iraquianos – i.e., uma guerra total. De acordo com isso, a estratégia

---

Decivilization", em *The Costs of War: America's Pyrrhic Victories*, editado por John V. Denson (New Brunswick, N. J.: Transaction Publishers, 1997); ver também: Erik von Kuehnelt-Leddihn, *Leftism Revisited: From de Sade and Marx to Hitler and Pol Pot* (Washington, D. C.: Regnery, 1990); e o capítulo 1 deste livro.

do estado agressor e a estratégia do estado atacado mudarão. Embora o agressor continue tendo de ser seletivo quanto aos alvos do seu ataque – ainda que seja pela única razão de que até mesmo as agências cobradoras de impostos (os estados) são, em última análise, limitadas pela escassez –, ele tem pouco ou nenhum incentivo para evitar ou minimizar danos colaterais. Pelo contrário: dado que toda a população e toda a riqueza nacional estão envolvidas no esforço defensivo, danos colaterais – seja de vidas, seja de propriedades – são até mesmo desejáveis. Nenhuma distinção clara existe entre combatentes e não combatentes. Todos são inimigos; e qualquer propriedade oferece apoio ao governo atacado. Assim, todos e tudo estão dentro do jogo. Do mesmo modo, o estado agredido estará pouco preocupado com danos colaterais que resultem da sua retaliação ao estado agressor. Todos os cidadãos do estado agressor são inimigos, e todas as suas propriedades são propriedades inimigas, tornando-se, portanto, possíveis alvos de retaliação. Além disso, todo estado, em conformidade com esse caráter da guerra interestatal, desenvolverá e empregará mais armas de destruição em massa – como bombas atômicas – em vez de armas de precisão de longo alcance – como a minha imaginária arma a *laser*.

Assim, a semelhança entre guerras e catástrofes naturais – as suas aparentes destruição e devastação indiscriminadas – é um traço exclusivo de um mundo estatista.

VIII

Isso nos conduz ao último problema. Vimos que, assim como toda propriedade é privada, toda defesa deve ser segurada individualmente por agências seguradoras capitalizadas, de modo muito parecido com seguros contra acidentes industriais. No entanto, também vimos que ambas as modalidades de seguro diferem em um aspecto fundamental. No caso de seguros defensivos, importa, sim, a localização da propriedade segurada. A apólice por valor segurado será diferente em localidades diferentes. Ademais, os agressores podem se locomover, o seu arsenal de armas pode mudar, e toda a natureza da agressão pode se alterar com a presença de estados. Assim, mesmo considerando-se a localização inicial da propriedade, o preço por valor segurado pode se alterar com mudanças no meio social ou nas vizinhanças do local. Como um sistema de agências seguradoras em concorrência reagiria a esse desafio? Em especial: como ele lidaria com a existência de estados e da agressão estatal?

Para respondermos essas questões, é essencial lembrar algumas considerações econômicas elementares. *Ceteris paribus*, os proprietários privados em geral – e, em particular, os donos de empresas – preferem localizações com custos de proteção baixos (apólices mais baratas) e com valores de propriedade em ascensão (em alta) àquelas com custos de proteção elevados (apólices mais caras) e com valores de propriedade em queda (em baixa). Consequentemente, há uma tendência à migração de pessoas e de bens de áreas de alto risco e de valores de propriedade em baixa para áreas de baixo risco e de valores de propriedade em alta. Além disso, os custos de proteção e os valores de propriedade relacionam-se diretamente. *Ceteris paribus*, custos de proteção mais altos (riscos maiores de agressão) implicam valores de propriedade menores ou em baixa; e custos de proteção menores implicam valores de propriedade maiores ou em alta. Essas leis e essas tendências definem a operação de um sistema concorrencial de agências seguradoras de proteção.

Em primeiro lugar, ao passo que um monopolista financiado por impostos manifestará uma tendência a aumentar o custo e o preço da proteção, as agências seguradoras privadas voltadas para o lucro se esforçarão para reduzir o custo de proteção e, assim, fazer os preços caírem. Ao mesmo tempo, as agências seguradoras estão – mais do que ninguém – interessadas em valores de propriedade em constante alta, porque isso implica não apenas que as suas próprias posses se apreciam, mas também – e acima de tudo – que haverá mais propriedades de terceiros a serem seguradas. Em contraste, se o risco de agressão aumenta e os valores de propriedade caem, há menos valor para ser segurado, enquanto o custo de proteção e o preço do seguro aumentam, implicando um desfavorável ambiente de negócios para uma seguradora. Em consequência, empresas seguradoras estariam sob uma permanente pressão econômica no sentido de promover a condição favorável e evitar a condição desfavorável.

Essa estrutura de incentivos tem um impacto fundamental na operação das seguradoras. Em primeiro lugar, no tocante ao caso aparentemente mais simples da proteção contra crimes e criminosos comuns, um sistema de seguradoras em competição levaria a uma mudança dramática na atual política de crimes. Para reconhecer a dimensão dessa mudança, é instrutivo observar primeiro a atual – e, portanto, familiar – política estatista de crimes. Embora seja do interesse dos funcionários estatais combater o crime privado comum (embora apenas para que existam mais propriedades das quais cobrar impostos), na condição de agentes financiados por impostos, eles têm pouco ou nenhum interesse em ser especialmente eficientes na tarefa de impedi-lo – ou, caso ele já tenha ocorrido, em compensar as suas vítimas e prender ou punir os criminosos. Ademais, sob as condições democráticas, as coisas só pioram. Pois, se todos – tanto os agressores quanto os não agressores, tanto os residentes de áreas de alta criminalidade quanto os de áreas de baixa criminalidade – podem votar e ser eleitos para cargos públicos, uma redistribuição sistemática de direitos de propriedade – de não agressores para agressores e de residentes de áreas de baixa criminalidade para residentes de áreas de alta criminalidade – é colocada em ação; e o crime, na verdade, será estimulado. Portanto, o crime – e, em consequência, a demanda por serviços de segurança privada de todos os tipos – nunca esteve tão elevado. Ainda mais escandalosamente: ao invés de compensar as vítimas de crimes que ele não evitou (como deveria), o governo força as vítimas a, mais uma vez, arcarem com prejuízos; como pagadoras de impostos, elas têm de custear a apreensão, a prisão, a reabilitação e/ou o lazer dos seus agressores. E, ao invés de cobrar preços de proteção maiores em áreas de alta criminalidade e preços menores em áreas de baixa criminalidade – como fariam as seguradoras –, o governo faz exatamente o contrário. Ele cobra impostos maiores em áreas de baixa criminalidade e de elevados valores de propriedade do que em áreas de alta criminalidade e de baixos valores de propriedade; ou chega a subsidiar os residentes dessas últimas áreas – as favelas – à custa dos residentes das primeiras áreas, solapando condições sociais desfavoráveis ao crime e promovendo condições que o favoreçam.[17]

O funcionamento de um sistema de seguradoras concorrentes seria nitidamente distinto. Em primeiro lugar, se uma seguradora não impedisse um crime, ela teria de indenizar a vítima. Assim, as seguradoras – mais do que ninguém – desejariam ser eficientes na prevenção do crime. E, ainda que elas não conseguissem evitá-lo, desejariam ser eficientes na perseguição, na apreensão e na punição dos criminosos, porque, ao encontrarem e prenderem um criminoso, as seguradoras poderiam forçá-lo – em lugar da própria vítima e da própria seguradora – a pagar pelos danos e pelo custo de indenização.

Mais especificamente: assim como as empresas seguradoras atualmente mantêm e continuamente atualizam um detalhado registro (inventário) local de valores de propriedade, elas então manteriam e continuamente atualizariam um detalhado registro local de crimes e de criminosos. *Ceteris paribus*, o risco de agressão contra qualquer área de qualquer propriedade privada aumenta com a proximidade, a quantidade e os recursos

---

[17] Terry Anderson e P. J. Hill, "The American Experiment in Anarcho-Capitalism: The Not So Wild, Wild West", em *Journal of Libertarian Studies*, 3, n. 1 (1979); Bruce L. Benson, "Guns for Protection and Other Private Sector Responses to the Government's Failure to Control Crime", em *Journal of Libertarian Studies*, 8, n. 1 (1986); Roger D. McGrath, *Gunfighters, Highwaymen and Vigilantes: Violence on the Frontier* (Berkeley: University of California Press, 1984); James Q. Wilson e Richard J. Herrnstein, *Crime and Human Nature* (New York: Simon and Schuster, 1985); e Edward C. Banfield, *The Unheavenly City Revisited* (Boston: Little Brown, 1974).

dos agressores em potencial. Assim, as seguradoras teriam interesse em colher informações sobre crimes correntes, sobre criminosos conhecidos e sobre a sua localização; e seria do seu mútuo interesse de minimizar danos à propriedade compartilhar essas informações entre si (assim como os bancos atualmente compartilham entre si informações sobre riscos de crédito ruins). Ademais, as seguradoras também ficariam bastante interessadas em colher informações sobre crimes potenciais e sobre agressores potenciais (crimes ainda não cometidos e criminosos ainda não conhecidos); e isso conduziria a uma revisão e a uma melhora nas atuais estatísticas – estatais – de criminalidade. Para prever a incidência futura de crimes – e para, assim, calcular o seu preço atual (apólice) –, as seguradoras relacionariam a frequência, a descrição e o caráter dos crimes e dos criminosos com o ambiente social em que ocorressem e operassem; elas desenvolveriam – e, sob pressão concorrencial, refinariam – continuamente um elaborado sistema de indicadores demográficos e sociológicos de crimes.[18] Isto é, todos os bairros seriam descritos – e os seus riscos, avaliados – em termos e à luz de uma infinidade de indicadores de crimes, como a composição de gêneros, de faixas etárias, de raça, de nacionalidades, de etnias, de religiões, de línguas, de profissões e de rendas.

Em virtude disso – e em nítido contraste com a situação atual –, desapareceria qualquer redistribuição em termos de região, de raça, de nacionalidade, de etnia, de religião, de língua e de renda; e uma fonte constante de conflitos sociais seria permanentemente eliminada. Em seu lugar, a estrutura de preços (apólices) em crescimento tenderia a refletir com precisão o risco de cada região e o seu característico ambiente social, de modo que ninguém seria forçado a pagar pelo risco de seguro de ninguém – exceto pelo seu próprio risco e por aquele associado ao seu bairro específico. Mais importante ainda: baseado em seu sistema continuamente atualizado e refinado de estatísticas de crimes e de valores de propriedade – e motivado, além disso, pela mencionada tendência de migração de lugares de risco alto e de valor baixo (logo, "ruins") para lugares de risco baixo e de valor alto (logo, "bons") –, um sistema concorrencial de seguradoras contra a agressão promoveria uma tendência ao progresso civilizatório (e não à descivilização).

Os governos – e, em especial, os governos democráticos – solapam os bairros "bons" e promovem os bairros "ruins" através dos seus impostos e

---

[18] Para uma visão geral acerca da medida em que as estatísticas estatistas oficiais – sobretudo aquelas sobre crimes – deliberadamente ignoram, deturpam ou distorcem os fatos conhecidos por motivos daquilo que se chama de "política pública" (correção política), ver J. Philippe Rushton, *Race, Evolution and Behavior* (New Brunswick, N. J.: Transaction Publishers, 1995); e Michael Levin, *Why Race Matters* (Westport, Connecticut: Praeger, 1997).

das suas políticas distributivas. Eles também fazem isso – e, possivelmente, com consequências ainda mais danosas – por meio das suas políticas de integração forçada. Estas possuem dois aspectos. Por um lado, para os proprietários e os residentes de bairros e regiões "bons" que encaram um problema de imigração, a integração forçada significa que eles têm de aceitar, sem discriminação, quaisquer imigrantes domésticos como temporários ou turistas em rodovias públicas e como consumidores, clientes ou vizinhos. Eles são proibidos, pelo governo, de excluir qualquer pessoa – inclusive alguém que considerem um indesejado risco em potencial – da imigração. Por outro lado, para os proprietários e os residentes de bairros e regiões "ruins", os quais vivenciam a emigração – e não a imigração –, a integração forçada significa que eles são impedidos de praticarem, com eficiência, a autodefesa. Ao invés de poderem se livrar do crime por conta própria, através da expulsão de criminosos conhecidos dos seus bairros e das suas regiões, eles são forçados, pelo governo, a conviver permanentemente com os seus agressores.[19]

Os resultados de um sistema de seguradoras privadas de proteção seriam completamente diferentes daqueles efeitos e daquelas tendências tão conhecidos da proteção estatal contra o crime. Sem dúvida, as seguradoras não poderiam eliminar as diferenças entre bairros "bons" e "ruins". Na verdade, essas diferenças poderiam ficar até mesmo mais pronunciadas. No entanto, impelidas pelo seu interesse em valores de propriedade em alta e em custos de proteção em baixa, as seguradoras promoveriam uma tendência a se desenvolverem erguendo e cultivando tanto bairros "bons" quanto bairros "ruins". Assim, em bairros "bons", as seguradoras adotariam uma política de imigração seletiva. Em contraste com os estados, elas não poderiam – aliás, nem desejariam – desprezar as inclinações discriminatórias dos segurados contra os imigrantes. Pelo contrário: ainda mais do que qualquer um dos seus clientes, as seguradoras estariam interessadas na discriminação, admitindo apenas aqueles imigrantes cuja presença implicasse a diminuição do risco de crimes e o aumento de valores de propriedade e excluindo aqueles imigrantes cuja presença conduzisse a riscos maiores e a valores de propriedade menores. Isto é, ao invés de eliminarem a discriminação, as seguradoras racionalizariam e aprimorariam a sua prática. Baseadas em suas estatísticas sobre crimes e valores de propriedade – e a fim de reduzirem o custo de proteção e aumentarem os valores de propriedade –, as seguradoras formulariam e refinariam continuamente várias regras e procedimentos restritivos (de exclusão) em relação à imigração e aos imigrantes, conferindo, assim, precisão quantitativa – sob a forma de preços ou de diferenças de preços – ao

---

[19] Ver Hans-Hermann Hoppe, "Free Immigration or Forced Integration?", em *Chronicles* (julho de 1995).

valor da discriminação (e ao custo da não discriminação) contra imigrantes em potencial (quanto ao seu risco e quanto ao seu valor produtivo).

De modo semelhante, em bairros "ruins" os interesses das seguradoras e dos segurados coincidiriam. As seguradoras não desejariam suprimir as inclinações, entre os segurados, à expulsão de criminosos conhecidos. Elas racionalizariam tais tendências oferecendo descontos seletivos nos preços (condicionados a operações específicas de "limpeza"). De fato, em cooperação umas com as outras, as seguradoras desejariam expulsar criminosos conhecidos não apenas da sua vizinhança imediata, mas da própria civilização, levando-os ao deserto ou à fronteira aberta da floresta amazônica, ao Saara ou às regiões polares.

IX

E quanto à defesa contra estados? Como as seguradoras nos protegeriam da agressão estatal?

Em primeiro lugar, é essencial lembrar que os governos, na condição de monopolistas compulsórios, financiados por impostos, são inerentemente perdulários e ineficientes em qualquer coisa que façam. Isso também é verdadeiro para a tecnologia e para a produção de armas, para a estratégia e para a inteligência militar, sobretudo em nosso tempo de alta tecnologia. Dessa forma, os estados não poderiam competir dentro do mesmo território com agências seguradoras voluntariamente financiadas. Ademais, a mais importante e geral das regras restritivas a respeito da imigração – e formuladas pelas seguradoras para diminuir os custos de proteção e aumentar o valor das propriedades – seria aquela relativa aos agentes governamentais. Os estados são inerentemente agressivos, representando um perigo permanente a todos os segurados e a todas as seguradoras. Portanto, as agências de seguros, em especial, desejariam excluir ou restringir rigorosamente – como risco potencial de segurança – a imigração (entrada territorial) de todos os agentes governamentais conhecidos, induzindo os segurados – sob a forma de uma condição para o seguro ou para uma apólice menor – a excluírem ou limitarem severamente qualquer contato direto com agentes governamentais conhecidos – na condição de visitantes, consumidores, clientes, residentes ou vizinhos. Isto é, nos lugares em que as empresas seguradoras operassem – em todos os territórios livres –, os agentes estatais seriam tratados como párias, potencialmente mais perigosos do que qualquer criminoso comum. Desse modo, os estados e o seu pessoal poderiam operar e residir apenas em territórios separados de – e ao redor de – territórios livres. Adicionalmente, devido à produtividade econômica comparativamente menor dos territórios estatais, os governos se enfraqueceriam continuamente pela emigração dos seus residentes de maior valor produtivo.

Agora, como ficamos caso um governo decida atacar ou invadir um território livre? É mais fácil falar do que fazer! Quem e o que ele atacaria? Não haveria nenhum oponente estatal. Existiriam apenas proprietários privados de bens e as suas agências de seguro privadas. Ninguém – e muito menos as seguradoras – presumivelmente se envolveria em agressões ou mesmo em provocações. Se houvesse alguma agressão ou provocação contra o estado, esta seria a ação de uma pessoa específica; e, nesse caso, o interesse do estado e das agências seguradoras coincidiriam perfeitamente. Ambos desejariam que o agressor fosse punido e julgado responsável por todos os danos causados. Porém, sem qualquer agressor/inimigo, como o estado poderia justificar um ataque? E ainda mais um ataque tão indiscriminado? E ele, certamente, teria de justificá-lo! Porque o poder de todo governo – até o do mais despótico e autoritário – apoia-se, em última análise, na opinião popular e no consentimento – como explicaram La Boétie, Hume, Mises e Rothbard.[20] Reis e presidentes, é claro, podem emitir uma ordem de ataque. Mas é necessário haver multidões de outros homens dispostos a executar as suas ordens, a colocá-las em prática. É preciso haver generais recebendo e seguindo as ordens; soldados dispostos a marchar, matar e morrer; e produtores domésticos dispostos a continuar produzindo para financiar a guerra. Se faltasse essa disposição consensual em função do fato de as ordens dos governantes serem consideradas ilegítimas, até o governo aparentemente mais poderoso se tornaria ineficiente, entrando em colapso – como ilustraram os exemplos recentes do xá do Irã e dos dirigentes da União Soviética. Assim, sob o ponto de vista dos líderes estatais, um ataque a territórios livres deve ser considerado extremamente arriscado. Nenhum esforço de propaganda, não importando quão elaborado, faria o povo acreditar que o seu ataque fosse algo diferente de uma agressão contra vítimas inocentes. Nessa situação, os governantes ficariam satisfeitos em manter um controle monopolístico sobre o seu território atual, deixando de lado a ideia de correr o risco de perder a legitimidade e todo o seu poder em uma tentativa de expansão territorial.

---

[20] Étienne de la Boétie, *Discurso sobre a Servidão Voluntária*, com uma introdução escrita por Murray N. Rothbard; David Hume, "The First Principles of Government", em idem, *Essays: Moral, Political and Literary* (Oxford: Oxford University Press, 1971); Ludwig von Mises, *Liberalismo – Na Tradição Clássica* (São Paulo: Instituto Ludwig von Mises Brasil, 2010); e Murray N. Rothbard, *Egalitarianism as a Revolt Against Nature and Other Essays* (Auburn, Alabama: Ludwig von Mises Institute, [1974] 2000).

No entanto, por mais improvável que isso pareça, o que aconteceria se um estado ainda assim atacasse e/ou invadisse um território livre contíguo? Nesse caso, o agressor não encontraria uma população desarmada. Apenas em territórios estatais a população civil está caracteristicamente desarmada. Os estados, em todo o mundo, buscam desarmar os seus próprios cidadãos de modo a ter maior poder de expropriá-los e de tributá-los. Em contraste, as seguradoras em territórios livres não desejariam desarmar os segurados. Tampouco poderiam fazê-lo. Afinal, quem desejaria ser protegido por alguém que exigisse, como um primeiro requisito, a renúncia aos seus principais meios de autodefesa? Pelo contrário: as agências seguradoras estimulariam a posse de armas entre os seus segurados através de descontos seletivos nos preços.

Adicionalmente, além da oposição de cidadãos armados privadamente, o estado agressor encontraria a resistência de não apenas uma, mas – com toda a probabilidade – de várias agências de seguros e de resseguros. No caso de um ataque (ou invasão) bem-sucedido, essas seguradoras teriam de encarar enormes pagamentos de indenização. Ao contrário do estado agressor, essas seguradoras seriam empresas eficientes e competitivas. *Ceteris paribus*, o risco de um ataque – e, portanto, o preço do seguro de defesa – seria maior em localidades adjacentes ou muito próximas a territórios estatais do que em lugares distantes de qualquer estado. Para justificar esse preço mais elevado, as seguradoras teriam de demonstrar prontidão defensiva *vis-à-vis* qualquer possível agressão estatal contra os seus clientes, sob a forma de serviços de inteligência; de propriedade de armas e de equipamentos apropriados; e de pessoal especializado e de treinamento militar. Em outras palavras: as seguradoras estariam preparadas – efetivamente equipadas e treinadas – para a eventualidade de um ataque estatal, prontas para reagir com uma estratégia de defesa dupla. Por um lado, no tocante às suas operações em territórios livres, as seguradoras estariam prontas para expulsar, capturar ou matar invasores, tentando, ao mesmo tempo, evitar ou minimizar danos colaterais. Por outro lado, no tocante às suas operações em territórios estatais, as seguradoras estariam prontas para alvejar o agressor – o estado – em retaliação. Isto é, as seguradoras estariam prontas para contra-atacar e matar – seja com armas precisas de longa distância, seja com grupos de assassinato tendo como alvos agentes estatais tanto do topo da hierarquia governamental, como reis, presidentes ou primeiros-ministros, quanto da base dessa hierarquia –, tentando, ao mesmo tempo, evitar ou minimizar danos colaterais à propriedade de civis inocentes (agentes não estatais); e elas, assim, estimulariam a resistência interna contra o governo agressor, promoveriam a sua deslegitimação e, possivelmente, incitariam a libertação e a transformação do território estatal em um país livre.

X

Completo, assim, o meu argumento. Primeiro, demonstrei que a ideia do estado protetor e da proteção estatal da propriedade privada está baseada em um erro teórico fundamental e que esse erro tem engendrado efeitos desastrosos: destruição e insegurança da propriedade privada e guerras perpétuas. Segundo, mostrei que a resposta correta à pergunta de quem deve defender os proprietários privados da agressão é a mesma para a produção de qualquer outro bem ou serviço: proprietários privados; cooperação baseada na divisão do trabalho; e competição de mercado. Terceiro, expliquei como um sistema de seguradoras em busca de lucro minimizaria com eficiência a agressão – seja por criminosos privados, seja por estados –, promovendo uma tendência à civilização e à paz perpétua. A única tarefa que falta, então, é implementar essas ideias: deixar de consentir e de se dispor a cooperar com o estado e promover a sua deslegitimação perante a opinião pública, convencendo os demais a fazerem o mesmo. Sem o juízo e a percepção errôneos do povo quanto à justiça e à necessidade do estado – bem como sem a cooperação voluntária do povo –, até o governo aparentemente mais poderoso imploriria, juntamente com os seus poderes. Assim, libertados, nós recuperaríamos o nosso direito à autodefesa e seríamos capazes de nos voltar a agências livres e não reguladas em busca de eficiente ajuda profissional em todas as questões relativas à proteção e à resolução de conflitos.

Capítulo XIII
Sobre a Impossibilidade do Governo Limitado e as Perspectivas para a Revolução

Em uma pesquisa recente, perguntou-se a pessoas de diferentes nacionalidades qual era a intensidade do orgulho que tinham de ser americanas, alemãs, francesas (e assim por diante); e também foi perguntado se elas acreditavam ou não na hipótese de que o mundo seria um lugar melhor caso os outros países fossem iguais aos delas. Os países que obtiveram as posições mais elevadas em termos de orgulho nacional foram os Estados Unidos e a Áustria. Embora analisar o caso da Áustria seja tão interessante quanto analisar o caso dos EUA, aqui eu me concentrarei neste país, não naquele, na questão de saber se e em que medida pode ser justificado o orgulho dos seus habitantes.

A seguir, identificarei três principais fontes de orgulho nacional americano. Argumentarei que as duas primeiras são justificadas fontes de orgulho, ao passo que a terceira representa, na realidade, um erro fatal. Finalmente, passarei a explicar como esse erro pode ser reparado e corrigido.

I

A primeira fonte de orgulho nacional é a memória do seu passado colonial não tão distante – é a caracterização da nação como um país de pioneiros.

De fato, os colonos ingleses que vieram para a América do Norte foram o último exemplo das realizações gloriosas daquilo que Adam Smith rotulou de "sistema de liberdade natural": a capacidade dos homens de criar uma comunidade livre e próspera desde o início. Contrariando a visão hobbesiana da natureza humana – *homo homini lupus est* [1] –, os colonos ingleses demonstraram não só a viabilidade, mas também o dinamismo e a atratividade de uma ordem social sem estado, i.e., anarcocapitalista. Eles demonstraram como, de acordo com o ponto de vista de John Locke, a propriedade privada naturalmente se origi-

---
[1] Trata-se da famosa expressão "o homem é o lobo do próprio homem". (N. do T.)

nou a partir da apropriação original – i.e., do uso e da transformação propositadas – de terras não anteriormente utilizadas (territórios desertos) por parte de uma pessoa. Além disso, demonstraram que, com base no reconhecimento da propriedade privada, da divisão do trabalho e das trocas contratuais, os homens eram capazes de se protegerem eficazmente de agressores antissociais: em primeiro lugar – e o mais importante –, por meio da autodefesa (existia menos criminalidade naquela época do que nos tempos atuais); e, à medida que a sociedade se tornava cada vez mais próspera e complexa, por meio da especialização, i.e., de instituições e de agências – tais como registros de propriedade, notários, advogados, juízes, tribunais, júris, xerifes, associações de defesa mútua e milícias populares. ² Ademais, os colonos americanos demonstraram a fundamental importância sociológica da instituição dos convênios: de associações de colonos linguística, étnica, religiosa e culturalmente homogêneos, lideradas por – e sujeitas à jurisdição interna de – um líder-fundador popular, para assegurar a cooperação humana pacífica e manter a lei e a ordem. ³

---

² Acerca da influência de Locke e da filosofia política lockeana sobre a América do Norte, ver Edmund S. Morgan, *The Birth of the Republic: 1763–89* (Chicago: University of Chicago Press, 1992), pp. 73–74.

> Quando Locke descreveu a sua concepção de "estado de natureza", ele poderia explicá-lo mais vívida e intensamente ao dizer que "no início o mundo todo era a América". E, com efeito, muitos americanos tiveram a experiência real de misturar o seu trabalho com a terra selvagem, transformando-a em sua propriedade. Alguns até mesmo participaram de pactos sociais, criando novos governos em áreas desertas, nas quais ninguém viveu anteriormente. (p. 74)

Sobre a criminalidade, a proteção e a defesa em particular, ver Terry Anderson e P. J. Hill, "The American Experiment in Anarcho-Capitalism: The Not So Wild, Wild West", em *Journal of Libertarian Studies*, 3, n. 1 (1979); e Roger D. McGrath, *Gunfighters, Highwaymen and Vigilantes: Violence on the Frontier* (Berkeley: University of California Press, 1984).

³ Ao contrário do que dizem os atuais e populares mitos multiculturalistas, a América do Norte, decididamente, não era uma "mistura de etnias" (*"melting pot"* – "caldeirão de povos"). Ao invés disso, a colonização do continente norte-americano confirmou a visão sociológica fundamental de que todas as sociedades humanas são a consequência natural de famílias e de sistemas de parentesco, sendo caracterizadas, portanto, por um elevado grau de homogeneidade interna – i.e., os "semelhantes" ("likes") normalmente se associam com os "semelhantes" e se distanciam e se separam dos "não semelhantes" ("unlikes"). Assim, por exemplo, em conformidade com essa tendência geral, os puritanos preferencialmente se estabeleceram na Nova Inglaterra; os calvinistas holandeses, em Nova York, os *quakers*, na Pensilvânia e na parte sul de Nova Jersey; os católicos, em Maryland; e os anglicanos, bem como os franceses huguenotes, nas colônias do Sul. Para mais informações sobre isso, ver David Hackett Fisher, *Albion's Seed: Four British Folkways in America* (New York: Oxford University Press, 1989).

II

A segunda fonte de orgulho nacional é a Revolução Americana.

Faz séculos que as fronteiras livres deixaram de existir na Europa; e a experiência de colonização intraeuropeia se encontra em um passado distante. Com o crescimento da população, as sociedades assumiram uma estrutura cada vez mais hierárquica: de homens livres ("freeholders" – donos de propriedades livres) e servos; de lordes e vassalos; de senhores feudais e reis. Embora nitidamente mais estratificadas e aristocráticas do que a América colonial, as assim denominadas sociedades feudais da Europa medieval também eram, em geral, ordens sociais sem estado. O estado, conforme a terminologia geralmente aceita, é definido como um monopolista territorial compulsório da lei e da ordem (como um supremo tomador de decisões). Os senhores feudais e os reis, em geral, não preenchem os requisitos constitutivos de um estado: eles só podiam "tributar" com o consentimento dos tributados, e todo homem livre era tão soberano (supremo tomador de decisões) em sua própria terra quanto o rei feudal o era em sua respectiva propriedade. [4] Entretanto, no transcorrer de muitos séculos, essas sociedades originalmente sem estado foram gradualmente transformadas em monarquias absolutas estatistas. Ainda que tenham inicialmente sido reconhecidos de forma voluntária como protetores e juízes, os reis finalmente conseguiram se estabelecer como chefes de estado hereditários. Sofrendo oposição da aristocracia, mas sendo auxiliados pelas "pessoas comuns", eles se tornaram monarcas absolutos,

---

[4] Ver Fritz Kern, *Kingship and Law in the Middle Ages* (Oxford: Blackwell, 1948); Bertrand de Jouvenel, *Sovereignty: An Inquiry into the Political Good* (Chicago: University of Chicago Press, 1957), especialmente o capítulo 10; idem, *O Poder – A História Natural do Seu Crescimento* (São Paulo: Peixoto Neto, 2010); e Robert A. Nisbet, *Community and Power* (New York: Oxford University Press, 1962). "O Feudalismo", resume Nisbet em outra obra (Robert A. Nisbet, *Prejudices: A Philosophical Dictionary* [Cambridge, Massachussets: Harvard University Press, 1982], pp. 125–131),

> Tem sido uma palavra de injúrias, de veementes insultos e vitupérios, durante os últimos dois séculos (...), [principalmente] pelos intelectuais a serviço espiritual do estado absoluto moderno – tanto os monárquicos quanto os republicano-democráticos. [Na verdade], o feudalismo é uma extensão e uma adaptação dos laços de parentesco com uma relação de proteção com o bando de guerra ou a cavalaria.
> (...) Contrariamente ao estado político moderno com o seu princípio de soberania territorial, no Ocidente, por um período de mais de mil anos, a proteção, os direitos, o bem-estar social, a autoridade e a devoção faziam parte de laços pessoais, não territoriais. Ser o "homem" de um outro homem, sendo este, pela sua vez, o "homem" de outro homem – e assim por diante, até ao topo da pirâmide feudal, cada um devendo a outros serviço ou proteção –, é estar em uma relação feudal.
> O vínculo feudal tem muito da relação entre guerreiro e comandante, mas ele tem ainda mais da relação entre filho e pai, entre um parente e o patriarca. (...) [Ou seja, os laços feudais são essencialmente] privados, pessoais e contratuais. (...) A subordinação do rei à lei era um dos princípios mais importantes do feudalismo.

Ver também as notas de rodapé n. 8, n. 9 e n. 10.

detendo o poder de tributar sem o prévio consentimento dos tributados e de tomar as decisões finais em relação às propriedades de homens livres.

Essas mudanças que ocorreram na Europa engendraram um efeito duplo sobre a América do Norte. Por um lado, a Inglaterra também era governada por um rei absoluto (pelo menos até o ano de 1688); quando os colonos ingleses chegaram ao novo continente, o reino foi territorialmente ampliado em direção à América do Norte. Ao contrário da criação, por parte dos colonos, de propriedades privadas e de redes privadas, voluntárias e cooperativas de produção de segurança e de administração da justiça, o estabelecimento de colônias e de administrações reais não foi o resultado de uma apropriação original (*homesteading*) e de um contrato – na verdade, nenhum rei inglês pôs os seus pés no continente americano –, mas sim de uma usurpação (declaração) e de uma imposição.

Por outro lado, os colonos trouxeram da Europa uma outra coisa. Lá, a transição do feudalismo para o absolutismo real não apenas sofrera a oposição da aristocracia, mas também era confrontada, em termos teóricos, pela filosofia dos direitos naturais – a qual se originou da filosofia escolástica. Conforme essa doutrina, o governo era considerado um ente contratual, e todo agente governamental, inclusive o rei, estava sujeito, assim como todo mundo, aos mesmos direitos e leis universais. Mesmo que possa ter sido o caso em tempos anteriores, essa situação certamente não mais se encontrava entre os reis absolutos modernos. Os monarcas absolutos eram usurpadores dos direitos do homem e, portanto, ilegítimos. Portanto, uma insurreição não só era permitida, como também se tornara um dever sancionado pelo direito natural. [5]

Os colonos americanos estavam familiarizados com a doutrina dos direitos naturais. De fato, à luz das suas próprias experiências pessoais com as realizações e os efeitos da liberdade natural e na condição de dissidentes religiosos que deixaram a sua pátria-mãe por causa de conflitos com o rei e a Igreja da Inglaterra, eles eram especialmente receptivos a essa doutrina. [6]

Impregnados pela doutrina dos direitos naturais; incentivados e encorajados pela distância do rei inglês; e estimulados ainda mais pela censura

---

[5] Ver Lord Acton, "The History of Freedom in Christianity", em idem, *Essays in the History of Liberty* (Indianapolis, Indiana: Liberty Classics, 1985), especialmente a página 36.
[6] Sobre a herança ideológica liberal/libertária dos colonos americanos, ver Murray N. Rothbard, *Por Uma Nova Liberdade – O Manifesto Libertário* (São Paulo: Instituto Ludwig von Mises Brasil, 2013), cap. 1; idem, *Conceived in Liberty*, 4 vols. (Auburn, Alabama: Ludwig von Mises Institute, 1999); e Bernard Bailyn, *The Ideological Origins of the American Revolution* (Cambridge, Massachussets: Harvard University Press, 1967).

puritana da ociosidade, do luxo e da pompa reais, os colonos americanos levantaram-se para libertar-se do domínio britânico. Como Thomas Jefferson escreveu na Declaração de Independência, o governo é instituído para proteger a vida, a liberdade e a busca da felicidade, baseando a sua legitimidade no consentimento dos governados. Em contraste, o governo real britânico alegou que podia tributar os colonos sem o consentimento deles. Se o governo não faz o que ele foi projetado para fazer, declarou Jefferson, "é o direito do povo modificá-lo ou suprimi-lo e instituir um novo governo, o qual será fundamentado e terá os seus poderes organizados nos princípios e nas formas que sejam os mais prováveis de garantir a segurança e a felicidade das pessoas".

III

Mas qual foi o próximo passo que se deu após a concretização da sua independência da Grã-Bretanha? Essa questão nos conduz à terceira fonte de orgulho nacional – a Constituição americana – e à explicação de por que tal constituição, em vez de ser uma legítima fonte de orgulho, representa, na realidade, um erro fatal.

Graças aos enormes avanços na economia e na teoria política desde o final do século XVIII, em especial nas mãos de Ludwig von Mises e de Murray N. Rothbard, somos agora capazes de fornecer uma resposta precisa a essa questão. De acordo com Mises e Rothbard, visto que não mais existe a liberdade de entrada no negócio da produção de proteção e de resolução de conflitos, o preço da proteção e da justiça aumentará, e a qualidade dessas últimas cairá. Ao invés de ser um protetor e um juiz, o monopolista compulsório se tornará um mafioso: um destruidor e um invasor do povo e das propriedades que ele supostamente tem de proteger, um instigador de guerras (um belicista) e um imperialista.[7] Com efeito,

---

[7] Esse *insight* fundamental foi claramente argumentado pela primeira vez pelo economista franco-belga Gustave de Molinari em um artigo publicado no ano de 1849, *The Production of Security* (New York: Center for Libertarian Studies, 1977). Raciocina ele:
> Que em todos os casos, para todas as mercadorias que servem à satisfação das necessidades tangíveis ou intangíveis do consumidor, é do maior interesse dele que o trabalho e o comércio permaneçam livres, porque a liberdade do trabalho e do comércio tem, como resultado necessário e permanente, a redução máxima do preço. (...) De onde se segue: Que nenhum governo deveria ter o direito de impedir que outro governo entrasse em competição com ele ou de requerer que os consumidores adquirissem exclusivamente os seus serviços. (p. 3) Se, pelo contrário, o consumidor não for livre para adquirir os serviços de segurança de quem quiser, imediatamente veremos ser aberta uma grande profissão dedicada à arbitrariedade e ao mau gerenciamento. A justiça se tornará lenta e custosa, e a polícia, incômoda; a liberdade individual não será mais respeitada; e o preço da segurança

o inflacionado preço da proteção e a perversão da antiga lei natural pelo rei inglês – ambos os quais promoveram a revolta dos colonos americanos – foram o resultado inevitável do monopólio compulsório. Obtendo êxito na secessão e na expulsão dos britânicos ocupantes, seria necessário para os colonos americanos apenas manter as existentes instituições autóctones da autodefesa e da rede privada (voluntária e cooperativa) de proteção e de resolução de conflitos composta por agentes e estabelecimentos especializados cuidando da lei e da ordem.

Isso, no entanto, não aconteceu. Os americanos não só não deixaram que as herdadas instituições reais de colônias e de governos coloniais definhassem no esquecimento; eles as reconstituíram dentro das antigas fronteiras políticas sob a forma de estados independentes, cada um equipado com os seus próprios poderes coercivos (de natureza unilateral) de tributação e de legislação. [8] Conquanto isso já fosse suficientemente mau, os novos americanos pioraram ainda mais a situação ao adotarem a Constituição americana e ao substituírem uma frouxa confederação de estados independentes pelo governo central (federal) dos Estados Unidos.

A Constituição substituiu um rei não eleito por um presidente e um parlamento popularmente eleitos, mas nada modificou em relação ao poder estatal de tributar e de legislar. Pelo contrário: ao passo que o poder do rei inglês de tributar sem o consentimento dos tributados era apenas admitido em vez de explicitamente concedido – podendo tal poder, assim, ser questionado [9] –, a Constituição expressamente conferiu esse poder ao Congresso. Além disso, ao passo que os reis – em teoria, até mesmo os reis absolutos – não eram considerados os criadores das leis, mas apenas os intérpretes e os aplicadores do direito preexistente e imutável – i.e.,

---

será abusivamente inflado e iniquamente dividido, de acordo com o poder e a influência desta ou daquela classe de consumidores. (pp. 13–14)

[8] Além disso, em conformidade com a sua carta régia original, os novos estados independentes da Geórgia, das Carolinas (do Norte e do Sul), da Virginia, de Connecticut e de Massachusetts, por exemplo, alegaram que o Oceano Pacífico era a sua fronteira ocidental; e, com base em tais reivindicações obviamente infundadas e usurpadoras de propriedade, eles – e, posteriormente, os seus "herdeiros legais", o Congresso Continental e os Estados Unidos – passaram a vender territórios ocidentais a apropriadores originais (*homesteaders*) e a desenvolvedores privados a fim de quitar as suas dívidas e/ou financiar as operações correntes do governo.

[9] Ver Bruno Leoni, *Freedom and the Law* (Indianapolis, Indiana: Liberty Classics, 1991), p. 118. Leoni, aqui, observa que vários comentaristas eruditos da Magna Carta, por exemplo, apontaram que
> Uma versão medieval do princípio de que "não há tributação sem representação" (*no taxation without representation*) foi concebida como "não há tributação sem o consentimento da pessoa tributada", dizendo-nos que, em 1221, o Bispo de Winchester "invocou o consentimento da jugada (imposto pago em vinho, linho, milho ou trigo); recusou-se a pagar, depois de o Conselho fazer a concessão, com o fundamento de que ele discordava; e a Fazenda aceitou a sua alegação".

eles eram vistos como juízes, não como legisladores [10] –, a Constituição expressamente conferiu ao Congresso o poder de legislar e ao presidente e ao Supremo Tribunal ("Suprema Corte") o poder de aplicar e interpretar o direito legislado. [11]

---

[10] Ver Fritz Kern, *Kingship and Law in the Middle Ages* (Oxford: Blackwell, 1948). Escreve tal autor:
> Não há, na Idade Média, algo como a "primeira aplicação de uma regra jurídica". A lei é antiga; uma nova lei é uma contradição em termos; pois ou a nova lei decorre implícita ou explicitamente da antiga ou está em conflito com a antiga, caso em que ela não é lícita. No fundo, a ideia continua a ser a mesma; a lei antiga é verdadeira lei, e a lei verdadeira é a antiga lei. Em virtude disso, segundo os conceitos medievais, a promulgação de uma nova lei de nenhuma maneira é possível; e todas as legislações e todas as reformas jurídicas são concebidas como a restauração da boa e velha lei que foi violada. (p. 151)

Opiniões semelhantes em relação à perpetuidade da lei e ao descabimento da legislação eram ainda sustentadas pelos fisiocratas franceses do século XVIII, como Mercier de la Rivière, autor de um livro sobre a Ordem Natural (*L'Ordre Naturel*) e uma vez governador da Martinica. Chamado pela czarina russa Catarina, a Grande, para aconselhá-la sobre a melhor forma de governar, Mercier de la Rivière, relata-se, respondeu dizendo que a lei deve se basear

> Em apenas uma [coisa], Madame: na natureza das coisas e do homem. (...) Conceber ou fazer leis, Madame, é uma tarefa que Deus não deixou para ninguém. Ah! O que é o homem, para pensar que é capaz de ditar leis a seres que ele não conhece? A ciência do governo está em estudar e reconhecer as leis que Deus tão manifestamente insculpiu na própria organização do homem quando lhe deu a existência. Uma tentativa de ir além disso seria uma grande desgraça e uma ação destrutiva. (Citado em: Murray N. Rothbard, *Economic Thought Before Adam Smith: An Austrian Perspective on the History of Economic Thought* [Cheltenham, U. K.: Edward Elgar, 1995], vol. 1, p. 371)

Ver também: Bertrand de Jouvenel, *Sovereignty: An Inquiry into the Political Good* (Chicago: University of Chicago Press, 1957), pp. 172–173 e 189.

[11] A visão moderna tão carinhosamente cultivada de que a adoção do "governo constitucional" representa um grande avanço civilizatório – do governo arbitrário para o estado de direito – e de que deve se atribuir aos Estados Unidos um papel proeminente ou até mesmo preponderante nessa revolução histórica, então, deve ser considerada seriamente equivocada. Esse ponto de vista é obviamente desmentido por documentos como a Carta Magna (1215) ou a Bula de Ouro (1356). Mais importante ainda: essa visão tem uma concepção errônea da natureza dos governos pré-modernos. Ou inteiramente faltava a tais governos o mais arbitrário e tirânico de todos os poderes (i.e., o poder de tributar e de legislar sem o consentimento dos tributados e dos legislados); ou eles, mesmo possuindo esse poder, eram severamente restringidos em seu exercício dele, porque esse poder era amplamente visto como ilegítimo, i.e., como usurpado em vez de justamente adquirido. Em distinto contraste, os governos modernos são definidos pelo fato de que os poderes de tributar e de legislar são explicitamente reconhecidos como legítimos; i.e., todos os governos "constitucionais" – nos EUA ou em qualquer outro lugar – constituem estados-governos. Robert A. Nisbet, assim, está correto ao constatar que um rei pré-moderno

> Pode ter, por vezes, governado com o grau de irresponsabilidade que alguns modernos funcionários governamentais podem desfrutar; mas é duvidoso que, em termos de poderes e serviços efetivos, qualquer rei – até mesmo os das "monarquias absolutas" do século XVII – tenha exercido o tipo de autoridade que agora é conferida aos cargos de muitos funcionários de alto escalão nas democracias. Havia, nessa época, muitas barreiras sociais entre o alegado poder do monarca e a execução efetiva desse poder sobre os indivíduos. O prestígio e a importância funcional da igreja, da família e da comunidade local como alianças limitavam o absolutismo do poder estatal. (Robert A. Nisbet, *Community and Power* [New York: Oxford University Press, 1962], pp. 103–104)

Na verdade, o que a Constituição americana fez foi apenas isto: em vez de um rei que considerava a América colonial como a sua propriedade privada e os colonizadores como os seus inquilinos, ela colocou zeladores temporários e intercambiáveis no comando do monopólio da justiça e da proteção do país. Esses zeladores não detêm a propriedade do país; porém, enquanto eles estiverem no cargo, eles podem fazer uso dele e dos seus residentes em favor de si próprios e dos seus protegidos. A teoria econômica elementar prevê que essa configuração institucional não eliminará a tendência perpetrada pelo autointeresse a uma crescente exploração do monopólio da lei e da ordem. Pelo contrário: esse arcabouço institucional só fará com que a exploração do monopólio seja menos calculada, mais imediatista (visão de curto prazo) e desperdiçadora. Como explicou Rothbard:

> Ao passo que um proprietário privado, estando seguro em sua propriedade e possuindo o seu valor de capital, planeja a utilização do seu recurso para um período longo de tempo, o funcionário do governo tem de extrair os frutos da propriedade o mais rapidamente possível, visto que ele não possui a segurança e a garantia da propriedade. (...) Os funcionários do governo possuem o uso dos recursos, mas não o seu valor de capital social (com a exceção do caso da "propriedade privada" de um monarca hereditário). Quando é possível possuir somente o uso atual, mas não o próprio recurso, haverá o rápido esgotamento não econômico dos recursos, pois não há benefícios a serem adquiridos com a sua preservação por um longo período de tempo e há vantagens a serem obtidas com o seu uso mais rápido possível. (...) O indivíduo privado, seguro e garantido em sua propriedade e em seu recurso de capital, pode ter uma visão de longo prazo, já que ele deseja manter o valor de capital do seu recurso. É o funcionário do governo que deve pegar e ir embora; que deve saquear a propriedade enquanto ele ainda estiver no comando. [12]

---

[12] Murray N. Rothbard, *Power and Market: Government and the Economy* (Kansas City: Sheed Andrews and McMeel, 1977), pp. 188–189. Ver mais sobre o assunto nos capítulos 1–3 deste livro.
À luz dessas considerações – e em contraste com a sabedoria comum sobre o assunto –, H. L. Mencken, *A Mencken Chrestomathy* (New York: Vintage Books, 1982), chega à mesma conclusão sobre o "sucesso" da revolução americana:
> Revoluções políticas geralmente não realizam nada de valor genuíno e real; o seu único efeito inquestionável é simplesmente expulsar do poder uma gangue de ladrões e nele colocar outra gangue. (...) Até mesmo as colônias americanas ganharam pouco com a sua revolta em 1776. Vinte e cinco anos depois da revolução, elas estavam em muito pior estado como estados livres do que estariam se tivessem se mantido como colônias. O seu governo era o mais caro, o mais ineficiente, o mais desonesto e o mais tirânico. Apenas o gradual progresso material do país salvou os seus habitantes da fome e do colapso; e esse progresso material se deveu não às virtudes do novo governo, mas à prodigalidade da natureza. Sob

Além disso, em função de a Constituição explicitamente conceder a "livre entrada" no estado/governo – qualquer pessoa pode se tornar um membro do Congresso, um juiz do Supremo Tribunal ou o presidente –, foi diminuída a resistência contra as invasões de propriedade pelo estado; e, como resultado da "livre competição política", toda a estrutura moral da sociedade foi distorcida, e mais e mais indivíduos maus ascenderam ao topo. [13] Pois liberdade de entrada e livre competição nem sempre são coisas boas. Liberdade de entrada e livre concorrência na produção de bens é algo positivo, mas livre concorrência na produção de males é algo negativo. Por exemplo, liberdade de entrada no ramo de assassinatos, de roubos, de falsificações e de mentiras não é algo bom; é algo pior do que ruim. Entretanto, é exatamente isso que é instituído pela livre competição política, i.e., pela democracia.

Em todas as sociedades, existem pessoas que cobiçam a propriedade de outros; mas elas, na maioria dos casos, normalmente aprendem a não agir de acordo com tal sentimento – ou até mesmo chegam a se sentir envergonhadas por possuí-lo. [14] Em uma sociedade anarcocapitalista em particular, qualquer indivíduo que aja movido por esse desejo é considerado um criminoso e é reprimido com o uso da violência física. Em um governo monárquico, pelo contrário, apenas uma única pessoa – o rei – pode agir movida pelo seu desejo de tomar a propriedade de outro homem; e é isso que faz dela uma ameaça em potencial. Porém, já que só ele pode expropriar, enquanto todos os outros estão proibidos de proceder da mesma forma, cada ação do rei será vista com a maior suspeita. [15] Adicionalmente, a seleção de um soberano se dá em decorrência do acaso de este ter nascido na nobreza. A sua única qualificação pessoal é a sua educação e a sua criação voltadas para torná-lo um futuro regente, um preservador da dinastia e das suas posses. Isso, obviamente, não assegura que o futuro rei não será mau e perigoso. Todavia, ao mesmo tempo, isso não impede que ele venha a se tornar um inofensivo indivíduo medíocre ou até mesmo uma pessoa decente, boa e moral.

Em distinto contraste, ao promover a liberdade de entrada no governo, a Constituição permitiu a todos expressarem abertamente o seu desejo pela propriedade de outro homem; na verdade, devido à garantia constitu-

---

as garras britânicas, eles teriam ficado em uma boa situação – e, provavelmente, muito melhor. (pp. 145–146)

[13] Sobre esse assunto, ver Hans-Hermann Hoppe, *Eigentum, Anarchie und Staat. Studien zur Theorie des Kapitalismus* (Opladen: Westdeutscher Verlag, 1987), páginas 182 e seguintes.

[14] Ver Helmut Schoeck, *Envy: A Theory of Social Behavior* (New York: Harcourt, Brace and World, 1970).

[15] Ver Bertrand de Jouvenel, *On Power: The Natural History of its Growth* (New York: Viking, 1949), pp. 9–10.

cional da "liberdade de expressão", todo mundo é protegido ao fazer isso. Ademais, qualquer pessoa está autorizada a agir movida por esse desejo, desde que obtenha entrada no governo; por esse motivo, nos termos da Constituição, todos se tornam uma ameaça em potencial.

Com certeza, existem pessoas que não são afetadas pelo desejo de enriquecer à custa dos outros e de mandar neles; i.e., há indivíduos que querem apenas trabalhar, produzir e gozar os frutos do seu trabalho. Porém, se a política – a aquisição de bens pelos meios políticos (tributação e legislação) – é permitida, até mesmo essas inofensivas pessoas serão profundamente afetadas. A fim de se defenderem de ataques à sua liberdade e à sua propriedade por aqueles que têm menos inibições morais, até mesmo essas pessoas honestas e trabalhadoras devem tornar-se "animais políticos" e gastar cada vez mais tempo e energia desenvolvendo as suas capacidades políticas. Tendo em conta que os talentos e as características necessários para o sucesso político – boa aparência, sociabilidade, oratória, carisma, entre outros – são distribuídos desigualmente entre os homens, então aqueles que possuem esses atributos especiais e essas habilidades específicas terão uma boa vantagem na competição por recursos escassos (sucesso econômico) quando comparados com aqueles que não os têm.

Pior ainda: uma vez que em cada sociedade existem mais "pobres" ("não possuidores", "os que não têm"), que não possuem os bens que vale a pena possuir, do que "ricos" ("possuidores", "os que não têm"), os politicamente talentosos, que têm pouca ou nenhuma inibição contra tomar a propriedade alheia e mandar nos outros, possuem uma clara vantagem sobre aqueles que têm tais escrúpulos. Ou seja, a livre competição política favorece os talentos políticos agressivos (portanto, perigosos) em vez dos defensivos (portanto, inofensivos), conduzindo, assim, ao cultivo e à perfeição das peculiares habilidades da demagogia, da fraude, da mentira, do oportunismo, da corrupção e do suborno. Em consequência disso, a entrada e o sucesso no governo se tornarão cada vez mais impossíveis para qualquer pessoa que tenha inibições morais contra os atos de mentir e roubar. Então, ao contrário dos reis, os congressistas, os presidentes e os juízes do Supremo Tribunal não adquirem – aliás, nem podem adquirir – as suas posições acidentalmente (por acaso). Ao invés disso, eles atingem as suas posições graças à sua competência em serem demagogos moralmente desinibidos. Além disso, mesmo fora da órbita do governo, no seio da sociedade civil, os indivíduos cada vez mais subirão ao topo do sucesso econômico e financeiro não por conta dos seus talentos produtivos ou empreendedores ou até mesmo dos seus superiores talentos políticos defensivos, mas sim por conta da sua habilidade superior como inescrupulosos empresários políticos e lobistas. Assim, a Constituição praticamente assegura que apenas homens perigosos alcançarão o pináculo do poder governamental e que o comportamento moral e os padrões éticos tenderão a diminuir e a deteriorar-se em todo lugar.

Ademais, a instituição constitucionalmente estabelecida da "separação dos poderes" não faz diferença a esse respeito. Dois ou até mesmo três equívocos não concretizam um acerto. Pelo contrário: eles conduzem à proliferação, à acumulação, ao reforço e ao agravamento do erro. Os legisladores não podem impor as suas vontades sobre os seus infelizes súditos sem a cooperação do presidente, que se encontra na posição de chefe do poder executivo do governo; e o presidente, por sua vez, utilizará a sua posição e os recursos à sua disposição para influenciar os legisladores e a legislação. E, apesar de o Supremo Tribunal poder discordar de alguns atos específicos do Congresso ou do presidente, os juízes do Supremo Tribunal são nomeados pelo presidente e confirmados pelo Senado, permanecendo dependentes deles em termos financeiros. Como parte integrante da instituição do governo, eles não possuem nenhum interesse em limitar o poder governamental, mas sim todos os incentivos para expandi-lo, porque isso aumenta o seu próprio poder. [16]

---

[16] Sobre isso, consultar esta análise brilhante e verdadeiramente profética de John C. Calhoun, *A Disquisition on Government* (New York: Liberal Arts Press, 1953), especialmente as páginas 25–27. Aqui, observa Calhoun que uma

> Constituição escrita, sem dúvida, tem muitas vantagens, mas é um grande erro supor que a mera inserção de disposições que restrinjam e limitem os poderes do governo, sem investir aqueles para cuja proteção elas são inseridas com os meios de impor a sua observância, será suficiente para impedir o partido dominante e principal de abusar do seu poder. Sendo o partido que está em posse do governo, ele (...) se posicionará favoravelmente aos poderes concedidos pela constituição e se oporá às restrições destinadas a limitá-los. Na condição de partido dominante, ele não necessitará de tais restrições para a sua proteção. (...) Os partidos menores ou mais fracos, pelo contrário, tomariam a direção oposta e considerariam essas restrições essenciais para a sua proteção contra o partido dominante. (...) Porém, onde não há meios pelos quais se poderia obrigar o partido dominante a observar essas restrições, o único recurso disponível seria uma rigorosa interpretação da constituição. (...) À qual o partido dominante oporia uma interpretação mais flexível – com a qual se daria às palavras a acepção mais ampla de que elas fossem suscetíveis. Haveria, então, uma batalha entre uma interpretação e outra interpretação – uma para contrair e outra para ampliar ao máximo os poderes do governo. Contudo, para que serviria uma rigorosa interpretação do partido menor contra a interpretação flexível do partido maior na situação em que este possui todos os poderes governamentais para impor a sua interpretação e aquele está privado de todos os meios de concretizar a sua interpretação? Em uma disputa tão desigual, o resultado não seria duvidoso. O partido em favor das restrições seria sobrepujado e dominado. (...) O fim dessa disputa acarretaria a subversão da constituição. (...) As restrições acabariam sendo anuladas; e o governo acabaria sendo convertido em um de poderes ilimitados. (...) Nem a divisão do governo em partes separadas – e, no tocante à relação umas com as outras, independentes – evitaria esse resultado. (...) Já que todos os departamentos – e, é óbvio, o governo inteiro – estariam sob o controle da maioria numérica, é claro demais para exigir explicação que uma mera distribuição dos seus poderes entre os seus agentes ou representantes poderia fazer pouco ou nada para contrariar a tendência à opressão e ao abuso do poder.

IV

Depois de mais de dois séculos de "governo constitucionalmente limitado", os resultados são claros e incontroversos. No início do "experimento" americano, a carga tributária imposta aos americanos era leve; ela, de fato, era praticamente insignificante. O dinheiro consistia em quantidades fixas de ouro e de prata. A definição de propriedade privada era clara e aparentemente imutável, e o direito à autodefesa era considerado sagrado. Nenhum exército permanente existia; e, como foi proclamado no *Discurso de Despedida* de Washington, estabeleceu-se um firme compromisso de respeitar o livre comércio e de seguir uma política externa não intervencionista. Duzentos anos mais tarde, as coisas modificaram-se drasticamente. [17] Agora, ano após ano, o governo americano expropria mais de 40% do rendimento dos produtores privados, fazendo com que o fardo econômico imposto sobre os escravos e os servos pareça moderado

---

Adicionalmente, então, pronunciou-se Rothbard sobre essa análise:
> A Constituição revelou-se um instrumento para a ratificação da expansão do poder do estado – e não para o contrário. Como Calhoun percebera, quaisquer limites escritos que permitam ao governo a interpretação dos seus próprios poderes são interpretados como sanções para a expansão – e não para a restrição – desses poderes. Em um sentido mais profundo, a ideia de limitar o poder com as correntes de uma constituição escrita revelou-se um nobre experimento fracassado. A ideia de um governo rigorosamente limitado provou ser utópica; alguns outros meios – mais radicais – devem ser encontrados para que se impeça o crescimento do estado agressivo. (Murray N. Rothbard, *For A New Liberty : The Libertarian Manifesto* [New York: Collier, 1978], p. 67)

Ver também: Anthony de Jasay, *Against Politics: On Government, Anarchy and Order* (London: Routledge, 1997), especialmente o capítulo 2.

[17] Robert Higgs, *Crisis and Leviathan: Critical Episodes in the Growth of American Government* (New York: Oxford University Press, 1987), p. ix, contrasta o início da experiência americana com o seu presente:
> Houve um tempo, muitos anos atrás, em que o americano médio podia conduzir os seus afazeres diários praticamente sem notar a presença do governo – especialmente a do governo federal. Como um agricultor, um comerciante ou um fabricante, ele podia decidir o que, como, quando e onde produzir e vender os seus bens, limitado por pouco mais do que as forças de mercado. Apenas pense: nenhum subsídio agrícola, nenhum preço artificialmente elevado e nenhum controle de tamanho das propriedades; nenhuma Comissão Federal do Comércio; nenhuma lei antitruste; nenhuma Comissão do Comércio Interestadual. Como um empregador, um trabalhador, um consumidor, um investidor, um credor, um devedor, um aluno ou um professor, ele podia agir conforme os seus próprios juízos. Basta pensar: nenhum Comitê Nacional das Relações de Trabalho; nenhuma lei federal de "proteção" do consumidor; nenhuma Comissão da Segurança e da Troca; nenhuma Comissão de Oportunidades Iguais de Emprego; nenhum Ministério da Saúde e dos Serviços Humanos. Inexistindo um banco central que emitisse papel-moeda nacional, era comum as pessoas utilizarem moedas de ouro para fazer compras. Não havia imposto geral sobre as vendas, imposto para a Previdência Social, imposto de renda. Embora os funcionários governamentais fossem tão corruptos nessa época quanto na atual – talvez ainda mais –, eles tinham muito menos oportunidades de se engajarem em corrupção. Os cidadãos privados gastavam cerca de quinze vezes mais do que todos os governos juntos. Ah! Aqueles tempos, infelizmente, foram-se há muito.

em comparação. O ouro e a prata foram substituídos pelo papel-moeda emitido pelo governo, e os americanos estão sendo continuamente extorquidos através da inflação monetária. O significado da propriedade privada, antes aparentemente claro, estabelecido e incontroverso, tornou-se obscuro, flexível e fluido. Com efeito, todos os detalhes da vida privada, das propriedades, do comércio e dos contratos são regulados – e novamente regulados – por montanhas cada vez maiores de leis de papel (legislação); e, com o aumento da legislação, cada vez mais são promovidos os riscos morais e a insegurança jurídica, e o caos social cada vez mais substitui a lei e a ordem. Por último – mas não por isso menos importante –, o compromisso de livre comércio e de não intervencionismo deu lugar a uma política de protecionismo, militarismo e imperialismo. De fato, praticamente desde o seu início, o governo dos Estados Unidos se comprometeu com um incessante expansionismo agressivo; começando pela Guerra Hispano-Americana e continuando com a Primeira e a Segunda Guerras Mundiais até o presente, o governo americano meteu-se em centenas de conflitos externos e tornou-se a maior potência imperialista e belicista do mundo. Adicionalmente, ao passo que os cidadãos americanos ficaram cada vez mais indefesos, inseguros e empobrecidos e os estrangeiros em todo o mundo tornaram-se cada vez mais ameaçados e intimidados pela força militar dos EUA, os presidentes, os congressistas e os juízes do Supremo Tribunal se tornaram cada vez mais arrogantes, moralmente corruptos e perigosos. [18]

O que pode ser feito diante desse estado de coisas? Em primeiro lugar, a Constituição americana deve ser reconhecida como aquilo que ela realmente é: um erro. Conforme a Declaração de Independência, o governo deve proteger a vida, a propriedade e a busca da felicidade. No entanto, ao conceder ao governo o poder de tributar e de legislar sem o consentimento dos tributados e dos legislados, a Constituição não pode garantir essa meta, sendo, pelo contrário, o grande instrumento utilizado para invadir e destruir os direitos à vida, à liberdade e à busca da felicidade. É absurdo acreditar que uma agência que pode tributar sem o consentimento dos tributados possa ser uma protetora de propriedades. Da mesma forma, é absurdo acreditar que uma agência com poderes legislativos pode preservar a lei e a ordem. Em vez disso, deve ser reconhecido que a Constituição é inconstitucional, i.e., incompatível com a doutrina dos direitos humanos naturais que inspirou a Revolução America-

---

[18] Sobre o crescimento do governo dos Estados Unidos – e, em particular, sobre o papel da guerra nesse desenvolvimento –, ver *The Costs of War: America's Pyrrhic Victories*, editado por John V. Denson (New Brunswick, N. J.: Transaction Publishers, 1997); Robert Higgs, *Crisis and Leviathan: Critical Episodes in the Growth of American Government* (New York: Oxford University Press, 1987); Ekkehart Krippendorff, *Staat und Krieg* (Frankfurt am Main: Suhrkamp, 1985), especialmente as páginas 90–116; *A New History of Leviathan*, editado por Ronald Radosh e Murray N. Rothbard (New York: Dutton, 1972); e Arthur A. Ekirch, *The Decline of American Liberalism* (New York: Atheneum, 1967).

na. [19] De fato, ninguém em seu perfeito juízo concordaria com um contrato que permitisse ao alegado protetor determinar unilateralmente – sem o consentimento – e definitivamente – sem a possibilidade de saída ou de rescisão – o preço a ser pago pela proteção; e ninguém em sã consciência concordaria com um contrato irrevogável que concedesse ao alegado protetor o direito à decisão final sobre a sua própria pessoa e a sua própria propriedade (i.e., à *criação* unilateral da lei). [20]

Em segundo lugar, é necessário oferecer uma alternativa positiva e inspiradora para o sistema atual.

Embora seja importante que a memória do passado americano – como uma terra de pioneiros e de um efetivo sistema anarcocapitalista baseado na autodefesa e em milícias populares – se mantenha viva, não podemos voltar aos tempos feudais ou ao período da Revolução Americana. A situação, contudo, não é desesperadora. Não obstante o crescimento inexorável do estatismo ao longo dos últimos dois séculos, o desenvolvimento econômico continuou, e os nossos padrões de vida atingiram espetaculares patamares novos. Nessas circunstâncias, uma opção completamente nova se tornou viável: a oferta de lei e de ordem por agências privadas de segu-

---

[19] Para uma análise mais contundente sobre isso, consultar Lysander Spooner, *No Treason: The Constitution of No Authority* (Colorado Springs, Colorado: Ralph Myles, 1973); ver também: Murray N. Rothbard, *A Ética da Liberdade* (São Paulo: Instituto Ludwig von Mises Brasil, 2010), especialmente os capítulos 22 e 23.

[20] De fato, qualquer contrato de proteção dessa natureza não é apenas empiricamente improvável, mas também lógica e praxeologicamente impossível. Ao "concordar em ser tributado e legislado a fim de ser protegido", o indivíduo, na verdade, entrega (aliena) toda a sua propriedade para a autoridade tributária e submete-se a uma permanente escravidão pela agência legislativa. Entretanto, a própria ideia de tal contrato não é permissível, sendo ele, portanto, nulo e sem efeito (írrito), pois contraria a própria natureza dos contratos de proteção, i.e., (1) a *autopropriedade da pessoa a ser protegida* e (2) *a existência de algo pertencente ao protegido* (ao invés de pertencente ao seu protetor) – i.e., uma propriedade privada separada.
O que é interessante é que, apesar do fato de que nenhuma constituição estatal conhecida tenha sido acordada por todos os que estão sob a sua jurisdição e apesar da aparente impossibilidade de que esse fato possa ser diferente, a filosofia política, desde os tempos de Thomas Hobbes e de John Locke até o presente, é abundante em suas tentativas de conceber uma justificativa contratual para o estado. A razão para esses esforços aparentemente intermináveis é óbvia: ou o estado é justificado como o resultado de um contrato; ou ele simplesmente não pode ser justificado. Todavia, não surpreendentemente, essa busca – muito parecida com a procura por um círculo quadrado ou um moto-perpétuo – revelou-se infrutífera e só gerou uma longa lista de pseudojustificativas hipócritas – caso não fraudulentas – por meio de artifícios semânticos: "nenhum contrato" significa, na realidade, um contrato "implícito", "tácito" ou "conceitual". Em síntese, "não" significa, na verdade, "sim". Para um proeminente exemplo moderno dessa "novilíngua" orwelliana, ver James M. Buchanan e Gordon Tullock, *The Calculus of Consent* (Ann Arbor: University of Michigan Press, 1962); James M. Buchanan, *The Limits of Liberty* (Chicago: University of Chicago Press, 1975); e idem, *Freedom in Constitutional Contract* (College Station: Texas A and M University Press, 1977). Para conhecer uma crítica a Buchanan e à chamada Escola da Escolha Pública (*Public Choice School*), ver Murray N. Rothbard, *The Logic of Action Two* (Cheltenham, U. K.: Edward Elgar, 1997), capítulos 4 e 17; e Hans-Hermann Hoppe, *The Economics and Ethics of Private Property* (Boston: Kluwer, 1993), cap. 1.

ros operando em condições de livre concorrência (lucros e prejuízos). [21]

Apesar de obstruídas pelo estado, mesmo agora as agências de seguros protegem os donos de propriedades privadas, mediante o pagamento de um prêmio, de uma variedade de desastres naturais e sociais – de inundações e furacões a roubos e fraudes. Assim, parece que a produção de segurança e de proteção é a própria finalidade do seguro. Além disso, os indivíduos não contratariam qualquer um para obter um serviço tão essencial como o de proteção. Ao invés disso, tal como dissertou Molinari, aconteceria o seguinte:

> Antes de fechar negócio com esse *produtor de segurança*, o que farão os consumidores?
>
> Em primeiro lugar, eles verificarão se ele é realmente forte o suficiente para protegê-los.
>
> Em segundo lugar, eles verificarão se o seu caráter é tal que eles não terão de se preocupar com a hipótese de que ele instigue as próprias agressões que deve suprimir. [22]

Nesse sentido, as agências de seguros também parecem possuir as qualificações necessárias. Elas são "grandes" e detêm o comando dos recursos – humanos e materiais – necessários para realizar a tarefa de lidar com os perigos, reais ou imaginários, do mundo real. Na verdade, as seguradoras operam em nível nacional – ou até mesmo em nível internacional –, e elas possuem substanciais propriedades dispersas em amplos territórios e além das fronteiras de um único estado; elas, portanto, têm um manifesto autointeresse na proteção efetiva. Ademais, todas as companhias de seguros estão conectadas por uma complexa rede de acordos contratuais de assistência mútua e de arbitragem, bem como por um sistema de agências internacionais de resseguro, representando, assim, uma combinação de poder econômico que apequena – se não todos – a maioria dos governos contemporâneos; e elas adquiriram essa posição graças à sua reputação como eficazes, confiáveis e honestas.

Ao passo que isso possa ser suficiente para estabelecer as agências de seguros como uma possível alternativa para o papel atualmente realizado pelos estados de fornecedores da lei e da ordem, um exame mais detalhado é necessário para demonstrar a elevada superioridade dessa alternativa em

---

[21] Sobre esse tópico, ver também: o capítulo 12 deste livro; e Morris Tannehill e Linda Tannehill, *The Market for Liberty* (New York: Laissez Faire Books, 1984), especialmente o capítulo 8.
[22] Gustave de Molinari, *The Production of Security* (New York: Center for Libertarian Studies, 1977), p. 12.

relação ao *status quo*. Para demonstrá-la, é apenas necessário reconhecer que as agências de seguros não podem impor tributos e legislações; i.e., basta reconhecer que a relação entre seguradoras e segurados é consensual. Ambos são livres para cooperar ou não cooperar; e esse fato engendra importantes implicações. Nesse sentido, as agências de seguros são categoricamente diferentes dos estados.

As vantagens de haver agências de seguros que ofertam segurança e proteção são as seguintes. Em primeiro lugar, a concorrência entre as seguradoras por clientes pagantes desencadeará uma tendência à queda contínua dos preços de proteção (por valor segurado), tornando a proteção, então, mais acessível. Em contraste, um protetor monopolista que pode tributar os protegidos cobrará preços cada vez mais elevados pelos seus serviços. [23]

Em segundo lugar, as seguradoras terão de indenizar os seus clientes em caso de dano real; elas, portanto, devem funcionar de modo eficiente. No tocante, em particular, a catástrofes sociais (criminalidade), isso significa que a seguradora deve estar, acima de tudo, focada na eficácia da prevenção; caso não impeça a ocorrência de um crime, ela terá de pagar pelos prejuízos. Além disso, caso um ato criminoso não puder ser evitado, a seguradora ainda desejará recuperar o bem roubado, apreender o meliante e levá-lo à justiça, pois, ao fazê-lo, a seguradora pode reduzir os seus custos e forçar o criminoso – em vez da vítima e dela própria – a pagar pelos danos e a cobrir os gastos com a indenização. Em nítido contraste, já que os estados monopolistas compulsórios não indenizam as vítimas e já que eles podem recorrer à tributação como fonte de financiamento, eles têm pouco

---

[23] Como explicou Rothbard, mesmo
    Que o governo esteja limitado à "proteção" da pessoa e da propriedade, mesmo que a tributação esteja "limitada" à prestação de apenas esse serviço, como então o governo decidirá a *quantidade* de proteção ele deve fornecer e a quantidade de impostos ele deve cobrar? Pois, ao contrário do que prega a teoria do governo limitado, a "proteção" não é "algo" mais coletivo, global e indivisível do que qualquer outro bem ou serviço na sociedade. (...) Na verdade, a "proteção", em teoria, pode significar qualquer coisa, desde o fornecimento de um policial para um país inteiro até o fornecimento de um guarda-costas armado e de um tanque para cada cidadão – uma proposta que levaria a sociedade à falência rapidamente. Mas quem é que decidirá sobre a quantidade de proteção, visto que é inegável que todas as pessoas estariam *mais bem* protegidas de furtos e de assaltos no caso de um guarda-costas armado ser fornecido a cada uma delas do que no caso de nada lhes ser fornecido? No livre mercado, as decisões sobre quantidade e sobre a qualidade de qualquer bem ou serviço a ser fornecido para cada pessoa são realizadas por meio das compras voluntárias de cada indivíduo; mas que critério pode ser aplicado quando a decisão é tomada pelo governo? A resposta é: absolutamente nenhum critério; e tais decisões governamentais, assim, só podem ser completamente arbitrárias. (Murray N. Rothbard, *The Ethics of Liberty* [New York: New York University Press, 1998], pp. 180–181)
Ver também: Murray N. Rothbard, *For A New Liberty: The Libertarian Manifesto* (New York: Collier, 1978), páginas 215 e seguintes.

ou nenhum incentivo para impedir a criminalidade ou para recuperar o que foi roubado e capturar criminosos. Quando conseguem apanhar um bandido, eles normalmente forçam a vítima a pagar pelo encarceramento dele, adicionando, então, insulto ao dano. [24]

Em terceiro lugar – e o mais importante –, visto que a relação entre as seguradoras e os seus clientes é voluntária, as seguradoras devem aceitar a propriedade privada como um "dado" fundamental e o direito de propriedade privada como uma lei imutável. Ou seja, para atrair ou reter clientes pagantes, as seguradoras terão de oferecer contratos com descrições específicas sobre propriedades e sobre danos às propriedades e com regras definidas de procedimento, de prova, de compensação, de restituição e de punição, bem como com procedimentos intra-agência ou interagências de resolução de conflitos e de arbitragem. Ademais, a partir da constante cooperação entre diferentes seguradoras através de procedimentos mútuos de arbitragem, surgirá a tendência à unificação do direito – à concepção de uma lei verdadeiramente universal ou "internacional". Todos, em virtude de estarem segurados, passariam, assim, a estar entrelaçados em um esforço competitivo global a fim de minimizar conflitos e agressões; e toda alegação de conflitos e de danos, independentemente de onde, por quem ou contra quem, cairia sob a jurisdição de exatamente uma – ou de mais – das específicas e inúmeras agências de seguros e de exatamente um – ou de mais – dos seus acordos contratuais de processos de arbitragem, criando-se, através disso, uma "perfeita" segurança jurídica. Em distinto contraste, na posição de monopolistas financiados por impostos, os estados protetores não oferecem aos consumidores de proteção algo que nem sequer tibiamente se assemelhe a um contrato de prestação de serviços. Ao invés disso, eles operam em um vazio (vácuo) contratual que lhes permite criar e alterar as regras do jogo. Mais notável ainda: considerando que as seguradoras devem submeter-se a uma terceira parte independente – os árbitros e os procedimentos de arbitragem – a fim de atraírem clientes

---

[24] Observa Rothbard:
    A ideia de priorizar a restituição à vítima possui grande precedente no direito; na verdade, ela é um antigo princípio de lei que vem sendo enfraquecido à medida que o estado aumenta de tamanho e monopoliza as instituições da justiça. (...) De fato, na Idade Média em geral, a restituição à vítima era o conceito dominante de punição; somente quando o estado foi se tornando mais poderoso (...) é que a ênfase transferiu-se da restituição à vítima (...) para a punição por supostos crimes cometidos "contra o estado". (...)
    O que acontece hoje em dia é este absurdo: A rouba $15.000 de B. O governo persegue, leva a juízo e condena A, tudo à custa de B, que é um dos muitos pagadores de impostos vitimados nesse processo. O governo, então, ao invés de obrigar A a indenizar B ou a executar trabalhos forçados até que esse débito esteja pago, obriga B, a vítima, a pagar impostos para sustentar o criminoso na prisão por dez ou vinte anos. Onde é que está a justiça nisso? (Murray N. Rothbard, *The Ethics of Liberty* [New York: New York University Press, 1998], pp. 86–87)

pagantes voluntários, os estados, na medida em que permitem a arbitragem, atribuem essa tarefa a um juiz financiado por eles mesmos e deles dependente.[25]

Outras implicações desse contraste fundamental entre as seguradoras – ofertantes contratuais de segurança – e os estados – ofertantes não contratuais de segurança – merecem atenção especial.

Por não estarem sujeitos a – e vinculados por – contratos, os estados geral-

---

[25] As agências de seguros, na medida em que entram em um contrato bilateral com cada um dos seus clientes, satisfazem plenamente o antigo e original *desideratum* de governo "representativo", sobre o qual Bruno Leoni observou que "a representação política estava intimamente ligada, em suas origens, com a ideia de que os representantes atuam como agentes de outras pessoas e de acordo com a vontade destas" (Bruno Leoni, *Freedom and the Law* [Indianapolis, Indiana: Liberty Classics, 1991], pp. 118–119; ver também a nota de rodapé n. 8). Em distinto contraste, o governo democrático moderno implica a completa perversão – na realidade, a anulação – da ideia original de governo representativo. Hoje em dia, uma pessoa é considerada politicamente "representada" não importando o que aconteça, i.e., independentemente das suas próprias vontades e ações ou das do seu representante. Uma pessoa é considerada representada caso ela vote e também caso não vote. Uma pessoa é considerada representada se o candidato em quem ela vota se elege; mas ela também o é caso outro candidato seja eleito. Ela é representada se o candidato em quem votou ou não votou faz ou não faz aquilo que ela desejou que ele fizesse. E ela é considerada politicamente representada se o "seu" representante obtém ou não o apoio majoritário dos demais representantes eleitos. "Na verdade", como Lysander Spooner chamou a atenção,

> O voto não pode ser considerado prova de consentimento. (...) Pelo contrário: deve-se levar em consideração que, mesmo sem sequer ter sido solicitado o seu consentimento, um homem encontra-se cercado por um governo a que ele não pode resistir; um governo que o força a pagar impostos, prestar serviço e renunciar ao exercício de muitos dos seus direitos naturais sob o perigo de pesadas punições. O indivíduo também vê que os outros homens praticam essa tirania sobre ele através do voto. Ele, mais adiante, vê que, se ele usar o próprio voto, possui alguma chance de aliviar a tirania dos outros ao submetê-los à sua própria. Em suma, ele se encontra, sem o seu consentimento, em uma situação em que, se ele usa o voto, pode se tornar um mestre; em que, se ele não usá-lo, deve se tornar um escravo. E ele não tem uma opção além dessas duas. Em autodefesa, ele tenta realizar a primeira opção. O seu caso é semelhante ao de um homem que foi forçado a entrar em uma batalha, na qual ele ou mata os outros ou é assassinado. Já que, para salvar a sua própria vida no campo de batalha, um homem tenta tirar a vida dos seus adversários, não se pode inferir que a batalha é uma questão de escolha. (p. 15) (...) [Portanto, os funcionários eleitos do governo] não são os nossos servos, agentes, advogados e representantes (...), [pois] nós não somos os responsáveis pelos seus atos.
> Se um homem é o meu servo, agente ou procurador, eu necessariamente me torno responsável por todos os seus atos realizados dentro dos limites do poder que lhe confiei ou concedi. Se eu tiver lhe confiado, na condição de agente meu, um poder absoluto ou um de qualquer potência sobre as pessoas ou as propriedades dos outros homens, eu, em decorrência disso, necessariamente tornar-me-ei responsável perante essas outras pessoas por quaisquer lesões que ele possa perpetrar desde que ele aja dentro dos limites do poder que lhe concedi. Mas nenhum indivíduo que possa ser ferido em sua pessoa ou em sua propriedade por atos do Congresso pode se aproximar dos eleitores e torná-los responsáveis pelos atos dos seus assim chamados agentes ou representantes. Esse fato prova que tais pretensos agentes do povo – i.e., de todos – são, na verdade, os agentes de ninguém. (Lysander Spooner, *No Treason: The Constitution of No Authority* [Colorado Springs, Colorado: Ralph Myles, 1973], p. 29)

mente proíbem a posse de armas pelos seus "clientes", aumentando, assim, a sua própria segurança em detrimento da segurança dos seus alegados consumidores indefesos. Em contraste, nenhum comprador voluntário de um seguro de proteção concordaria com um contrato que exigisse dele a renúncia do seu direito à autodefesa; que requeresse que ele ficasse desarmado ou indefeso. Pelo contrário: as agências de seguros encorajariam a posse de armas e de outros dispositivos de proteção entre os clientes por meio de seletivos cortes de preços, pois, quanto melhor for a proteção privada dos seus clientes, menores serão os custos de proteção e de indenização das seguradoras.

Adicionalmente, por operarem em um vácuo contratual e não dependerem de pagamento voluntário, os estados arbitrariamente definem e redefinem o que é e o que não é uma "agressão" punível, bem como o que requer e o que não requer uma indenização. Por exemplo, através da instituição de um imposto de renda proporcional ou progressivo ou através da redistribuição de renda dos ricos para os pobres, os estados, na verdade, definem os ricos como agressores e os pobres como as suas vítimas. (Caso contrário, se os ricos não fossem os agressores e os pobres não fossem as suas vítimas, como é que poderia ser justificado o ato de tirar dos primeiros para dar aos últimos?) Ou, inclusive, através das suas leis de ação afirmativa, os estados efetivamente definem os brancos e os homens como agressores e os negros e as mulheres como as suas vítimas. Para as agências de seguros, quaisquer dessas condutas seriam impossíveis por duas razões fundamentais. [26]

Em primeiro lugar, todos os seguros envolvem a partilha de riscos especiais em classes de risco. Isso significa que, para alguns dos segurados, mais será pago além do que eles pagaram; e que, para outros, menos será pago ainda que esse valor seja menor do que o montante que já pagaram. No entanto – e isto é decisivo –, ninguém sabe de antemão quais serão os "ganhadores" e os "perdedores". Os ganhadores e os perdedores – bem como qualquer redistribuição de rendimentos entre eles – serão distribuídos de forma aleatória. Caso contrário, se os ganhadores e os perdedores pudessem ser sistematicamente previstos, os perdedores não desejariam compartilhar os seus riscos com os ganhadores, mas apenas com os outros perdedores, pois isso reduziria os seus prêmios de seguro.

Em segundo lugar, não é possível garantir-se contra qualquer "risco" concebível ou imaginável. Em vez disso, só é possível garantir-se con-

---

[26] Sobre a "lógica" de seguro, ver Ludwig von Mises, *Ação Humana – Um Tratado de Economia* (São Paulo: Instituto Ludwig von Mises Brasil, 2010), cap. 6; Murray N. Rothbard, *Man, Economy and State*, 2 vols. (Auburn, Alabama: Ludwig von Mises Institute, 1993), páginas 498 e seguintes; e Hans-Hermann Hoppe, "On Certainty and Uncertainty – Or: How Rational Can Our Expectations Be?", em *Review of Austrian Economics*, 10, n. 1 (1997).

tra "acidentes" – i.e., contra os riscos sobre cujos resultados o segurado não possui qualquer controle e os riscos aos quais ele nada contribui. Assim, é possível garantir-se contra o risco de morte ou de incêndio, por exemplo, mas não é possível garantir-se contra o risco de cometer suicídio ou contra o risco de incendiar a própria casa. Similarmente, é impossível garantir-se contra o risco de insucesso empresarial e de desemprego; de não tornar-se rico, de não se sentir disposto a se levantar da cama e dela sair de manhã ou de nutrir aversão a vizinhos, companheiros ou superiores, pois em cada uma dessas situações o indivíduo possui um controle total ou parcial sobre o caso em questão. Ou seja, o indivíduo pode afetar a probabilidade do risco. Por sua própria natureza, a prevenção desses riscos se enquadra no âmbito da responsabilidade individual, e qualquer agência que os segurasse se candidataria à falência imediata. Mais significativamente para o tema em discussão: a não segurabilidade de ações individuais e de sentimentos (em oposição aos acidentes) implica que, além disso, é impossível garantir-se contra o risco de danos que sejam o resultado de uma prévia agressão/provocação. Pelo contrário: toda seguradora deve restringir as ações dos seus clientes para evitar quaisquer agressões e provocações por parte deles. Ou seja, todos os seguros contra catástrofes sociais – tais como a criminalidade – têm de se subordinar à condição de o segurado submeter-se a determinadas normas de conduta não agressiva – i.e., civilizada.

De acordo com isso, ao passo que os estados, na posição de protetores monopolistas, podem se envolver em políticas de redistribuição que beneficiam um grupo de pessoas em detrimento de outro e ao passo que, na condição de agências financiadas por impostos, eles podem até mesmo "segurar" riscos não seguráveis e proteger provocadores e agressores, as seguradoras voluntariamente financiadas estariam sistematicamente impedidas de fazer essas coisas. A concorrência entre as seguradoras evitaria qualquer forma de redistribuição de renda e de riqueza entre os diversos grupos de segurados, pois as agências que se engajassem em tais práticas perderiam clientes para agências que se abstivessem de fazê-las. Ao invés disso, cada cliente pagaria exclusivamente pelo seu próprio risco; respectivamente, aquele das pessoas com a mesma exposição ao risco que ele enfrenta (exposição homogênea). [27] E as seguradoras voluntariamente financiadas não seriam capa-

---

[27] Ao serem obrigadas, por um lado, a colocar o indivíduo com a mesma exposição ao risco (ou uma similar) no mesmo grupo de risco e a cobrar de cada um deles o mesmo preço por valor segurado; e, por outro lado, ao serem obrigadas a realizar distinções precisas entre várias classes de indivíduos com grupos de riscos objetivamente (factualmente) diferentes e a cobrar um preço diferente por valor segurado dos membros de diferentes grupos de risco (com as diferenças de preços traduzindo com precisão o grau de heterogeneidade entre os membros de tais diferentes grupos), as agências de seguro promoveriam de forma sistemática a natural tendência humana anteriormente mencionada (ver a nota de rodapé n. 2) de as pessoas "semelhantes" se associarem e discriminarem as pessoas "não semelhantes", ficando delas fisicamente separadas. Sobre a tendência dos estados a quebrar e destruir grupos e associações homogêneos através de uma política de integração forçada, ver os capítulos 7, 9

zes de "proteger" qualquer pessoa das consequências advindas dos seus próprios comportamentos e sentimentos errôneos, insensatos, arriscados ou agressivos. A concorrência entre as seguradoras, em vez disso, sistematicamente encorajaria a responsabilidade individual; e quaisquer conhecidos provocadores e agressores seriam excluídos de qualquer cobertura de seguro em função de serem considerados um grande risco a ser assegurado, tornando-se marginalizados economicamente isolados, fracos e vulneráveis.

Por fim, no tocante às relações externas, já que os estados podem externalizar os custos das suas próprias ações nos infelizes pagadores de impostos, eles possuem uma permanente propensão a se tornarem agressores e belicistas. Assim, eles tendem a financiar e desenvolver armas de agressão e de destruição em massa. Em nítido contraste, as seguradoras estarão impedidas de participar de qualquer forma de agressão externa porque a agressão é cara e exige maiores prêmios de seguros, implicando a perda de clientes para concorrentes não agressivos. As seguradoras se engajarão exclusivamente na violência defensiva; e, ao invés de adquirirem armas de agressão e de destruição em massa, elas tenderão a investir no desenvolvimento de armas de defesa e de retaliação precisa. [28]

V

Mesmo que tudo isso esteja bem claro, como é que podemos ser bem-sucedidos na implementação de uma fundamental reforma constitucional? Agências de seguros são atualmente restringidas por inúmeras regulações que as impedem de fazer o que naturalmente fariam e poderiam fazer. Como elas podem ser libertadas desses regulamentos?

Essencialmente, a resposta a essa pergunta é a mesma que foi dada pelos revolucionários americanos há mais de duzentos anos: através da criação de territórios livres e da secessão.

Com efeito, sob as condições democráticas atuais, tal resposta é ainda mais verdadeira do que o era nos dias dos reis. Pois, nessa época, sob as condições monárquicas, os defensores de uma revolução social liberal/libertária antiestatista ainda tinham uma opção que, desde então, não mais existe. Os liberais/libertários dos antigos dias podiam – e com frequência o faziam – acreditar na possibilidade de simplesmente conver-

---

e 10 deste livro.
[28] Ver também o capítulo 12 deste livro, bem como Morris Tannehill e Linda Tannehill, *The Market for Liberty* (New York: Laissez Faire Books, 1984), capítulos 11, 13 e 14.

ter o rei à sua visão, iniciando, assim, uma "revolução a partir de cima". Nenhum apoio de massa era necessário para isso – precisava-se apenas da percepção de um príncipe iluminado e esclarecido. [29] Embora isso possa ter sido realista naquele período, tal estratégia de revolução social "de cima para baixo" seria impossível nos dias de hoje. Os líderes políticos são atualmente selecionados em função dos seus talentos demagógicos e do seu comprovado histórico como imoralistas habituais, conforme foi explicado acima; em decorrência disso, a chance de convertê-los à visão liberal/libertária deve ser considerada ainda menor do que a de converter um rei que simplesmente herdou a sua posição. Ademais, o monopólio estatal de proteção é, hoje, considerado propriedade pública em vez de propriedade privada, e a administração do governo não está relacionada a um indivíduo em particular, mas sim a determinadas funções exercidas por funcionários anônimos. Portanto, não mais pode funcionar a estratégia de conversão de um ou poucos homens. É inútil converter alguns altos funcionários do governo – por exemplo, o presidente e alguns dos principais senadores ou juízes – porque, dentro das regras do sistema de governo democrático, nenhum indivíduo tem o poder de abdicar do monopólio de proteção governamental. Os reis possuíam esse poder, mas os presidentes não o possuem. O presidente pode renunciar à sua posição, é claro; mas apenas para perdê-la para outra pessoa. Ele não pode dissolver o monopólio de proteção governamental porque, de acordo com as regras da democracia, é o povo – e não os seus representantes eleitos – que é considerado o "dono" do governo.

Assim, em vez de uma reforma "de cima para baixo", sob as condições atuais a estratégia deve ser uma revolução "de baixo para cima". Em um primeiro momento, a percepção de tal visão parece tornar impossível a tarefa de uma revolução social liberal/libertária. Pois isso não implica que seria necessário convencer a maioria do público a votar em favor da supressão da democracia e do fim de todos os impostos e de todas as legislações? E isso não é pura fantasia, dado que as massas são sempre estúpidas e indolentes? E isso não é ainda mais fantasioso, dado que a democracia, tal como foi antes explicado, promove a degeneração moral e intelectual? Como é que se pode esperar que a maioria de um povo cada vez mais degenerado, habituado ao "direito" de votar, renuncie voluntariamente à oportunidade de pilhar a propriedade das outras pessoas? Colocado dessa forma, deve-se admitir que a probabilidade de uma revolução social deve, de fato, ser considerada praticamente nula. Ao invés disso, é apenas no segundo pensamento – mediante a secessão como parte integrante de qualquer estratégia "da base

---

[29] Sobre esse tópico, consultar Murray N. Rothbard, "Concepts of the Role of Intellectuals in Social Change Toward Laissez-Faire", em *Journal of Libertarian Studies*, 9, n. 2 (1990).

para o topo" – que a tarefa de uma revolução liberal/libertária parece menos impossível, mesmo que continue sendo assustadora.

Como a secessão se encaixa em uma estratégia de revolução social "de baixo para cima"? Mais importante ainda: como um movimento secessionista pode escapar do destino da Confederação do Sul, que foi esmagada por um governo central tirânico e perigosamente armado?

Em resposta a essas perguntas, é necessário, em primeiro lugar, lembrar que nem a revolução americana original nem a Constituição foram o resultado da vontade da maioria da população. Um terço dos colonos americanos era realmente conservador, e um outro terço estava ocupado com a sua rotina diária e não se importava tanto assim com isso. Não mais do que um terço dos colonos estava realmente comprometido e solidário com a revolução; ainda assim, eles prevaleceram e triunfaram. E, no tocante à Constituição, a esmagadora maioria da opinião pública americana se opunha à sua aprovação; a ratificação da Constituição representou mais um *golpe de estado* ("coup d'état") perpetrado por uma ínfima minoria do que a consolidação da vontade geral. Todas as revoluções, sejam elas boas ou más, são iniciadas por minorias; e a rota secessionista rumo à revolução social, que envolve necessariamente o desligamento de um número menor de pessoas em relação a um número maior, toma conhecimento explícito desse fato muito importante.

Em segundo lugar, é necessário reconhecer que, em última análise, o poder de todo governo – tanto os de reis quanto os de zeladores – reside única e exclusivamente na opinião – e não na força física. Os agentes governamentais nunca são mais do que uma pequena parte do total da população sob o seu controle. Isso significa que nenhum governo pode fazer cumprir a sua vontade sobre todo o povo a menos que encontre amplo apoio e ampla cooperação voluntária entre os governados. Isso significa também que todo governo pode ser derrubado por uma mera mudança na opinião pública, i.e., pela retirada do consentimento e da cooperação. [30] E, ao passo que é uma verdade inegável que, após mais de dois

---

[30] Sobre a fundamental importância da opinião pública para o poder do governo, ver Étienne de la Boétie, *Discurso sobre a Servidão Voluntária*, com uma introdução escrita por Murray N. Rothbard; David Hume, "On the First Principles of Government", em idem, *Essays: Moral, Political and Literary* (Oxford: Oxford University Press, 1971); e Ludwig von Mises, *Ação Humana – Um Tratado de Economia* (São Paulo: Instituto Ludwig von Mises Brasil, 2010), cap. 9, seção 3. Observa Mises:

> Quem deseja aplicar a violência necessita da cooperação voluntária de algumas pessoas. (...) O tirano precisa ter um séquito de prosélitos que voluntariamente obedeçam às suas ordens. Essa obediência espontânea lhe fornece o aparato necessário para a dominação dos demais. O sucesso ou o fracasso da sua dominação depende da relação numérica de dois grupos: dos que o apoiam voluntariamente e dos que ele domina pela força. Embora um tirano possa governar durante algum tempo apoiado numa minoria (estando essa minoria

séculos de democracia, a opinião pública americana se tornou tão degenerada, moral e intelectualmente, que qualquer retirada de consentimento e de cooperação deve ser considerada impossível em uma escala nacional, não pareceria uma dificuldade intransponível obter uma maioria de visão separatista em distritos ou regiões suficientemente pequenos do país. Na verdade, dado que é possível haver uma minoria enérgica de elites intelectuais inspiradas pela visão de uma sociedade livre – na qual a lei e a ordem são fornecidas pela concorrência entre seguradoras – e dado que, além disso, a secessão – certamente nos EUA, que deve a sua existência a um ato separatista – ainda se mantém legítima e de acordo com o "original" ideal democrático de autodeterminação (em vez de regra da maioria) [31] por um número considerável de pessoas, não parece ser nada irrealista admitir que tais maiorias separatistas existam ou possam ser formadas em centenas de locais em todo o país. Com efeito, sob a suposição realista de que o governo central dos EUA, bem como a social-democracia do Ocidente, de um modo geral, estão destinados à falência econômica (como as democracias populares socialistas do Leste entraram em colapso econômico não faz muito tempo), as atuais tendências à desintegração política provavelmente serão reforçadas no futuro. Assim, o número de potenciais regiões separatistas continuará a aumentar, até mesmo para além do seu nível atual.

Por fim, o *insight* para o amplo e crescente potencial separatista também permite uma resposta à última pergunta – sobre os perigos de uma repressão do governo central.

Ao passo que é importante, nesse contexto, que a memória do passado separatista dos Estados Unidos seja mantida viva, é ainda mais importante para o sucesso de uma revolução liberal/libertária evitar os erros da segunda tentativa de secessão. Felizmente, o problema da escravidão, o qual complicou e obscureceu a situação em 1861 [32], foi resolvido. No en-

---

armada e a maioria não), no longo prazo uma minoria não consegue manter submissa a maioria. (*Human Action: A Treatise on Economics*, Scholar's Edition [Auburn, Alabama: Ludwig von Mises Institute, 1998], p. 189)

[31] Sobre essa "antiga" concepção liberal de democracia, ver, por exemplo, Ludwig von Mises, *Liberalism: In the Classical Tradition* (Irvington-on-Hudson, N. Y.: Foundation for Economic Education, 1985): "O direito à autodeterminação, no que se refere à questão da filiação a um estado", escreve Mises,

Significa então: sempre que os habitantes de um determinado território – trate-se de uma única aldeia, de toda uma zona ou de uma série de distritos adjacentes – demonstrarem, através de plebiscito livremente realizado, que não desejam permanecer unidos ao estado ao qual pertencem no momento, mas que desejam formar um estado independente ou anexar-se a qualquer outro estado, os seus desejos devem ser respeitados e cumpridos. Este é o único modo viável e eficaz de evitar revoluções, guerras civis e guerras internacionais. (p. 109)

[32] Para uma análise cuidadosa das questões envolvidas na Guerra pela Independência do Sul, ver

tanto, uma outra importante lição deve ser aprendida ao se comparar a fracassada segunda experiência secessionista americana com a bem-sucedida primeira experiência.

A primeira secessão americana foi significativamente facilitada pelo fato de que, no centro do poder da Grã-Bretanha, a opinião pública sobre os secessionistas dificilmente se encontrava unificada. Com efeito, muitos britânicos proeminentes – como Edmund Burke e Adam Smith, por exemplo – abertamente se alinhavam com os separatistas. Desconsiderando-se as razões puramente ideológicas, que raramente afetam mais de um punhado de mentes filosóficas, essa falta de oposição unificada aos separatistas americanos na opinião pública britânica pode ser atribuída a dois fatores complementares. Por um lado, existia uma variedade de relações regionais, culturais e religiosas – bem como de laços familiares e pessoais – entre a Grã-Bretanha e os colonos americanos. Por outro lado, os eventos americanos eram considerados pelos britânicos como eventos longe da sua casa, e a potencial perda de colônias, como insignificante do ponto de vista econômico. Em ambos os aspectos, a situação em 1861 era nitidamente diferente. Com certeza, no centro do poder político, que nessa época mudara para os estados do Norte dos Estados Unidos, a oposição à secessionista Confederação do Sul não estava unificada, e a causa confederada também tinha adeptos no Norte. Entretanto, existiam menos laços culturais e familiares entre os americanos do Norte e os do Sul do que entre a Grã-Bretanha e os colonos americanos, e a secessão da Confederação do Sul envolvia cerca de metade do território e um terço de toda a população dos EUA, atingindo, em virtude disso, diretamente o Norte, por estar mais perto dele e por significar-lhe uma considerável perda econômica. Portanto, foi comparativamente mais fácil para as elites detentoras do poder no Norte moldar uma frente unificada da "progressista" cultura *yankee* contra a atrasada e "reacionária" cultura *dixieland*.

À luz dessas considerações, então, parece estrategicamente aconselhável não tentar aquilo que fracassou dolorosamente em 1861: estados contíguos – ou até mesmo o Sul inteiro – tentando se livrar da tirania de Washington, D. C. Em vez disso, uma moderna estratégia liberal/libertária de secessão deve aproveitar as dicas da Idade Média europeia: a partir do século XII até bem dentro do século XVII (com o surgimento do estado central moderno), a Europa era caracterizada pela existência de centenas de cidades livres e independentes, entremeadas em uma estrutura social predominantemente feudal. [33] Ao escolher esse modelo e esforçar-

---

Thomas J. DiLorenzo, "The Great Centralizer – Abraham Lincoln and the War Between the States", em *Independent Review*, 3, n. 2 (1998).

[33] Acerca da importância das cidades livres da Europa medieval sobre o desenvolvimento posterior da

-se para criar um EUA pontilhado por um grande e crescente número de cidades livres territorialmente desconectadas – uma multiplicidade de Hong Kongs, Cingapuras, Mônacos e Liechtensteins espalhadas ao longo de todo o continente –, podem ser alcançados dois objetivos centrais (os quais, em caso contrário, seriam inatingíveis). Em primeiro lugar, além de reconhecer o fato de que o potencial liberal/libertário está distribuído muito desigualmente pelo país inteiro, uma estratégia de retirada gradativa do consentimento e da cooperação torna a secessão menos ameaçadora em termos políticos, sociais e econômicos. Em segundo lugar, ao seguir essa estratégia simultaneamente em um grande número de localidades de todo o país, torna-se extremamente difícil para o estado central criar, na opinião pública, uma oposição unificada aos separatistas que garanta o nível de apoio popular e a cooperação voluntária necessários para uma repressão bem-sucedida. [34]

Se – e somente se – nós formos bem-sucedidos nesse esforço; se nós, em seguida, procedermos à devolução de todos os bens públicos para as mãos de proprietários privados e adotarmos uma nova "constituição" que declare ilegal todo tipo de imposto e de legislação; se nós, finalmente, permitirmos que agências de seguros façam o que elas estão destinadas a fazer, poderemos realmente sentir orgulho novamente – e os Estados Unidos justificarão a sua alegação de que são um exemplo para o resto do mundo.

---

singular tradição europeia de liberalismo (clássico), ver *Cities and The Rise of States in Europe – A.D. 1000 to 1800*, editado por Charles Tilly e Wim P. Blockmans (Boulder, Colorado: Westview Press, 1994).

[34] O perigo de uma repressão governamental é maior durante a fase inicial desse cenário separatista, i.e., enquanto o número de territórios de cidades livres ainda é pequeno. Portanto, durante essa fase, é aconselhável evitar qualquer confronto direto com o governo central. Ao invés de renunciar totalmente à sua legitimidade, parece prudente, por exemplo, garantir ao governo a "propriedade" de edifícios federais (entre outros bens) dentro do território livre e "apenas" negar o seu direito de impor futuramente uma tributação e uma legislação sobre qualquer pessoa e qualquer propriedade dentro desse território. Desde que isso seja feito com o tato diplomático adequado – e dado que há a necessidade de um nível substancial de apoio na opinião pública –, é difícil imaginar como o governo central se atreverá a invadir um território e a esmagar um grupo de pessoas que cometeram o pecado de tentar cuidar das suas próprias vidas. Posteriormente, uma vez que o número de territórios separatistas atinja uma massa crítica – e uma vez que o sucesso em um único local promova a sua imitação em outras localidades –, as dificuldades de suprimir os separatistas aumentarão exponencialmente, e o governo central rapidamente se tornará impotente, finalmente implodindo sob o seu próprio peso.

REFERÊNCIAS BIBLIOGRÁFICAS

A. J. P. Taylor, *From Sarajevo to Potsdam* (New York: Harcourt, Brace and World, 1966)

A. M. Carr-Saunders, *World Population: Past Growth and Present Trends* (Oxford: Clarendon Press, 1936)

Adolf Gasser, *Gemeindefreiheit als Rettung Europas* (Basileia: Verlag Bücherfreunde, 1943)

Albert Jay Nock, *Our Enemy, the State* (Delevan, Wisconsin: Hallberg Publishing, 1983)

Albert V. O. Dicey, *Lectures on the Relation between Law and Public Opinion in England During the Nineteenth Century* (London: Macmillan, 1903)

Alexander Rüstow, *Freedom and Domination* (Princeton, N. J.: Princeton University Press, 1976)

Allan C. Carlson, *Family Questions: Reflections on the American Social Crises* (New Brunswick, N. J.: Transaction Publishers, 1988)

Allan C. Carlson, *The Swedish Experiment in Family Politics* (New Brunswick, N. J.: Transaction Publishers, 1990)

Allan C. Carlson, *From Cottage to Work Station: The Family's Search for Social Harmony in the Industrial Age* (San Francisco: Ignatius Press, 1993)

Allan C. Carlson, "What Has Government Done to Our Families?", em *Essays in Political Economy*, 13 (Auburn, Alabama: Ludwig von Mises Institute, 1991)

Allan Janik e Stephen Toulmin, *Wittgenstein's Vienna* (New York: Simon and Schuster, 1973)

Anthony de Jasay, *Against Politics: On Government, Anarchy and Order* (London: Routledge, 1997),

Anthony de Jasay, *Choice, Contract, Consent: A Restatement of Liberalism* (London: Institute of Economic Affairs, 1991)

Anthony de Jasay, *The State* (Oxford: Blackwell, 1985)

Armen Alchian, "The Economic and Social Impact of Free Tuition", em idem, *Economic Forces at Work* (Indianapolis, Indiana: Liberty Fund, 1971)

Arthur A. Ekirch, *The Decline of American Liberalism* (New York: Atheneum, 1967)

Arthur Pap, *Semantics and Necessary Truth* (New Haven, Connecticut: Yale University Press, 1958)

B. R. Mitchell, *Abstract of British Historical Statistics* (Cambridge: Cambridge University Press, 1962)

B. R. Mitchell, *European Historical Statistics, 1750—1970* (New York: Columbia University Press, 1978)

Barbara Branden, *The Passion of Ayn Rand* (Garden City, N. Y.: Doubleday, 1986)

Bernard Bailyn, *The Ideological Origins of the American Revolution* (Cambridge, Massachussets: Harvard University Press, 1967)

Bernhard Rehfeld, *Die Wurzeln des Rechts* (Berlim, 1951)

Bertrand de Jouvenel, *On Power: The Natural History of its Growth* (New York: Viking, 1949)

Bertrand de Jouvenel, *Sovereignty: An Inquiry into the Political Good* (Chicago: University of Chicago Press, 1957)

Bertrand de Jouvenel, *The Nature of Politics* (New York: Schocken Books, 1987)

Boudewijn Bouckaert, "Between the Market and the State: The World of Medieval Cities", em *Values and the Social Order*, vol. 3, *Voluntary versus Coercive Orders*, editado por Gerard Radnitzky (Aldershot, U. K.: Avebury, 1997)

Brand Blanshard, *Reason and Analysis* (La Salle, Indiana: Open Court, 1964)

Bruce L. Benson, *The Enterprise of Law: Justice Without the State* (San Francisco: Pacific Institute, 1991)

Bruce L. Benson, "The Development of Criminal Law and Its Enforcement", em *Journal des Économistes et des Études Humaines*, 3, n. 1 (1992)

Bruce L. Benson, "Guns for Protection and Other Private Sector Responses to the Government's Failure to Control Crime", em *Journal of Libertarian Studies*, 8, n. 1 (1986)

Bruno Leoni, *Freedom and the Law* (Indianapolis, Indiana: Liberty Classics, 1991)

Bryce J. Christensen, "The Family vs. the State", em *Essays in Political Economy* (Auburn, Alabama: Ludwig von Mises Institute, 1992).

Carl E. Schorske, *Fin-de-Siècle Vienna: Politics and Culture* (New York: Random House, 1981)

Carlo M. Cipolla, *Before the Industrial Revolution: European Society and Economy, 1000—1700* (New York: W. W. Norton, 1980)

Charles Murray, *Losing Ground: American Social Policy, 1950—1980* (New York: Basic Books, 1984)

Charles Tilly, "War Making and State Making as Organized Crime", em *Bringing the State Back In*, editado por Peter B. Evans, Dietrich Rueschemeyer e Theda Skocpol (Cambridge: Cambridge University Press, 1985)

Charles Tilly e Wim P. Blockmans (editores), *Cities and the Rise of States in Europe, 1000—1800* (Boulder, Colorado: Westview Press, 1994)

Chris Woltermann, "Federalism, Democracy and the People", em *Telos*, 26, n. 1 (1993)

Clint Bolick, *Grassroots Tyranny: The Limits of Federalism* (Washington, D. C.: Cato Institute, 1993)

Clint Bolick, *The Affirmative Action Fraud: Can We Restore the American Civil Rights Vision?* (Washington, D. C.: Cato Institute, 1996)

David Hackett Fisher, *Albion's Seed: Four British Folkways in America* (New York: Oxford University Press, 1989)

Davi M. Hart, "Gustave de Molinari and the Anti-Statist Liberal Tradition", partes I, II e III, em *Journal of Libertarian Studies*, 5, n. 3 (1981), 5, n. 4 (1981), e 6, n. 1 (1982)

David Boaz, *Libertarianism: A Primer* (New York: Free Press, 1997)

David Friedman, *The Machinery of Freedom: Guide to Radical Capitalism* (La Salle, Illinois: Open Court, 1989)

David Gordon (editor), *Secession, State and Liberty* (New Brunswick, N. J.: Transaction Publishers, 1998), com ensaios de: Donald W. Livingston; Stephen Yates; Scott Boykin; Murray N. Rothbard; Clyde N. Wilson; Joseph R. Stromberg; Thomas DiLorenzo; James Ostrowski; Hans-Hermann Hoppe; Pierre Desrochers e Eric Duhaime; e Bruce L. Benson.

David Hume, *Essays: Moral, Political and Literary* (Oxford: Oxford University Press, 1963)

David Hume, "On the First Principles of Government", em idem, *Essays: Moral, Political and Literary* (Oxford: Oxford University Press, 1971)

David Ricardo, *Principles of Political Economy and Taxation* (New York: E. P. Dutton, 1948)

David S. Landes, *The Wealth and Poverty of Nations* (New York: Norton, 1998)

David Walters, "Crime in the Welfare State", em *Criminal Justice? — The Legal System vs. Individual Responsibility*, editado por Robert J. Bidinotta (Irvington-on-Hudson, N. Y.: Foundation for Economic Education, 1994)

Donald Boudreaux, "The World's Biggest Government", em *Free Market* (novembro de 1994)

Douglass C. North e Robert P. Thomas, *The Rise of the Western World: A New Economic History* (Cambridge: Cambridge University Press, 1973)

Edmund S. Morgan, *The Birth of the Republic: 1763—89* (Chicago: University of Chicago Press, 1992)

Edward C. Banfield, *The Unheavenly City Revisited* (Boston: Little Brown, 1974)

Edward C. Banfield, "Present-Orientedness and Crime", em *Assessing the Criminal*, editado por Randy E. Barnett e John Hagel (Cambridge, Massachusetts: Ballinger, 1977)

Ekkehart Krippendorff, *Staat und Krieg* (Frankfurt am Main: Suhrkamp, 1985)

Elie Halevy, *The Era of Tyrannies* (Garden City, N. Y.: Anchor Books, 1965)

Eric L. Jones, *The European Miracle: Environments, Economies and Geopolitics in the History of Europe and Asia* (Cambridge: Cambridge University Press, 1981)

Erik von Kuehnelt-Leddihn, *Leftism Revisited: From de Sade and Marx to Hitler and Pol Pot* (Washington, D. C.: Regnery Gateway, 1990)

Erik von Kuehnelt-Leddihn, *Liberty or Equality* (Front Royal, Virginia: Christendom Press, 1993)

Erik von Kuehnelt-Leddihn, "Hebrews and Christians", em *Rothbard—Rockwell Report*, 9, n. 4 (abril de 1998)

Ernst Cassirer, *The Myth of the State* (New Haven, Connecticut: Yale University Press, 1946)

Ernst Nolte, *Der europäische Bürgerkrieg, 1917—1945. Nationalsozialismus und Bolschewismus* (Berlim: Propyläen, 1987)

Eugen von Böhm-Bawerk, *Capital and Interest*, 3 vols. (South Holland, Illinois: Libertarian Press, 1959)

Étienne de la Boétie, *The Politics of Obedience: The Discourse of Voluntary Servitude* (New York: Free Life Editions, 1975), com uma introdução de Murray N. Rothbard

Ferdinand Foch, *The Principles of War* (Chapham and Hall, 1918)

Fernand Braudel, *A History of Civilizations* (New York: Penguin Books, 1995)

Francis Fukuyama, *The End of History and the Last Man* (New York: Avon Books, 1993)

Francis Fukuyama, "The End of History?", em *The National Interest*, 16 (verão de 1989)

Frank Fetter, *Capital, Interest and Rent* (Kansas City: Sheed Andrews and McMeel, 1977)

Frank H. Knight, *Risk, Uncertainty and Profit* (Chicago: University of Chicago Press, 1971)

Franz Oppenheimer, *The State* (New York: Vanguard Press, 1914)

Franz Oppenheimer, *System der Soziologie*, vol. 2, *Der Staat* (Stuttgart: Gustav Fischer, 1964)

Fred D. Miller, "The Natural Right to Private Property", em *The Libertarian Reader*, editado por Tibor R. Machan (Totowa, N. J.: Rowman and Littlefield, 1982)

Frédéric Bastiat, *Economic Sophisms* (Irvington-on-Hudson, N. Y.: Foundation for Economic Education, 1975)

Frédéric Bastiat, *Selected Essays on Political Economy* (Irvington-on-Hudson, N.Y.: Foundation for Economic Education, 1975)

Friedrich A. von Hayek, *Law, Legislation and Liberty* (Chicago: University of Chicago Press, 1973)

Friedrich A. von Hayek, *The Road to Serfdom* (Chicago: University of Chicago Press, 1944)

Friedrich A. von Hayek (editor), *Collectivist Economic Planning* (London: Routledge and Sons, 1935)

Friedrich Meinecke, *Cosmopolitanism and the National State* (Princeton, N. J.: Princeton University Press, 1970)

Friedrich Ratzel, *Politische Geographie* (Munique, 1923)

Fritz Kern, *Kingship and Law in the Middle Ages* (Oxford: Blackwell, 1948)

Gabriel Kolko, *Railroads and Regulation* (Princeton, N. J.: Princeton University Press, 1965)

Gabriel Kolko, *The Triumph of Conservatism* (New York: Free Press, 1963)

Garrett Hardin e John Baden (editores), *Managing the Commons* (San Francisco: W. H. Freeman, 1977)

George F. Kennan, *American Diplomacy, 1900—1950* (Chicago: University of Chicago Press, 1951)

George H. Nash, *The Conservative Intellectual Movement in America* (New York: Basic Books, 1976)

George J. Borjas, *Friends or Strangers: The Impact of Immigrants on the U.S. Economy* (New York: Basic Books, 1990)

George J. Borjas, *Heaven's Door: Immigration Policy and the American Economy* (Princeton, N. J.: Princeton University Press, 1999)

George J. Borjas, "Heaven's Door: Immigration Policy and the American Economy", em *Milken Institute Review*, I, n. 3 (1999)

George W. Carey (editor), *Freedom and Virtue: The Conservative—Libertarian Debate* (Lanham, Maryland: University Press of America, 1984).

Gordon Tullock, "The Welfare Costs of Tariffs, Monopolies and Theft", em *Western Economic Journals* (1967)

Guglielmo Ferrero, *Peace and War* (Freeport, N. Y.: Books for Libraries Press, 1969)

Guglielmo Ferrero, *Macht* (Berna: A. Francke, 1944)

Guido Kisch, *The Jews in Medieval Germany* (Chicago: University of Chicago Press, 1942)

Gustav Radbruch, *Der Mensch im Recht* (Göttingen: Vandenhoeck, 1927)

Gustave de Molinari, *The Production of Security* (New York: Center for Libertarian Studies, 1977)

H. L. Mencken, *A Mencken Chrestomathy* (New York: Vintage Books, 1949)

H. L. Mencken, *Notes on Democracy* (New York: Knopf, 1926)

Hans-Hermann Hoppe, *A Theory of Socialism and Capitalism: Economics, Politics and Ethics* (Boston: Kluwer, 1989)

Hans-Hermann Hoppe, *Economic Science and the Austrian Method* (Auburn, Alabama: Ludwig von Mises Institute, 1995)

Hans-Hermann Hoppe, *Eigentum, Anarchie und Staat. Studien zur Theorie des Kapitalismus* (Opladen: Westdeutscher Verlag, 1987)

Hans-Hermann Hoppe, *Kritik der kausalwissenschaftlichen Sozialforschung. Untersuchungen zur Grundlegung von Soziologie und Ökonomie* (Opladen: Westdeutscher Verlag, 1983)

Hans-Hermann Hoppe, *The Economics and Ethics of Private Property* (Boston: Kluwer, 1993)

Hans-Hermann Hoppe, *The Private Production of Defense* (Auburn, Alabama: Ludwig von Mises Institute, 1998)

Hans-Hermann Hoppe, "Banking, Nation States and International Politics: A Sociological Reconstruction of the Present Economic Order", em *Review of Austrian Economics*, 4 (1990)

Hans-Hermann Hoppe, "Desocialization in a United Germany", em *Review of Austrian Economics*, 5, n. 2 (1991)

Hans-Hermann Hoppe, "Free Immigration or Forced Integration?", em *Chronicles* (julho de 1995)

Hans-Hermann Hoppe, "F. A. von Hayek on Government and Social Evolution: A Critique", em *Review of Austrian Economics*, 7, n. 1 (1994)

Hans-Hermann Hoppe, "How is Fiat Money Possible? Or: The Devolution of Money and Credit", em *Review of Austrian Economics*, 7, n. 2 (1994)

Hans-Hermann Hoppe, "Marxist and Austrian Class Analysis", em idem, *The Economics and Ethics of Private Property*

Hans-Hermann Hoppe, "Migrazione, centralismo e secessione nell'Europa contemporanea", em *Biblioteca della Libertà*, 118 (1992)

Hans-Hermann Hoppe, "Nationalism and Secession", em *Chronicles* (novembro de 1993)

Hans-Hermann Hoppe, "Note on Socialism and Slavery", em *Chronicles* (agosto de 1993): 6

Hans-Hermann Hoppe, "On Certainty and Uncertainty — Or: How Rational Can Our Expectations Be?", em *Review of Austrian Economics*, 10, n. 1 (1997)

Hans-Hermann Hoppe, "The Economic and Political Rational for European Secessionism", em *Secession, State and Liberty*, editado por David Gordon (New Brunswick, N. J.: Transaction Publishers, 1998)

Hans-Hermann Hoppe, "The Political Economy of Monarchy and Democracy and the Idea of a Natural Order", em *Journal of Libertarian Studies*, 11, n. 2 (1995)

Hans-Hermann Hoppe, "The Trouble with Classical Liberalism", em *Rothbard — Rockwell Report*, 9, n. 4 (1998)

Hans-Hermann Hoppe, "The Western State as a Paradigm: Learning From History", em *Politics and Regimes: Religion and Public Life*, 30 (1997)

Hans-Hermann Hoppe, "Time Preference, Government and the Process of Decivilization", em *The Costs of War: America's Pyrrhic Victories*, editado por John V. Denson (New Brunswick, N. J.: Transaction Publishers, 1997)

Hans-Hermann Hoppe, "Where the Right Goes Wrong", em *Rothbard — Rockwell Report*, 8, n. 4 (1997).

Hans Joachim Schoeps, *Preussen. Geschichte eines Staates* (Frankfurt am Main: Ullstein, 1981)

Helmut Schelsky, *Die Arbeit tun die anderen. Klassenbmpj und Priesterherrschaft der Intellektuellen* (Munique: Deutscher Taschenbuch Verlag, 1977)

Helmut Schoeck, *Envy: A Theory of Social Behavior* (New York: Harcourt, Brace and World, 1970)

Helmut Schoeck, *Das Recht auf Ungleichheit* (Munique: Herbig, 1979)

Helmut Schoeck, *Ist Leistung Unanständig?* (Osnabrueck: Fromm, 1978)

Henri Pirenne, *Medieval Cities* (Princeton, N. J.: Princeton University Press, 1974)

Henry Hazlitt, *Economics in One Lesson* (New Rochelle, N. Y.: Arlington House, 1979)

Henry Hazlitt, *From Bretton Woods to World Inflation* (Chicago: Regnery, 1984)

Herbert Spencer, *Social Statics*

Hillel Steiner, "The Natural Right to the Means of Production", em *Philosophical Quarterly*, 27 (1977)

Hugh Murray, "White Male Privilege? A Social Construct for Political Oppression", em *Journal of Libertarian Studies*, 14, n. 1 (1999)

Immanuel Kant, *Perpetual Peace*

Irving Kristol, *Two Cheers for Capitalism* (New York: Basic Books, 1978)

J. Philippe Rushton, *Race, Evolution and Behavior* (New Brunswick, N. J.: Transaction Publishers, 1995)

J. Philippe Rushton, "Gene Culture, Co-Evolution and Genetic Similarity Theory: Implications for Ideology, Ethnic Nepotism and Geopolitics", em *Politics and the Life Sciences*, 4 (1986)

J. Philippe Rushton, "Genetic Similarity, Human Altruism and Group Selection", em *Behavioral and Brain Sciences*, 12 (1989)

J. Philippe Rushton, "Genetic Similarity in Male Friendships", em *Ethology and Sociobiology*, 10 (1989)

James B. Allen, *The Company Town in the American West* (Norman: Oklahoma University Press, 1966)

James Gwartney, Robert Lawson e Walter Block, *Economic Freedom of the World, 1975—1995* (Vancouver: Frazer Institute, 1996)

James M. Buchanan e Gordon Tullock, *The Calculus of Consent* (Ann Arbor: University of Michigan Press, 1962)

James M. Buchanan, *The Limits of Liberty: Between Anarchy and Leviathan* (Chicago: University of Chicago Press, 1975)

James M. Buchanan, *Freedom in Constitutional Contract* (College Station: Texas A and M University Press, 1977)

James Q. Wilson e Richard J. Herrnstein, *Crime and Human Nature* (New York: Simon and Schuster, 1985)

James Q. Wilson, *Thinking About Crime* (New York: Vintage Books, 1985)

James Weinstein, *The Corporate Ideal in the Liberal State* (Boston: Beacon Press, 1968)

Jean Baechler, *The Origins of Capitalism* (New York: St. Martin's Press, 1976)

Jean Raspail, *The Camp of the Saints* (New York: Charles Scribner's Sons, 1975)

Jeffrey A. Tucker, Análise do livro de David Boaz, *Libertarianism: A Primer* (New York: Free Press, 1997), em *Journal of Libertarian Studies*, 13, n. 1 (1997)

Jeffrey A. Tucker e Llewellyn H. Rockwell Jr., "The Cultural Thought of Ludwig von Mises", em *Journal of Libertarian Studies*, 10, n. 1 (1991)

Jeffrey Herbener, "Pareto Rule and Welfare Economics", em *Review of Austrian Economics*, 10, n. 1 (1997)

Jeffrey Herbener, "The Role of Entrepreneurship in Desocialization", em *Review of Austrian Economics*, 6, n. 1 (1992)

Jeffrey Paul, "Historical Entitlement and the Right to Natural Resources", em *Man, Economy and Liberty — Essays in Honor of Murray N. Rothbard*, editado por Walter Block e Llewellyn H. Rockwell Jr. (Auburn, Alabama: Ludwig von Mises Institute, 1988)

Jerome Tuccille, *It Usually Begins with Ayn Rand* (San Francisco: Fox e Wilkes, [1972] 1997)

Johann Peter Eckermann, *Gespräche mit Goethe in den letzten Jahren seines Lebens*

John C. Calhoun, *A Disquisition on Government* (New York: Liberal Arts Press, 1953)

John F. C. Fuller, *The Conduct of War, 1789—1961* (New York: Da Capo Press, 1992)

John F. C. Fuller, *War and Western Civilization, 1832—1932* (Freeport, N. Y.: Books for Libraries, 1969)

John Locke, *Two Treatises on Government*

John Stuart Mill, *On Liberty*

John V. Denson (editor), *The Costs of War: America's Pyrrhic Victories* (New Brunswick, N. J.: Transaction Publishers, 1997)

John V. Denson, *A Century of War: Studies in Classical Liberalism* (Auburn, Alabama: Ludwig von Mises Institute, 1999)

Jonathan Bennett, *Rationality: An Essay Toward an Analysis* (London: Routledge and Kegan Paul, 1964)

Jonathan Hughes, *American Economic History* (Glenview, Illinois: Scott, Foresman, 1990)

Jorg Guido Hülsmann, "Political Unification: A Generalized Progression Theorem", em *Journal of Libertarian Studies*, 13, n. 1 (1977)

Joseph A. Pechman, "The Rich, the Poor and the Taxes They Pay", em *Public Interest* (outono de 1969)

Joseph A. Schumpeter, *Capitalism, Socialism and Democracy* (New York: Harper, 1942)

Joseph T. Salerno, "Ludwig von Mises as Social Rationalist", em *Review 01 Austrian Economics*, 4 (1990)

Joseph T. Salerno, "Two Traditions in Modem Monetary Theory: John Law and A. R. J. Turgot", em *Journal des Économistes et des Études Humaines*, 2, n. 2/3 (1991)

Judith J. Thomson, *Rights, Restitution and Risk* (Cambridge, Massachussets: Harvard University Press, 1986)

Julian L. Simon, "Are there Grounds for Limiting Immigration?", em *Journal of Libertarian Studies*, 13, n. 2 (1998)

Justin Raimondo, *Reclaiming the American Right: The Lost Legacy of the*

Conservative Movement (Burlingame, California: Center for Libertarian Studies, 1993)

Kenneth S. Templeton (editor), *The Politicization of Society* (Indianapolis, Indiana: Liberty Fund, 1979)

Konrad Lorenz, *Civilized Man's Eight Deadly Sins* (New York: Harcourt Brace Jovanovich, 1974)

Larry Abraham, *The Greening: The Environmentalists' Drive for Global Power* (Phoenix, Arizona: Double A Publications, 1993)

Lionel Robbins, *The Nature and Significance of Economic Science* (New York: New York University Press, 1984)

Llewellyn H. Rockwell Jr., *The Anti-Environmentalist Manifesto* (Burlingame, California: Center for Libertarian Studies, 1993)

Llewellyn H. Rockwell Jr., *The Case for Paleolibertarianism and Realignment on the Right* (Burlingame, California: Center for Libertarian Studies, 1990)

Llewellyn H. Rockwell Jr. (editor), *In Memoriam* (Auburn, Alabama: Ludwig von Mises Institute, 1995)

Lord Acton, "Political Causes of the American Revolution", em idem, *The Liberal Interpretation of History* (Chicago: University of Chicago Press, 1967)

Lord Acton, "The History of Freedom in Christianity", em idem, *Essays in the History of Liberty* (Indianapolis, Indiana: Liberty Classics, 1985)

Ludwig von Mises, *A Critique of Interventionism* (New Rochelle, N. Y.: Arlington House, 1977)

Ludwig von Mises, *Bureaucracy* (New Rochelle, N. Y.: Arlington House, 1969)

Ludwig von Mises, *Human Action: A Treatise on Economics*, Scholar's Edition (Auburn, Alabama: Ludwig von Mises Institute, 1998)

Ludwig von Mises, *Interventionism: An Economic Analysis* (Irvington-on-Hudson, N. Y.: Foundation for Economic Education, 1998)

Ludwig von Mises, *Liberalism: In the Classical Tradition* (Irvington-on-Hudson, N. Y.: Foundation for Economic Education, 1985)

Ludwig von Mises, *Money, Method and the Market Process* (Boston: Kluwer, 1990)

Ludwig von Mises, *Nation, State and Economy: Contributions to the Politics and History of Our Time* (New York: New York University Press, 1983)

Ludwig von Mises, *Nationalökonomie. Theorie des Handelns und Wirtschaftens* (Munique: Philosophia Verlag, 1980)

Ludwig von Mises, *Socialism: An Economic and Sociological Analysis* (Indianapolis, Indiana: Liberty Fund, 1981)

Ludwig von Mises, *The Ultimate Foundation of Economic Science: An Essay on Method* (Kansas City: Sheed Andrews and McMeel, 1978)

Ludwig von Mises, *Theory and History: An Interpretation of Social and Economic Evolution* (Auburn, Alabama: Ludwig von Mises Instituto, 1985)

Lysander Spooner, *No Treason: The Constitution of No Authority* (Larkspur, Colorado: Pine Tree Press, 1966)

M. Stanton Evans, "Raico on Liberalism and Religion", em *New Individualist Review*, 4, n. 2 (1966)

Malcolm Vale, "Civilization of Courts and Cities in the North, 1200—1500", em *Oxford History of Medieval Europe*, editado por George Holmes [Oxford: Oxford University Press, 1988], pp. 322–323

Mancur Olson, "Dictatorship, Democracy and Development", em *American Political Science Review*, 87, n. 3 (1993)

Marvin Harris, *Cannibals and Kings: The Origins of Culture* (New York: Vintage Books, 1977)

Max Weber, *The City* (New York: Free Press, 1958)

Max Weber, *Soziologie, Weltgeschichtliche Analyzen, Politik* (Stuttgart: Kroener, 1964)

Mercier de la Rivière, *L'Ordre Naturel*

Michael Howard, *War in European History* (Oxford: Oxford University Press, 1978)

Michael Howard, *War and the Liberal Conscience* (New Brunswick, N. J.: Rutgers University Press, 1978)

Michael Levin, *Why Race Matters* (Westport, Connecticut: Praeger, 1998)

Michael Levin, *Feminism and Liberty* (New Brunswick, N. J.: Transaction Publishers, 1987)

Michael Levin, "Why Race Matters: A Preview", em *Journal of Libertarian Studies*, 12, n. 2 (1996)

Michael Oakeshott, "On Being Conservative", em idem, *Rationalism in Politics and other Essays*.

Milton Friedman e Anna Schwartz, *A Monetary History of the United States, 1867—1960* (Princeton, N. J.: Princeton University Press, 1963)

Morris Tannehill e Linda Tannehill, *The Market for Liberty* (New York: Laissez Faire Books, 1984)

Morgan O. Reynolds, *Making America Poorer: The Cost of Labor Law* (Washington, D. C.: Cato Institute, 1987)

Murray N. Rothbard, *America's Great Depression* (Kansas City: Sheed and Ward, 1975)

Murray N. Rothbard, *Classical Economics: An Austrian Perspective on the History of Economic Thought* (Cheltenham, U. K.: Edward Elgar, 1995), vol. 2

Murray N. Rothbard, *Conceived in Liberty*, 4 vols. (Auburn, Alabama: Ludwig von Mises Institute, 1999)

Murray N. Rothbard, *Economic Thought Before Adam Smith: An Austrian Perspective on the History of Economic Thought* (Cheltenham, U. K.: Edward Elgar, 1995), vol. 1

Murray N. Rothbard, *Education, Free and Compulsory: The Individual's Education* (Wichita, Kansas: Center for Independent Education, 1972)

Murray N. Rothbard, *Egalitarianism as a Revolt Against Nature and Other Essays* (Auburn, Alabama: Ludwig von Mises Institute, 2000)

Murray N. Rothbard, *For A New Liberty: The Libertarian Manifesto* (New York: Collier, 1978)

Murray N. Rothbard, *Ludwig von Mises: Scholar, Creator, Hero* (Auburn, Alabama: Ludwig von Mises Institute, 1988)

Murray N. Rothbard, *Man, Economy and State: A Treatise on Economic Principles*, 2 vols. (Auburn, Alabama: Ludwig von Mises Institute, 1993)

Murray N. Rothbard, *Power and Market: Government and the Economy* (Kansas City: Sheed Andrews and McMeel, 1977)

Murray N. Rothbard, *The Case Against the Fed* (Auburn, Alabama: Ludwig von Mises Institute, 1995)

Murray N. Rothbard, *The Case for a 100 Percent Gold Dollar* (Auburn, Alabama: Ludwig von Mises Institute, 1991)

Murray N. Rothbard, *The Dangerous Nonsense of Protectionism* (Auburn, Alabama: Ludwig von Mises Institute, 1988)

Murray N. Rothbard, *The Ethics of Liberty* (New York: New York University Press, 1998)

Murray N. Rothbard, *The Logic of Action One* (Cheltenham, U. K.: Edward Elgar, 1997)

Murray N. Rothbard, *The Logic of Action Two* (Cheltenham, U. K.: Edward Elgar, 1997)

Murray N. Rothbard, *The Mystery of Banking* (New York: Richardson and Snyder, 1983)

Murray N. Rothbard, *The Sociology of the Ayn Rand Cult* (Burlingame, California: Center for Libertarian Studies, [1972] 1990)

Murray N. Rothbard, *Toward a Strategy of Libertarian Social Change* (Manuscrito não publicado, 1977)

Murray N. Rothbard, *Wall Street, Banks and American Foreign Policy* (Burlingame, California: Center for Libertarian Studies, 1995)

Murray N. Rothbard, "A Radical Prescription for the Socialist Bloc", em *The Economics of Liberty*, editado por Llewellyn H. Rockwell Jr. (Auburn, Alabama: Ludwig von Mises Institute, 1990)

Murray N. Rothbard, "Big Government Libertarians", em *Rothbard—Rockwell Report*, 5, n. 11 (novembro de 1994)

Murray N. Rothbard, "Concepts of the Role of Intellectuals in Social Change Toward Laissez-Faire", em *Journal of Libertarian Studies*, 9, n. 2 (1990)

Murray N. Rothbard, "Conservation in the Free Market", em idem, *Egalitarianism as a Revolt Against Nature and Other Essays* (Washington, D. C.: Libertarian Review Press, 1974)

Murray N. Rothbard, "Diversity, Death and Reason", em *Rothbard—Rockwell Report*, 2, n. 5 (maio de 1991)

Murray N. Rothbard, "Freedom, Inequality, Primitivism and the Division of Labor", em idem, *Egalitarianism as a Revolt Against Nature and Other Essays* (Auburn, Alabama: Ludwig von Mises Institute, 2000)

Murray N. Rothbard, "Gold vs. Fluctuating Fiat Exchange Rates", em idem, *The Logic of Action One* (Cheltenham, U. K.: Edward Elgar, 1997)

Murray N. Rothbard, "How and How Not To Desocialize", em *Review of Austrian Economics*, 6, n. 1 (1992)

Murray N. Rothbard, "How To Desocialize?", em *The Economics of Liberty*, editado por Llewellyn H. Rockwell Jr. (Auburn, Alabama: Ludwig von Mises Institute, 1990)

Murray N. Rothbard, "Kid Lib", em *Egalitarianism as a Revolt Against Nature and Other Essays*.

Murray N. Rothbard, "Law, Property Rights and Air Pollution", em idem, *The Logic of Action Two* (Cheltenham, U. K.: Edward Elgan, 1997)

Murray N. Rothbard, "Ludwig von Mises and Economic Calculation under Socialism", em idem, *The Logic of Action One* (Cheltenham, U. K.: Edward Elgan, 1997)

Murray N. Rothbard, "Marshall, Civil Rights and the Court", em *Rothbard—Rockwell Report*, 2, n. 8 (agosto de 1991): 4 e 6

Murray N. Rothbard, "Nations by Consent: Decomposing the Nation--State", em *Secession, State and Liberty*, editado por David Gordon

Murray N. Rothbard, "Origins of the Welfare State in America", em *Journal of Libertarian Studies*, 12, n. 2 (1996)

Murray N. Rothbard, "Society Without a State", em *Anarchism (Nomos XIX)*, editado por Roland Pennock e John W. Chapman (New York: New York University Press, 1978)

Murray N. Rothbard, "The Big Government Libertarians: The Anti--Left-Libertarian Manifesto", em *Rothbard—Rockwell Report*, 4, n. 12 (dezembro de 1993)

Murray N. Rothbard, "The End of Socialism and the Calculation Debate Revisited", em idem, *The Logic of Action One* (Cheltenham, U. K.: Edward Elgar, 1997)

Murray N. Rothbard, "The Great Women's Lib Issue: Setting it Straight", em idem, *Egalitarianism as a Revolt Against Nature and Other Essays*.

Murray N. Rothbard, "The Laissez-Faire Radical: A Quest for the Historical Mises", em *Journal of Libertarian Studies*, 5, n. 3 (1981)

Murray N. Rothbard, "The Myth of Neutral Taxation", em idem, *The Logic of Action Two* (Cheltenham, U. K.: Edward Elgar, 1995).

Murray N. Rothbard, "The 'New Fusionism': A Movement For Our Tune", em *Rothbard—Rockwell Report*, 2, n. 1, (janeiro de 1991): 9–10

Murray N. Rothbard, "Why Paleo?", em *Rothbard—Rockwell Report*, 1, n. 2 (maio de 1990): 4–5

Murray N. Rothbard, "World War I as Fulfillment: Power and the Intellectuals", em *Journal of Libertarian Studies*, 9, n. 1 (1989)

Murray N. Rothbard, "Toward a Reconstruction of Utility and Welfare", em idem, *The Logic of Action One* (Cheltenham, U. K.: Edward Elgan, 1997)

Nathan Rosenberg e L. E. Birdzell, *How the West Grew Rich* (New York: Basic Books, 1986)

Niall Ferguson (editor), *Virtual History: Alternatives and Counterfactuals* (New York: Basic Books, 1999)

Norbert Elias, Über *den Prozess der Zivilisation* (Frankfurt am Main, 1968)

Norbert Elias, *The Civilizing Process: A History of Manners* (New York: Urizen Books, 1978)

Otto Brunner, *Sozialgeschichte Europas im Mittelalter* (Göttingen: Vandenhoeck und Ruprecht, 1984)

Paul Gottfried, *The Conservative Movement*, edição revista (New York: Twayne Publishers, 1993)

Paul Gottfried, "Wilsonianism: The Legacy that Won't Die", em *Journal of Libertarian Studies*, 9, n. 2 (1990)

Paul Gottfried, "On Liberal and Democratic Nationhood", em *Journal of Libertarian Studies*, 10, n. 1 (1991)

Paul Johnson, *Modern Times: The World from the Twenties to the Eighties* (New York: Harper and Row, 1983)

Paul Kennedy, *The Rise and Fall of the Great Powers: Economic Change and Military Conflict from 1500 to 2000* (New York: Vintage Books, 1987)

Paul Lorenzen, *Methodisches Denken* (Frankfurt am Main: Suhrkamp, 1968)

Patrick J. Buchanan, *Right from the Beginning* (Washington, D. C.: Gateway Regnery, 1990)

Patrick J. Buchanan, *The Great Betrayal: How American Sovereignty and Social Justice are Sacrificed to the Gods of the Global Economy* (Boston: Little Brown, 1998)

Peter Brimelow, *Alien Nation: Common Sense About America's Immigration Disaster* (New York: Random House, 1995)

Peter Flora, *State, Economy and Society in Western Europe, 1815—1975: A Data Handbook* (Frankfurt am Main: Campus, 1983)

Ralph Raico, "Mises on Fascism, Democracy and Other Questions", em *Journal of Libertarian Studies*, 12, n. 1 (1996)

Ralph Raico, "Reply to Mr. Evans", em *New Individualist Review*, 4, n. 2 (1966)

Ralph Raico, "The Fusionists on Liberalism and Tradition", em *New Individualist Review*, 3, n. 3 (1964)

Ralph Raico, "World War I: The Turning Point", em *The Costs of War: America's Pyrrhic Victories*, editado por John V. Denson (New Brunswick, N. J.: Transaction Publishers, 1999)

Randall Holcombe (editor), *Fifteen Great Austrian Economists* (Auburn, Alabama: Ludwig von Mises Institute, 1999)

Randy E. Barnett, "Fuller, Law and Anarchism", em *The Libertarian Forum* (fevereiro de 1976)

Reinhard Bendix, *Kings or People* (Berkeley: University of California Press, 1978).

Richard A. Epstein, *Forbidden Grounds* (Chicago: University of Chicago Press, 1992)

Richard A. Epstein, *Medical Malpractice: The Case for Contract* (Burlingame, California: Center for Libertarian Studies, Occasional Paper Series, n. 9, 1979)

Richard A. Epstein, "A Theory of Strict Liability", em *Journal of Legal Studies*, 2, (janeiro de 1973)

Richard A. Epstein, *Takings: Private Property and the Power of Eminent Domain* (Cambridge, Massachusetts: Harvard University Press, 1985)

Richard von Mises, *Probability, Statistics and Truth* (New York: Dover, 1957)

Richard von Strigl, *Capital and Production* (Auburn, Alabama: Ludwig von Mises Institute, 2001)

Richard Tuck, *Natural Rights: Their Origin and Development* (Cambridge: Cambridge University Press, 1979)

Robert A. Nisbet, *Community and Power* (New York: Oxford University Press, 1962)

Robert A. Nisbet, *Conservatism: Dream and Reality* (Minneapolis: University of Minnesota Press, 1986)

Robert A. Nisbet, *Prejudices: A Philosophical Dictionary* (Cambridge, Massachusetts: Harvard University Press, 1982)

Robert A. Nisbet, *The Present Age* (New York: Harper and Row, 1988)

Robert A. Nisbet, "Conservatism", em *A History of Sociological Analysis*, editado por Tom Bottomore e Robert A. Nisbet (New York: Basic Books, 1978)

Robert Batemarco, "GNP, PPR and the Standard of Living", em *Review of Austrian Economics*, 1 (1987)

Robert Higgs, *Crisis and Leviathan: Critical Episodes in the Growth of American Government* (New York: Oxford University Press, 1987)

Robert Nozick, *Anarchy, State and Utopia* (New York: Basic Books, 1974)

Robert R. Palmer e Joel Colton, *A History of the Modern World* (New York: Alfred Knopf, 1992)

Robert W. McGee, "Secession Reconsidered", em *Journal of Libertarian Studies*, 11, n. 1 (1994)

Roger D. McGrath, *Gunfighters, Highwaymen and Vigilantes: Violence on the Frontier* (Berkeley: University of California Press, 1984)

Roger D. McGrath, "Treat Them to a Good Dose of Lead", em *Chronicles* (janeiro de 1994)

Ron Paul e Lewis Lehrmann, *The Case for Gold: A Minority Report to the U.S. Gold Commission* (Washington, D. C.: Cato Institute, 1982)

Ronald Radosh e Murray N. Rothbard (editores), *A New History of Leviathan* (New York: Dutton, 1972)

Rudolph Joseph Rummel, *Death by Government* (New Brunswick, N. J.: Transaction Publishers, 1995)

Russell Kirk, *A Program for Conservatives* (Chicago: Regnery, 1955)

Russell Kirk, *The Conservative Mind* (Chicago: Regnery, 1953)

Samuel T. Francis, "From Household to Nation: The Middle American populism of Pat Buchanan", em *Chronicles* (março de 1996): 12–16

Samuel T. Francis, *Beautiful Losers: Essays on the Failure of American Conservatism* (Columbia: Missouri University Press, 1993)

Samuel T. Francis, *Revolution from the Middle* (Raleigh, North Carolina: Middle American Press, 1997)

Saul Kripke, "Naming and Necessity", em *Semantics of Natural Language*, editado por Donald Davidson e Gilbert Harman (New York: Reidel, 1972)

Seymour W. Itzkoff, *The Decline of Intelligence in America* (Westport, Connecticut: Praeger, 1994)

Seymour W. Itzkoff, *The Road to Equality: Evolution and Social Reality* (Westport, Connecticut: Praeger, 1992)

Sidney Homer e Richard Sylla, *A History of Interest Rates* (New Brunswick, N. J.: Rutgers University Press, 1991)

Spencer H. MacCallum, *The Art of Community* (Menlo Park, California: Institute for Humane Studies, 1970)

Stephan Kinsella, "Punishment and Proportionality: The Estoppel Approach", em *Journal of Libertarian Studies*, 12, n. 1 (1996)

Stephan Kinsella, "Inalienability and Punishment", em *Journal of Libertarian Studies*, 14, n. 1 (1999)

Sigmund Freud, *Civilization and its Discontents* (New York: W. W. Norton, 1989)

T. Alexander Smith, *Time and Public Policy* (Knoxville: University of Tennessee Press, 1988).

Terry Anderson e P. J. Hill, "The American Experiment in Anarcho-Capitalism: The Not So Wild, Wild West", em *Journal of Libertarian Studies*, 3, n. 1 (1979)

Thomas Hobbes, *De Cive*

Thomas Hobbes, *Leviathan*

Thomas J. DiLorenzo, "The Great Centralizer — Abraham Lincoln and the War Between the States", em *Independent Review*, 3, n. 2 (1998)

Thomas Fleming (editor), *Immigration and the American Identity* (Rockford, Illinois: Rockford Institute, 1995)

Trygve Lie J. B. Hoff, *Economic Calculation in a Socialist Society* (Indianapolis, Indiana: Liberty Fund, 1981)

Victor Zaslavsky e Yuri Lury, "The Passport System in the USSR and Changes in the Soviet Union", em *Soviet Union*, 8, n. 2 (1979)

Victoria Curzon Price, "The Mature Welfare State: Can It Be Reformed?", em *Can The Present Problems of Mature Welfare States Such as Sweden Be Solved?*, editado por Nils Karlson (Estocolmo: City University Press, 1995)

Vilfredo Pareto, *Manual of Political Economy* (New York: Augusto M. Kelley, 1971)

Walter Block, "A Libertarian Case for Free Immigration", em *Journal of Libertarian Studies*, 13, n. 2 (1998)

Walter Block e Michael Walker (editores), *Discrimination, Affirmative Action and Equal Opportunity* (Vancouver: Fraser Institute, 1982)

Walter Mischel, "Father Absence and Delay of Gratification: Cross-Cultural Comparisons", em *Journal of Abnormal and Social Psychology*, 63 (1961)

Walter Mischel, "Preference for Delayed Reinforcement: An Experimental Study of a Cultural Observation", em *Journal of Abnormal and Social Psychology*, 56 (1958)

Walter Mischel, "Preference for Delayed Reinforcement and Social Responsibility", em *Journal of Abnormal and Social Psychology*, 62 (1961)

Wilhelm Mühlmann, *Rassen, Ethnien, Kulturen. Moderne Ethnologie* (Neuwied: Luchterhand, 1964)

Wilhelm Röpke, *A Humane Economy* (Indianapolis, Indiana: Liberty Fund, 1971)

Wilhelm Röpke, *Jenseits von Angebot und Nachfrage* (Berna: Paul Haupt, 1979)

Wilhelm Weischedel (editor), *Gesammelte Werke in zwölf Bänden* (Frankfurt am Main: Suhrkamp, 1964)

William A. Orton, *The Liberal Tradition: A Study of the Social and Spiritual Conditions of Freedom* (Port Washington, N. Y.: Kennikat Press, 1969)

William Buckley, "A Young Republican's View", em *Commonweal* (25 de janeiro de 1952)

William C. Wooldridge, *Uncle Sam, the Monopoly Man* (New Rochelle, N. Y.: Arlington House, 1970)

William H. Greenleaf, *The British Political Tradition*, 3 vols. (London: Methuen, 1983–87)

William H. Hutt, *A Theory of Collective Bargaining* (Washington, D. C.: Cato Institute, 1980)

William H. Hutt, "Trade Unions: The Private Use of Coercive Power", em *Review of Austrian Economics*, 3 (1989)

William M. Johnston, *The Austrian Mind: An Intellectual and Social History, 1848—1938* (Berkeley: University of California Press, 1972)

William Stanley Jevons, *Theory of Political Economy* (New York: Augustus M. Kelley, 1965)

Economic Report of the President (Washington, D. C.: Government Printing Office, 1992).

The Path to National Suicide: An Essay on Immigration and Multiculturalism (Monterey, California: AICEF, 1990)

Índice Remissivo

Abraham, Larry: 174, 329
Abrams, Elliott: 258
Academia Nacional de Ciências: 183
Acton, Lord: 84, 308
Adams, John: 137
Adesão compulsória,
      inutilidade dos limites constitucionais: 113, 120
Adler, Alfred: 18
Adler, Max: 18
Afeganistão: 280
Albânia: 143
Alchdan, Armen: 131
Alemanha: 15–20, 54, 60, 67, 70, 72, 84–96, 130, 142–148, 152, 159, 201–202, 226, 257, 291
Alemanha Oriental: 144, 148–149, 159, 201–202
Allen, James B.: 204
Alsácia–Lorena: 17
American Spectator, The: 259
Análise de custos e benefícios: 271
Anarcocapitalismo: 27, 199–201, 272
      Anarcocapitalismo, *ver também* Libertarianismo; Segurança
Ancien régime: 15, 57, 110
Anderson, Terry: 43, 297, 306
Andorra: 152, 274
Atenas: 217
Austrália: 179
Áustria dos Habsburgos: 18–20, 28, 54, 111
Áustria: 15–20, 28, 54, 72, 83–88, 111, 141, 149, 179, 180, 305
Áustria-Hungria: 19, 179
Austro-Húngaro, Império: 17

Baden, John: 48, 78, 130
Baechler, Jean: 53, 106, 143
Bailyn, Bernard: 273, 308
Banco Central Europeu: 142
Banco da Inglaterra: 88
Banco de Amsterdã: 88
Banco Mundial: 13, 142
Banco Real da França (*Banque Royal*): 88

Banfield, Edward C.: 36, 61–64, 100, 130, 218, 220, 297
Barnett, Randy E.: 61, 100, 133, 220, 268
Bartley, Robert: 194
Bastiat, Frédéric: 188
Batemarco, Robert: 102, 136
Bauer, Otto: 18
Bélgica: 15, 49, 72, 83–86, 96, 177
Bell, Daniel: 258
Bendix, Reinhard: 71, 81
Bennett, Jonathan: 208
Benson, Bruce L.: 43, 51, 92, 140, 165, 167, 297
Berg, Alban: 18
Berger, Peter: 258
Bidinotto, Robert J.: 133
Birdzell, Luther E.: 53, 143
Bismarck, Otto von (Alemanha): 60
Black Power: 258
Blackman, Wim P.: 213, 330
Blanshard, Brand,: 22
Block, Walter: 11, 134, 163, 183, 194–196
Boaz, David: 245
Boêmia: 49
Boétie, Étienne de la: 46, 102, 123–128, 301, 327
Böhm-Bawerk, Eugen von: 18, 28, 31, 80
Bolcheviques: 19
Bolha do Mar do Sul: 88
Bolha do Mississippi: 88
Bolick, Clint: 245
Boltzmann, Ludwig: 18
Borjas, George J.: 182, 184
Bósnia: 142, 280
Bottomore, Tom: 224
Bouckaert, Boudewijn: 213
Boudreaux, Donald: 94, 194
Bourbons: 71, 81–82, 102
Boykin, Scott: 140
Bradley Foundation: 259
Brahms, Johannes: 18
Branden, Barbara: 239
Braudel, Fernand: 212–213
Brentano, Franz: 18
Bretton Woods: 89–90
Breuer, Joseph: 18
Brimelow, Peter: 151, 176, 179, 182, 185

Broch, Hermann: 18
Bruckner, Anton: 18
Brunner, Otto: 213
Buchanan, James M.: 138, 264, 276, 318
Buchanan, Patrick J.: 188–191, 227–235, 241
Buckley, William: 226–227, 242
Bukharin, Nikolai: 281
Bula de Ouro (1356): 311
Bulgária: 83
Burke, Edmund: 228, 329

Calhoun, John C.: 134, 315–316
Camboja: 183, 280
Canadá: 177, 194
Capital, consumo de: 55–56, 71, 78, 116, 157, 165
Capitalismo, governo descentralizado: 267
Carey, George W.: 240
Carlos I (Imperador Austríaco): 19
Carlson, Allan C.: 61, 98, 132, 220, 232
Carr–Saunders, A. M.: 179–181
Cassirer, Ernst: 261–263
Catarina, a Grande (Rússia): 262, 311
Chade: 177
Chapman, John W.: 165
China: 129, 182, 189, 227, 274, 280
Christensen, Bryce J.: 60, 132, 220
Cingapura: 152, 177, 274, 330
Cipolla, Carlo M.: 50, 60, 85, 97
Civilização, processo de, 34–48, 70–71
Código de Regulamentos Federais (*Code of Federal Regulations* — CFR): 94
Colton, Joel: 54, 67, 71, 82
Comissão da Segurança e da Troca: 316
Comissão de Oportunidades Iguais de Emprego: 228, 316
Comitê Nacional das Relações de Trabalho: 316
Commentary: 259
Comte, Auguste: 228
Comunidade Europeia: 142, 168
Confederação Alemã do Norte: 83
Confederação do Sul: 327–329
Confederação, *ver* Confederação do Sul
Congo: 280
Congresso Continental: 310
Congresso de Viena: 82

Conselho dos Dez: 217
Conservadorismo: 223–244, 255, 257
Constituição americana,
    erros: 310–317
    resultados após 200 anos: 312, 317
Coreia: 227, 280
Coronel House: 16
Crime: 19–21, 39–44, 61–80, 98–220, 226, 248, 293–299, 320
Cromwell, Oliver: 81
Cuba: 182, 280
Czar **Nicolau II:** 16

Davidson, Donald: 22
Declaração de Independência: 260, 273–278, 309, 317
Decreto Morrill de 1861: 147
Deeter, Midge: 258
Defesa, *ver* **Segurança:** 13–79, 106–146, 174–240, 268–325
Defoe, Daniel: 66
Democracia
    "social": 73, 113, 136, 168, 225, 226, 235, 242, 257–259, 270–273, 328
    centralização política: 53, 71–73, 86, 106, 141–150, 215, 267, 277
    efeitos: 77–131
    fracassos: 147, 248
    incompatibilidade com a propriedade privada: 268
    liderança sob: 250–251
    migração: 53, 67, 146–152, 165, 167, 173–180, 192–206, 296–298
    opinião pública: 46, 67, 74, 100–128, 136, 187, 214, 259, 260, 274, 303, 327–330
    privilégios funcionais: 115, 268
    redistribuição de riqueza e de renda: 93, 129, 232
    representação política: 72, 82, 322
    tragédia dos comuns: 48, 130
        ver também Governo; Segurança
Denson, John V.: 16, 280–293, 317
Descivilização: 5, 31–74, 103, 136, 221–241, 298
Descivilização, processo de: 5, 31–74, 103, 136, 221–241, 298
Desemprego: 18, 36, 74, 97, 132–136, 166–168, 182–189, 195, 228–235, 285, 324
Desintegração social: 19, 220, 255
    ver também Descivilização; Preferência Temporal
Deslegitimação: 74, 109–136, 302–303
Desrochers, Pierre: 140
Dicey, Albert V. O.: 59, 93, 191
DiLorenzo, Thomas: 140

Dinamarca: 49, 86, 129
Direito de voto: 82–84, 129, 139
Direitos naturais: 162, 308, 322
Discurso de Despedida (George Washington): 137
Diversidade: 103–109, 147–152, 182, 195, 200, 211, 225
Divisão do trabalho: 109–112, 143–150, 168, 176, 207–211, 249, 262, 281–83, 303
Duhaime, Eric: 140

Eckermann, Johann Peter: 152
Ekirch, Arthur A.: 191, 317
El Salvador: 280
Elias, Norbert: 36
Elites naturais: 104–106, 140
Engels, Friedrich: 257
Epstein, Richard: 43, 133, 162, 183
Escola Austríaca de Economia: 28
Escolásticos espanhóis: 28
Escolásticos: 260
Espanha: 15–24, 49, 54, 72, 83
Estado de bem-estar social: 21, 60, 74, 136, 168, 174, 183, 221–246, 258
    leis econômicas: 230
    principais instituições: 221–246
    redistribuição de riqueza e de renda: 93, 129, 232
        ver também Democracia; Socialismo
Estado; *ver* Governo
Estados Unidos (EUA)
    Orgulho nacional: 305–309
    Revolução Americana: 272–273, 307–327
Estoicos: 260
Estônia: 72, 84, 148
Etiópia: 176
Europa Ocidental, Oeste da Europa: 18–19, 57–58, 86, 129–193, 231–257
Europa Oriental, Leste Europeu: 20, 55, 158–179, 258
Evans, M. Stanton: 43, 240, 293
Evans, Peter B.: 43, 240, 293
Evolução social: 109, 158, 207
Exploração: 75–116, 269, 312

Fascistas: 19
FED (*Federal Reserve System* — Banco Central americano): 142
Ferdinando e Isabela (Espanha): 54
Ferguson: 19
Ferrero, Guglielmo: 66, 71, 81, 101

Fetter, Frank: 31, 80
Feudalismo: 105, 307-308
"Fim da História" (Fukuyama): 17, 258-259
Finlândia: 72, 84, 86
Firth, Raymond: 253
Fisher, David Hackett: 306
Fleming, Thomas: 151, 182
Flora, Peter: 57, 72, 82, 86, 97
Foch, Marechal Ferdinand: 68
Fontescue, *Sir* John: 66
França: 15-17, 53-54, 65, 71-96, 129, 146, 152, 181
Francis, Samuel T.: 17, 227-229, 258
Francisco José, Imperador da Áustria: 15
Frederico, o Grande: 51, 179
Freud, Sigmund: 18, 253
Friedell, Egon: 18
Friedjung, Heinrich: 18
Friedman, David: 150, 199
Friedman, Milton: 90, 150, 244
Frum, David: 258
Fukuyama, Francis: 17, 258-259
Fuller, John F. C.: 64-68, 72, 84, 268, 293
Fundo Monetário Internacional (FMI): 13, 142

Gasser, Adolf: 149-151
GATT (*General Agreement on Tariffs and Trade* — Acordo Geral sobre Tarifas e Comércio): 194
George, Henry: 163
Gigot, Paul: 258
Glazer, Nathan: 258
Godel, Kurt: 18
Goethe, Johann Wolfgang von: 107, 152
Goldwater, Barry: 242
Gorbachev, Mikhail: 55
Gordon, David: 11, 106, 143, 146, 151, 202
Gottfried, Paul: 17, 72, 84, 236, 259
Governo: *PASSIM*
Governo descentralizado: 267
Grã-Bretanha: 15, 49-96, 179, 309
Granada (Caribe): 280
Grécia: 15, 23, 24, 72, 83, 84, 195
Greenleaf: 191
Grillparzer, Franz: 18

Grotius, Hugo: 236
Guatemala: 280
Guerra
    alistamento militar obrigatório: 54-69, 242
    brutalidade: 74, 220
    ideologia: 16, 72, 227
    política externa: 53-54, 71, 258, 316
    total: 17, 69-70, 101, 293-294
Guerra Americana da Independência do Sul
    ver **Revolução Americana**
Guerra do Vietnã: 227, 241-242
Guerra dos Cem Anos: 53, 86, 95
Guerra dos Sete Anos (1763): 65, 90
Guerra Espanhola (1748): 90
Guerra Franco-Prussiana de 1870-71: 17
Guerra Hispano-Americana: 280, 317
Guerras Napoleônicas: 69, 81, 87-90, 95
Guerras Religiosas: 95
Guilherme de Orange: 49
Gwartney: 194

Haberler, Gottfried von: 18
Habsburgo, Otto von: 67, 149
Habsburgos: 15-20, 28, 54, 67, 72, 84, 111, 179
Hagel, John: 61, 100, 133, 220
Hahn, Hans: 18
Haiti: 189
Halevy, Elie: 71-73
Hamilton, Alexander: 137
Hardin, Garrett: 48, 78, 130
Harman, Gilbert: 22
Harris, Marvin: 104
Hart, David M.: 271
Hayek, Friedrich A. von: 18, 59, 93, 117, 157-158, 268-272
Hazlitt, Henry: 89, 190
Herbener, Jeffrey: 11, 155-158
Herrnstein, Richard J.: 61, 98-100, 297
Herron, George D.: 16
Herskovits, Melville: 251
Higgs, Robert: 17, 73, 146, 191, 316-317
Hill, P. J.: 43, 297, 306
Himmelfarb, Gertrude: 258
Hitler, Adolf: 49, 81-84, 137, 293
Hobbes, Thomas: 236, 263, 275-278, 318

Hoff, Trygve J. B.: 158
Hofmannsthal, Hugo von: 18
Hohenzollerns: 15, 72, 84
Holanda (Países Baixos): 15, 49, 72, 83, 84, 130, 145
Holcombe, Randall: 28
Holmes, George: 67
Homer, Sidney: 58, 91–95
Homesteading, estados de bem-estar social: 40, 155, 244, 308
Hong Kong: 152, 274
Hoppe, Hans-Hermann: *PASSIM*
Hornberger, Jacob: 194
Hospers, John: 241
Howard, Michael: 64–68, 101, 293
Hughes, Jonathan: 91
Hülsmann, Jorg Guido: 11, 142
Hume, David: 46, 102, 123, 301, 327
Hungria: 49, 72, 84, 149, 179, 180
Husserl, Edmund: 18
Hutt, William H.: 174

Imigração: 53–67, 146–206, 296–298
    democracia e igualitarismo: 97, 180
    estado de bem-estar social: 221–246, 258
    integração forçada: 173–185
    livre comércio: 187–206
    livre: 173–187
    multiculturalismo: 14, 18, 176, 182, 226, 240–244, 253, 273
    propriedade privada: *PASSIM*
    propriedade pública: 75–80
    reformas: 173–187
    restrições: 187–207
    salários: 23, 37, 59, 87, 93–95, 132–134, 165–206, 229, 233, 245
    sociedade anarcocapitalista: 175–177, 200–201, 313
Império Germânico: 54
Império Habsburgo: 15–20, 28, 54, 67, 72, 84, 111, 179
Império Otomano: 67, 141
Império Soviético: 17, 18, 55–56, 142–143, 257
Imposto de renda: 86, 316, 323
    ver também Impostos
Impostos: 21–24, 35, 50–139, 147, 170–205, 226, 232, 245, 262–300, 320–326
Incentivo para a emigração: 192
Índia: 129, 177
Indonésia: 280
Inflação, *ver* Moeda

Inglaterra: 81–88, 97, 100, 146, 188, 191, 306–308
Inquisição: 16
Investimento, preferência temporal: 32–35, 44, 58, 70, 80, 95, 125, 173
Irã: 177, 280, 301
Iraque: 177, 280, 294
Irlanda: 86, 177
Islâmica, Lei: 212, 286
Itália: 15–20, 72, 83–87, 130, 142–145, 177, 180, 257–258
Itzkoff, Seymour W.: 133–136, 221, 260
Iugoslávia: 17–19, 72, 84, 142, 148, 176, 280

Janik, Allan: 18
Japão: 83, 142, 190
Jardim do Éden: 32
Jasay, Anthony de: 139–141, 199, 315
Jefferson, Thomas: 137, 260, 278, 309
Jevons, William Stanley: 31, 80, 188
Jhering, Rudolph von: 18
João, o Bom (França): 52, 86
Johnson, Paul: 73, 146
Johnston, William M.: 18
Jones, Eric L.: 143, 189, 248
Jouvenel, Bertrand de: 47, 118, 268, 307
Justiça, monopólio judicial: 215–218, 282

Kant, Immanuel: 64
Karlson, Nils: 136
Kelsen, Hans: 18
Kennan, George F.: 20
Kennedy, John F.: 226
Kennedy, Paul: 145
Kerensky, Alexander: 16
Kern, Fritz: 92, 261, 307, 311
Keynes, John Maynard: 90
King, Martin Luther: 23–24, 244
Kinsella, Stephan: 11, 165
Kirk, Russell: 238
Kisch, Guido: 213
Klimt, Gustav: 18
Knight, Frank H.: 285
Kokoschka, Oskar: 18
Kolko, Gabriel: 191, 337
Kondracke, Morton: 258
Kossuth: 16

Kraus, Karl: 18
Krauthammer, Charles: 258
Kripke, Saul: 22
Krippendorff, Ekkehard: 64, 293, 317
Kristol, Irving, 226, 258
Kristol, William, 258
Kuehnelt-Leddihn, Erik von: 16, 49, 81, 84, 137, 162, 213, 224, 268, 293

Lafayette, Marquês de: 16
Landes, David S.: 143, 188
Laos: 183, 280
Lassalle, Ferdinand: 257
Law, John: 88, 90
Lawson, Robert: 193
Lazarsfeld, Paul: 18
Lehar, Franz: 18
Lehrmann, Lewis: 89
Lei
    privada: 13, 27, 107, 140, 249, 271
    pública: 101, 131
    segurança jurídica: 289, 321
    universalidade da: 110
Lei de Reforma, de 1832 (Reino Unido): 82
Lei Mosaica: 286
Lênin, V. I.: 55
Leoni, Bruno: 59, 117, 268, 310
Letônia: 72, 84, 148
Levin, Michael: 99, 211, 218, 298
Líbano: 176, 280
Liberalismo
    contradições internas: 258
    declínio: 113, 257
    definição: 223–255
    erros: 257–274
    futuro: 123, 270
    propriedade privada: *PASSIM*
    secessão: 13, 29, 89–113, 124–127, 140–152, 177, 184, 273–74, 310, 325–330
    teoria de governo: 223–247
Liberdade, *ver* **Anarcocapitalismo; Libertarianismo**
Libertarianismo
    ameaças ao: 236–241
    apropriação original: 155–156, 162–171, 236–245, 260–265, 306–308
    conservadores: 238–239

libertarianismo de esquerda: 240–241
   modelo de sociedade: 248–249
   moral e cultural: 228, 235, 240
   política familiar: 54
   primórdios: 239–241, 272
   propriedade privada e discriminação: 244–248
      ver também Anarcocapitalismo
Líbia: 280
Liechtenstein: 152, 274
Lincoln, Abraham: 113, 244, 328
Lind, Michael: 258
Lipset, Seymour Martin: 258
Lituânia: 72, 84, 148
Livingston, Donald W.: 140
Livre comércio: 149, 152, 166, 174–176, 187–206, 316
Locke, John: 159, 162, 236, 260–264, 305, 318
Loos, Adolf: 18
Lorenz, Konrad: 18, 253
Lorenzen, Paul: 22
Lury, Yuri: 202

MacCallum, Spencer H.: 205, 250–253
Mach, Ernst: 18
Machan, Tibor R.: 162
Machlup, Fritz: 18
Madison, James: 137
Magna Carta: 310
Mahler, Gustav: 18
Malásia: 177
"Mania das Tulipas" Holandesa: 88
Maria Teresa: 179
Martinica: 262, 311
Marx, Karl: 49, 81–84, 137, 257, 293
Mauthner, Fritz: 18
Maximiliano I: 54
McGee, Robert W.: 140, 146
McGrath, Roger D.: 43, 61, 98, 136, 297, 306
McHenry, James: 137
Meinecke, Friedrich: 67
Meinong, Alexius: 18
Mencken, H. L.: 121, 138, 312
Menger, Anton: 18
Menger, Carl: 18, 28
Menger, Karl: 18

Metternich, Furst von: 16
México: 16, 188–194, 203
Migração, *ver* Imigração
Mill, John Stuart: 64, 257
Miller, Fred D.: 162
Ministério da Administração das Terras: 169
Ministério da Educação: 228
Ministério da Justiça: 228
Ministério da Saúde e dos Serviços Humanos: 316
Mischel, Walter: 35
Mises, Ludwig von: *PASSIM*
Mises, Richard von: 18, 285
Mitchell, B. R.: 89, 98
Mito hobbesiano: 275–278
Moeda
    e Escambo: 150
    inflação: 57–60, 73, 79, 87–96, 117, 151, 317
    moeda-mercadoria: 58, 87–93, 149–152, 274
    padrão-ouro câmbio (*gold exchange standard*): 58, 73, 87–90, 149–151
Moeda europeia (euro): 142
Molinari, Gustave de: 43, 104, 114, 166, 271, 284, 309
Mônaco: 152, 274
Monarquia, *ver* Governo, privado
Monopólio
    privilégio: 49–50, 75–77
    ver também Governo
Montesquieu: 64
Moore, Stephen: 194
Morgan, Edmund S.: 306
Morgenstern, Oskar: 18
Morris, Robert: 137
Mühlmann, Wilhelm: 104, 212
Multiculturalismo: 14, 18, 176, 182, 226, 240–244, 253, 273
Mundo ocidental: 15, 26, 58, 60, 71, 95–106, 129, 145, 169
Munson, Steven: 258
Muravchik, Joshua: 258
Muro de Berlim: 149
Murray, Charles: 64, 69, 132, 232
Murray, Hugh: 183
Musil, Robert: 18

Nacional-Socialistas (Nazistas): 19–20
NAFTA (*North America Free Trade Agreement* — "Acordo de Livre Comércio da América do Norte"): 142, 194

Napoleão Bonaparte: 71, 81
Napoleão III: 82–83
Nash, George H.: 31, 226, 236, 258
National Interest, The: 258
National Review: 226, 242
New Deal: 242
New Republic: 259
Nigéria: 177
Nisbet, Robert A.: 16, 93, 146, 218, 234, 307, 311
Nock, Albert Jay: 75, 141
North, Douglass C.: 52, 67, 193, 229
Noruega: 49, 83, 86
Nova Esquerda: 127, 242
Nova Ordem Mundial: 84, 151, 228, 274
Novak, Michael: 258
Nozick, Robert: 162

Oakeshott, Michael: 223
Olin Foundation: 259
Olson, Mancur: 48, 78
OMC (*World Trade Organization [WTO]* — "Organização Mundial do Comércio"): 142, 194
Oppenheimer, Franz: 43, 75, 104, 141
Orton, William A.: 69–70, 101
Ostrowski, James: 140
OTAN (*Organisation du Traité de l'Atlantique Nord* — "Organização do Tratado do Atlântico Norte"): 142

Padrão-ouro: 58, 73, 87–90, 149–151
Países escandinavos: 15, 72, 84
Palmer, Robert R.: 54, 67, 71, 82
Panamá: 280
Pap, Arthur: 22
Paquistão: 177
Pareto, curva superior de: 155
Pareto, Vilfredo: 155
Parks, Jared: 137
Partido Democrata: 258
Partido Republicano: 227, 229, 242
Partido Social-Democrata (PSD) (Alemanha): 226
Paul, Jeffrey: 163
Paul, Ron: 89
Pax Americana: 17, 20, 146
Pearl Harbor: 280

Pechman, Joseph A.: 130
Pedro, o Grande: 61, 179
Pennock, Roland: 165
Peru: 280
Pew Foundation: 259
Philippe, Louis, Duque de Orléans: 82
Pirenne, Henri: 105, 213
Podhoretz, John: 258
Podhoretz, Norman: 258
Polônia: 17, 49, 72, 84
Popper, Karl: 18
Portugal: 15
Poupança: 32–39, 70–74, 95–98, 167, 282
Preferência temporal
    atividade criminosa: 39–46, 98
    aumento: 31–34
    efeitos: 34–46
    influências: 34–39
    interferência institucional: 41–44, 79
    padrões: 31–34, 39–46
    poupança e investimento: 32–39, 70–74, 95–98, 167, 282
    processo de civilização: 34–48, 70–71
    processo de descivilização: 39–46
    produção: 23–45
    propriedade: 39–46
    queda: 36–46, 70–71
    salários: 23, 37, 59, 87, 93–95, 132–134, 165–206, 229, 233, 245
    taxas de juro: 91–97
    utilidade marginal: 34–38, 95
        ver também Descivilização; Desintegração social
Presidente americano: 281
Price, Victoria Curzon: 136
Primeira Guerra Mundial: 15–19, 28, 49, 57–73, 81–102, 129, 141, 146, 180, 225
Privatização (Europa Oriental)
    experiência recente na Europa Oriental (Leste Europeu): 20, 55, 158–179, 258
    em estados de bem-estar social: 40, 155, 244, 308
Producão,
Propriedade Privada
    defesa: 13, 44, 74, 79, 206, 283
    estados de bem-estar social (assistencialismo): 40, 155, 244, 308
    exclusividade: 52, 77, 253
    homesteading: 40, 155, 244, 308

impostos: 21–24, 35, 50–139, 147, 170–205, 226, 232, 245, 262–300, 320–326
  incompatibilidade com a democracia: 268
  liberdade decorrente: 247
  violações: 41–52, 70, 77–80, 141
    ver também Anarcocapitalismo
Proteção, *ver* **Segurança**
Protecionismo: 73, 115, 149, 174–176, 187–197, 233, 269, 317
Províncias Unidas Holandesas: 49
Prússia: 17, 82–85, 179
Public Interest: 130, 259
Pufendorf: 236

Radbruch, Gustav: 59, 118
Radnitzky, Gerard: 11, 213
Radosh, Ronald: 17, 191, 317
Raico, Ralph: 11, 16, 20, 240
Raimondo, Justin: 226, 236
Randolph, John, of Roanoke: 137
Raspail, Jean: 198
Ratzel, Friedrich: 104
Ratzenhofer, Gustav: 18
Reagan, Ronald: 226
Redistribuição de riqueza e de renda, *ver* **Assistencialismo**
Rehfeld, Bernhard: 59, 92
Reino Unido: 15, 82–89, 129–130
República Federal da Alemanha, Alemanha Ocidental: 202
República Francesa: 69, 102
Revolução Americana: 272–273, 307–327
Revolução de julho de 1830 (França): 82
Revolução Francesa: 15, 49, 57, 64–82
Revolução Industrial: 146
Reynolds, Morgan O.: 174
Ricardo, David: 187–188
Risco moral: 279
Rivière, Mercier de la: 262, 311
Robbins, Lionel: 271
Rockwell, Llewellyn, Jr.: 11, 134, 158, 163, 174, 239, 244
Roma: 47, 81, 95, 178, 195, 217
Romano, Catolicismo: 16, 54, 287
Romanovs: 15, 72, 84
Roosevelt, Franklin: 226
Röpke, Wilhelm: 103–107, 224, 267
Rosenberg, Nathan: 53, 143

Rothbard, Murray N.: *PASSIM*
Rousseau, Jean-Jacques: 64, 137
Rueschemeyer, Dietrich: 43, 293
Rummel, Rudolph Joseph: 267
Rushton, J. Philippe: 99, 176, 211, 298
Rússia Soviética: 88
Rússia: 15–19, 67, 72, 83–88, 179, 262
Rüstow, Alexander: 43–47, 104

Sacro Império Romano-Germânico: 54
Salários: 23, 37, 59, 87, 93–95, 132–134, 165–206, 229, 233, 245
Salerno, Joseph T.: 11, 90, 156, 210, 239, 249
San Marino: 152, 274
Sardenha, Reino da: 83
Scaife Foundation: 259
Schelsky, Helmut: 253
Schiele, Egon: 18
Schlick, Moritz: 18
Schnitzler, Arthur: 18
Schoeck, Helmut: 120, 162, 217, 313
Schoeps, Hans Joachim: 85
Schonberg, Arnold: 18
Schorske, Carl E.: 18
Schumpeter, Joseph: 18, 60, 98, 138
Schutz, Alfred: 18
Schwartz, Anna: 90
SEATO (*Southeast Asia Treaty Organization* — "Organização do Tratado do Sudeste Asiático"): 142
Secessão: 13, 29, 89–113, 124–127, 140–152, 177, 184, 273–74, 310, 325–330
    ver também Anarcocapitalismo
Segunda Guerra Mundial: 17–20, 73, 87–91, 146–148, 155–230, 244–270, 281
Segunda Lei de Reforma, de 1867 (Reino Unido): 82
Segurança
    autodefesa: 79, 210–213, 269–272, 283–323
    coletiva: 275–283
    fracasso: 278–289
    mito: 275–278, 283
    política de crimes: 296
    privada: 276, 297
    proteção da agressão estatal: 295, 300–303
        ver também Democracia Governo;
Seguro, *ver* Segurança, privada
Sérvia: 83, 142
Skocpol, Theda: 43, 293

Smith, Adam: 28, 261–262, 305, 311, 329
Smith, T. Alexander: 36, 94
Socialismo: 19–29, 40, 55, 73–75, 113, 136–148, 155–239, 244–270, 281
    privatização: 29, 158–170, 200–206
Sonderbundslcrieg de 1847: 177
Spencer, Herbert: 162
Spooner, Lysander: 44, 79, 277, 318–322
Sri Lanka: 177
Stein, Lorenz von: 18
Steiner, Hillel: 162
Sterne, Laurence: 65
Strauss, Johann: 18
Strigl, Richard von: 31, 80
Stromberg, Joseph R.: 140
Subsídios, incentivos: 52, 86, 131, 193, 232
Sudão: 177, 280
Suécia: 49, 83, 86, 96, 129–130
Suíça: 15, 72–73, 81–86, 96, 142–143, 177, 195–206
Suprema Corte americana: 144, 184, 245, 311
Supremo Tribunal alemão: 144
Supremo Tribunal: 144, 159, 245, 266, 311–317
    ver também Suprema Corte americana
Sylla, Richard: 58, 91–95

Tannehill, Morris e Linda: 43, 114, 166, 199, 284, 319
Taylor, A. J. P.: 67
Taylor, John: 137
Tchecoslováquia: 17–19, 72, 84, 176
Templeton, Kenneth S.: 157
Teoria *a priori*: 21–30
Teoria ortodoxa da história: 101
Teoria social austríaca: 28
Thomas, Robert P.: 53, 58
Thomson, Judith J.: 165
Tilly, Charles: 43, 213, 293, 329
Tirol: 17, 177
Toulmin, Stephen: 18
Trakl, Georg: 18
Trotsky, Leon: 281
Truman, Harry: 226
Tuccille, Jerome: 236–239
Tuck, Richard: 261
Tucker, Jeffrey: 239, 244
Tullock, Gordon: 42, 138, 264, 276, 318

Turquia: 15, 72, 83–84, 141, 177
Tyrrell, Emmett: 258

União Europeia (UE): 94
União Pan-Europeia: 149
União Soviética: 55, 142–151, 176, 182, 195, 201–202, 226–227, 281, 301
Utilidade marginal: 34–38, 95

Vale, Malcolm: 67
Viena: 18, 82, 152
Vietnã: 183, 227, 241–242, 280

Walker, Michael: 133, 183
Wall Street Journal: 194, 259
Walters, David: 220
Washington Post: 259
Washington, George: 137
Wattenberg, Ben: 258
Weber, Max: 178, 214–217
Webern, Anton von: 18
Weekly Standard: 259
Weininger, Otto: 18
Weinstein, James: 191
Weischedel, Wilhelm: 64
Wieser, Friedrich von: 18
Wilson, James Q.: 61, 98–101, 220, 259, 297
Wilson, Woodrow: 15–19, 72, 84, 227
Wittgenstein, Ludwig: 18
Wolf, Hugo: 18
Wolpin: 100
Woltermann, Chris: 84
Wooldridge, William C.: 43
Xá do Irã: 301

Yates, Stephen: 140

Zaslavsky, Victor: 202
Zweig, Stefan: 18